Praktische Einführung in den Zivilprozeß

Ein Grundriß des Zivilprozeßrechts
an Hand von Akten

von

Vorsitzendem Richter am Landgericht

Dr. Hermann Förschler

Ausbildungsleiter, Lehrbeauftragter an der
Universität Konstanz

4. neubearbeitete und erweiterte Auflage

Verlag W. Kohlhammer
Stuttgart Berlin Köln Mainz

CIP-Kurztitelaufnahme der Deutschen Bibliothek

Förschler, Hermann:
Praktische Einführung in den Zivilprozess:
e. Grundriss d. Zivilprozessrechts an Hand von Akten /
von Hermann Förschler.
– 4., neubearb. u. erw. Aufl. –
Stuttgart ; Berlin ; Köln ; Mainz : Kohlhammer, 1983.
    ISBN 3-17-007983-2

4. neubearbeitete und erweiterte Auflage 1983
Alle Rechte vorbehalten
© 1973 Verlag W. Kohlhammer GmbH
Stuttgart Berlin Köln Mainz
Verlagsort: Stuttgart
Gesamtherstellung: W. Kohlhammer GmbH
Grafischer Großbetrieb Stuttgart
Printed in Germany

Inhaltsübersicht

Seite

Vorbemerkung und Arbeitsanleitung 1

1. Teil

Aktenteil 3
Erläuterungen zum Aktenstück. 53

2. Teil

Abschnitt A: Das zivilprozessuale Verfahren 60

1. Kapitel: Entstehung von Rechtsstreitigkeiten und die Möglichkeiten der
  Rechtsverfolgung; Organe der Rechtspflege 59
  I. Rechtskonflikte – Möglichkeiten der Rechtsverfolgung 59
    1. Abwicklung von Rechtsverhältnissen 59
    2. Die gerichtlichen Verfahren 60
      a) Der Zivilprozeß 60
      b) Das gerichtliche Mahnverfahren 61
      c) Das schiedsgerichtliche Verfahren 61
    3. Verfahren der freiwilligen Gerichtsbarkeit 63
  II. Organe der Rechtspflege. 63
    1. Organe der Gerichtsbarkeit 64
      a) Richter: Richterliche Funktionen; Ausschließung und Ablehnung
        von Richtern 64
      b) Rechtspfleger 66
      c) Urkundsbeamter der Geschäftsstelle 67
      d) Gerichtsvollzieher 67
    2. Prozeßvertreter und Beistände 67
      a) Rechtsanwalt. 67
      b) Rechtsbeistand 67

2. Kapitel: Prozeßvorbereitung. 70
  I. Maßnahmen vor Einleitung des gerichtlichen Verfahrens. 70
    1. Beurteilung der Prozeßchancen 70
    2. Richtiger Zeitpunkt für die gerichtliche Geltendmachung 71
  II. Die Kosten eines Rechtsstreits 72
    1. Die Kostenbestimmungen 72
    2. Die Grundlagen der Kostenberechnung: Streitwert. 73
    3. Die Gerichtskosten 75
      a) Arten der Gerichtskosten 75
      b) Kostenschuldner. 76

    c) Gerichtsgebühren 76
    d) Nichterhebung von Gebühren. 77
  4. Die Anwaltskosten 78
    a) Anspruchsgrundlagen 78
    b) Die Anwaltsgebühren 78
    c) Festsetzung der Anwaltsvergütung 80

III. Prozeßkostenhilfe 80
  1. Voraussetzungen für die Gewährung von Prozeßkostenhilfe. 80
    a) Wirtschaftliche Verhältnisse 80
    b) Erfolgsaussicht 81
  2. Das Verfahren 81
  3. Die Entscheidung über das Prozeßkostenhilfegesuch 82
  4. Wirkungen der Prozeßkostenhilfe 82
  5. Nachträgliche Änderungen 83
  6. Klage und Antrag auf Prozeßkostenhilfe 83
  7. Beratungshilfe 83

IV. Die Prozeßvollmacht 84
  1. Wesen der Vollmacht 84
  2. Bestellung zum Prozeßbevollmächtigten und Vollmachterteilung 84
  3. Umfang der Prozeßvollmacht. 85
    a) gesetzlicher Umfang 85
    b) Beschränkungen der Prozeßvollmacht. 85
  4. Prüfung und Nachweis der Vollmacht 85
  5. Das Erlöschen der Vollmacht. 86

3. Kapitel: Das gerichtliche Mahnverfahren. 87

  I. Bedeutung und wesentliche Merkmale 87

 II. Voraussetzungen für den Erlaß eines Mahnbescheids. 88
  1. Gegenstand des gerichtlichen Mahnverfahrens 88
  2. Zuständigkeit. 88
  3. Allgemeine Zulässigkeitsvoraussetzungen 89
  4. Mahnantrag 89
  5. Vollmacht 89

III. Die Entscheidung über den Mahnantrag 89
  1. Fehlen der gesetzlichen Voraussetzungen 89
  2. Erlaß des Mahnbescheids 90
  3. Zustellung des Mahnbescheids 90

IV. Das weitere Verfahren nach Zustellung des Mahnbescheids 90
  1. Erledigung durch Zahlung 90
  2. Widerspruch 90
  3. Erlaß des Vollstreckungsbescheids 90

 V. Übergang in das ordentliche Streitverfahren 91
  1. Antrag. 91
  2. Abgabe an das Streitgericht 91
  3. Anspruchsbegründung. 91
  4. Beschleunigte Prozeßerledigung. 92

VI. Das weitere Verfahren nach Einspruch gegen den Vollstreckungsbescheid . . 92
   1. Einspruch 92
   2. Abgabe an das Streitgericht 93
   3. Zweites Versäumnisurteil 93
VII. Maschinelle Bearbeitung der Mahnsachen 93

4. Kapitel: Die Klage 95
  I. Die Abfassung der Klageschrift 95
   1. Klärung der Zuständigkeit 95
    a) Die gesetzliche Zuständigkeitsregelung 95
    b) Begründung der Zuständigkeit infolge Parteiverhalten 97
    c) Die Folgen einer Klage beim unzuständigen Gericht 98
   2. Begriff und Stellung der Parteien 98
    a) Bezeichnung der Parteien 98
    b) Parteibegriff – Partei kraft Amtes, Parteiwechsel 99
    c) Streitgenossenschaft und Beteiligung Dritter am Rechtsstreit 101
    d) Sachlegitimation und Prozeßführungsbefugnis 102
   3. Angabe des Anspruchsgrundes 104
   4. Bestimmter Antrag – Ausnahmen vom Erfordernis des bestimmten
    Antrags 105
    a) Stufenklage 105
    b) Der unbezifferte Klageantrag 105
   5. Weitere Erfordernisse der Klageschrift 106
    a) Angabe des Streitwertes 106
    b) Übertragung auf den Einzelrichter 107
    c) Vorsorglicher Antrag auf Versäumnis- und Anerkenntnisanteil 107
    d) Unterschrift 107
   6. Anmerkung: Der Streitgegenstand 107
  II. Einreichung der Klage beim Gericht 108
   1. Einreichung von Urschrift und Abschriften 108
   2. Bedeutung des Eingangszeitpunktes 108
   3. Anlage der Akten 108
  III. Geschäftsverteilung und gesetzlicher Richter 109

5. Kapitel: Eintritt der Rechtshängigkeit durch Klageerhebung 110
  I. Anordnung der Klagezustellung 110
   1. Anordnung durch den Vorsitzenden 110
   2. Voraussetzungen 110
   3. Anordnungen vor Klagezustellung 111
   4. Besondere Hinweise beim Landgericht 111
  II. Die Zustellung der Klageschrift 111
   1. Bedeutung der Zustellung 111
   2. Zustellung von Amts wegen 111
   3. Der Zustellungsempfänger 112
   4. Besondere Zustellungsfälle 112

III. Rechtshängigkeit 113
   1. Materiellrechtliche Wirkungen der Rechtshängigkeit 113
   2. Prozeßrechtliche Wirkungen der Rechtshängigkeit 114
     a) Einrede der Rechtshängigkeit 114
     b) Klageänderung 114
     c) Fortdauer der Zuständigkeit (perpetuatio fori) 114

6. Kapitel: Der Termin zur mündlichen Verhandlung 116
  I. Begriff des Verhandlungstermins 116
  II. Terminsbestimmung 117
   1. Verfügung des Gerichts 117
   2. Einlassungsfrist und Ladungsfrist 118
   3. Fristberechnung 118
   4. Bedeutung der Gerichtsferien 119
   5. Die Terminsladung 119
  III. Die Vorbereitung des Verhandlungstermins 120
   1. Vorbereitung in zeitlicher Hinsicht 120
   2. Die vorbereitenden Maßnahmen 120
   3. Der vorterminliche Beweisbeschluß 122
   4. Rechtliche Hinweise 123
  IV. Vorbereitung des Haupttermins durch schriftliches Vorverfahren 123
  V. Aufhebung, Verlegung, Vertagung von Terminen; Wieder-
    eröffnung der mündlichen Verhandlung 124

7. Kapitel: Postulationsfähigkeit und Bedeutung des Anwaltszwanges 126
  I. Begriff 126
  II. Anwaltszwang und Ausnahmen vom Anwaltszwang 126
   1. Anwaltszwang 126
   2. Ausnahmen 126
   3. Anwaltszwang beim Familiengericht 127
   4. Einzelfälle zum Anwaltszwang 127

8. Kapitel: Das Sitzungsprotokoll 129
   1. Die Aufgabe der Protokollführung 129
   2. Bedeutung des Protokolls 129
   3. Inhalt des Protokolls 129
   4. Vorläufige Aufzeichnung des Protokollinhalts 131

9. Kapitel: Verhandlungstermin beim Erscheinen beider Parteien 132
  I. Haupttermin und früher erster Termin 132
  II. Terminablauf 132
   1. Aufruf der Sache 132
   2. Das streitige Verhandeln
     Antragsstellung, Termin ohne Antragsstellung 132
   3. Erörterung des Streitverhältnisses 133
   4. Beweisaufnahme 134

5. Schlußverhandlung 134
6. Schluß der mündlichen Verhandlung und Verkündung von
   Entscheidungen 135

10. Kapitel: Der Verhandlungsverlauf in besonderen Fällen.................. 136

I. Anerkenntnis und Verzicht................................... 136
   1. Anerkenntnis und Anerkenntnisurteil 136
   2. Verzicht und Verzichtsurteil 137
II. Streit über Sachurteilsvoraussetzungen 137
   1. Fehlen von Sachurteilsvoraussetzungen 137
   2. Unzuständigkeit und Verweisung......................... 138

11. Kapitel: Verhandlungsverlauf beim Ausbleiben von Parteien 140

I. Ausbleiben beider Parteien – Ruhen des Verfahrens................ 140
II. Das Versäumnisverfahren – Versäumung des Verhandlungstermins 140
III. Das Versäumnisurteil gegen den Beklagten 141
   1. Voraussetzungen 141
      a) Säumnis 141
      b) Ordnungsgemäße Ladung.............................. 141
      c) Sachurteilsvoraussetzungen 141
      d) Schlüssigkeit 142
   2. Fehlen von Voraussetzungen 142
      a) Zurückweisung des Antrags auf Versäumnisurteil 142
      b) Abweisung der Klage (unechtes Versäumnisurteil)..... 143
   3. Versäumnisanteil ohne mündliche Verhandlung 144
IV. Das Versäumnisurteil gegen den Kläger........................... 145
V. Praktische Probleme im Versäumnisverfahren..................... 145
VI. Einspruch und Einspruchsverfahren 146
   1. Form des Einspruchs 146
   2. Einspruchsfrist 147
   3. Einspruchsprüfung 147
   4. Einspruchsentscheidung 147
   5. Bedeutung des Versäumnisurteils für das weitere Verfahren 149
      a) Entscheidung in der Hauptsache 149
      b) Kostenentscheidung nach vorausgegangenem Versäumnisurteil 150
      c) Weitere Fälle der Berücksichtigung eines Versäumnisurteils 151
   6. Das ›zweite‹ Versäumnisurteil 151
VII. Die Entscheidung nach Lage der Akten......................... 152
VIII. Versäumung von Prozeßhandlungen und Wiedereinsetzung in den vorigen
   Stand 152
   1. Begriff... 152
   2. Antrag auf Wiedereinsetzung 153
   3. Einzelfragen 154
   4. Verfahren 154

12. Kapitel: Die Einlassung des Beklagten auf die Klage (Zusammenfassung der Möglichkeiten) 155

  I. Säumnis und Anerkenntnis 155

 II. Rüge fehlender Prozeßvoraussetzungen (Antrag auf Prozeßabweisung) 155

III. Der Klageabweisungsantrag (Abweisung als unbegründet) 155

    1. Reine Rechtsausführungen (Hinweis auf unschlüssige Klage) 156

    2. Bestreiten von Tatsachen 156

    3. Einwendungen und Einreden 156

IV. Die Aufrechung im Prozeß 156

    1. Aufrechnung als Rechtsgeschäft 156

    2. Die Prozeßaufrechnung 156

    3. Einzelfälle 157

    4. Wirkung der Prozeßaufrechnung 157

    5. Vorbehaltsurteil 157

    6. Rechtskraft bei Aufrechnung 158

    7. Kostenfolge 158

  V. Die Widerklage 159

    1. Wesen der Widerklage 159

    2. Bedeutung des § 33 ZPO 159

    3. Erhebung der Widerklage 159

    4. Kostenfolge 159

    5. Eventualwiderklage 160

3. Kapitel: Praktische Bedeutung von Verfahrensgrundsätzen 161

  I. Dispositionsgrundsatz und Verhandlungsgrundsatz 161

    1. Der Dispositionsgrundsatz 161

    2. Der Verhandlungsgrundsatz 161

      a) Bedeutung 162

      b) Durchbrechung des Verhandlungsgrundsatzes: Wahrheitspflicht-Anordnung des persönlichen Erscheinens – Beweiserhebungen von Amts wegen 162

    3. Verhandlungsgrundsatz und die Prüfung von Amts wegen 163

      a) Untersuchungsgrundsatz 163

      b) Prüfung von Amts wegen 163

 II. Der Mündlichkeitsgrundsatz 164

    1. Bedeutung 164

    2. Durchbrechung des Mündlichkeitsgrundsatzes 165

      a) Die Bedeutung ›nachgereichter Schriftsätze‹ 165

      b) Das schriftliche Verfahren 165

        aa) Voraussetzungen 165

        bb) Anordnung des schriftlichen Verfahrens 166

        cc) Entscheidung im schriftlichen Verfahren 166

III. Grundsatz der Öffentlichkeit 166

    1. Bedeutung 166

    2. Umfang der Öffentlichkeit 166

   3. Die Parteiöffentlichkeit 167
   4. Ausschließung der Öffentlichkeit. 167
 IV. Konzentrationsgrundsatz 167
   1. Aufgaben des Gerichts 167
   2. Prozeßförderungspflicht der Parteien 168
   3. Zurückweisung von verspätetem Vorbringen 169
  V. Richterliche Aufklärungs-, Hinweis- und Belehrungspflicht 171
   1. Die richterliche Aufklärungs- und Fragepflicht. 171
   2. Hinweispflicht. 172
   3. Belehrungspflichten 172

14. Kapitel: Das Beweisverfahren – Beweisantrag und Beweisanordnung 173
  I. Notwendigkeit und Ausmaß der Beweiserhebung 173
   1. Feststehende Tatsachen 173
   2. Das Ausmaß der zu erlangenden Überzeugung 174
    a) Der Beweis 174
    b) Die Glaubhaftmachung 174
  II. Der Beweisantrag 174
   1. Bezeichnung der Beweismittel 174
   2. Beweisvereitelung 175
 III. Prüfung des Beweisantrages 176
   1. Erhebliche Tatsachen 176
   2. Beweisbedürftige Tatsachen 176
   3. Umfang der Beweisanordnung 176
   4. Ablehnung von Beweisanträgen 177
    a) Unzulässiger Beweis 177
    b) Ausforschungsbeweis 177
    c) Verspäteter Beweisantrag 177
    d) Ungeeigneter und überflüssiger Beweis 177
 IV. Die Anordnung der Beweisaufnahme 178
   1. Beweisanordnung durch formlosen Beschluß 178
   2. Förmlicher Beweisbeschluß 178
    a) Inhalt des Beweisbeschlusses 178
    b) Weitere Anordnungen im Beweisbeschluß. 179
    c) Änderung eines Beweisbeschlusses 179

15. Kapitel: Die Beweisaufnahme 180
  I. Verfahrensgrundsätze zur Beweisaufnahme 180
   1. Der Unmittelbarkeitsgrundsatz 180
   2. Grundsatz der Parteiöffentlichkeit 180
  II. Die Beweisaufnahme vor dem Prozeßgericht. 181
   1. Terminsbestimmung 181
   2. Termin zur Beweisaufnahme und Fortsetzung der mündlichen
     Verhandlung 181
   3. Ausbleiben von Parteien im Beweisaufnahmetermin 181

III. Beweisaufnahme im Wege der Rechtshilfe 181
    1. Rechtshilfe durch deutsche Gerichte 181
    2. Der Rechtshilfeverkehr mit dem Ausland 182
       a) Zwischenstaatliche Vereinbarungen 182
       b) Vertragsloser Rechtshilfeverkehr 182

16. Kapitel: Die einzelnen Beweismittel 183
  I. Der Zeugenbeweis 183
    1. Begriff des Zeugen 183
    2. Die Zeugenpflichten 183
       a) Pflicht zum Erscheinen 184
       b) Pflicht zur Aussage – Durchführung der Vernehmung 184
       c) Pflicht zur Eidesleistung 184
       d) Das Verfahren bei der Abnahme von Eiden 185
    3. Die Zeugnisverweigerung 185
       a) Das Zeugnisverweigerungsrecht 185
       b) Belehrung über das Zeugnisverweigerungsrecht 186
       c) Zwischenstreit wegen Zeugnisverweigerung 186
    4. Besondere Formen der Zeugenvernehmung 186
       a) Gegenüberstellung 186
       b) Wiederholte Vernehmung 187
       c) Schriftliche Zeugenbefragung 187
       d) Übergabe einer schriftlichen Erklärung 187
    5. Die Entschädigung der Zeugen 187
       a) Entschädigungsberechtigung 187
       b) Maß der Entschädigung 187
       c) Berechnung und Festsetzung der Zeugenentschädigung 188
  II. Der Sachverständigenbeweis 188
    1. Begriff des Sachverständigen 188
    2. Auswahl 188
    3. Verfahren 189
    4. Der sachverständige Zeuge 190
    5. Entschädigung des Sachverständigen 190
  III. Beweis durch richterlichen Augenschein 190
    1. Begriff 190
    2. Anordnung 191
    3. Pflicht zur Duldung 191
       a) Blutgruppenuntersuchung 191
       b) Erbbiologisches Gutachten 191
  IV. Die Parteivernehmung 192
    1. Parteivortrag und Parteivernehmung 192
    2. Anordnung der Parteivernehmung 192
       a) Auf Antrag 192
       b) von Amts wegen 193
    3. Durchführung der Parteivernehmung 193

V. Der Urkundenbeweis 193
   1. Begriff und Bedeutung 193
   2. Arten von Urkunden und ihre Beweiskraft 194
     a) Öffentliche Urkunden 194
     b) Privaturkunden 194
   3. Beweisführung durch Urkunden 194
   4. Vereitelung des Urkundenbeweises 194

17. Kapitel: Das Beweissicherungsverfahren
Praktische Bedeutung und Hinweise auf die wichtigsten
Gesichtspunkte 195

  I. Zweck 195

  II. Verfahren 195

18. Kapitel: Das Beweisergebnis 197

  I. Die freie Beweiswürdigung 197

  II. Die Verwertung des Zeugenbeweises 197
   1. Unbewußte Fehlerquellen (Irrtum) 198
   2. Die bewußte Falschaussage (Lüge) 200

  III. Beweiswürdigung im Urteil 202

19. Kapitel: Die gerichtlichen Entscheidungen 203

  I. Gerichtliche Entscheidungen 203

  II. Das Urteil 203

  III. Urteilswirkungen, formelle und materielle Rechtskraft 204

  IV. Durchbrechung der Rechtskraft 206
   1. Abänderungsklage 206
   2. Wiederaufnahme des Verfahrens 206
   3. Wiedereinsetzung in den vorigen Stand 206
   4. Rechtskraftdurchbrechung gem. § 826 BGB 207

20. Kapitel: Prozeßbeendigung ohne Urteil 208

  I. Der Prozeßvergleich 208
   1. Begriff und Rechtsnatur 208
   2. Voraussetzungen und Wirkungen des Prozeßvergleichs 208
     a) Zustandekommen 208
     b) Wirkungen 209
   3. Aufgaben des Gerichts beim Prozeßvergleich 210
     a) Vergleichsbemühungen des Gerichts 210
     b) Prozessuale Möglichkeiten zur Förderung der gütlichen Einigung . . . 210
     c) Formulierungen des Vergleichstextes 210
   4. Besondere Formen des Prozeßvergleichs 211
     a) Ratenzahlungsvergleich 211
     b) Widerruflicher Vergleich 212

5. Die Kostenregelung im Prozeßvergleich 212
   a) Vereinbarung im Vergleich 212
   b) Gesetzliche Regelung 212
   c) Gerichtliche Kostenentscheidung 213
6. Die Unwirksamkeit des Prozeßvergleichs und ihre Geltendmachung . . . 213
   a) Unwirksamkeit aus prozessualen Gründen 213
   b) Materiellrechtliche Unwirksamkeit 213
   c) Geltendmachung der Unwirksamkeit 214
7. Der außergerichtliche Vergleich 214

II. Die Klagerücknahme 215
1. Begriff und Bedeutung 215
2. Die Klagerücknahmeerklärung 215
   a) Erklärung des Klägers 215
   b) Einwilligung des Beklagten 215
   c) Außergerichtliche Verpflichtung zur Klagerücknahme 215
3. Folgen der Klagerücknahme 215

III. Erledigung des Rechtsstreits in der Hauptsache 216
1. Bedeutung 216
2. Begriff der Hauptsachenerledigung 217
3. Die beiderseitige Erledigungserklärung 217
   a) Bedeutung der beiderseitigen Erledigungserklärung 217
   b) Form der Erledigungserklärung 217
   c) Folgen der beiderseitigen Erledigungserklärung 218
4. Die einseitige Erledigungserklärung des Klägers 218

IV. Ruhen des Verfahrens und Weglegen der Akten 220
1. Ruhen des Verfahrens 220
   a) Anordnung 220
   b) Beendigung des Ruhens 220
2. Weglegen der Akten 220

21. Kapitel: Praktische Hinweise für die Prozeßführung 221

I. Vorbereitung und Durchführung eines Haupttermins mit Beweisaufnahme 221
1. Vorbereitung des Haupttermins 221
2. Verhandlungsführung und Befugnisse des Vorsitzenden 221
3. Terminsablauf bis zur Beweisaufnahme 221
4. Beweisaufnahme 222
5. Erneute Erörterung des Sach- und Streitstandes 224
6. Fortsetzung der mündlichen Verhandlung 224
7. Bestimmung eines Verkündungstermins 225
8. Ablauf des Verhandlungstermins in Stichworten 225

II. Vernehmungslehre 226

III. Sachgemäße Antragsstellung im Prozeß (Prozeßtaktik) 227
1. Prozeßgestaltung durch Parteianträge 227
2. Die Teilklage 229
3. Rechtskrafterweiterung durch Zwischenfeststellungsklage 229

22. Kapitel: Arrest und einstweilige Verfügung 230

  I. Arrest 230

    1. Gegenstand des Arrests 230

    2. Arten des Arrests................................. 230

    3. Voraussetzungen für die Arrestanordnung 231

    4. Der Arrestprozeß 231

    5. Inhalt der Arrestanordnung 233

    6. Behelfe gegen die Arrestanordnung 233

    7. Arrestvollziehung 234

    8. Aufhebung der Arrestvollziehung und Schadensersatzpflicht 234

  II. Einstweilige Verfügung 234

    1. Gegenstand der einstweiligen Verfügung 234

    2. Arten der einstweiligen Verfügung 235

    3. Verfahren der einstweiligen Verfügung................. 236

    4. Inhalt der einstweiligen Verfügung 236

    5. Aufhebung 237

    6. Vollziehung. 237

    7. Schutzschrift 237

23. Kapitel: Rechtsmittel und Rechtsbehelfe im Zivilprozeß 238

  I. Die Rechtsmittel im allgemeinen........................ 238

    1. Bedeutung der Rechtsmittel; Umfang der Nachprüfung 238

    2. Die Zulässigkeitsvoraussetzungen 238

    3. Verzicht und Rücknahme bei Rechtsmitteln 238

    4. Begründetheit des Rechtsmittels und Grenzen der Abänderung 240

    5. Gestaltung des Instanzenzugs bei Anfechtung von Urteilen 240

    6. Würdigung der Rechtsmittelmöglichkeit 241

  II. Die einzelnen Rechtsmittel 241

    1. Berufung 241

    2. Revision 241

    3. Beschwerde 242

    3. Erinnerung 243

Abschnitt B: Anleitung zur Bearbeitung zivilrechtlicher Aktenstücke.......... 244

1. Kapitel: Einführung in die richterliche Arbeitsmethode (Relationstechnik) 244

2. Kapitel: Der Bericht (Darstellung der vorgetragenen Tatsachen)............ 246

    1. Erfassen des Sachverhalts 246

    2. Stoffordnung.................................... 246

    3. Vermerke zur Prozeßgeschichte 247

    4. Aufbau und Gestaltung des Berichts................... 247

3. Kapitel: Das Gutachten 248

  I. Prüfung der Prozeßvoraussetzungen und Prozeßhindernisse 248

  II. Die Schlüssigkeitsprüfung 250

    1. Schlüssigkeitsprüfung des Klägervortrags 250

    2. Prüfung der Erheblichkeit des Beklagtenvortrags 251

      a) Bloßes Bestreiten von Tatsachen 251

      b) Erheben von Einreden 252

  III. Die Tatsachenfeststellung 253

    1. Ohne Beweiserhebung feststehende Tatsachen 253

      a) Zugestehen und Bestreiten 253

      b) Offenkundige Tatsachen 253

    2. Tatsachenfeststellung durch Würdigung erhobener Beweise 254

      a) Freie Beweiswürdigung 254

      b) Anscheinsbeweis 255

      c) Schadensermittlung nach § 287 ZPO 255

    3. Entscheidung nach der Beweislast 256

  IV. Der Entscheidungsvorschlag 256

    1. Der Beweisbeschluß 257

    2. Der Urteilstenor 258

      a) Entscheidung zur Hauptsache 258

      b) Kostenentscheidung 258

      c) Entscheidung über die vorläufige Vollstreckbarkeit des Urteils 259

4. Kapitel: Das Zivilurteil 261

  I. Form und Verkündung des Urteils 261

  II. Bestandteile des Zivilurteils: Rubrum und Tenor 262

    1. Urteilskopf (Rubrum) 262

    2. Urteilstenor (Urteilsformel) 262

  III. Der Tatbestand 262

    1. Bedeutung und Inhalt 262

    2. Der Aufbau des Tatbestandes 263

      a) Der unbestrittene Sachverhalt 263

      b) Der einseitige, streitig gebliebene Klägervortrag 263

      c) Der Antrag des Klägers 264

      d) Der Antrag des Beklagten 264

      e) Der einseitige, streitig gebliebene Vortrag des Beklagten 264

      f) Replik und Duplik 264

      g) Bezugnahmen 265

      h) Prozeßgeschichte 265

    3. Allgemeine Bemerkungen zum Tatbestand 267

  IV. Die Entscheidungsgründe 267

    1. Der Stil der Entscheidungsgründe 267

    2. Der Inhalt der Entscheidungsgründe 268

    3. Der Aufbau der Entscheidungsgründe 269

      a) Die Zulässigkeit der Klage 269

b) Die Begründetheit der Klage 269
c) Die Nebenentscheidungen. 271
V. Wegfall von Tatbestand und Entscheidungsgründen 271
VI. Unterschriften der Richter 271

Anhang: Richtlinien für die Anfertigung und Beurteilung der Vorlagearbeiten im
Zivilrecht, Strafrecht und öffentl. Recht (Baden-Württemberg) 273
Richtlinien für den Aktenvortrag 279
Richtlinien für die Abfassung des Urteils. 282

Sachregister 284

Verzeichnis der Abkürzungen

I. Gesetze:

AktO	Aktenordnung
AbzG	Gesetz, betreffend Abzahlungsgeschäfte
BGB	Bürgerliches Gesetzbuch
BRAGO	Bundesrechtsanwaltsgebührenordnung
BRAO	Bundesrechtsanwaltsordnung
GG	Grundgesetz
GKG	Gerichtskostengesetz
GVG	Gerichtsverfassungsgesetz
KO	Konkursordnung
KostO	Kostenordnung
Rn.	Randnummer
RPflG	Rechtspflegergesetz
VerglO	Vergleichsordnung
ZPO	Zivilprozeßordnung
ZuSEntschG	Gesetz über die Entschädigung von Zeugen und Sachverständigen
ZVG	Gesetz über die Zwangsversteigerung und die Zwangsverwaltung

II. Literaturangaben:

AnwBl.	Anwaltsblatt
Bender, Vereinfachungsnovelle	Bender, Belz, Wax: Das Verfahren nach der Vereinfachungsnovelle und vor dem Familiengericht
Bender, Tatsachenfeststellung	Bender, Röder, Nack: Tatsachenfeststellung vor Gericht Band I u. II (1981)
BGHZ	Bundesgerichtshof, Entscheidungen in Zivilsachen
BVerfG	Bundesverfassungsgericht
Baumbach/Lauterbach/Albers/Hartmann	Kurzkommentar zur ZPO, 40. Auflage 1982
FamRZ	Familienrechtszeitschrift
JR	Juristische Rundschau
JuS	Juristische Schulung
MDR	Monatsschrift für deutsches Recht
NJW	Neue juristische Wochenschrift
RGZ	Reichsgericht, Entscheidungen in Zivilsachen
Rpfleger	Der Deutsche Rechtspfleger
Rosenberg/Schwab	Lehrbuch des Zivilprozeßrechts, 11. Auflage, 1974
Sattelmacher/Sirp	Bericht, Gutachten und Urteil
Stein/Jonas/Schönke/Pohle	Kommentar zur ZPO, 19. Auflage 1972 u. 20. Auflage 1977
Thomas/Putzo	Kommentar zur ZPO, 12. Auflage 1982
Zöller	Kommentar zur ZPO, 13. Auflage 1981
Zöller/Schneider	Prozeßkostenhilfegesetz 1980
ZZP	Zeitschrift für Zivilprozeß

Vorwort zur 4. Auflage

Seit dem Erscheinen der 3. Auflage sind, abgesehen von der Neuregelung des Prozeß-
kostenhilferechts keine einschneidenden gesetzlichen Veränderungen des Zivilprozeßrechts mehr erfolgt. Jedoch haben Rechtsprechung und Lehre viele durch die Vereinfachungsnovelle von 1977 aufgeworfenen Probleme behandelt und Streitfragen geklärt.
Die Ergebnisse sind bei der Neubearbeitung angemessen berücksichtigt worden.

Dem besonderen Anliegen des Buches, Prozeßpraxis aufzuzeigen, ist weiterhin
dadurch Rechnung getragen worden, daß ein Abschnitt über die Vernehmungslehre
eingefügt und den Fragen der Beweiswürdigung, insbesondere der Bewertung von
Zeugenaussagen, breitere Beachtung geschenkt worden ist. Schließlich hat das Buch
neben vielen Erweiterungen schon behandelter Themen durch die Darstellung von
Arrest und einstweiliger Verfügung eine vielfach gewünschte Ergänzung erfahren. Ich
bin auch künftig für Anregung und Kritik dankbar.

Stuttgart, Januar 1983   Hermann Förschler

Vorbemerkung und Arbeitsanleitung

Häufig wird darüber geklagt, daß die theoretischen Unterweisungen im Zivilprozeßrecht dem jungen Juristen weithin unverständlich bleiben, weil die gerade für diesen Rechtsbereich unentbehrliche Anschauung fehlt. Die Folge ist, daß prozessuale Probleme zusammenhanglos gelernt werden, um das erforderliche Prüfungswissen bereit zu haben. Ein Verständnis oder gar ein nachhaltiges Interesse für das Zivilprozeßrecht kann auf diese Weise nicht erlangt werden. Völlig versagt dann dieses bruchstückhafte theoretische Wissen, wenn es darum geht, in der Praxis damit zurecht zu kommen.

Mit der vorliegenden ›Praktischen Einführung in den Zivilprozeß‹ soll diesem herkömmlichen Mangel begegnet werden. Es sollen die oft unzulänglichen theoretisch angeeigneten Prozeßrechtskenntnisse entlang dem sich entwickelnden Prozeß ergänzt und praktisch verwertbar gemacht werden. Insbesondere sollen die angehenden Juristen auch in die Grundlagen zivilrechtlicher Arbeitstechniken (Schlüssigkeitsprüfung, Abfassung von Klageschriften, richterliche Verfügungen und Beschlüsse, Gutachten und Urteil) eingewiesen werden. Zugleich sollen die beim Prozeßgang herkömmlich verwendeten Formulare gezeigt werden, ohne jedoch einer ›Formularabhängigkeit‹ das Wort zu reden.

Dem Ziel – Veranschaulichung des Prozeßrechts – dient die Zweiteilung der vorliegenden Unterweisung:

1. Der **Aktenteil** enthält einen materiellrechtlich einfachen amtsgerichtlichen Rechtsstreit von der Klageerhebung bis zum Urteil erster Instanz, der aktenmäßig so dargestellt ist, wie er in der Praxis erwachsen kann. Um eine Vielzahl von prozessualen Problemen in ihrer praktischen Behandlung aufzuzeigen, ist er mit Prozeßvorgängen angereichert, wie sie selbstverständlich in dieser Häufung nicht in jedem Rechtsstreit vorkommen.
Zur theoretischen Durchdringung und Abrundung der vorkommenden Prozeßvorgänge ist in Randziffern auf den theoretischen Unterweisungsteil verwiesen.

2. Der **theoretische Unterweisungsteil** lehnt sich an den im Aktenteil entwickelten Prozeß an. Er kann und will selbstverständlich keine lückenlose Darstellung des gesamten Zivilprozeßrechts sein. Es sollen jedoch diejenigen Bereiche und Probleme eines Verfahrens erster Instanz eingehend dargestellt werden, denen in der täglichen Prozeßpraxis besonderes Gewicht zukommt.

Es besteht die Erwartung, daß derjenige, der den Aktenteil mit Interesse verfolgt und jeweils die zugehörenden theoretischen Unterweisungen gewissenhaft erarbeitet, von dem gewonnenen Verständnis her leicht in der Lage ist, anhand von Lehrbüchern und Kommentaren sich auch mit hier nicht behandelten Problemen zurechtzufinden. Besonders wichtig ist es, daß bei der Durcharbeitung dieses Leitfadens durch das Zivilprozeßrecht jede zitierte gesetzliche Bestimmung gewissenhaft nachgelesen und verstanden wird.

Da viele Probleme des Zivilprozeßrechts in verschiedenen Stadien des Verfahrensvorganges wiederholt praktische Bedeutung erlangen,

z. B. Die Schlüssigkeitsprüfung bei der Abfassung der Klageschrift, bei der Prüfung der Beweiserheblichkeit von Tatsachen und im Gutachten zur Vorbereitung der richterlichen Entscheidung,

ist es nicht ohne Absicht geschehen, daß solche Fragen auch mehrmals in einschlägigem Zusammenhang Erwähnung finden.

Das Hauptanliegen vorliegender Unterweisung ist es, den Zivilprozeß als den normalen, sinnvollen und regelmäßig auch unkomplizierten Weg vom entstandenen Rechtskonflikt bis zu seiner richterlichen Klärung verständlich zu machen und so die nicht begründete Scheu vor dieser Rechtsmaterie abzubauen.

1. Teil

Zivilprozeßakten

Rechtssache

Klaiber gegen Becker
wegen Schadensersatz

In den vorliegenden Akten sind die bei den Gerichten in Baden-Württemberg üblichen Formulare verwendet.

Im Anschluß an das Aktenstück sind die einzelnen Blätter der Akten und die darin aufgezeichneten Prozeßvorgänge erläutert (Erläuterungen zum Aktenstück Seite 31 ff.).

Zählkarte-Nr. ....

Amtsgericht ....

Bürgerlicher Rechtsstreit

Kläger:

KLAIBER, ALBERT

Prozeßbevollmächtigter:	Vollmacht:	Armenrecht bewilligt:
I. Rechtszug: RA. **DR. STREITER**	Bl. **6**	Bl.
II. Rechtszug: RA.	Bl.	Bl.

Beklagter:

BECKER, BALDUIN

Prozeßbevollmächtigter:	Vollmacht:	Armenrecht bewilligt:
I. Rechtszug: RA.	Bl.	Bl.
II. Rechtszug: RA.	Bl.	Bl.

Wert: *200.—*

Wertfestsetzung Bl.

Gegenstand der Klage: *Schadensersatz*

Urteile :

des I. Rechtszuges Bl.

des II. Rechtszuges Bl.

Weggelegt 19

Aufzubewahren: – bis 19

Staatsarchiv? – Ja – Nein –

S

7 C 1632/19.. AG STUTTGART

3 C 1007/19.. AG ESSLINGEN

Rechtsanwalt
DR. STREITER

7000 Stuttgart 1
Königstraße 100

An das
Amtsgericht Stuttgart
_____

**Amtsgericht
Stuttgart**

Eing. 26. Mai 19

mit..............Anlagen
mit..............DM bar/Kost

K l a g e

des Albert K l a i b e r , Prokurist, 7 Stuttgart 1, Werastr. 70
Prozeßbevollmächtigter: Rechtsanwalt Dr. Streiter
 - Vollmacht wird nachgereicht -

g e g e n

Balduin B e c k e r , Vertreter, 73 Esslingen, Baumweg 20

wegen Schadensersatz

Im Termin werde ich <u>beantragen</u>:
 Der Beklagte wird verurteilt, an den Kläger 200.--DM
 nebst 4 % Zinsen seit Klageerhebung zu bezahlen.

 Bei Anordnung des schriftlichen Vorverfahrens gem. § 276 ZPO
 wird Versäumnisurteil bzw. Anerkenntnisurteil für den Fall beantragt, daß der Beklagte die rechtzeitige Anzeige seiner Verteidigungsabsicht unterläßt oder den Anspruch anerkennt (§§ 331,
 Abs. 3, 307 Abs. 2 ZPO).

B e g r ü n d u n g :

Der Kläger war Eigentümer des PKW Opel Kapitän, pol. Kennzeichen
S - AD 935. Infolge Neuanschaffung eines Kraftfahrzeugs beabsichtigte der Kläger seinen Wagen zu verkaufen und veröffentlichte
deshalb in den Stuttgarter Nachrichten eine Verkaufsanzeige, auf
die sich der Beklagte meldete. Am Sonntag, 15.4.19.. besichtigte
der Beklagte den PKW beim Kläger und entschloß sich dann zum Kauf
für 3 800,--DM.

Am nächstfolgenden Sonntag, 22.4.19.. wollte der Beklagte persönlich beim Kläger das gekaufte Fahrzeug abholen und sofort durch
Barzahlung den Kaufpreis begleichen. Der Beklagte ist jedoch ab-
redewidrig nicht erschienen. Vielmehr hat er auf einen Anruf des
Klägers sehr unfreundlich reagiert und in gereiztem Ton erklärt,
er denke nicht daran, den Wagen abzuholen und schon gar nicht,
etwas zu bezahlen.

Der Kläger hat sich daraufhin notgedrungen um einen anderen Käufer bemüht, den er schließlich am 15.5. fand. Dieser Käufer war
jedoch zu einem höheren Kaufpreis als 3 600,-- DM nicht zu bewegen.
Weitere Kaufinteressenten waren nicht vorhanden.

<u>Beweis:</u> Zeugnis des Tankstellenbesitzers Karl Zeller, 7 Stuttgart,
 Karlsstraße 32

Der Beklagte ist verpflichtet, dem Kläger den Schaden in Höhe von
200,-- DM zu ersetzen. Eine diesbezügliche Zahlungsaufforderung
hat er unbeachtet gelassen. Es ist deshalb Klage geboten.

Das angerufene Gericht ist gemäß § 29 ZPO zuständig, weil der Beklagte damals im Zeitpunkt des Kaufes in Stuttgart, Mühlstraße 9
gewohnt hat.

20,-- DM Gebührenmarken anbei.

(Dr. Streiter)
Rechtsanwalt

Amtsgericht

Geschäfts-Nr.: 7 C 1632/19..

Ort, Datum

Stuttgart, 27. Mai 19..

Zutreffendes ist angekreuzt [X] bzw. ausgefüllt

Verfügung in dem Rechtsstreit

Albert Klaiber, Stuttgart ./. Balduin Becker, Esslingen

I. ☐ Der Rechtsstreit wird zur Feriensache erklärt.

II. Der frühe erste Termin zur mündlichen Verhandlung wird bestimmt auf

Wochentag, Datum, Uhrzeit, Saal
Donnerstag, 15.6.19.. 8.30
Uhlandstraße 17 Saal 10

III. Das persönliche Erscheinen des ☐ Klägers ☐ Beklagten wird angeordnet.

IV. Der **Beklagte** wird, wenn er sich gegen die Klage verteidigen will, **aufgefordert,**

☐ binnen einer **Frist von** _____ **Wochen** nach Zustellung der Klageschrift (Anspruchsbegründung) auf die Klage zu er-[widern;

[X] etwa vorzubringende Verteidigungsmittel unverzüglich in einem Schriftsatz mitzuteilen;

☐ dem Gericht folgende Urkunden und Schriftstücke ☐ in Urschrift ☐ in Abschrift oder Ablichtung vorzulegen:

VI. Der **Kläger** wird **aufgefordert,**

☐ dem Gericht folgende Urkunden und Schriftstücke ☐ in Urschrift ☐ in Abschrift oder Ablichtung vorzulegen:

☐ sich bis **spätestens** _____ über folgende Punkte zu erklären:

V. An die Geschäftsstelle

Adam
Richter am Amtsgericht

Vfg. v. 27.5.19..

1. Register, Namensverzeichnis, Zählkarte, Verhandlungskalender, Aktendecke
2. Ladung mit Belehrung nach Vordruck ZP 10 I des

[x] Kläg. Vertreters ☐ Klägers ☐ mit ZU

[x] Beklagten mit ZU ☐ Bekl.-Vertreters mit EB unter Anschluß der Klageschrift (Anspruchsbegründung)

3. Wiedervorlage am _____

Schuster Just. Ass.
Urkundsbeamter der Geschäftsstelle

ZP 10 Bestimmung des frühen ersten Termins (§§ 275 I, 697 II ZPO) Amtsgericht — Urschrift — VB 6a A4 20000 5. 77

Postzustellungsurkunde

Kurze Bezeichnung des Schriftstücks : zum/vom (Datum)

Abschrift der Klage 25.5.19..

Herrn
Balduin Becker
Vertreter
Baumweg 20
73 Esslingen a.N.

☐ ZB   ☒ Ldg.   ☐ Beschluß   Termin

Absender :

wie umseitige Rückanschrift

Das vorstehend bezeichnete Schriftstück habe ich in meiner Eigenschaft als Postbediensteter zu _____
_____ **heute hier – zwischen** _____ Uhr und _____ Uhr (Zeitangabe nur auf Verlangen)

	(Vordruck für die Zustellung an Einzelpersonen, Einzelfirmen, Rechtsanwälte, Notare und Gerichtsvollzieher usw.)	(Vordruck für die Zustellung an Behörden, juristische Personen, Gesellschaften, Gemeinschaften und Vereinigungen)
1. An den Empfänger oder Vorsteher usw. in Person	dem – **Empfänger** – **Firmeninhaber** (Vor- und Zuname): *Balduin Becker* **selbst** in – der Wohnung – dem Geschäftslokal _____ übergeben.	dem – **Vorsteher** – gesetzlichen **Vertreter** – vertretungsberechtigten **Mitinhaber** – **in Person** in – der Wohnung – dem Geschäftslokal _____ übergeben.
2. An Gehilfen, Angestellte, Beamte usw.	, da ich in dem Geschäftslokal den – Empfänger – Firmeninhaber (Vor- und Zuname): _____ **selbst nicht** angetroffen habe, dort de _____ **Gehilf** _____ – **Angestellten** – _____ übergeben.	, da in dem Geschäftslokal während der gewöhnlichen Geschäftsstunden a) der angetroffene – Vorsteher – gesetzliche Vertreter – vertretungsberechtigte Mitinhaber – an der **Annahme verhindert** war, b) der – Vorsteher – gesetzliche Vertreter – vertretungsberechtigte Mitinhaber – **nicht anwesend** war, dort dem beim Empfänger angestellten _____ übergeben.
3. An a) ein Familienmitglied b) eine dienende Person	, da ich den – **Empfänger** – **Firmeninhaber** (Vor- und Zuname): _____ **selbst** in der Wohnung **nicht** angetroffen habe, dort a) dem zu seiner Familie gehörenden **erwachsenen Hausgenossen**, nämlich – der **Ehefrau** – dem **Ehemann** – dem **Sohne** – der **Tochter** – _____ übergeben. b) de _____ in der Familie **dienenden** erwachsenen _____ übergeben.	, da ein besonderes Geschäftslokal **nicht** vorhanden ist und ich auch den – Vorsteher – gesetzlichen Vertreter – vertretungsberechtigten Mitinhaber – in der hiesigen Wohnung _____ **nicht** selbst angetroffen habe, dort a) dem zu seiner Familie gehörenden **erwachsenen Hausgenossen**, nämlich – der **Ehefrau** – dem **Ehemann** – dem **Sohne** – der **Tochter** – _____ übergeben. b) de _____ in der Familie **dienenden** erwachsenen _____ übergeben.
4. An den Hauswirt oder Vermieter	, da ich den – **Empfänger** – **Firmeninhaber** (Vor- und Zuname): _____ **selbst** in der Wohnung **nicht** angetroffen habe, auch die Zustellung an einen zur Familie gehörenden erwachsenen Hausgenossen oder an eine in der Familie dienende erwachsene Person nicht ausführbar war, de _____ in demselben Hause wohnenden – **Hauswirt** _____ –, **Vermieter** _____ –, näm ich de _____ d _____ zur Annahme bereit war, übergeben.	, da ein besonderes Geschäftslokal **nicht** vorhanden ist und ich den – Vorsteher – gesetzlichen Vertreter – vertretungsberechtigten Mitinhaber – in der Wohnung _____ **nicht** angetroffen habe, auch die Zustellung an einen zur Familie gehörenden erwachsenen Hausgenossen oder an eine in der Familie dienende erwachsene Person **nicht** ausführbar war, de _____ in demselben Hause wohnenden – **Hauswirt** _____ –, **Vermieter** _____ –, nämlich de _____ d _____ zur Annahme bereit war, übergeben.
5. Verweigerte Annahme (kommt nur in den Fällen 1, 2 und 3 in Betracht)	zu übergeben versucht und, da die Annahme des Schriftstücks verweigert wurde, am Ort der Zustellung zurückgelassen.	

Den Tag der Zustellung habe ich auf dem zugestellten Schriftstück vermerkt.

73   Esslingen , den 29. Mai   19..
Postleitzahl

Träger, Posthelfer

(Fortsetzung umseitig)

29

Postzustellungsurkunde

vollzogen zurück

Amtsgericht Stuttgart
– Zivilabteilung –
Olgastraße 3
7000 Stuttgart 1

Das vorseitig bezeichnete Schriftstück habe ich in meiner Eigenschaft als Postbediensteter zu ....

...............Uhr und ....Uhr (Zeitangabe nur auf Verlangen) .... **heute hier** – zwischen

(Vordruck für die Zustellung an Einzelpersonen, Einzelfirmen, Rechtsanwälte usw. [Nur gültig bei Durchstreichung der Zustellvermerke auf der vorstehenden Seite])	(Vordruck für die Zustellung an Behörden, juristische Personen, Gesellschaften, Gemeinschaften und Vereinigungen. [Nur gültig bei Durchstreichung der Zustellvermerke auf der vorstehenden Seite])

6. Niederlegung

da ich den – **Empfänger** – **Firmeninhaber** (Vor- und Zuname):	da ein besonderes Geschäftslokal **nicht** vorhanden ist und ich auch den – Vorsteher – gesetzlichen Vertreter – vertretungsberechtigten Mitinhaber –
selbst in der Wohnung **nicht** angetroffen habe und die Zustellung weder an einen zur Familie gehörenden erwachsenen Hausgenossen noch an eine in der Familie dienende erwachsene Person, noch an den Hauswirt oder Vermieter ausführbar war,	.... in der Wohnung **nicht** angetroffen habe und die Zustellung weder an einen zur Familie gehörenden erwachsenen Hausgenossen noch an eine in der Familie dienende erwachsene Person, noch an den Hauswirt oder Vermieter ausführbar war,
auf der Geschäftsstelle des Amtsgerichts zu .... niedergelegt.	auf der Geschäftsstelle des Amtsgerichts zu .... niedergelegt,
bei der Postanstalt zu .... niedergelegt.	bei der Postanstalt zu .... niedergelegt,
bei dem Gemeindevorsteher zu .... niedergelegt.	bei dem Gemeindevorsteher zu .... niedergelegt,
bei dem Polizeivorsteher zu .... niedergelegt.	bei dem Polizeivorsteher zu .... niedergelegt.
Eine schriftliche Mitteilung über die Niederlegung unter Anschrift des Empfängers	Eine schriftliche Mitteilung über die Niederlegung unter Anschrift des Empfängers
– ist in der bei gewöhnlichen Briefen üblichen Weise abgegeben worden –	– ist in der bei gewöhnlichen Briefen üblichen Weise abgegeben worden
– ist, da die Abgabe in der bei gewöhnlichen Briefen üblichen Weise nicht tunlich war, an der Tür der Wohnung des Empfängers befestigt worden –	– ist, da die Abgabe in der bei gewöhnlichen Briefen üblichen Weise nicht tunlich war, an der Tür der Wohnung des Empfängers befestigt worden –
dem/der in der Nachbarschaft des Empfängers wohnenden .... zur Weitergabe an den Empfänger ausgehändigt worden.	dem/der in der Nachbarschaft des Empfängers wohnenden .... zur Weitergabe an den Empfänger ausgehändigt worden.

Den Tag der Zustellung habe ich auf dem zugestellten Schriftstück vermerkt.

.... , den .... 19.....

Postleitzahl

....

Öffentliche Sitzung des Amtsgerichts

Stuttgart , den 15.Juni 19..

Geschäfts-Nr. 7 C 1632/19..

In Sachen

Albert K l a i b e r   Kläg.,

Anwesend:

Adam, Richter am AG

als Richter

Just.Ass. Schreiber

als Urkundsbeamter der Geschäftsstelle

gegen

Balduin B e c k e r   Bekl.,

erschien..........bei Aufruf

— für — d^{en} Kläger   Rechts-anwalt/

für d   Beklagte   — niemand —

Dr. Streiter
er übergibt — Vollmacht Bl. 6 —

DM.

Der Erschienene nahm auf — die K l a g e s c h r i f t —
vom 2.6.19 .·......................... — Bl. 1 Bezug —, ~~legte die Wechselurschrift vor~~ —
~~überreichte anliegende Kostenberechnung~~ —
und beantragte, das Versäumnisurteil gegen d en Beklagten zu erlassen —.

Es wurde ein **Versäumnisurteil** des aus —   — dem Vermerke — zur Klageschrift —
Bl. 1 ersichtlichen Inhalts verkündet.

Der Richter

Adam

Der Urkundsbeamte

Schreiber

Urschrift

Amtsgericht

Geschäftsnummer: 7 C 1632/19..

Bitte bei allen Schreiben angeben!

Verkündet

am 15. Juni 19..

als Urkundsbeamter der Geschäftsstelle

Kostenfestsetzung

I. Die zu erstattenden Kosten werden

auf .... DM

nebst 4 % Zinsen seit ....
festgesetzt.

in diesem Betrag sind zusätzlich

.... DM Gerichtskosten mitenthalten.

II. Nachricht dem bekl. Teil unter Anschluß einer Abschrift der Kostenrechnung.

den ....

....

....

Rechtspfleger

Im Namen des Volkes

~~Anerkenntnis~~ / Versäumnis-Urteil

In Sachen

Albert Klaiber, Prokurist
Werastraße 70
7 Stuttgart 1   Kläg.,

Prozeßbevollmächtigter: Rechtsanwalt Dr. Streiter, Stuttgart

gegen

Balduin Becker, Vertreter
Baumweg 20
73 Esslingen a.N.   Bekl.,

Prozeßbevollmächtigter: Rechtsanwalt —

wegen   Schadensersatz

hat das Amtsgericht   Stuttgart

auf die mündliche Verhandlung vom 15.6.19..

durch den Richter am Amtsgericht Adam

für Recht erkannt:

1. Der Beklagte wird verurteilt, an den Kläger
   200.- DM (zweihundert) nebst 4 % Zinsen
   seit 29.5.19.. zu bezahlen.

2. Die Kosten des Rechtsstreites werden d. Beklagten auferlegt.

3. Dieses Urteil ist vorläufig vollstreckbar.

Vollstreckbare Ausfertigung der klagenden Partei erteilt am: 16.6.19

Stuttgart , den 16.6.19..

Der Urkundsbeamte der Geschäftsstelle des Amtsgerichts

Schuster

ZP 46
Urschrift eines Anerkenntnis- oder Versäumnisurteils gegen den Beklagten
(§§ 313, 317 Abs. 4, 307, 331, 703 Nr. 1, 3, 725 ZPO) Amtsgericht - (6a A4   VB)   Zum Durchschreiben mit ZP 46

Vollmacht

In Sachen   Albert K l a i b e r

gegen   Balduin B e c k e r

wegen   Kaufpreisforderung

erteile ich de m

Rechtsanwalt Dr. Streiter, Stuttgart

– sowohl einzeln als zusammen – für alle Instanzen unbeschränkte **Prozeß- und Inkasso-Vollmacht.**

Diese Vollmacht umfaßt den Auftrag zur Empfangnahme von Zustellungen aller Art, zur Einlegung und Zurücknahme aller zivil-, straf- und verwaltungsrechtlichen Rechtsmittel, zur Stellung von Strafanträgen, zur Einreichung von Gnadengesuchen, von Eingaben und Ersuchen an alle Behörden, zur Vertretung im Konkurs- oder Vergleichsverfahren über das Vermögen des Gegners, außerdem die Befugnis, diese Vollmacht auf andere zu übertragen.

Kostenerstattungsansprüche an den Prozeßgegner werden hiermit abgetreten. Erfüllungsort für die Kostenforderung aus diesem Mandatsverhältnis ist

Zustellungen erbitte ich nur an meine(n) obigen Bevollmächtigten.

Stuttgart, den 1. Juni 19..
(Ort u. Datum)

Albert Klaiber
(Unterschrift)

2-fache SM-Schaltung   4-72 (Not 25)   Formularverlag W. Kohlhammer, Stuttgart – Deutscher Gemeindeverlag GmbH   084.10/11 Prozeßvollmacht

Herrn
Balduin Becker
Vertreter
Baumweg 20
73 Esslingen a.N.

Postzustellungsurkunde

Kurze Bezeichnung des Schriftstücks : ~~zum~~/vom (Dat

Versäumnisurteil   15.6.

☐ ZB   ☐ Ldg.   ☐ Beschluß

Absender :

wie umseitige Rückanschrift

Das vorstehend bezeichnete Schriftstück habe ich in meiner Eigenschaft als Postbediensteter zu ....
.... **heute hier** – zwischen .... Uhr und .... Uhr (Zeitangabe nur auf Verlangen)

	(Vordruck für die Zustellung an Einzelpersonen, Einzelfirmen, Rechtsanwälte, Notare und Gerichtsvollzieher usw.)	(Vordruck für die Zustellung an Behörden, juristische Personen, G sellschaften, Gemeinschaften und Vereinigungen)
1. An den Empfänger oder Vorsteher usw. in Person	dem – **Empfänger** – **Firmeninhaber** (Vor- und Zuname): *Balduin Becker* **selbst** in – der Wohnung – dem Geschäftslokal .... übergeben.	dem – **Vorsteher** – gesetzlichen **Vertreter** – vertretung berechtigten **Mitinhaber** – **in Person** in – der Wohnung – dem Geschäftslokal .... übergebe
2. An Gehilfen, Angestellte, Beamte usw.	, da ich in dem Geschäftslokal den – Empfänger – Firmeninhaber (Vor- und Zuname): .... **selbst nicht** angetroffen habe, dort de .... **Gehilf** .... – **Angestellten** – .... übergeben.	, da in dem Geschäftslokal während der gewöhn lichen Geschäftsstunden a) der angetroffene – Vorsteher – gesetzliche Vertrete – vertretungsberechtigte Mitinhaber – an der A nahme **verhindert** war, b) der – Vorsteher – gesetzliche Vertreter – vertr tungsberechtigte Mitinhaber – **nicht anwesend** wa dort dem beim Empfänger angestellten .... übergebe
3. An a) ein Familienmitglied b) eine dienende Person	, da ich den – **Empfänger** – **Firmeninhaber** (Vor- und Zuname): .... **selbst** in der Wohnung **nicht** angetroffen habe, dort a) dem zu seiner Familie gehörenden **erwachsenen Hausgenossen**, nämlich – der **Ehefrau** – dem **Ehemann** – dem **Sohne** – der **Tochter** – .... übergeben. b) de .... in der Familie **dienenden** erwachsenen .... übergeben.	, da ein besonderes Geschäftslokal **nicht** vorhanden i und ich auch den – Vorsteher – gesetzlichen Vertret – vertretungsberechtigten Mitinhaber – in der hiesigen Wohnung .... **nicht** selbst angetroffen habe, do a) dem zu seiner Familie gehörenden **erwachsene Hausgenossen**, nämlich – der **Ehefrau** – dem **Eh** mann – dem **Sohne** – d **Tochter** – .... übergebe b) de .... in der Familie **dienenden** erwachsenen .... übergebe
4. An den Hauswirt oder Vermieter	, da ich den – **Empfänger** – **Firmeninhaber** (Vor- und Zuname): .... **selbst** in der Wohnung **nicht** angetroffen habe, auch die Zustellung an einen zur Familie gehörenden erwachsenen Hausgenossen oder an eine in der Familie dienende erwachsene Person nicht ausführbar war, de .... in demselben Hause wohnenden – **Hauswirt** .... –, **Vermieter** .... –, nämlich de .... d .... zur Annahme bereit war, übergeben.	, da ein besonderes Geschäftslokal **nicht** vorhanden und ich den – Vorsteher – gesetzlichen Vertreter – vertretungsberechtigten Mitinhaber – in der Wohnung .... **nicht** angetroffen habe, auch die Zustellung an eine zur Familie gehörenden erwachsenen Hausgenosse oder an eine in der Familie dienende erwachsene Pe son **nicht** ausführbar war de .... in demselben Haus wohnenden – **Hauswirt** .... –, **Vermieter** .... nämlich de .... d .... zur Annahme bereit war, übergeben.
5. Verweigerte Annahme (kommt nur in den Fällen **1, 2** und **3 in Betracht**)	zu übergeben versucht und, – da die Annahme des Schriftstücks verweigert wurde, am Ort der Zustellung zurückgelassen.	

Den Tag der Zustellung habe ich auf dem zugestellten Schriftstück vermerkt.

73   Esslingen , den 18. Juni   19..
Postleitzahl
     Träger, Posthelfer

(Fortsetzung umseitig

---

* Rückseite der Postzustellungsurkunde: S. 10.

Balduin Becker

73 Esslingen
Baumweg 20

Esslingen, den 25.6.19..

An das
Amtsgericht Stuttgart
7 C 1632/19..

In der Rechtssache

K l a i b e r ./. B e c k e r

lege ich gegen das Versäumnisurteil des Amtsgerichts Stuttgart
vom 15.6.19..

E i n s p r u c h

ein.

Das Versäumnisurteil muß aufgehoben werden, weil ich dem Kläger
nichts schuldig bin.

Ich habe mit dem Kläger niemals einen Kaufvertrag abgeschlossen.
Der Kläger wird auch einen solchen nicht vorlegen können.

Es ist richtig, daß ich mich für das in der Zeitung ausgeschrie-
bene Fahrzeug des Klägers interessiert habe. Ich habe mir den
Wagen auch angesehen. Es ist jedoch zu keinem Abschluß gekommen.
Ich habe vielmehr bei den Verhandlungen stets erklärt, daß ich
einen Vertrag erst unterschreiben werde, wenn auch meine Frau
den Wagen gesehen hat. Dieser hat aber die hellblaue Farbe des
Fahrzeugs nicht gefallen.

Beweis: Zeugnis meiner Ehefrau Gunhilde Becker

Deshalb habe ich auch den Wagen nicht abgenommen.

Ein Vertrag wäre aber überdies auch schon deshalb unwirksam, weil
der PKW des Klägers niemals 3 800,-- DM wert gewesen ist. Es handelt sich bei dem Opel um ein ausgelaufenes Modell, das heute
kein Mensch mehr fährt. Es ist deshalb höchstens noch die Hälfte
des verlangten Kaufpreises wert. Der Kläger glaubt wohl in mir
den Dummen gefunden zu haben, den er sucht. Vorsorglich fechte
ich deshalb das Ganze auch wegen Sittenwidrigkeit an. Daß der
Kläger den Wagen für 3 600,-- DM verkauft haben will, muß ich bestreiten, weil ich das nicht glauben kann.

Für das Gericht dürfte es noch interessant sein, daß der Kläger
mir bei den Verhandlungen nachhaltig versichert hat, der Tacho-
stand mit 81 627 stimme ganz genau. In den mir vom Kläger anläßlich der Verhandlungen überlassenen Kundendienstunterlagen habe
ich aber inzwischen ein Kundendienst - Scheckheft gefunden, wonach an diesem Wagen bereits der 85 000 km - Kundendienst durchgeführt worden ist. Sollte der Kläger dies bestreiten wollen, so
werde ich ihn durch Vorlage des Kundendiensthefts überzeugen.
Auch wegen dieses Versuchs, mich reinzulegen halte ich das Geschäft für unwirksam.

Mein Gerichtsstand ist Esslingen. Ich lebte im April dieses Jahres
nur für ein paar Wochen während des Krankenhausaufenthaltes meiner
Frau bei Bekannten in Stuttgart. Gewohnt habe ich stets hier in
Esslingen. Ich wehre mich deshalb gegen eine Verhandlung vor dem
Amtsgericht Stuttgart.

Die Zwangsvollstreckung aus dem Versäumnisurteil bitte ich einstweilen einzustellen.

Becker

Amtsgericht Stuttgart

Aktenzeichen: 7 C,D 1632 /19..

Termin

zur mündlichen Verhandlung — über Einspruch und

Hauptsache —

.... **Dienstag,** ......,den .... **4. Juli** 19..

.... vormittags 8.30 ...Uhr

.... **Archiv** ..— Straße 15 ....I.Stock, Saal 10

Stuttgart, den 26. Juni 19..

Adam Richter am AG

Ladung zum Termin:
1.) Kl. — Vertr. mit begl. Abschr. v. Bl. **7**
   a) — förmlich
   b) über Schließfach Nr. **17**
2.) Bekl. —
   i. W.
   a) d. vereinf. Zustellg. d. d. Post
   b)
zu 1 und 2 gesch. am: **26.6.19**..
    Sch.

Terminbestimmung — L L

16

Amtsgericht

Geschäfts-Nr.: 7 C 1632/19.. ◀ **Bitte bei allen Schreiben angeben!**

10

◀ **Ihr Zeichen**

Zutreffendes ist angekreuzt $\boxed{x}$ bzw. ausgefüllt

Beschluß

in dem Rechtsstreit

Albert Klaiber, Prokurist, Werastr.70, 7 Stuttgart | Kläger

Prozeßbevollmächtigter: Rechtsanwalt
Dr. Streiter, Stuttgart

gegen

Balduin Becker, Vertreter, Baumweg 20, 73 Esslingen | Beklagter

Prozeßbevollmächtigter: Rechtsanwalt —

wird die **Zwangsvollstreckung** aus dem

☐ Vollstreckungsbescheid   ☒ Versäumnisurteil   ☐ Urteil
                                        vom   **Geschäftsnummer**

des Amtsgerichts Stuttgart   15.6.19..   7 C 1632/19..

                                                                                          DM
☒ ohne Sicherheitsleistung   ☐ gegen Sicherheitsleistung des Beklagten in Höhe von   —

einstweilen eingestellt (§§ 700, 719, 707 ZPO).

☐ Der Antrag auf Einstellung der Zwangsvollstreckung ohne Sicherheitsleistung wird zurückgewiesen, weil nicht hinreichend dargetan und glaubhaft gemacht ist, daß

☐ der Schuldner zur Sicherheitsleistung nicht in der Lage ist und die Vollstreckung einen nicht zu ersetzenden Nachteil bringen würde (§§ 700, 719, 707 Abs. 1 Satz 2 ZPO).

☐ die Säumnis, wegen der das Versäumnisurteil ergangen ist, unverschuldet war (§§ 719 Abs. 1 Satz 2 ZPO).

Adam
Richter am Amtsgericht

ZP 500 Einstweilige Einstellung der Zwangsvollstreckung — Amtsgericht — VB 6a A4

Kurze Bezeichnung des Schriftstücks:	**Postzustellungsurkunde** über die Zustellung eines Schriftstücks mit der Aufschrift:		
Vorladung zum Termin/ Einstel- lungsver- fügung	Gesch.-Nr. 7 C 1632/19··	Herrn Balduin Becker Vertreter 73 Esslingen Baumweg 20	
	Absender: wie umseitige Rückanschrift		

Das vorstehend bezeichnete Schriftstück habe ich in meiner Eigenschaft als Postbediensteter zu ....

.... **heute hier** — zwischen .... Uhr und.......... Uhr........ (Zeitangabe nur auf Verlangen) —

	(Vordruck für die Zustellung an Einzelpersonen, Einzelfirmen, Rechtsanwälte, Notare und Gerichtsvollzieher usw.)	(Vordruck für die Zustellung an Behörden, juristische Personen, Gesellschaften und Gemeinschaften)
1. An den Empfänger oder Vorsteher usw. in Person	dem – **Empfänger** – (Vor- u. Zuname): *Balduin Becker* selbst in – der Wohnung – *in Esslingen* übergeben.	dem – **Vorsteher** – gesetzlichen **Vertreter** – vertretungsberechtigten **Mitinhaber** – **in Person** in – der Wohnung – dem Geschäftslokal – .... übergeben.
2. An Gehilfen, Angestellte, Beamte usw.	da ich in dem Geschäftslokal den – Empfänger – Firmeninhaber (Vor- und Zuname): .... selbst **nicht** angetroffen habe, dort de........ **Ge**hilf........ – Angestellten – .... übergeben.	da in dem Geschäftslokal während der gewöhnlichen Geschäftsstunden a) der angetroffene – Vorsteher – gesetzliche Vertreter – vertretungsberechtigte Mitinhaber – an der **Annahme verhindert** war, b) der – Vorsteher – gesetzliche Vertreter – vertretungsberechtigte Mitinhaber – **nicht anwesend** war, dort dem beim Empfänger angestellten .... übergeben.

Den Tag der Zustellung habe ich auf dem zugestellten Schriftstück vermerkt.

73 *Esslingen*, den 27. Juni 19··
Postleitzahl

Träger Posthelfer

Nr. 152–1735 (seither Zust.-Urk. Nr. 2 a) Zustellung d. d. Post

---

Des Schrift- stücks:	Betreff: Datum: 26.6.19.. Inhalt:	Geschäfts- nummer:	7 C 1632/19..	Zustellung der Terminsladung an den Beklagten wie Bl. 3 (Postzustellungsurkunde)

– Vorladung zum Termin vom 4. Juli 19..

– Kostenfestsetzung – Beschluß – Einstellungsverfügung –

Schriftsatz – Urteils – ausfertigung / formel – (Das Zutreffende ist zu unterstreichen)

Zuzustellen an: Herrn Rechtsanwalt Dr. Streiter, Stuttgart

Persönlich!

Stempel des Rechtsanwalts	**Empfangsbekenntnis**	
Dr. Streiter Rechtsanwalt Stuttgart	Das vorbezeichnete Schriftstück habe ich erhalten **Stuttgart**, den **27. Juni** 19·· Unterschrift des Empfängers 	Empfangsbekenntnis des prozeßbevollmächtigten Rechtsanwalts des Klägers (§ 212 a ZPO)

Stuttgart, den 29.6.19..

Rechtsanwalt
DR. STREITER
7000 Stuttgart 1
Königstraße 100

An das
Amtsgericht Stuttgart
7 C 1632/19..

In Sachen   K l a i b e r ./. B e c k e r

habe ich namens des Klägers noch vorzutragen:

Der Beklagte verdreht bewußt die Tatsachen. Es war gerade der
Beklagte, der einen schriftlichen Vertrag für unnötig hielt
und darauf hinwies, daß unter Ehrenmännern doch auch das Wort
noch etwas gelte.

Es ist zwar richtig, daß der Beklagte während des Gesprächs
einmal Bedenken äußerte, ob seiner Frau die etwas auffällige
hellblaue Farbe des Wagens gefallen werde. Dies hat ihn dann
aber doch nicht abgehalten, den Wagen fest zu kaufen. Er be-
merkte dazu, schließlich sei er der Herr im Hause.

Die Parteien haben den Kauf durch Handschlag besiegelt und danach zusammen noch ein Bier getrunken. Dieses Bier hat der Kläger dem Beklagten bezahlt.

> Beweis: Zeugnis des Karl Zeller

Schließlich gibt ja der Beklagte auch selbst zu, daß er bereits
die Kundendienst-Unterlagen an sich genommen hat. Dieser Vorgang
wäre doch ohne einen zuvor abgeschlossenen Kaufvertrag völlig
unverständlich.

Das Fahrzeug ist den verlangten Preis auch wert gewesen. Der Kläger hat es ja zu fast dem gleichen Preis weiterverkaufen können.

Unwahr ist die Behauptung, der PKW sei mehr gelaufen, als auf dem
Tacho-Anzeiger abzulesen war. Der Kläger jedenfalls hat den
Tacho nicht zurückgedreht. Auch den 85 000 km-Kundendienst hat der
Kläger nicht ausführen lassen.

> Beweis: Zeugnis des Kfz-Meisters Riedel, der den PKW des Klä-
>   gers betreut hat, seitdem ihn der Kläger fabrikneu er-
>   worben hat; zu laden bei Fa. Opel-Maier in Stuttgart,
>   Neckarstraße 75

Der Kläger ist der Ansicht, daß der Beklagte bei Vertragsabschluß seinen Wohnsitz in Stuttgart hatte, wenn er hier für
längere Zeit gelebt hat. Er sieht sich insoweit allerdings
in Beweisnot, weshalb im Termin Verweisung beantragt werden
wird, falls der Beklagte die Unzuständigkeitsrüge aufrecht
erhalten sollte.

Im Hinblick auf die bevorstehenden Gerichtsferien wird bereits
jetzt beantragt, den Rechtsstreit zur Feriensache zu erklären.

(Dr. Streiter)
Rechtsanwalt

Öffentliche Sitzung des Amtsgerichts

Geschäfts-Nr. 7 C 1632/19..

Ort, Datum

Stuttgart, 4. Juli 19..

In Sachen *)

K l a i b e r

Anwesend:

Richter am Amtsgericht Adam

gegen

Just.Ass. Schreiber
als Urkundsbeamter der Geschäftsstelle

B e c k e r

wegen Schadensersatz

erschienen   bei Aufruf

— für — den   Kläger   Rechts-anwalt/beistand Dr. Streiter
                               Er übergibt Schriftsatz vom 29.6.19..
— für — den   Beklagten selbst   Rechts-anwalt/beistand

Es wird festgestellt, daß der Einspruch form- und fristgerecht
eingelegt worden ist.

Der Kläger-Vertreter stellt den Antrag,
    das Versäumnisurteil vom 15.6.19.. aufrechtzuerhalten

Der Beklagte rügt die örtliche Unzuständigkeit des Amtsgerichts
Stuttgart und beantragt
    Aufhebung des Vers.-Urteils und Abweisung der Klage
    als unzulässig

Der Kläger-Vertreter beantragt daraufhin die Verweisung des Rechtsstreits an das örtlich zuständige Amtsgericht Esslingen a.N.

Beschlossen und verkündet:

Das Amtsgericht Stuttgart erklärt sich für örtlich unzuständig
und verweist den Rechtsstreit auf Antrag des Klägers an das
örtlich zuständige

Amtsgericht Esslingen a.N.

(Adam)   (Schreiber)

ZP 31
Mündliche Verhandlung erster Instanz (§ 510 a ZPO)
— Amtsgericht —   4b A4 VB

*) Wenn das Protokoll einen Vergleich enthält, sind die Par-
teien, ihre gesetzlichen Vertreter und die Prozeßbevollmächtigten im Betreff nach Namen, Stand oder Gewerbe
und Wohnort genau zu bezeichnen.

Amtsgericht Esslingen a.N.   Esslingen, den 10. Juli 19..
   3 C   1007/19..

<u>V e r f ü g u n g</u>

In der Rechtssache

Klaiber ./. Becker

1. Der Rechtsstreit wird zur Feriensache erklärt
2. Termin zur mündlichen Verhandlung (Haupttermin)
   wird bestimmt auf

   Mittwoch, 18. August 19.., vorm. 8.30 Uhr
   Amtsgericht Esslingen, Ritterstr. 8
   Saal 20
3. Das persönliche Erscheinen der Parteien zum Zwecke der
   Sachaufklärung wird angeordnet.
4. Die Zeugen Karl Zeller, Stuttgart, Karlsstraße 32
        und Kfz.-Meister Riedel bei Fa. Opel-Maier

werden zur mündlichen Verhandlung geladen.

(Bernhard)
Richter am Amtsgericht

Gesch.-Nr. 3 C 1007/19..   zu Blatt: 15

Kurze Bezeichnung
des Schriftstücks: Zeugenladung

```
Herrn
Karl Zeller
Tankstellenbesitzer
Karlsstraße 32
7 Stuttgart 1
```

Postzustellungsurkunde über die
Zustellung eines Schriftstücks mit der Aufschrift:

Absender:

wie umseitige Rückanschrift

Das vorstehend bezeichnete Schriftstück habe ich in meiner Eigenschaft als Postbediensteter zu ....
heute hier – zwischen .... Uhr und ....Uhr (Zeitangabe nur auf Verlangen)

	(Vordruck für die Zustellung an Einzelpersonen, Einzelfirmen, Rechtsanwälte, Notare und Gerichtsvollzieher usw.)	(Vordruck für die Zustellung an Behörden, juristische Personen, Gesellschaften, Gemeinschaften und Vereinigungen)
1. An den Empfänger oder Vorsteher usw. in Person	dem – **Empfänger** – **Firmeninhaber** (Vor- und Zuname): .... **selbst** in – der Wohnung – dem Geschäftslokal .... übergeben.	dem – **Vorsteher** – gesetzlichen **Vertreter** – vertretungsberechtigten **Mitinhaber** – **in Person** in – der Wohnung – dem Geschäftslokal .... übergeben.
2. An Gehilfen, Angestellte, Beamte usw.	, da ich in dem Geschäftslokal den – **Empfänger** – **Firmeninhaber** (Vor- und Zuname): .... **selbst nicht** angetroffen habe, dort de............ **Gehilf** – **Angestellten** – .... übergeben.	, da in dem Geschäftslokal während der gewöhnlichen Geschäftsstunden a) der angetroffene – Vorsteher – gesetzliche Vertreter – vertretungsberechtigte Mitinhaber – an der **Annahme verhindert** war, b) der – Vorsteher – gesetzliche Vertreter – vertretungsberechtigte Mitinhaber – **nicht anwesend** war, dort dem beim Empfänger angestellten .... übergeben.
3. An a) **ein Familienmitglied** b) **eine dienende Person**	, da ich den – **Empfänger** – **Firmeninhaber** (Vor- und Zuname): *Karl Zeller* **selbst in der Wohnung nicht** angetroffen habe, dort a) dem zu seiner Familie gehörenden **erwachsenen Hausgenossen**, nämlich – der **Ehefrau** – dem Ehemann – dem **Sohne** – der **Tochter** – .... übergeben. b) de............ in der Familie **dienenden** erwachsenen .... übergeben.	, da ein besonderes Geschäftslokal **nicht** vorhanden ist und ich auch den – Vorsteher – gesetzlichen Vertreter – vertretungsberechtigten Mitinhaber – in der hiesigen Wohnung **nicht** selbst angetroffen habe, dort a) dem zu seiner Familie gehörenden **erwachsenen Hausgenossen**, nämlich – der **Ehefrau** – dem **Ehemann** – dem **Sohne** – der **Tochter** – .... übergeben. b) de............ in der Familie **dienenden** erwachsenen .... übergeben.
4. An den Hauswirt oder Vermieter	, da ich den – **Empfänger** – **Firmeninhaber** (Vor- und Zuname): .... **selbst in der Wohnung nicht** angetroffen habe, auch die Zustellung an einen zur Familie gehörenden erwachsenen Hausgenossen oder an eine in der Familie dienende erwachsene Person nicht ausführbar war, de............ in demselben Hause wohnenden – **Hauswirt** .... –, **Vermieter** .... –, nämlich de............ d............ zur Annahme bereit war, übergeben.	, da ein besonderes Geschäftslokal **nicht** vorhanden ist und ich den – Vorsteher – gesetzlichen Vertreter – vertretungsberechtigten Mitinhaber – in der Wohnung **nicht** angetroffen habe, auch die Zustellung an einen zur Familie gehörenden erwachsenen Hausgenossen oder an eine in der Familie dienende erwachsene Person **nicht** ausführbar war, de............ in demselben Hause wohnenden – **Hauswirt** .... –, **Vermieter** .... –, nämlich de............ d............ zur Annahme bereit war, übergeben.
5. Verweigerte Annahme (kommt nur in den Fällen **1, 2** und **3** in Betracht)	zu übergeben versucht und, da die Annahme des Schriftstücks verweigert wurde, am Ort der Zustellung zurückgelassen.	

61

Den Tag der Zustellung habe ich auf dem zugestellten Schriftstück vermerkt.

7 *Stuttgart* , den *11. Juli* .... 19:..
Postleitzahl

Knopf

(Fortsetzung umseitig)*

---

* Rückseite der Postzustellungsurkunde: siehe S. 10.

Öffentliche Sitzung des Amtsgerichts

Ort, Datum

Geschäfts-Nr. 3 C 1007/19..

Esslingen, den 18.8.19..

In Sachen *)

Anwesend:

Albert K l a i b e r

Richter am AG Bernhard

gegen

Just. Ass. Maler

Balduin B e c k e r

als Urkundsbeamter der Geschäftsstelle

erschienen bei Aufruf
> der Kläger mit Rechtsanwalt Dr. Streiter
> der Beklagte in Person

sowie die vorgeladenen Zeugen Karl Zeller und Alfons Riedel.

Der Kläger stellt den Studenten Peter Klaiber als Zeuge für die Behauptung des Vertragsabschlusses in die Sitzung und beantragt seine Vernehmung.

> Der Kläger_Vertreter stellt den Antrag

> > das Versäumnisurteil des Amtsgerichts Stuttgart
> > vom 15.6.19.. aufrechtzuerhalten

> Der Beklagte beantragt

> > Aufhebung des Versäumnisurteils und Klageabweisung

Das Gericht führt in den Sach- und Streitstand ein und hört die Parteien dazu persönlich.

Eine gütliche Beilegung wird von den Parteien abgelehnt.

Daraufhin wird beschlossen, die Zeugen Zeller, Riedel und Klaiber zu vernehmen.

Die Zeugen werden zur Wahrheit ermahnt und darauf hingewiesen, daß sie in den vom Gesetz vorgesehenen Fällen unter Umständen die Aussage zu beeidigen haben. Über die strafrechtlichen Folgen einer falschen eidlichen oder uneidlichen Aussage werden sie belehrt.

Die Zeugen werden einzeln und in Abwesenheit der später abzuhörenden Zeugen wie folgt vernommen:

<u>Zur Person</u>: Karl Zeller, Tankstellenbesitzer, 39 Jahre alt, verheiratet, wohnhaft in Stuttgart, Karlsstraße 32, mit den Parteien nicht verwandt und nicht verschwägert.

<u>Zur Sache</u> : Das Fahrzeug des Klägers stand bei mir an der Tankstelle zum Verkauf. Ich selbst hatte jedoch mit dem Verkauf nichts zu tun. Auch bei den Verhandlungen zwischen den Parteien war ich nicht zugegen, sondern kam erst dazu, als die Parteien in meiner Getränkestube neben der Tankstelle ein Bier miteinander tranken. Sie waren beide guter Laune und schienen mit ihren vorausgegangenen Verhandlungen zufrieden zu sein. Als der Beklagte dann sein Bier bezahlen wollte, wehrte der Kläger ab und sagte, er werde das erledigen, das sei im Kaufpreis mit drin. Der Kläger hat dann auch bezahlt.

Etwa 8 bis 10 Tage später hat mir dann der Kläger empört berichtet, der Beklagte habe sich telefonisch vom Kauf losgesagt. Das lasse er sich aber nicht bieten.

Ich konnte dann einige Zeit danach dem Kläger einen meiner
Kunden als Käufer vermitteln. der aber nicht mehr als 3 600.-
für den Wagen zahlen wollte. Zu diesem Preis hat dann der
Kläger den Wagen abgegeben. Ich möchte noch erwähnen, daß
ich an dem Verkauf des Wagens nichts verdient habe.

v. u. g.

Der Zeuge bleibt unbeeidigt.

- - - -

Zur Person:

Alfons Riedel, Kfz-Meister, verheiratet, 54 Jahre alt, wohnhaft
in Stuttgart - Münster, Austraße 68, mit den Parteien nicht verwandt und nicht verschwägert.

Zur Sache:

Ich bin Kundendienstmeister bei der Firma Opel - Maier in Stuttgart. Den Kläger kenne ich seit vielen Jahren als Kunden unserer
Werkstätte. Den Opel Kapitän S - AD 935 hat er vor ca 4 Jahren
bei uns gekauft und wir haben auch sämtliche Reparaturen und Kun-
dendienstarbeiten an diesem Fahrzeug ausgeführt. Nachdem wir erst
im März dieses Jahres den 80 000 km - Kundendienst gemacht hatten,
kam der Kläger in der ersten Aprilhälfte bereits wieder zu uns
und bat um Überprüfung seines Fahrzeugs, weil er es verkaufen
wolle. Er sagte mir damals, er wolle ein ordentliches Fahrzeug
verkaufen und mit dem Käufer keinen Ärger bekommen. Der Einfachheit halber haben wir eben einen normalen Kundendienst ausgeführt. Dabei ist dann auch ein Kundendienst - Scheck entnommen
worden, ich nehme an, daß es der für den 85 000 km - Kundendienst war.

Auf Frage des Beklagten:

Am Tachometerstand haben wir selbstverständlich nichts verändert.
Die Firma Opel-Maier ist ein seriöses Geschäft.

v. u. g.

Der Zeuge bleibt unbeeidigt.

- - - -

Der Kläger-Vertreter beantragt, den in die Sitzung gestellten
Zeugen Klaiber zu vernehmen.

Es ergeht der Beschluß: Der Zeuge Klaiber ist zu vernehmen.

Zur Person:

Peter Klaiber, stud. phil. 22 Jahre alt, ledig, wohnhaft in
Tübingen, Waldstraße 29 bei Klein, Neffe des Klägers.

Der Zeuge wird auf das Recht der Zeugnisverweigerung
hingewiesen.

Er erklärt daraufhin: Ich bin bereit auszusagen.

Zur Sache:

Am Montag, den 16.4.19.. rief ich am Abend meinen Onkel, den Kläger, an, weil ich ihm für seinen PKW einen Käufer wußte, nämlich meinen Zimmervermieter. Der Kläger erklärte mir am Telefon, sein Wagen sei schon verkauft. Als mir der Kläger einige Tage später mitteilte, sein Wagen stehe wieder zum Verkauf, weil der Käufer Schwierigkeiten mache, hatte mein Vermieter bereits ein anderes Fahrzeug erworben.

v. u. g.

Der Zeuge bleibt unbeeidigt.

- - - -

  Der Kläger - Vertreter stellt den Antrag

    Das Versäumnisurteil des Amtsgerichts Stuttgart
    vom 15.6.19.. wird aufrechterhalten.

  Der Beklagte beantragt

    Aufhebung des Versäumnisurteils und Klageabweisung.

Beschlossen und verkündet:

Termin zur Verkündung einer Entscheidung wird bestimmt
  auf Freitag, den 25.8.19.. , vorm. 8.30 Uhr Saal 1

   Bernhard
   (Bernhard)
  Richter am AG

         Bleich
        (Bleich)
       Protokollführerin

Öffentliche Sitzung des Amtsgerichts Esslingen , den 25.8.19..

Geschäftsnummer: 3 C 1007/19..

In Sachen

Anwesend

 Bernhard, Richter am AG
   als Richter

 Just.Ass. Maler
 als Urkundsbeamter der Geschäftsstelle

Albert Klaiber Kläg.,

gegen

Balduin Becker Bekl.,

ist Termin zur Verkündung einer Gerichtsentscheidung auf heute bestimmt.

Es erschien bei Aufruf

— für — den Kläger niemand
— für — den Beklagten niemand
Es wurde ~~der~~ ~~Beweis-Beschluß~~ — das Urteil — Bl. 21

verkündet.

Verfügung

1. Verhandlungskalender
2. Kosten
3. An die Geschäftsstelle
 Amtsgericht

  Der Richter
  Bernhard

    Der Urkundsbeamte
    Maler

Nr. 239 (ZP. 10 dd.) Verkündung eines Urteils — Beweis-Beschlusses — LL

Amtsgericht

Geschäfts-Nr. 3 C 1007/19..

— Verkündet —

— ~~Anstelle der Verkündung~~
~~zugestellt~~ —

am 25. 8. 19..

Maler

als Urkundsbeamter
der Geschäftsstelle

Im Namen des Volkes

Urteil

In Sachen

Albert K l a i b e r
Prokurist
7 S t u t t g a r t 1,
Werastraße 70

Kläg.,

Prozeßbevollm.: Rechtsanwalt Dr. Streiter, Stuttgart

gegen

Balduin B e c k e r
Vertreter
73 E s s l i n g e n,
Baumweg 20

Bekl.,

Prozeßbevollm.: —.—

wegen Schadensersatz

hat das **Amtsgericht** Esslingen

durch den Richter Bernhard

auf die —   — mündliche Verhandlung vom / ~~XXX~~ 18.8.19...

für Recht erkannt:

1. Das Versäumnisurteil des Amtsgerichts
   Stuttgart vom 15.6.19.. (7 C 1632/19..)
   wird aufrechterhalten.

2. Der Beklagte trägt die Kosten des Rechtsstreits mit Ausnahme der durch die Anrufung
   des örtlich unzuständigen Amtsgerichts
   Stuttgart entstandenen Kosten, die der
   Kläger zu tragen hat.

3. Das Urteil ist vorläufig vollstreckbar. —

./.

Tatbestand

Am 15.4.19.. verhandelte der Kläger mit dem Beklagten auf dem
Gelände der Tankstelle Zeller in Stuttgart über den Verkauf
seines zuvor durch Zeitungsanzeige ausgeschriebenen PKW Opel-
Kapitän S – AD 935.

Im Verlauf der Verhandlungen überließ der Kläger dem Beklagten
die Kundendienstunterlagen für das angebotene Fahrzeug. Im Anschluß an die Verkaufsverhandlungen bezahlte der Kläger dem Beklagten ein Bier, als die Parteien in der Getränkestube neben der
Tankstelle Zeller noch zusammensaßen. Ob es zwischen den Parteien
zu einem Vertragsabschluß über den Kauf des PKW gekommen ist,
ist streitig. Der Beklagte verweigerte jedenfalls in der Folge-
zeit trotz fernmündlicher Aufforderung die Zahlung und Abnahme
des Fahrzeugs, wie auch die Zahlung des verlangten Schadenser-
satzbetrages.

Der K l ä g e r behauptet,
die Verhandlungen vom 15.4.19.. hätten zu einem mündlichen Kaufvertrag über das Fahrzeug Opel-Kapitän geführt. Der Beklagte habe
sich zur Zahlung des vereinbarten und auch angemessenen Kaufpreises von 3.800,-- DM und zur Abnahme des Wagens für den 22.4.19..
verpflichtet. Ein schriftlicher Vertrag sei nicht abgeschlossen
worden und auch nicht beabsichtigt gewesen. Gerade der Beklagte
habe mit dem ausdrücklichen Hinweis auf sein Ehrenwort die Wirksamkeit des mündlichen Vertrages betont. Bei dem nach ernsthafter
Erfüllungsverweigerung durch den Beklagten anderweitig erfolgten
Verkauf des Fahrzeugs habe er nur 3.600,-- DM erlösen können.
Der Beklagte sei daher zum Ersatz des ihm entstandenen Schadens
verpflichtet.

Der Kläger hat den Antrag gestellt, für Recht zu erkennen:

> Der Beklagte wird verurteilt,
> an den Kläger 200,-- DM nebst 4 % Zinsen
> seit 6.6.19... zu bezahlen.

Gemäß diesem Antrag ist am 15.6.19.. bei dem zunächst angegangenen
Amtsgericht Stuttgart ein Versäumnisurteil gegen den Beklagten ergangen. Der Beklagte hat gegen das ihm am 18.6.19.. (Bl. 7) zugestellte Versäumnisurteil am 26.6.19.. Einspruch eingelegt.

Der Kläger beantragt,

> das Versäumnisurteil des Amtsgerichts
> Stuttgart vom 15.6.19.. aufrechtzuerhalten.

Der Beklagte stellt den Antrag,

> das Versäumnisurteil vom 15.6.19.. aufzu-
> heben und die Klage abzuweisen.

Der Beklagte bestreitet den Abschluß eines Kaufvertrages und
trägt vor, er habe nichts unterschrieben. Ein gleichwohl etwa
zustandegekommener Kaufvertrag sei aber jedenfalls deshalb unwirksam, weil das angebotene Fahrzeug ein ausgelaufenes Modell
und niemals 3.800,-- DM wert gewesen sei. Der Kläger habe ihn
mit diesem Geschäft hereinlegen wollen.

Schließlich habe ihn der Kläger dadurch arglistig getäuscht, daß
er einen Kilometerstand von 81 627 zugesichert habe (laut Kilometerzähler), während das Fahrzeug weit mehr, nämlich mindestens
85 000 km gelaufen sei, wie sich daraus ergebe, daß der

./.

85 000 km-Kundendienst bereits durchgeführt worden sei. Er fechte deshalb den Kaufvertrag wegen arglistiger Täuschung an.

Er könne auch nicht glauben, daß der Kläger sein Fahrzeug anderweitig für 3.600,-- DM verkauft habe und bestreite deshalb diese Behauptung.

Der Kläger stellt in Abrede, daß das Fahrzeug mehr gelaufen sei, als der Kilometerzähler angezeigt habe und daß der 85 000 km-Kundendienst schon ausgeführt worden sei.

Wegen des weiteren Vortrags der Parteien wird auf die Schriftsätze bezuggenommen.

Der zunächst beim Amtsgericht Stuttgart anhängig gewesene Rechtsstreit ist auf Antrag des Klägers durch Beschluß vom 4.7.19.. an das Amtsgericht Esslingen verwiesen worden.

Das Gericht hat durch Vernehmung der Zeugen Zeller, Riedel und Klaiber Beweis erhoben über den vom Kläger behaupteten Vertragsabschluß, über die Höhe des bei der Weiterveräußerung erzielten Erlöses sowie über die Behauptung, der 85 000 km-Kundendienst sei an dem Fahrzeug noch nicht durchgeführt gewesen.

Der Zeuge Zeller hat bekundet, daß er bei den Verhandlungen zwischen den Parteien nicht zugegen gewesen sei, jedoch bemerkt habe, daß die Parteien anschließend über das Verhandlungsergebnis befriedigt gewesen seien und der Kläger dem Beklagten mit dem Bemerken, das sei im Kaufpreis mit drin, ein Bier bezahlt habe. Der Kläger habe ihm später empört berichtet, der Beklagte habe sich vom Vertrag losgesagt. Er, der Zeuge Zeller, habe dann einen anderen Käufer vermittelt, der den Wagen für 3.600,-- DM gekauft habe.

Der Neffe des Klägers, Peter Klaiber, hat als Zeuge ausgesagt, daß der Kläger einen ihm am 16.4.19.. fernmündlich genannten Kaufinteressenten mit dem Bemerken abgelehnt habe, der Wagen sei schon verkauft. Einige Tage später habe der Kläger ihm dann von der Vertragsuntreue dieses Käufers berichtet und sich deshalb nach dem ihm zuvor angedeuteten Kaufinteressenten erkundigen wollen.

Der Zeuge Riedel hat angegeben, daß der Kläger alsbald nach Durchführung des 80 000 km-Kundendienstes erneut eine Überprüfung des Fahrzeugs wegen bevorstehenden Verkaufes in Auftrag gegeben habe. Bei dieser Gelegenheit sei der Einfachheit halber der nächstfällige Kundendienst - Scheck entnommen worden. Am Kilometerzähler des Fahrzeugs sei nichts verändert worden.

Wegen der Einzelheiten der Zeugenaussagen wird auf die Niederschrift Blatt 17/19 bezuggenommen, -

E n t s c h e i d u n g s g r ü n d e :

Die Klage ist zulässig.

Der Einspruch des Beklagten gegen das Versäumnisurteil das Amtsgerichts Stuttgart vom 15.6.19.. ist zulässig.

./.

Das Versäumnisurteil des Amtsgerichts Stuttgart ist auch aufzuerhalten, da die Klage begründet ist.

Der Beklagte hat durch mündlich abgeschlossenen Vertrag vom 15.4.19.. den PKW Opel-Kapitän des Klägers zum Preis von 3.800,-- DM gekauft.

Der Beklagte stellt zwar einen wirksamen Vertragsabschluß in Abrede. Auf Grund des Beweisergebnisses und der weiter festgestellten Umstände muß jedoch davon ausgegangen werden, daß sich der Beklagte bindend zur Kaufpreiszahlung und zur Abnahme des Fahrzeugs verpflichtet hat.

Der Zeuge Zeller war zwar nach seinen Angaben bei den Verkaufsverhandlungen nicht zugegen, sondern ist erst nachträglich mit den Parteien zusammengetroffen. Für ihn ist aber der Eindruck entstanden, daß die Parteien ein für beide Teile befriedigendes Verhandlungsergebnis erzielt hatten. Seine Beobachtung, daß der Kläger dem Beklagten mit der Bemerkung, das sei im Kaufpreis mit drin, ein Bier bezahlte, was der Beklagte zugelassen hat, läßt darauf schließen, daß es zwischen den Parteien zu einem Kaufabschluß gekommen war.

Auch das vom Zeugen Klaiber geschilderte Verhalten des Klägers auf die fernmündliche Benennung eines Kaufinteressenten am 16.4.19.. wird nur unter der Voraussetzung eines zuvor fest abgeschlossenen Kaufvertrages mit dem Beklagten verständlich.

Beide Zeugen stehen zwar dem Kläger nahe. Der Kläger ist Kunde bei Zeller und der Onkel des Peter Klaiber. Gleichwohl ist bei keinem der Zeugen die Annahme begründet, daß sie sich infolge guter Bekanntschaft oder naher Verwandtschaft zu unwahrer Aussage hätten verleiten lassen, nur um dem Kläger den geringen Vorteil der erhobenen Schadensersatzforderung zu sichern. Ihre Aussagen sind in sich klar und auch ohne Widersprüche.

Die hieraus zu erlangende Erkenntnis eines zwischen den Parteien abgeschlossenen Kaufvertrages wird schließlich auch noch dadurch unterstrichen, daß der Beklagte unstreitig bereits die Kundendienstunterlagen an sich genommen hatte. Der Beklagte hat jedenfalls für eine anderslautende Deutung dieses Vorganges nichts vorgetragen.

Wenn auch der Verkauf von Kraftfahrzeugen in aller Regel schriftlich erfolgt, so ist es doch nicht ausgeschlossen, daß in gesetzlich zulässiger Form auch gelegentlich mündlich ein derartiger Kauf getätigt wird, insbesondere, wenn sofortige Barzahlung bei Abholung beabsichtigt ist.

Es ist somit die Überzeugung zu gewinnen, daß zwischen den Parteien am 15.4.19.. ein wirksamer Kaufvertrag über den Opel - Kapitän des Klägers zum Preis von 3800,-- DM zustandegekommen ist. Daß dieser Betrag Gegenstand der Verhandlungen war, wird auch vom Beklagten nicht bestritten.

Dieser Kaufvertrag ist nicht wegen Sittenwidrigkeit oder Wuchers unwirksam. Ein Kaufpreisbetrag von 3800,--DM für ein solches Fahrzeug ist nicht ungewöhnlich. Dies ergibt sich auch daraus, daß der Kläger, wie der Zeuge Zeller weiter angegeben hat, seinen Wagen später zu einem nur wenig niedrigeren Kaufpreis von 3600,-- DM anderweitig verkaufen konnte.

Ebenfalls ist der Kaufvertrag nicht wegen arglistiger Täuschung gemäß § 123 BGB wirksam angefochten. Der Zeuge Riedel hat ausgesagt, daß der Kläger sein Fahrzeug anläßlich des beabsichtigten Verkaufes hat überprüfen lassen und daß bei dieser Gelegenheit unbedacht der nächstfällige Kundendienst-Scheck entnommen

./.

worden sei. Wenn auch infolge der Entnahme des Kundendienst-
Schecks für den 85 000 km-Kundendienst der Eindurck entstehen
konnte, das Fahrzeug sei bereits mindesters 85 000 km gelaufen,
so ist doch im Hinblick auf die Aussage des Zeugen Riedel dieser Anschein entkräftet und der Sachverhalt dahingehend aufge-
klärt, daß der Kundendienst-Scheck offenbar vorzeitig und
fälschlich entnommen worden ist. Auch der Zeuge Riedel gibt
trotz seiner von ihm eingeräumten langjährigen Bekanntschaft
mit dem Kläger keinen Anlaß, die Aufrichtigkeit seiner Angaben
in Zweifel zu ziehen. '

Demnach konnte der Beklagte eine arglistige Täuschung des
Klägers durch Vorspiegelung einer falschen Fahrleistung nicht
zur Überzeugung des Gerichts dartun.

Der Kläger verlangt vom Beklagten zu Recht Schadensersatz
wegen Nichterfüllung in Höhe des Mindererlöses von 200,-- DM
bei der anderweitigen Veräußerung.

Spätestens durch die unstreitige fernmündliche Zahlungsaufforderung des Klägers ist der Beklagte in Verzug geraten. Zwar
hat es der Kläger versäumt, gemäß § 326 BGB dem Beklagten zur
Bewirkung der Leistung eine Frist zu bestimmen und zu erklären,
daß er nach Fristablauf die Leistung ablehnen werde. Dies war
jedoch im vorliegenden Falle entbehrlich, weil der Beklagte sogleich die Erfüllung ernsthaft und endgültig verweigert hat.
Unter solchen Umständen wäre die Fristsetzung eine nutzlose
Förmlichkeit, auf die bei gegebener Sachlage in ständiger Rechtsprechung verzichtet wird.

Da der Kläger gemäß den Aussagen des Zeugen Zeller beim anderweitigen Verkauf des Fahrzeugs nur 3.600,--DM erlöst hat, beträgt sein Schaden infolge der Vertragsverletzung des Beklagten
200,-- DM. Zum Ersatz dieses Schadens ist der Beklagte gemäß
§ 326 BGB verpflichtet.

Die vom Kläger verlangten Zinsen sind gemäß § 291 BGB ab dem
Zeitpunkt der Klageerhebung -29.5.19.. - begründet.

Die Kostenentscheidung ergibt sich aus §§ 91, 281 III ZPO.

Das Urteil ist gemäß § 708 Ziff.11 ZPO ohne Sicherheitsleistung
vorläufig vollstreckbar. -

(Bernhard)
Richter am Amtsgericht.

Erläuterungen zum Aktenstück

Blatt 1: Klageschrift

1. Die Klageschrift erfüllt die Anforderungen des § 253 Abs. 2 ZPO.
   a) Die Parteien sind hinreichend genau bezeichnet (§ 130 Nr. 1 ZPO).
   b) Das Amtsgericht Stuttgart erscheint nach dem Vortrag in der Klage nach §§ 269 BGB, 29 ZPO (gesetzlicher Erfüllungsort) als zuständig. Zuständig wäre auch das Amtsgericht Esslingen gem. § 13 ZPO. Unter mehreren zuständigen Gerichten hat der Kläger die Wahl (§ 35 ZPO).
   c) Die Klagebegründung ist gem. § 433 Abs. 2 BGB schlüssig.
   d) Es wird ein bestimmter Antrag gestellt. Nicht hinreichend bestimmt ist zwar der Zinsanspruch (»seit Klageerhebung«). Eine genaue Bestimmung dieses Zeitpunktes ist jedoch dem Kläger noch nicht möglich, da er sich erst aus der noch nicht erfolgten Klagezustellung (§ 253 Abs. 1 ZPO) ergibt. Das Gericht hat bei der Entscheidung darauf zu achten, daß dann die Angabe »Klageerhebung« durch ein Datum ersetzt wird (Postzustellungsurkunde Bl. 3!).
   e) Ein Eventualantrag auf Versäumnis- oder Anerkenntnisteil im Falle der Anordnung eines schriftlichen Vorverfahrens durch das Gericht (§§ 272 Abs. 2, 276 ZPO) ist bei Klagen, die zum Landgericht eingereicht werden, zweckmäßig. Er ergibt sich aus §§ 331 Abs. 3 S. 2, 307 Abs. 2 S. 2 ZPO. Beim Amtsgericht ist mit der Anordnung des schriftlichen Vorverfahrens allerdings regelmäßig nicht zu rechnen.
2. Die Vorlage einer schriftlichen Prozeßvollmacht ist, wenn Prozeßbevollmächtigter ein Rechtsanwalt ist, nur auf Rüge seitens des Prozeßgegners erforderlich. Im Falle der Prozeßvertretung durch eine Person, die nicht Rechtsanwalt ist (vgl. § 79 ZPO), muß das Vorliegen einer schriftlichen Vollmacht von Amts wegen beachtet werden.
3. Der Stempelaufdruck dokumentiert den Eingangszeitpunkt. Auf ihn kann es entscheidend ankommen, wenn durch die Klageerhebung die Verjährung unterbrochen (§ 209 BGB) oder eine Frist gewahrt werden soll (§ 270 Abs. 3 ZPO).
4. Die Vorschußpflicht hinsichtlich der Prozeßgebühr (15.– DM) und der Auslagen für die Postzustellung (5.– DM) ergibt sich aus § 65 GKG.

Blatt 2: Terminbestimmung

1. Die bei Gericht eingegangene Klageschrift wird registriert und nach Zuteilung an den nach dem Geschäftsverteilungsplan des Amtsgerichts für die Bearbeitung zuständigen Richter (»gesetzlicher Richter« § 21 e GVG) mit einer Geschäftsnummer versehen.
   Die Zahl 7 benennt das zuständige Richterreferat.
   Buchstabe C bedeutet »allgemeine Zivilsache beim Amtsgericht« (vgl. Schönfelder ›Deutsche Gesetze« Anhang I vor Sachverzeichnis).
   Es folgt dazu die laufende Eingangsziffer des entsprechenden Jahres.
2. Der Rechtsstreit soll möglichst in einem (einzigen) Verhandlungstermin (Haupttermin, § 272 Abs. 1 ZPO) zur Entscheidung gebracht werden. Dieser muß umfassend vorbereitet werden. Hierfür stehen dem Richter zwei Wege zur Verfügung (§ 272 Abs. 2 ZPO):
   a) Bestimmung eines frühen ersten Termins (Abklärung des Sach- und Streitstandes in einer alsbald durchzuführenden mündlichen Verhandlung).
   b) Veranlassung eines schriftlichen Vorverfahrens (Aufforderung zu schriftlicher Stellungnahme).

Der Richter hat sich für die Abhaltung eines frühen ersten Termins entschieden, wie dies für Amtsgerichtsprozesse in der Regel sinnvoll sein wird, wenn nicht beide Parteien durch Rechtsanwälte vertreten sind.

3. Zu dem Termin werden beide Parteien geladen. Sie haben die Möglichkeit, sich im Termin durch Prozeßbevollmächtigte vertreten zu lassen (§ 79 ZPO). Ihre persönliche Anwesenheit im Termin wird nur verlangt, wenn das Gericht zum Zwecke der Sachaufklärung (§ 141 ZPO) oder wegen eines beabsichtigten Güteversuchs (§ 279 Abs. 2 ZPO) das persönliche Erscheinen anordnet. Dies wird aber im frühen ersten Termin nur ausnahmsweise geschehen, weil ja noch nicht erkennbar ist, ob sich der Beklagte überhaupt auf den Streit einlassen will.

4. Wenn der Beklagte sich gegen die Klage verteidigen will, so trifft ihn die Verpflichtung zur gehörigen Förderung des Rechtsstreits (Prozeßförderungspflicht § 282 ZPO). Er muß deshalb innerhalb einer ihm vom Gericht zu setzenden Frist oder sonst jedenfalls unverzüglich eine schriftliche Klageerwiderung einreichen (§ 275 Abs. 1 ZPO).

5. Wenn der Richter statt des frühen ersten Termins die Prozeßvorbereitung durch **schriftliches Vorverfahren** wählen wollte, so könnte dies durch folgende Verfügung geschehen:

2-zeilig

Amtsgericht

Geschäfts-Nr.: 7 C 1632/19.. ◄ **Bitte bei allen Schreiben angeben!**

PLZ, Ort, Datum

7 Stuttgart, 27. Mai 19...
Anschrift, Fernruf

| Zutreffendes ist angekreuzt | x | bzw. ausgefüllt. |

Beachten Sie bitte die Hinweise auf der Rückseite!

Verfügung   in dem Rechtsstreit

Albert Klaiber, Stuttgart ./. Balduin Becker, Esslingen

I.   ☐ Der Rechtsstreit wird zur Feriensache erklärt.

II. Der Hauptmermin soll durch ein schriftliches Vorverfahren vorbereitet werden.

III. Dem **Beklagten** wird die beiliegende Klageschrift zugestellt. Zugleich wird er **aufgefordert**, wenn er sich gegen die Klage verteidigen will,

– dies binnen einer **Notfrist von zwei Wochen** nach Zustellung der Klageschrift dem Gericht anzuzeigen;

☒ binnen einer **Frist von weiteren** 2 **Wochen** ☐ bis zum   auf die Klage zu erwidern;

☐ dem Gericht folgende Urkunden und Schriftstücke   ☐ in Urschrift   ☐ in Abschrift oder Ablichtung   vorzulegen:

IV. Der **Kläger** wird aufgefordert,

☒ binnen einer **Frist von** 2 **Wochen** nach Zugang der Klageerwiderung zu dieser schriftlich Stellung zu nehmen;

☐ dem Gericht folgende Urkunden und Schriftstücke   ☐ in Urschrift   ☐ in Abschrift oder Ablichtung   vorzulegen:

☐ sich bis spätestens   über folgende Punkte zu erklären:

                              ► Ihr Zeichen

_____

Amtsgericht

_____

(Signatur)

Richter am Amtsgericht

Ausgefertigt.
Beachten Sie bitte die Hinweise auf der Rückseite!

_____

Urkundsbeamter der Geschäftsstelle

ZP 11 I Anordnung des schriftlichen Vorverfahrens (Amtsgericht) – Ausfertigung – VB 6a A4 20000 5.77

Rückseite:

Wichtige Hinweise für Kläger und Beklagten

1. Zeigt der **Beklagte** nicht innerhalb der Frist von zwei Wochen an, daß er der Klage entgegentreten will, so kann das Gericht auf Antrag des Klägers ohne mündliche Verhandlung **Versäumnisurteil** gegen ihn erlassen. Teilt der **Beklagte** dem Gericht schriftlich mit, daß er den Anspruch des Klägers ganz oder teilweise anerkennt, so hat das Gericht ihn auf Antrag des Klägers ohne mündliche Verhandlung dem Anerkenntnis gemäß zu verurteilen.

2. In der Klageerwiderung hat der **Beklagte**, in der Stellungnahme hierzu der **Kläger** grundsätzlich seine gesamten Angriffs- und Verteidigungsmittel vorzubringen. Angriffs- und Verteidigungsmittel, die erst nach Ablauf einer hierfür gesetzten Frist vorgebracht werden, darf das Gericht nur zulassen, wenn nach seiner Überzeugung ihre Zulassung die Erledigung des Rechtsstreits nicht verzögern würde oder wenn die Verspätung genügend entschuldigt wird.

   Rügen, die die Zulässigkeit der Klage betreffen, hat der **Beklagte** gleichfalls innerhalb der zur Klageerwiderung gesetzten Frist geltend zu machen. Verspätete Rügen läßt das Gericht grundsätzlich nur zu, wenn die Verspätung genügend entschuldigt wird.

3. Die Erklärung des **Beklagten**, daß er der Klage entgegentreten will, seine Klageerwiderung sowie die Stellungnahme des **Klägers** auf die Klageerwiderung sind bei dem Gericht schriftlich einzureichen oder mündlich zu Protokoll der Geschäftsstelle anzubringen. Die Erklärungen können auch vor der Geschäftsstelle eines anderen Amtsgerichts zu Protokoll abgegeben werden; die den Parteien gesetzten Fristen sind in diesem Fall jedoch nur dann gewahrt, wenn das Protokoll innerhalb der Frist hier eingeht.

4. Geben Sie bitte bei allen Schreiben die umseitig genannte Geschäftsnummer an und fügen Sie für die Gegenpartei – sowie für Ihren Rechtsanwalt – die erforderliche Zahl von Abschriften bei.

33

Blatt 3: Postzustellungsurkunde

Mit der erfolgten Zustellung der Klage an den Beklagten ist die Klage erhoben (§ 253 Abs. 1 ZPO). Die Zustellung wird von amtswegen durch die Geschäftsstelle veranlaßt (§ 270 Abs. 1 ZPO). Regelmäßig erfolgen die Zustellungen durch die Post (§ 193 ZPO).

Die Zustellung besteht in der Übergabe des zuzustellenden Schriftstückes. Sie ist ein öffentlich-rechtlicher Vorgang, über den eine Urkunde aufzunehmen ist (Postzustellungsurkunde, §§ 190, 191 ZPO). Die Postzustellungsurkunde wird zu den Gerichtsakten gegeben. Wird der Empfänger selbst nicht angetroffen, so darf das Schriftstück ersatzweise auch bestimmten anderen Personen, die im Gesetz aufgeführt sind (§§ 181, 183 ZPO), oder durch Niederlegung beim Postamt unter entsprechender schriftlicher Benachrichtigung des Empfängers (§ 182 ZPO) erfolgen. Ist vom Empfänger ein Prozeßbevollmächtigter bestellt, so muß diesem zugestellt werden (§ 176 ZPO).

Zugestellt wird eine beglaubigte Abschrift der Klageschrift (§§ 210, 271 Abs. 1 ZPO) regelmäßig mit der Aufforderung, dazu Stellung zu nehmen (§ 271 Abs. 2 ZPO), sowie eine Ladung zum Termin (§ 274 ZPO) gemäß folgendem Muster:

Ladungsschreiben:

Geschäftsstelle des Amtsgerichts

← Bitte bei allen Schreiben angeben

Geschäfts-Nr.: **7 C 1632/19..**

Amtsgericht **Stuttgart**

PLZ, Ort, Datum

7 Stuttgart, 27. Mai 19..

Anschrift, Fernruf

Uhlandstraße 17 – 2123480

Zutreffendes ist angekreuzt ☒ bzw. ausgefüllt

Bitte beachten Sie die Hinweise auf der Rückseite

Herrn
Balduin Becker, Fahrlehrer
Baumweg 20
73 Esslingen a.N.

Ladung zum Termin am

Wochentag und Datum	Uhrzeit	Raum	Stock/E Erdgeschoß im Gerichtsgebäude
Donnerstag, 15.6.	8,30	Saal 10	1. Stock Uhlandstr. 17

in dem Rechtsstreit **Albert Klaiber ./. Balduin Becker**

Sehr geehrte r **Herr Becker !**

Dem **Beklagten** wird die beiliegende Klageschrift (Anspruchsbegründung) zugestellt.

☐ Der Rechtsstreit ist zur Feriensache erklärt worden.

Der Rechtsstreit soll durch den obengenannten Termin zur mündlichen Verhandlung eingeleitet werden. Hierzu werden Sie geladen.

Das **persönliche** Erscheinen des ☐ Klägers ☐ Beklagten ist angeordnet.

Der **Beklagte** wird, wenn er sich gegen die Klage verteidigen will, **aufgefordert,**

☐ binnen einer **Frist von** _____ **Wochen** nach Zustellung der Klageschrift (Anspruchsbegründung) schriftlich auf die Klage zu erwidern;

☒ etwa vorzubringende Verteidigungsmittel unverzüglich in einem Schriftsatz mitzuteilen;

☐ dem Gericht folgende Urkunden und Schriftstücke ☐ in Urschrift ☐ in Abschrift oder Ablichtung vorzulegen:

Der **Kläger** wird **aufgefordert,**

☐ dem Gericht folgende Urkunden und Schriftstücke ☐ in Urschrift ☐ in Abschrift oder Ablichtung vorzulegen:

☐ sich bis **spätestens** _____ über folgende Punkte zu erklären:

Beachten Sie bitte die Belehrungen auf der Rückseite!

Hochachtungsvoll

(Unterschrift)

Urkundsbeamter der Geschäftsstelle

ZP 10 I Ladung zu einem frühen ersten Termin (§§ 275 I, 697 II ZPO) – Amtsgericht – VB 6a A4 20000 9.77

Rückseite:

Wichtige Hinweise für Kläger und Beklagten

1. Ist der **Beklagte** aufgefordert, schriftlich auf die Klage zu erwidern, so hat er in der Klageerwiderung grundsätzlich seine gesamten Verteidigungsmittel vorzubringen. Verteidigungsmittel, die erst nach Ablauf einer hierfür gesetzten Frist vorgebracht werden, darf das Gericht nur zulassen, wenn nach seiner Überzeugung ihre Zulassung die Erledigung des Rechtsstreits nicht verzögern würde oder wenn die Verspätung genügend entschuldigt wird.

   Rügen, die die Zulässigkeit der Klage betreffen, hat der **Beklagte** gleichfalls innerhalb der zur Klageerwiderung gesetzten Frist geltend zu machen. Verspätete Rügen läßt das Gericht grundsätzlich nur zu, wenn die Verspätung genügend entschuldigt wird.

2. Die **Klageerwiderung** sowie eine Stellungnahme des **Klägers** auf die Klageerwiderung sind bei dem Gericht schriftlich einzureichen oder mündlich zu Protokoll der Geschäftsstelle anzubringen. Die Erklärungen können auch vor der Geschäftsstelle eines anderen Amtsgerichts zu Protokoll abgegeben werden; die den Parteien gesetzten Fristen sind in diesem Fall jedoch nur dann gewahrt, wenn das Protokoll innerhalb der Frist hier eingeht.

3. Geben Sie bitte bei allen Schreiben die umseitig genannte Geschäftsnummer an und fügen Sie für die Gegenpartei – sowie für Ihren Rechtsanwalt – die erforderliche Zahl von Abschriften bei.

4. Die schriftliche Äußerung gegenüber dem Gericht macht Ihr Erscheinen im Termin nicht entbehrlich. Das gleiche gilt auch dann, wenn Sie sich entschuldigt haben und nicht von der Aufhebung des Termins benachrichtigt worden sind.

5. Wenn Sie im Termin nicht erscheinen und sich auch nicht durch einen Rechtsanwalt oder eine sonstige volljährige Person mit **schriftlicher** Vollmacht vertreten lassen, kann auf Antrag Ihres Prozeßgegners ein **Versäumnisurteil** ergehen. Ihre schriftlichen Äußerungen gegenüber dem Gericht werden in diesem Fall nicht berücksichtigt.

   Ist gegen Sie in einem vorausgegangenen Mahnverfahren bereits ein Vollstreckungsbescheid ergangen, so steht Ihnen gegen ein solches Versäumnisurteil ein weiterer Einspruch nicht zu.

6. Sind Eheleute geladen, so genügt es, wenn einer der Ehegatten erscheint und im Termin eine schriftliche Vollmacht des anderen vorlegt.

7. Ist Ihr **persönliches Erscheinen** angeordnet, **beachten Sie** bitte folgendes:

   a) Wenn Sie im Termin ausbleiben, kann das Gericht gegen Sie ein Ordnungsgeld bis zu 1 000 DM festsetzen. Diese Festsetzung unterbleibt jedoch, wenn Sie zur Verhandlung einen Vertreter entsenden, der **aus eigener Kenntnis** zur Aufklärung des Sachverhalts in der Lage **und** zur Abgabe der gebotenen Erklärungen, insbesondere zu einem Vergleichsabschluß, **schriftlich** ermächtigt ist, oder wenn Sie Ihr Ausbleiben genügend entschuldigen.

   b) Zur Vermeidung unnötiger Reisen und Kosten werden Sie gebeten, **umgehend** unter Angabe der Geschäftsnummer Nachricht zu geben, falls Sie beabsichtigen, die Reise zum Termin von einem anderen als dem in Ihrer umseitigen Anschrift angegebenen Ort anzutreten. Erhalten Sie auf Ihre Mitteilung keine Antwort, so müssen Sie zum angesetzten Termin erscheinen.

   c) Falls Sie mittellos und daher nicht in der Lage sind, die Kosten für die Reise zum Ort der Verhandlung und für die Rückreise zu bestreiten, können Ihnen auf **Antrag** bei dem umstehend bezeichneten Gericht die notwendigen Reisekosten aus der Landeskasse gezahlt werden. Die Mittellosigkeit ist durch eine Bescheinigung der Gemeinde nachzuweisen, in der Sie Ihren Wohnsitz oder dauernden Aufenthalt haben.

Blatt 4: Protokoll über die Verhandlung vom 15. Juni 19..

1. Über die mündliche Verhandlung ist ein Protokoll aufzunehmen (§ 159 ZPO). Der Protokollinhalt ergibt sich aus § 160 ZPO.
2. Da der Beklagte im Termin säumig ist, kann die beabsichtigte Vorbereitung des Haupttermins (§ 272 Abs. 1 u. 2 ZPO) nicht stattfinden.
   Auf Antrag des Klägers muß gegen den säumigen Beklagten ein **Versäumnisurteil** ergehen (§ 331 ZPO).
   Die Voraussetzungen dafür sind gegeben:
   a) Beklagter ist nicht erschienen (§ 331 Abs. 1 ZPO).
   b) Die Ladung ist ordnungsgemäß erfolgt (§ 335 Abs. 1 Nr. 2 ZPO):
      aa) Die Zustellung ist auf gesetzliche Weise erfolgt (§ 170 ZPO).
      bb) Zwischen der Zustellung der Klageschrift und dem Termin zur mündlichen Verhandlung ist der vorgeschriebene Zeitraum von mindestens zwei Wochen (**Einlassungsfrist,** § 274 Abs. 3 ZPO) eingehalten.
   c) Die Voraussetzungen für die Zulässigkeit der Klage (Prozeßvoraussetzungen) liegen offensichtlich vor.
   d) Die Klage ist schlüssig (Das als zugestanden anzunehmende tatsächliche mündliche Vorbringen des Klägers rechtfertigt den Klageantrag – § 331 Abs. 2 ZPO).
   e) Tatsächliches Vorbringen und Anträge sind dem Beklagten rechtzeitig mittels Schriftsatzes (Klageschrift) mitgeteilt (§ 335 Abs. 1 Nr. 3 ZPO).

Blatt 5: Urschrift des Versäumnisurteils

1. Da voll nach dem Antrag des Klägers erkannt worden ist, bedarf es nicht des Tatbestandes und der Entscheidungsgründe. Es muß ausdrücklich als Versäumnisurteil bezeichnet werden (§ 313 b ZPO).
2. Zum Zwecke der Zwangsvollstreckung wird dem Kläger eine sog. vollstreckbare Ausfertigung erteilt:
   a) **Ausfertigung** ist die amtliche Abschrift eines amtlichen Schriftstücks, das im Rechtsverkehr die (die in den Akten befindliche) Urschrift ersetzen soll.
   b) **Zur vollstreckbaren Ausfertigung** wird sie durch die darauf vermerkte Vollstreckungsklausel (§ 274 ZPO). Der Wortlaut der Vollstreckungsklausel ist in § 725 ZPO vorgeschrieben.

Amtsgericht

Geschäftsnummer: 7 C 1632/19..

Verkündet

am   15.6.19..

als Urkundsbeamter der Geschäftsstelle

Kostenfestsetzung

Die zu erstattenden Kosten werden auf

....DM

nebst 4% Zinsen seit ....

festgesetzt.

In diesem Betrag sind zusätzlich

....DM

Gerichtskosten mitenthalten.

....

den ....

....

- Der Rechtspfleger -

Schreibgebühr für die Abschrift dieser
Ausfertigung DM 1.- vom dem Gerichtsvollzieher einzuziehen und zu buchen.

An

Kläger — Vertreter —

An den Herrn Gerichtsvollzieher bei dem Amtsgericht

....

– im Auftrag des Gläubigers – mit dem Ersuchen um Zustellung –
und Vornahme der Zwangsvollstreckung –

.............................., den.......................19....

– Geschäftsstelle des Amtsgerichts –

Rechtsanwalt – Unterschrift des Gläubigers

....

Im Namen des Volkes

~~Anerkenntnis~~ / Versäumnis-Urteil

In Sachen

Albert Klaiber
Prokurist
Werastraße 70
7 Stuttgart 1

Kläg.,

Prozeßbevollmächtigter: Rechtsanwalt Dr. Streiter, Stuttgart

gegen

Balduin Becker
Vertreter
Baumweg 20, 73 Esslingen

Bekl.,

Prozeßbevollmächtigter: Rechtsanwalt —

wegen Schadensersatz

hat das Amtsgericht Stuttgart

auf die mündliche Verhandlung vom 15.6.19..

durch den Richter am Amtsgericht Adam

für Recht erkannt:

1. Der Beklagte wird verurteilt, an den Kläger
   200.= (zweihundert) DM nebst 4 % Zinsen
   seit 29.5.19.. zu bezahlen.

2. Die Kosten des Rechtsstreites werden d. Beklagten auferlegt.

3. Dieses Urteil ist vorläufig vollstreckbar.

Gegen Versäumnisurteile des Amtsgerichts ist Einspruch möglich.
Der Einspruch ist binnen zwei Wochen von der Zustellung des
Urteils an berechnet, beim Prozeßgericht schriftlich in doppelter
Fertigung oder zur Niederschrift der Geschäftsstelle anzubringen.

**Ausgefertigt. — Vorstehende Ausfertigung wird der klagenden Partei
zum Zwecke der Zwangsvollstreckung erteilt. —**

Stuttgart , den 16. Juni 19..

Der Urkundsbeamte der Geschäftsstelle des Amtsgerichts

[Unterschrift]

Nr. 254 Ausfertigung eines Anerkenntnis- oder Versäumnisurteils gegen den Beklagten
(§§ 313; 317 Abs. 4, 307, 331, 708 Nr. 1, 3 ZPO) — Amtsgericht — LL

Zum Durchschreiben mit Nr. 253

37

Blatt 6: Vollmacht

1. Bei Rechtsanwälten als Prozeßbevollmächtigten ist die Vorlage einer schriftlichen Prozeßvollmacht nur auf Rüge des Gegners erforderlich (§§ 80, 88 ZPO). Sie wird gleichwohl gewöhnlich der Klageschrift angefügt.
2. Es empfiehlt sich die Erteilung einer **Prozeß- und Inkassovollmacht,** weil sonst der Prozeßbevollmächtigte nur zur Entgegennahme von Kosten, nicht aber der Hauptsache befugt ist (vgl. § 81, letzter Halbsatz ZPO).

Blatt 7: Postzustellungsurkunde über die an den Beklagten von Amts wegen erfolgte Zustellung des Versäumnisurteils (§ 317 Abs. 1 ZPO)

Dem Beklagten werden zugleich die wesentlichen Informationen über den Rechtsbehelf des Einspruchs und die Erfordernisse einer Einspruchsschrift mitgeteilt:

Geschäftsstelle des Amtsgerichts

Wichtige Hinweise zum Versäumnisurteil

Gegen das beiliegende, Ihnen zugestellte Versäumnisurteil können Sie innerhalb von zwei Wochen Einspruch einlegen. Die Frist beginnt mit der Zustellung des Urteils. Sie ist nur dann gewahrt, wenn der Einspruch innerhalb der Frist bei Gericht eingeht.

In der Einspruchsschrift haben Sie grundsätzlich Ihre gesamten Angriffs- und Verteidigungsmittel sowie Rügen, die die Zulässigkeit der Klage betreffen, vorzubringen.

Für diese Einspruchsbegründung, nicht für den Einspruch selbst, kann das Gericht auf Ihren Antrag die Frist verlängern, wenn nach seiner Überzeugung der Rechtsstreit dadurch nicht verzögert wird oder wenn Sie dafür erhebliche Gründe darlegen.

Angriffs- und Verteidigungsmittel, die erst nach Ablauf der Frist vorgebracht werden, darf das Gericht nur zulassen, wenn nach seiner Überzeugung ihre Zulassung die Erledigung des Rechtsstreits nicht verzögern würde oder wenn die Verspätung genügend entschuldigt wird. Verspätete Rügen, die die Zulässigkeit der Klage betreffen, läßt das Gericht grundsätzlich nur zu, wenn Sie die Verspätung genügend entschuldigen.

ZP 49
Wichtige Hinweise bei der Zustellung des Versäumnisurteils (Amtsgericht) A5 6a VB 77

Blatt 8: Einspruchsschrift

1. Die Einspruchsschrift genügt den Erfordernissen des § 340 ZPO. Sie enthält die Bezeichnung des Urteils und die Erklärung, daß dagegen Einspruch eingelegt werde.
   Es werden auch die Angriffs- und Verteidigungsmittel sowie die Prozeßrüge der örtlichen Unzuständigkeit vorgebracht.
   Einer Erklärung oder Entschuldigung hinsichtlich der Säumnis im vorausgegangenen Termin bedarf es nicht.
2. Der Eingangsstempel weist aus, daß der Einspruch fristgemäß, also innerhalb von zwei Wochen seit der am 18. Juni erfolgten Zustellung eingegangen ist (§ 339 ZPO), vgl. Bl. 7.
3. Die vorläufige Vollstreckbarkeit des Versäumnisurteils (§ 708 Nr. 2 ZPO) wird allein durch den Einspruch nicht beseitigt. Möglich ist jedoch auf Antrag des Beklagten die einstweilige Einstellung der Zwangsvollstreckung durch Beschluß des Gerichts (§§ 707, 719 ZPO). Dieser Antrag wird regelmäßig in der Einspruchsschrift gestellt.

Blatt 9: Bestimmung eines Termins zur mündlichen Verhandlung über Einspruch und Hauptsache (§ 341 a ZPO)

Wenn aus den Akten erkennbar wäre, daß der Einspruch verspätet oder nicht in der vorgeschriebenen Form eingelegt ist, dann könnte die gebotene Entscheidung der Verwerfung des Einspruchs als unzulässig ohne mündliche Verhandlung durch Beschluß ergehen (§ 341 ZPO).

Blatt 10: Einstweilige Einstellung der Zwangsvollstreckung

Sie erfolgt auf Antrag des Beklagten gemäß §§ 707, 719 ZPO ohne Sicherheitsleistung, weil nunmehr erkennbar ist, daß das Versäumnisurteil wegen fälschlicher Annahme der örtlichen Zuständigkeit des Amtsgerichts Stuttgart nicht in gesetzlicher Weise ergangen ist (§ 719 Abs. 1, S. 2 ZPO).

Blatt 11 u. 12: Zustellungsurkunden

1. Zustellung der Terminsladung und des Einstellungsbeschlusses an den Beklagten.
2. Empfangsbekenntnis des Prozeßbevollmächtigten des Klägers:
   a) Abschrift des Einspruchsschreibens
   b) Einstellungsbeschluß
   c) Terminsladung

Blatt 13: Weitere schriftsätzliche Stellungnahme des Klägers mit Beweisantrag

Blatt 14: Protokoll über den Termin zur mündlichen Verhandlung über Einspruch und Hauptsache

1. Die Feststellung, daß der Einspruch zulässig sei ist keine Entscheidung, sondern lediglich eine sich aus den Akten ergebende Bemerkung, ohne die es nicht zu einer Verweisung kommen könnte (§ 342 ZPO).
2. Die Sachanträge haben auf das bereits vorliegende Versäumnisurteil Bezug zu nehmen (§ 343 ZPO).
3. Der Beklagte erhebt die bereits im Einspruchsschreiben angekündigte Rüge der örtlichen Unzuständigkeit (§§ 12 ff, 282 Abs. 3 ZPO).

4. Der Kläger stellt den Antrag, den Rechtsstreit an das gemäß dem Wohnsitz des Beklagten örtlich zuständige Amtsgericht Esslingen zu verweisen (§ 281 ZPO).
   Er vermeidet damit die sonst gebotene Abweisung der Klage als unzulässig.
5. Der Verweisungsbeschluß beruht auf § 281 ZPO. Er ist bindend und läßt den Rechtsstreit bei dem im Beschluß als zuständig angegebenen Amtsgericht Esslingen anhängig werden (§ 281 Abs. 2 ZPO).
6. Die Rechtssache wird im Register des Amtsgerichts Stuttgart als dort erledigt ausgetragen. Die Akten werden insgesamt dem Amtsgericht Esslingen zugeleitet, dort als Neueingang eingetragen und dem nach dem Geschäftsverteilungsplan zuständigen Richter zugewiesen.
   Der Rechtsstreit bekommt damit eine neue Geschäftsnummer.

Blatt 15: Terminsbestimmung beim Amtsgericht Esslingen nach erfolgter Verweisung

Das Gericht bestimmt, nachdem durch die Schriftsätze der Parteien eine hinreichend umfassende Vorbereitung schon erfolgt ist, einen Haupttermin (§ 272 ZPO), der zur Erledigung des Rechtsstreits führen soll.

1. Da der Termin in die Zeit der Gerichtsferien fällt (§ 199 GVG) und der Kläger im Schriftsatz vom 29. 6. 19.. Antrag auf Erklärung zur Feriensache bereits gestellt hat, wird der Rechtsstreit zur Feriensache erklärt (§ 200 Abs. 3 GVG).
2. Das Gericht wird, um nicht unter Zeitdruck zu geraten, für die Verhandlung einen angemessenen Zeitraum einplanen.
3. Die Anordnung des persönlichen Erscheinens kann nach dem Ermessen des Gerichts aus zwei Gründen erfolgen:
   a) Zum Zwecke der Sachaufklärung (§§ 141, 273 Abs. 2 Nr. 3 ZPO).
      Dies ist insbesondere sinnvoll, wenn ein streitiger Sachverhalt aufzuklären ist, bei dem die Parteien selbst zugegen waren.
      Erstrebt wird mit dieser Anordnung eine Klärung und Ergänzung des beiderseitigen Sachvertrags. Es handelt sich also nicht um eine beabsichtigte Beweiserhebung durch Parteivernehmung.
      Diese müßte ausdrücklich durch Beweisbeschluß (§§ 450, 358, 359 ZPO) angeordnet werden.
   b) Zum Zwecke eines Güteversuchs (§ 279 Abs. 2 ZPO), wenn eine vergleichsweise Erledigung möglich erscheint.
      In diesem Fall kann, anders als bei der Anordnung zum Zwecke der Sachaufklärung, bei unentschuldigtem Ausbleiben einer Partei kein Ordnungsgeld gegen Sie verhängt werden (§ 279 Abs. 2 verweist nicht auf § 141 Abs. 3 ZPO!).
4. Zur Vorbereitung eines effektiv verlaufenden Verhandlungstermins kann das Gericht auch ohne vorherigen Beweisbeschluß Zeugen, auf die sich eine Partei bezogen hat, vorsorglich zur mündlichen Verhandlung laden (§ 273 Abs. 2 Nr. 4 ZPO). Die Entscheidung, die vorgeladenen Zeugen zu vernehmen, erfolgt dann erst im Verlaufe des Verhandlungstermins durch Beweisanordnungsbeschluß, der nicht die einzelnen Voraussetzungen des § 359 ZPO aufzuweisen braucht.
   Das Gericht hätte auch die Möglichkeit, den Termin durch einen echten **vorterminlichen Beweisbeschluß** (§§ 358 a, 359 ZPO) vorzubereiten. Dies wäre nur sinnvoll, wenn auch bereits eine vorterminliche Beweiserledigung (§ 358 a Nr. 1–5) in Frage kommen könnte.

Dieser Beweisbeschluß könnte folgenden Inhalt haben:

3 C 1007/19..   Amtsgericht Esslingen

                    Beweisbeschluß

    in der Rechtssache   K l a i b e r ./. B e c k e r
    wegen Schadensersatz.

    1. Es ist Beweis zu erheben über die bestrittenen Behaup-
       tungen des Klägers
        a) Der Beklagte habe am 15.4.19.. den PKW Opel Kapitän
           S - AD 935 des Klägers fest gekauft. Die Parteien
           hätten den Kauf durch Handschlag bes_egelt und da-
           nach noch zusammen ein Bier getrunken. Der Kläger
           habe die Zeche bezahlt.
        b) Bei dem anderweitigen Verkauf des PKW am 15.5.19..
           habe der Kläger 3 600,-- DM erlöst. Weitere Kauf-
           interessenten seien nicht vorhanden gewesen
           durch Vernehmung des Karl Zeller, Tankstellenbe-
                           sitzer, Stuttgart, Karlsstr. 32
        c) Der Kläger habe an dem PKW Opel Kapitän S - AD 935
           den 85000 km - Kundendienst nicht ausführen lassen
           durch Vernehmung des Kfz-Meisters Riedel, zu laden
                           bei Fa. Opel-Maier in Stuttgart,
                           Neckarstrasse 75
        Beide Zeugen vom Kläger benannt.

    2. Die Ladung der Zeugen wird davon abhängig gemacht, daß
       der Kläger bis spätestens Montag, den 7.8.19.. einen
       Auslagenvorschuß von 60.-- DM (30,-- DM je Zeugen) bezahlt.

                        (Bernhard)
                        Richter am Amtsgericht

Die Anforderung eines Auslagenvorschusses steht im Ermessen des Gerichts (§ 379 ZPO).

Blatt 16: Die Zeugen werden mit folgendem Formular geladen und belehrt:

Geschäftsstelle des Amtsgerichts

Geschäfts-Nr.: 3 C 1007/19.. ◄ Bitte bei allen Schreiben angeben!

Amtsgericht Esslingen a.N.

PLZ, Ort, Datum
73 Esslingen a.N. 10.7.19..
Anschrift, Fernruf
Ritterstr. 8 3512 - 2840

Bitte beachten Sie die Hinweise auf der Rückseite!

Bitte bringen Sie diese Ladung zum Termin mit

Herrn
Karl Zeller, Tankstellenbesitzer
Karlsstraße 32
7 Stuttgart 1

Ladung zum Termin am

Wochentag und Datum	Uhrzeit	Raum	Stock (E=Erdgeschoß)	Im Gerichtsgebäude
Mittwoch, 18.8.19..	8.30	Saal 20	E	Ritterstraße 8

In dem Rechtsstreit   Karl Klaiber ./. Balduin Becker

Sehr geehrter Herr Zeller

Auf Grund des Beweisbeschlusses vom 10.7.19.. sollen Sie als Zeuge zu dem nachstehenden Gegenstand vernommen werden. Sie werden deshalb unter Hinweis auf die umseitig abgedruckten Folgen unentschuldigten Ausbleibens geladen und gebeten, rechtzeitig zu erscheinen.

Gegenstand der Vernehmung:

Verlauf und Ergebnis der Kaufverhandlungen zwischen den
Parteien über einen PKW Opel - Kapitän vom 15.4.19..
Anderweitiger Verkauf des PKW, erlöster Kaufpreis.

Hochachtungsvoll

Urkundsbeamter der Geschäftsstelle

Der Zeuge wurde um .... Uhr entlassen. –
– Er ist bestimmungsgemäß zu entschädigen. –

ZP 17 Zeugenladung (Amtsgericht)
VB 6a A4 4.77 5000

Rückseite:

Hinweise und gesetzliche Bestimmungen

A) Ersatz von Auslagen und Verdienstausfall

Die Kosten der Reise von dem Ort aus, der in der Anschrift dieser Ladung genannt ist, werden Ihnen bei Vorlage der Fahrkarten nach den gesetzlichen Bestimmungen erstattet. Nutzen Sie bitte alle Fahrpreisermäßigungen aus. **Müssen Sie die Reise von einem anderen Ort aus antreten, teilen Sie dies nach Erhalt der Ladung sofort mit, da Ihnen entstehende Mehrkosten sonst nicht vergütet werden.**

Benutzen Sie ein Kraftfahrzeug, erhalten Sie für jeden angefangenen Kilometer des Hin- und Rückwegs 0,32 DM. Bei einer Fahrstrecke über 200 km kann Ihnen Ihre Gesamtentschädigung für Verdienstausfall und Auslagen jedoch nur in der Höhe erstattet werden, in der Sie bei Benutzung von öffentlichen, regelmäßig verkehrenden Beförderungsmitteln zu erstatten gewesen wäre.

Falls Sie eine Entschädigung für Verdienstausfall beanspruchen, lassen Sie bitte die anliegende Bescheinigung von Ihrem Arbeitgeber sorgfältig und vollständig ausfüllen.

Selbständige, freiberuflich Tätige usw. werden gebeten, entsprechende Unterlagen (wie Quittung eines Vertreters, Gewerbeschein, Handwerkskarte etc.) vorzulegen.

Der Ersatz sonstiger Auslagen ist nur bei Vorlage von Belegen möglich. Aufwendungen, die vermeidbar waren, können nicht ersetzt werden.

Verfügen Sie für die Reise nicht über die nötigen Geldmittel oder kann Ihnen wegen der Höhe der Reisekosten nicht zugemutet werden, diese aus eigenen Mitteln vorzulegen, bewilligt Ihnen auf Antrag das genannte Gericht (in Eilfällen das Amtsgericht Ihres Aufenthaltsorts) einen Vorschuß. Zum Nachweis der Mittellosigkeit ist eine Bescheinigung der Gemeindeverwaltung Ihres Wohnorts vorzulegen.

Der Antrag auf Entschädigung muß binnen einer Frist von drei Monaten gestellt werden, da der Anspruch sonst erlischt.

B) Verhinderung am Erscheinen

Sollten Sie zum angesetzten Termin aus zwingenden Gründen nicht erscheinen können, dann teilen Sie die Hinderungsgründe umgehend mit. Erhalten Sie auf Ihre Mitteilung keinen Bescheid, so empfiehlt sich eine – notfalls fernmündliche – Rückfrage. Bis zum Empfang eines Bescheids gilt die Ladung in vollem Umfang weiter.

C) Folgen unentschuldigten Fernbleibens

Wenn Sie ohne genügende Entschuldigung nicht erscheinen, werden Ihnen die durch das Ausbleiben verursachten Kosten auferlegt. Zugleich wird gegen Sie ein Ordnungsgeld bis zu 1 000 DM und für den Fall, daß dieses nicht beigetrieben werden kann, Ordnungshaft bis zu 6 Wochen festgesetzt. Auch ist die zwangsweise Vorführung zulässig.

42

Blatt 17–19: Protokoll über den Haupttermin vom 18. 8. 19..

1. Im Protokoll sind die erschienenen Parteien und Zeugen festzustellen (§ 160 Abs. 1 Nr. 4 ZPO). Es ist möglich, einen weiteren vom Gericht nicht geladenen Zeugen in die Sitzung zu stellen. Bei dem Antrag auf seine Vernehmung handelt es sich um ein nachträglich vorgebrachtes Angriffsmittel (§ 282 Abs. 1 ZPO). Ob es in diesem Prozeßstadium noch zugelassen werden kann, ist nach § 296 ZPO zu prüfen. Dagegen bestehen hier jedoch keine Bedenken, weil es die Erledigung des Rechtsstreits nicht verzögert.

2. Die mündliche Verhandlung beginnt mit der Antragsstellung (§§ 137 Abs. 1, 297 ZPO), hier nach vorausgegangenem Versäumnisurteil unter Berücksichtigung des § 343 ZPO.

3. Durch kurze Kennzeichnung der streitigen Sach- und Rechtsfragen führt das Gericht in den Rechtsstreit ein (§ 278 Abs. 1 ZPO).

4. Die Parteien erhalten Gelegenheit, sich persönlich dazu zu äußern (§§ 141, 278 Abs. 1 ZPO).

5. Das Gericht soll in jeder Lage des Verfahrens auf eine gütliche Beilegung des Rechtsstreits bedacht sein (§ 279 ZPO). Eine günstige Gelegenheit hierzu bietet sich oft, nachdem die Parteien selbst zu Wort gekommen sind. Ein Vergleichsabschluß in diesem Prozeßstadium würde Kostenvorteile bringen, weil eine Beweisgebühr für die beteiligten Rechtsanwälte noch nicht entstanden wäre.

6. Die Einleitung des Beweisaufnahmeverfahrens erfolgt stets durch einen Beweisbeschluß. Wenn die Beweisaufnahme ein besonderes Verfahren (d. h. einen besonderen Termin, zu dem die Beweismittel erst noch herangeschafft werden müssen) nötig macht, so erfordert es einen formellen Beweisbeschluß, dessen Inhalt den Anforderungen des § 359 ZPO genügen muß. Sind jedoch bei der Beweisanordnung die Beweismittel bereits zur Verfügung (sog. präsente Beweismittel), wie hier im Termin auf Grund der vorbereitenden Maßnahme gemäß § 273 Abs. 1 Nr. 4, bzw. durch Stellen eines Zeugen in die Sitzung, so genügt ein formloser Beweisbeschluß, der dann nicht die Bestandteile des § 359 ZPO zu enthalten braucht (Ausnahme: § 450 ZPO. Die Anordnung einer Parteivernehmung – nicht bloße Parteianhörung – hat stets durch formellen Beweisbeschluß zu geschehen).

7. Die Beweisaufnahme erfolgt bei Zeugen nacheinander im Wege der Einzelvernehmung (§ 394 ZPO). Sachverständige sind dagegen während der gesamten Verhandlung und Beweisaufnahme anwesend. Die Beweisaufnahme umfaßt folgende Vorgänge:
   a) Ermahnung zur Wahrheit (§ 395 Abs. 1 ZPO) einschließlich einer Belehrung über die strafrechtlichen Folgen einer Falschaussage.
   b) Vernehmung zur Person und Ermittlung besonderer Umstände der Glaubwürdigkeit (§ 395 Abs. 2 ZPO); Belehrung über ein Zeugnisverweigerungsrecht bei nahen Angehörigen (§ 383 Abs. 1 Nr. 3 und Abs. 2 ZPO).
   c) Vernehmung zur Sache (§ 396 ZPO).
   d) Gewährung des Fragerechts für Parteien und Prozeßbevollmächtigte (§ 397 ZPO).
   e) Entscheidung über die Beeidigung nach Stellungnahme der Parteien zu dieser Frage (§§ 391, 393 ZPO), ggf. Durchführung der Beeidigung (§§ 392, 478 ff. ZPO).
   f) Entlassung des Zeugen unter Feststellung des Entlassungszeitpunkts (vgl. § 401 ZPO).

8. Nach beendetem Beweisverfahren ist mit erneuter Antragstellung über das Ergebnis der Beweisaufnahme zu verhandeln (§ 285 ZPO).

9. Abschluß der mündlichen Verhandlung (§ 136 Abs. 4 ZPO) und Verkündung der Entscheidung oder Bekanntgabe eines Verkündungstermins (§§ 310, 329 ZPO).

10. Nicht selten ergibt sich beim Verhandlungstermin die Möglichkeit zur gütlichen Beilegung eines Rechtsstreits durch Prozeßvergleich. Es handelt sich dabei um ein zu gerichtlichem Protokoll erklärtes materielles Rechtsgeschäft (§ 779 BGB), das auch prozessualen Erfordernissen genügen muß (z. B. Vertretung durch Rechtsanwälte vor dem Landgericht – § 78 ZPO) und prozeßrechtliche Wirkungen entfaltet (Prozeßbeendigung, Schaffung eines Vollstreckungstitels, § 794 Abs. 1 Nr. 1 ZPO – sog. Doppelnatur des Prozeßvergleiches). Der Inhalt eines Prozeßvergleiches wird zwischen den Parteien meist unter richterlicher Hilfestellung bei der Formulierung ausgehandelt.

Im gegebenen Fall könnte das Protokoll über einen Prozeßvergleich wie folgt gestaltet sein (Ratenzahlungsvergleich mit Verfallklausel und Widerrufsvorbehalt):

```
Die Parteien schließen folgenden
              V e r g l e i c h :
1. Der Beklagte verpflichtet sich, an den Kläger 100.- (einhundert)
   DM in monatlichen Raten von 20.-DM, zahlbar jeweils am 5. jeden
   Monats, erstmals am 5.8.19.. zu bezahlen.
2. Kommt der Beklagte mit einer Rate ganz oder teilweise länger als
   10 Tage in Rückstand, so ist der gesamte Restbetrag sofort zur
   Zahlung fällig.
3. Auf den geltendgemachten Mehrbetrag sowie auf die Rechte aus dem
   Versäumnisurteil des Amtsgerichts Stuttgart vom 15.6.19.. ver-
   zichtet der Kläger.
4. Die Kosten des Rechtsstreits werden gegeneinander aufgehoben.
5. Beide Parteien sind berechtigt, den Vergleich durch Schriftsatz
   gegenüber dem Amtsgericht Esslingen bis spätestens 26.Juli 19..
   zu widerrufen.
                    v. u. g.
Für den Fall des Vergleichswiderrufs erklären sich die Parteien mit
Entscheidung ohne mündliche Verhandlung über die bereits gestellten
Anträge einverstanden.
```

Der Prozeßvergleich ist ein Vollstreckungstitel (§ 794 Abs. 1 Nr. 1 ZPO). Dem Schuldner wird im vorliegenden Beispiel Ratenzahlung gewährt. Infolge der Verfallklausel kann aber der Gläubiger sofort den gesamten noch offenen Betrag beitreiben lassen, wenn der Schuldner in Zahlungsrückstand gerät, wobei im Streitfalle der Schuldner die rechtzeitige Zahlung beweisen muß (§§ 775 Nr. 4, 5 oder 767 ZPO), nicht der Gläubiger den Zahlungsrückstand.

Die Kostenverteilung wird beim Vergleich regelmäßig zwischen den Parteien ausgehandelt. Unterbleibt eine Kostenbestimmung im Vergleich, so gilt die Regelung des § 98 ZPO. Ein Widerrufsvorbehalt wird häufig dann erforderlich, wenn eine Partei selbst im Termin nicht anwesend ist und der sie vertretende Rechtsanwalt sich erst noch der Zustimmung seines Mandanten vergewissern will. Der Vergleich ist dann aufschiebend bedingt durch das Unterbleiben des Widerrufs innerhalb der Frist.

Durch das beiderseitige Einverständnis mit Entscheidung ohne mündliche Verhandlung (§ 128 Abs. 2 ZPO) könnte, wenn der Rechtsstreit bereits entscheidungsreif ist, ein weiterer Termin im Falle des Widerrufs vermieden werden. Da der Streitwert 500,– DM nicht übersteigt, könnte hier das Gericht eine entsprechende Anordnung auch von Amts wegen treffen (§ 128 Abs. 3 ZPO).

Blatt 21–25: Urteil

1. Die Bestandteile eines nach streitiger Verhandlung ergehenden Urteils ergeben sich aus § 313 ZPO.
2. Hinsichtlich des Umfangs von Tatbestand und Entscheidungsgründen verfolgt das Gesetz eine einschränkende Tendenz.

§ 313 Abs. 2 ZPO: Im Tatbestand sollen die erhobenen Ansprüche . . . nur ihrem wesentlichen Inhalt nach knapp dargestellt werden. Wegen der Einzelheiten des Sach- und Streitstandes soll auf Schriftsätze, Protokolle und andere Unterlagen verwiesen werden.

§ 313 Abs. 3 ZPO: Die Entscheidungsgründe enthalten eine kurze Zusammenfassung der Erwägungen, auf denen die Entscheidung in tatsächlicher und rechtlicher Hinsicht beruht.

Unter diesem Gesichtspunkt ist die hier vorliegende Urteilsbegründung wohl zu ausführlich. Um das vom Gesetz gewünschte knappe Urteil zu gestalten, ist es jedoch zuvor erforderlich, sämtliche Einzelheiten des Sachverhalts mindestens gedanklich zu erfassen und alle rechtlichen Erwägungen umfassend anzustellen, auch wenn dies dann so ausführlich im Urteil nicht seinen Niederschlag findet. Die umfassende Entscheidungsbasis soll aber hier aufgezeigt werden.

Im übrigen ist es noch sehr umstritten, wie Tatbestand und Entscheidungsgründe gestaltet sein müssen, um den gesetzlichen Vorstellungen zu entsprechen (vgl. Thomas Putzo § 313 Anm. IV u. V; Schneider MDR 78, 1; Putzo NJW 77, 4; Steines JuS 78, 34; Hartmann JR 77, 181). Mindestens für die Abfassung von Urteilen in Prüfungsarbeiten ist vor einer zu knappen Fassung von Tatbestand und Entscheidungsgründen zu warnen, weil dort die Überlegungen, die zur Entscheidung des Rechtsfalles führen, hinreichend deutlich und detailliert erkennbar werden müssen. (Vgl. Richtlinien für die Abfassung des Urteils in den Prüfungsarbeiten des Landesjustizprüfungsamts Baden-Württemberg – Rn. 364).

Geltendmachung eines Anspruchs im gerichtlichen Mahnverfahren

Voraussichtlich unstreitige Geldansprüche, die nicht von einer noch ausstehenden Gegenleistung abhängig sind, können auch im gerichtlichen Mahnverfahren geltend gemacht werden (§§ 688 ff ZPO).

Es bietet einen einfachen, schnellen und auch verhältnismäßig billigen Weg zu einem Vollstreckungstitel, dem sogenannten Vollstreckungsbescheid. Das Mahngesuch ist stets bei dem Amtsgericht einzureichen, bei dem der Antragssteller seinen allgemeinen Gerichtsstand, d. h. seinen Wohnsitz, hat (§ 689 ZPO).

Beim *Amtsgericht Stuttgart* ist die **maschinelle Bearbeitung der Mahnverfahren** eingeführt worden, die nach und nach auf das ganze Land Baden-Württemberg und dann auch auf die anderen Bundesländer erstreckt werden soll. Für dieses Verfahren sind besondere Vordrucke eingeführt worden (siehe Seite 51–57).

Soweit eine **maschinelle Bearbeitung noch nicht** stattfindet, sind folgende Vordrucke zu verwenden (§ 702 ZPO):

Der Antrag wird gerichtet an das

Amtsgericht

Plz, Ort

① 7 Stuttgart

Geschäftsnummer des Amtsgerichts
Bei Schreiben an das Gericht stets angeben

② Antragsgegner/ges. Vertreter

Herrn
Balduin Becker
Vertreter

Baumweg 20

73 Esslingen a.N.

Plz   Ort

↓ Raum für Kostenmarken/Freistempler (falls nicht →
ausreichend, unteres Viertel der Rückseite benutzen)

Mahnbescheid

◄— Datum des Mahnbescheids

③ **Antragsteller,** ges. Vertreter, Prozeßbevollmächtigte(r); Bankverbindung

Albert Klaiber, Prokurist   Werastraße 70   7 Stuttgart 1
Landesgirokasse Stuttgart   Konto Nr. 5 96048 15

④ macht gegen –Sie –

	als Gesamt-schuldner

⑤ folgenden Anspruch geltend (genaue Bezeichnung, insbes. mit Zeitangabe):   Geschäftszeichen des Antragstellers: ....

Schadensersatz wegen Nichterfüllung des Kaufvertrages vom 15.4.19..
über den gebrauchten PKW Opel Kapitän S-AD 935; Mindererlös 200.—DM

⑥	Hauptforderung DM **200.—**	Zinsen					
⑦	Vorgerichtliche Kosten DM **—.50**	4 % seit 22.4.19..					
⑧	Kosten dieses Verfahrens (Summe ① bis ⑤) DM **16.—**	[1] Gerichtskosten **15.—** DM	[2] Auslagen d. Antragst. **1.—** DM	[3] Gebühr d. Prozeßbev. DM	[4] Auslagen d. Prozeßbev. DM	[5] MWSt. d. Prozeßbev. DM
⑨	Gesamtbetrag DM **216.50**	zuzügl. der Zinsen	Der Anspruch ist nach Erklärung des Antragstellers von einer Gegenleistung ☒ nicht abhängig. ☐ abhängig; diese ist aber bereits erbracht.				

Das Gericht hat nicht geprüft, ob dem Antragsteller der Anspruch zusteht. Es fordert Sie hiermit auf, innerhalb von z w e i W o c h e n seit der Zustellung dieses Bescheids e n t w e d e r die vorstehend bezeichneten Beträge, soweit Sie den geltend gemachten Anspruch als begründet ansehen, zu begleichen o d e r dem (oben bezeichneten) Gericht auf einem Vordruck der beigefügten Art (s. Hinweis dazu auf der Rückseite) mitzuteilen, ob und in welchem Umfang Sie dem Anspruch widersprechen.

Werden die geforderten Beträge nicht beglichen und wird auch nicht Widerspruch erhoben, kann der Antragsteller nach Ablauf der Frist einen Vollstreckungsbescheid erwirken, aus dem er die Zwangsvollstreckung betreiben kann. Ein streitiges Verfahren in Ihrem allgemeinen Gerichtsstand wäre nach Angabe des Antragstellers durchzuführen vor dem

⑩ ☒ Amtsgericht ☐ Landgericht ☐ Landgericht -Kammer für Handelssachen-   Plz, Ort in 73 Esslingen a.N.

An dieses Gericht, dem eine Prüfung seiner Zuständigkeit vorbehalten bleibt, wird die Sache im Falle Ihres Widerspruchs abgegeben.

Rechtspfleger

Antrag

Ort, Datum
7 Stuttgart, 2.6.19..

⑪ Anschrift des Antragstellers/Vertreters/Prozeßbevollmächtigten

Eingangsstempel des Gerichts

Es wird beantragt, aufgrund der vorstehenden Angaben einen Mahnbescheid zu erlassen.

Albert Klaiber
Prokurist
Werastraße 70
7 Stuttgart 1

⑫ Im Falle des Widerspruchs wird die Durchführung des streitigen Verfahrens vor dem vorstehend bezeichneten Gericht beantragt.

⑬ Ordnungsgemäße Bevollmächtigung wird versichert.

⑭ Hier die Zahl der ausgefüllten Vordrucke angeben, falls sich der Antrag gegen mehrere Antragsgegner richtet.

Albert Klaiber

Unterschrift des Antragstellers/Vertreters/Prozeßbevollmächtigten

Blatt 1: Antrag und Urschrift

082.20/04-0 Formularverlag W. Kohlhammer Stuttgart
904/8003   Deutscher Gemeindeverlag GmbH

Zum Mahnbescheid:

Hinweise des Gerichts

Zahlungen

Zahlungen aufgrund des Mahnbescheids – gleichgültig, ob sie die Hauptforderung, die Zinsen oder die Kosten betreffen – sind n u r an den Antragsteller zu richten.

Das Gericht kann Ihre Zahlung nicht entgegennehmen.

Zahlen Sie an den Antragsteller unmittelbar oder auf das von ihm bezeichnete Konto.

Zahlungsaufschub, Ratenzahlung

Zahlungsunfähigkeit befreit nicht von der Verpflichtung, eine Schuld zu bezahlen. Ein W i d e r s p r u c h kann selbst dann nicht auf Zahlungsunfähigkeit gestützt werden, wenn diese auf Krankheit, Erwerbslosigkeit oder anderen Notlagen beruht.

Zahlungsaufschub oder Ratenzahlung kann nur der Antragsteller bewilligen.

Wenn Sie die Zahlung zur Zeit nicht voll aufbringen können, empfiehlt es sich, mit dem Antragsteller oder seinem Prozeßbevollmächtigten zu verhandeln. Verhandlungen führen erfahrungsgemäß häufig zum Erfolg, wenn eine Teilzahlung angeboten wird.

Das erkennende Gericht kann Ihnen keinen Zahlungsaufschub und keine Ratenzahlung bewilligen.

Erhebung des Widerspruchs

Falls Einwendungen gegen den Anspruch bestehen, können Sie sich gegen diesen zur Wehr setzen, indem Sie Widerspruch erheben.

Sollten Sie den Anspruch nicht bestreiten können, ist ein Widerspruch zwecklos und verursacht Ihnen weitere Kosten.

Widersprechen Sie dem Anspruch daher nur, wenn Sie glauben, nicht oder noch nicht zur Zahlung verpflichtet zu sein, oder wenn Sie durch Ihr Verhalten nicht Veranlassung zu dem anhängigen Mahnverfahren gegeben haben.

Holen Sie nötigenfalls umgehend den Rat eines Rechtsanwalts oder einer sonstigen zur Rechtsberatung befugten Person oder Stelle ein, bevor Sie den Widerspruch erheben.

Der Widerspruch soll mit einem Vordruck der beigefügten Art erhoben werden. Der Vordruck ist **bei jedem Amtsgericht erhältlich und wird dort,** wenn Sie es wünschen, **auch ausgefüllt.**

Zu richten ist der Widerspruch **an das Amtsgericht, das den umseitigen Mahnbescheid erlassen hat,** n i c h t an das Gericht, vor dem das streitige Verfahren durchzuführen ist.

Macht der Antragsteller den Anspruch gegen **mehrere Antragsgegner** (z. B. gegen Eheleute) geltend und wollen sämtliche Antragsgegner widersprechen, so genügt es, wenn nur ein Vordruck für den Widerspruch benutzt wird. Der Vordruck muß dann jedoch von a l l e n Antragsgegnern oder von dem gemeinsamen Prozeßbevollmächtigten (z. B. Rechtsanwalt) unterschrieben werden.

Weiteres Verfahren nach Widerspruch

Das Gericht, das den Mahnbescheid erlassen hat, **gibt die Sache** im Falle des rechtzeitigen Widerspruchs **erst** zur Durchführung des streitigen Verfahrens **ab,** wenn der Antragsteller einen weiteren Kostenvorschuß gezahlt hat. Es ergeht dann noch eine besondere Nachricht über die Abgabe.

Nach Prüfung der Zulässigkeit (§ 688 ZPO), der Zuständigkeit (§ 689 ZPO) und der formalen Erfordernisse des Mahnantrags (§ 690 ZPO) wird der **Mahnbescheid** vom Rechtspfleger erlassen (§ 692 ZPO) und dem Antragsgegner zugestellt (§ 693 Abs. 1 ZPO). Eine Prüfung des Anspruchs findet nicht statt.

Wird der verlangte Betrag bezahlt, so hat das gerichtliche Mahnverfahren seinen Zweck erreicht und es endet ohne weiteres.

Hält der Antragsgegner den geltendgemachten Anspruch für unbegründet, so kann er gegen den Mahnbescheid **Widerspruch** einlegen (§ 694 ZPO):

An das
Amtsgericht Stuttgart

| Hinweis für den Antragsgegner: |
| Bitte überlegen Sie sorgfältig, ob Sie im |
| Recht sind, und beachten Sie die Hinweise |
| auf der Rückseite des Mahnbescheids. |

7   Stuttgart 50
Plz   Ort

Mahnsache	Antragsteller (Name) Klaiber	Antragsgegner (Name, Vorname) Becker, Balduin	Datum d. Mahnbescheids 3.6.19..

Gegen den Mahnbescheid erhebe ich **Widerspruch** ☐ als Prozeßbevollmächtigter des Antragsgegners. Ordnungsgemäße Bevollmächtigung wird versichert. ☐ als gesetzlicher Vertreter des Antragsgegners.

Der Widerspruch richtet sich gegen
☒ den Anspruch insgesamt. ☐ den nachfolgend bezeichneten Teil des Anspruchs (bitte Teilbetrag der Hauptforderung/ Nebenforderung/Zinsen/Kosten genau bezeichnen):

Ich habe den PKW nicht gekauft.

Durchschrift/Abschrift für den Antragsteller füge ich bei.

Ort, Datum
73 Esslingen, 10.6.19..

Unterschrift des Antragsgegners/Vertreters/Prozeßbevollmächtigten

Blatt 1: Urschrift des Widerspruchs

ZP 102 Widerspruch (Vordrucksatz)

Wird nach Widerspruchseinlegung von einer Partei (Antragsteller oder Antragsgegner) die **Durchführung des streitigen Verfahrens** beantragt, so wird die Rechtssache an das Streitgericht abgegeben (§ 696 ZPO). Dort wird der Rechtsstreit durchgeführt.

Unterbleibt ein Widerspruch, so erläßt das Gericht auf Antrag einen Vollstreckungsbescheid (§ 699 ZPO). Der Vollstreckungsbescheid ist ein zur Zwangsvollstreckung geeigneter Titel und steht einem für vorläufig vollstreckbar erklärtem Versäumnisurteil gleich (§ 700 Abs. 1 ZPO). Der Antragsgegner kann dagegen noch **Einspruch** einlegen (§§ 338 ff. ZPO) mit der Folge, daß der Rechtsstreit durchgeführt wird (§ 700 ZPO).

48

▼

Amtsgericht

Plz, Ort

| 7 Stuttgart

Antragsgegner/ges. Vertreter

B 39581/19..
Geschäftsnummer des Amtsgerichts
Bei Schreiben an das Gericht stets angeben

Balduin Becker, Vertreter
Baumweg 20   73 Esslingen

25. 6. 19.. ◄── Datum des Vollstreckungsbescheids

Plz   Ort

Vollstreckungsbescheid zum   Mahnbescheid vom   3.6.19.. zuge-stellt am 6.6.19..

Antragsteller, ges. Vertreter, Prozeßbevollmächtigte(r); Bankverbindung

Klaiber, Albert. Prokurist   7 Stuttgart 1   Werastraße 70

macht gegen –Sie–   als Gesamt-schuldner ☐

folgenden Anspruch geltend: Geschäftszeichen des Antragstellers:

Schadensersatz wegen Nichterfüllung des Kaufvertrags vom 15.4.19..
über den gebrauchten PKW Opel Kapitän S – AD 935. Mindererlös 200.-

Hauptforderung DM 200.–	Zinsen 4 % seit 22.4.19..				
Vorgerichtliche Kosten DM –.50					
Bisherige Kosten des Verfahrens (Summe ① bis ⑤) DM 14.–	① Gerichtskosten DM	② Auslagen d. Antragst. DM	③ Gebühr d. Prozeßbev. DM	④ Auslagen d. Prozeßbev. DM	⑤ MWSt. d. Prozeßbev. DM
Gesamtbetrag DM 214.50	zuzügl. der Zinsen	Der Anspruch ist nach Erklärung des Antragstellers von einer Gegenleistung nicht abhängig. ☐ abhängig; diese ist aber bereits erbracht. ☐			

Auf der Grundlage des Mahnbescheids ergeht Vollstreckungsbescheid

☒ wegen vorstehender Beträge	wegen

abzüglich gezahlter   ––

Hinzu kommen folgende weitere Kostenbeträge				insgesamt (Summe von ① bis ④)	Die Kosten des Verfahrens sind ab Erlaß dieses Bescheids mit 4 % zu verzinsen.	Dieser Bescheid wurde dem Antragsgegner zugestellt am:
① Gerichtskost.,Auslag. DM	② Gebühr d. Prozeßbev. DM	③ Auslagen d. Prozeßbev. DM	④ MWSt. d. Prozeßbev. DM	DM		

gez. _~~Reckle~~_ Rechtspfleger   Ausgefertigt _____ Urkundsbeamter der Geschäftsstelle

49

Zum Vollstreckungsbescheid:

Hinweise des Gerichts

Zahlungen

Zahlungen – gleichgültig, ob sie die Hauptforderung, die Zinsen oder die Kosten betreffen – sind nur an den Antragsteller zu richten.

Das Gericht kann Ihre Zahlung nicht entgegennehmen.

Zahlen Sie an den Antragsteller unmittelbar oder auf das von ihm bezeichnete Konto; falls Sie von dem Gerichtsvollzieher dazu aufgefordert werden, zu dessen Händen.

Zahlungsaufschub, Ratenzahlung

Zahlungsunfähigkeit befreit nicht von der Verpflichtung, eine Schuld zu bezahlen. Der E i n s p r u c h gegen diesen Vollstreckungsbescheid (s. dazu die Hinweise in der rechten Spalte) kann selbst dann nicht auf Zahlungsunfähigkeit gestützt werden, wenn diese auf Krankheit, Erwerbslosigkeit oder anderen Notlagen beruht.

Zahlungsaufschub oder Ratenzahlung kann nur der Antragsteller bewilligen.

Wenn Sie die Zahlung zur Zeit nicht voll aufbringen können, empfiehlt es sich, mit dem Antragsteller oder seinem Prozeßbevollmächtigten zu verhandeln. Verhandlungen führen erfahrungsgemäß häufig zum Erfolg, wenn eine Teilzahlung angeboten wird.

Das erkennende Gericht kann Ihnen keinen Zahlungsaufschub und keine Ratenzahlung bewilligen.

Einlegung des Einspruchs

Gegen den Vollstreckungsbescheid kann innerhalb einer Frist von z w e i W o c h e n, die mit der Zustellung des Bescheids beginnt, E i n s p r u c h eingelegt werden. Der Einspruch ist an das Amtsgericht zu richten, das den umseitigen Bescheid erlassen hat, und muß s c h r i f t l i c h eingelegt werden oder vor dem Urkundsbeamten der Geschäftsstelle eines Amtsgerichts erklärt werden. Wird der Einspruch vor dem Urkundsbeamten der Geschäftsstelle eines anderen als des umseitig bezeichneten Amtsgerichts erklärt, so beachten Sie bitte, daß die von dem Urkundsbeamten aufgenommene Erklärung innerhalb der Einspruchsfrist bei dem umseitig bezeichneten Amtsgericht eingehen muß.

Danach haben Sie, wenn Einwendungen gegen den Anspruch bestehen, auch jetzt noch Gelegenheit, sich gegen diesen zur Wehr zu setzen.

Sollten Sie den Anspruch nicht bestreiten können, ist der Einspruch zwecklos und verursacht Ihnen weitere Kosten.

Machen Sie daher von dem Einspruch nur Gebrauch, wenn Sie glauben, nicht oder noch nicht zur Zahlung verpflichtet zu sein, oder wenn Sie durch Ihr Verhalten nicht Veranlassung zu dem anhängigen Mahnverfahren gegeben haben.

Holen Sie nötigenfalls umgehend den Rat eines Rechtsanwalts oder einer sonstigen zur Rechtsberatung befugten Person oder Stelle ein, bevor Sie den Einspruch einlegen.

Sollten Sie den Anspruch nur zu einem T e i l bestreiten wollen, können Sie den Einspruch auf diesen Teil b e - s c h r ä n k e n. In diesem Fall empfiehlt es sich, den Teilbetrag der Hauptforderung und die Nebenforderungen (Zinsen, vorgerichtliche Kosten,- Kosten des Verfahrens) in der Einspruchsschrift genau zu bezeichnen.

Vordruck für die maschinelle Bearbeitung der Mahnsachen in Baden-Württemberg (§ 703c ZPO)

▶◀   ▶◀   ▶◀   ▶◀   ▶◀

Raum für Vermerke des Gerichts

Antrag auf Erlaß eines Mahnbescheids

Zeilen-Nummer		
	Datum des Antrags	**Wichtig:** Bitte lesen Sie zunächst die **beiliegenden Hinweise.** Der Anspruch ist mit einer aus dem Hinweisblatt zu entnehmenden **Katalog-Nr.** zu bezeichnen. In Kästchen mit **weißem Pfeil** ist zutreffendenfalls ein X, in Kästchen mit **schwarzem Pfeil** die zutreffende Nummer einzutragen.

1

2   **Antragsteller**   Spalte 1

☐ ◁   **Nur bei mehreren Antragstellern** Antragsteller sind Gesamtgläubiger   Es wird versichert, daß der in Spalte 1 Bezeichnete bevollmächtigt ist, die weiteren zu vertreten.

Weiterer Antragsteller   Spalte 2

3   ☐ ◀ 1 = Herr 2 = Frau   Vorname

☐ ◀ 1 = Herr 2 = Frau   Vorname

4   Nachname   Nachname

5   Straße, Hausnummer – **bitte kein Postfach!** –   Straße, Hausnummer – **bitte kein Postfach!** –

6   Postleitzahl, Ort   Ausl. Kz.   Postleitzahl, Ort   Ausl. Kz.

7   **Nur für Firma, juristische Person u. dgl. als Antragsteller**   Spalte 3

8   ☐ ◀ 3 = Einzelfirma   4 = GmbH u. Co KG   5 = Juristische Person, OHG, KG (außer GmbH u. Co KG)   6 = Sonstige   Vollständige Bezeichnung

9   Fortsetzung von Zeile 9   Bei juristischer Person, OHG und KG **Rechtsform** wiederholen

10   Straße, Hausnummer – **bitte kein Postfach!** –   Postleitzahl, Ort   Ausl. Kz.

11

12   **Gesetzlicher Vertreter**   ◀ *Nr. der Spalte, in der der Vertretene bezeichnet ist*   Stellung (z. B. Geschäftsführer, Vater, Mutter, Vormund)

Gesetzlicher Vertreter (auch weiterer)   ◀ *Nr. der Spalte, in der der Vertretene bezeichnet ist*   Stellung

13   Vor- und Nachname   Vor- und Nachname

14   Straße, Hausnummer – **bitte kein Postfach!** –   Straße, Hausnummer – **bitte kein Postfach!** –

15   Postleitzahl, Ort   Postleitzahl, Ort

16

17   **Antragsgegner**   Spalte 1

☐ ◁ Antragsgegner sind Gesamtschuldner

Weiterer Antragsgegner   Spalte 2

18   ☐ ◀ 1 = Herr 2 = Frau   Vorname

☐ ◀ 1 = Herr 2 = Frau   Vorname

19   Nachname   Nachname

20   Straße, Hausnummer – **bitte kein Postfach!** –   Straße, Hausnummer – **bitte kein Postfach!** –

21   Postleitzahl, Ort   Postleitzahl, Ort

22

23   **Nur für Firma, juristische Person u. dgl. als Antragsgegner**   Spalte 3

☐ ◀ 3 = Einzelfirma   4 = GmbH u. Co KG   5 = Juristische Person, OHG, KG (außer GmbH u. Co KG)   6 = Sonstige   Vollständige Bezeichnung

24   Fortsetzung von Zeile 24   Bei juristischer Person, OHG und KG **Rechtsform** wiederholen

25   Straße, Hausnummer – **bitte kein Postfach!** –   Postleitzahl, Ort

26   **Gesetzlicher Vertreter**   ◀ *Nr. der Spalte, in der der Vertretene bezeichnet ist*   Stellung (z. B. Geschäftsführer, Vater, Mutter, Vormund)

27   **Gesetzlicher Vertreter** (auch weiterer)   ◀ *Nr. der Spalte, in der der Vertretene bezeichnet ist*   Stellung

28   Vor- und Nachname   Vor- und Nachname

29   Straße, Hausnummer – **bitte kein Postfach!** –   Straße, Hausnummer – **bitte kein Postfach!** –

30   Postleitzahl, Ort   Postleitzahl, Ort

31

Bezeichnung des Anspruchs

I. Hauptforderung — siehe Anspruchskatalog —

| | 1 Der Anspruch hängt von einer Gegenleistung ab; diese ist bereits erbracht. 2 Der Anspruch hängt nicht von eine Gegenleistung ab. |

Katalog-Nr.	Rechnung/Aufstellung/Vertrag oder ähnliche Bezeichnung	Nr. der Rechng./des Kontos u.dgl.	Datum bzw. Zeitraum vom	bis	Betrag DM	

Zeilen-Nummer

32

33

34

Postleitzahl, Ort als Zusatz bei Katalog-Nr. 19, 20   Vertragsart als Zusatz bei Katalog-Nr. 28

-Vertrag

35

Sonstiger Anspruch — nur ausfüllen, wenn im Katalog nicht vorhanden —

36

Fortsetzung von Zeile 36   **Betrag DM**

37

Datum

38

Nur bei Abtretung oder Forderungsübergang:
Früherer Gläubiger — Vor- und Nachname, Firma (Kurzbezeichnung)   Postleitzahl, Ort   Seit diesem Datum ist die Forderung an den Antragsteller abgetreten/auf ihn übergegangen.

39

II. Zinsen

Zeilen-Nr. des Anspruchs	Zinssatz %	% über Diskontsatz	1 = jährl. 2 = mtl. 3 = tägl.	Nur angeben, wenn abweichend vom Anspruchsbetrag: aus DM	Ab Zustellung des Mahnbescheids, wenn kein Datum angegeben. ab oder vom	bis	MWSt. für Zinsen St.-Satz %

40

41

42

Ausgerechnete Zinsen für die Zeit   vom   bis   MWSt. %   Betrag (ohne MWSt.) DM

43

III. Auslagen des Antragstellers für dieses Verfahren | IV. Andere Nebenforderungen

Vordruck/Porto Betrag DM	Sonstige Kosten Betrag DM	Bezeichnung der Art	Betrag DM	Bezeichnung

44

Ein streitiges Verfahren im allgemeinen Gerichtsstand des Antragsgegners wäre durchzuführen vor dem

45   1 = Amtsgericht / 2 = Landgericht / 3 = Landgericht — Kammer für Handelssachen, vor der die Verhandlung beantragt wird — **in**   Postleitzahl, Ort   Im Falle eines Widerspruchs beantrage ich die Durchführung des streitigen Verfahrens.

Prozeßbevollmächtigter des Antragstellers
Ordnungsgemäße Bevollmächtigung versichere ich.   Betrag DM   Bei Rechtsanwalt oder Rechtsbeistand: Neben der Gebühr für den Mahnbescheidsantrag werden anstelle der Auslagenpauschale des § 26 BRAGO die nebenstehenden Auslagen verlangt, deren Richtigkeit versichert wird.

46   1 = Rechtsanwalt   3 = Rechtsbeistand / 2 = Rechtsanwälte   4 = Herr, Frau
Vor- und Nachname

47

Straße, Hausnummer — bitte kein Postfach! —   Postleitzahl, Ort

48

Bankleitzahl   Konto-Nr.   bei der/dem

49

Juristische Person als Rechtsbeistand

50

Geschäftszeichen des Antragstellers/Prozeßbevollmächtigten

51

Ich beantrage, aufgrund der vorstehenden Angaben einen Mahnbescheid zu erlassen und in diesen die Kosten des Verfahrens aufzunehmen.

**An das
Amtsgericht Stuttgart
— Mahnabteilung —
Postfach 2970**

Unterschrift des Antragstellers/Vertreters/Prozeßbevollmächtigten

7000 Stuttgart 1

52

Postleitzahl, Ort

082.20/11-0 Formularverlag W. Kohlhammer Stuttgart   **Bitte Ausfüllhinweise auf der Rückseite beachten**

Hinweise zum Vordruck ...

Hinweise zum Vordruck für den Antrag auf Erlaß
eines Mahnbescheids

Allgemeines

Mit dem automatisierten Mahnverfahren soll Ihnen schneller zu Ihrem Recht verholfen werden. Der Einsatz der Technik setzt aber voraus, daß Sie Ihre Angaben mit Hilfe eines schematisierten, auf die Erfordernisse der elektronischen Datenverarbeitung abgestellten Vordrucks machen. Mit allen Fragen, auch mit solchen, die das Ausfüllen des Vordrucks betreffen, können Sie sich an jedes Amtsgericht wenden.

Zur Formularausfüllung:

Wenn Sie sich verschrieben haben, machen Sie bitte die Eintragung eindeutig ungültig.

Schreibmaschinenausfüllung:

▶ = Wenn Sie die Zeilenschaltung der Schreibmaschine bei diesem Zeichen einstellen, erreichen Sie mit zweifacher Grundzeilenschaltung jede auszufüllende Zeile.

▶◀ = Dieses Zeichen bedeutet Schreibfluchtlinie. Bitte Randsteller und Tabulatoren entsprechend einstellen.

Ein weißer Pfeil (◁) bedeutet, daß Sie durch Ankreuzen (so: ☒◁) mitteilen, ob die vorgesehene Erklärung zutrifft.

Ein schwarzer Pfeil (◀) bedeutet, daß Sie unter mehreren vorgegebenen Möglichkeiten die für Sie zutreffende Erklärung auswählen und die entsprechende Zahl (z. B. so: ☒◀) eintragen.

Alle übrigen Angaben sind, soweit sie in Ihrem Fall zutreffen, nach folgendem Muster zu machen:

Postleitzahl, Ort		Betrag DM	Katalog-Nr.	Zinssatz %
7000	Stuttgart	36,50	43	4

Beschränkung der Angaben

Die im Vordruck vorgesehenen Angaben entsprechen den gesetzlichen Erfordernissen. Nähere Angaben können im automatisierten Verfahren nicht berücksichtigt werden; fügen Sie deshalb dem Antrag auf Erlaß eines Mahnbescheids keine Beweismittel (z. B. Belege) bei; sie müßten Ihnen ungeprüft zurückgesandt werden. Wenn der im Vordruck vorgesehene Raum nicht ausreicht, können Sie weitere

a) Antragsteller,
b) Antragsgegner,
c) gesetzliche Vertreter,
d) Hauptforderungen,
e) Zinsen

auf einem gesonderten Blatt aufführen. Verfahren Sie dabei nach der Systematik des Vordrucks und verwenden Sie folgende Überschriften zur jeweiligen Kennzeichnung:

»Antragsteller«
»Gesetzlicher Vertreter des Antragstellers«
»Antragsgegner«
»Gesetzlicher Vertreter des Antragsgegners«
»Hauptforderung«
»Zinsen«

Bitte verbinden Sie das Ergänzungsblatt fest mit dem Antragsvordruck.

Gerichts- und Anwaltskosten

Die Gerichtskosten und die Kosten der Prozeßvertretung durch einen Rechtsanwalt oder Rechtsbeistand werden vom Gericht errechnet und in den Mahnbescheid aufgenommen.
Die Gerichtskosten werden Ihnen bei Erlaß des Mahnbescheids in Rechnung gestellt. Vor Eingang der Zahlung kann ein Vollstreckungsbescheid nicht erteilt werden; Ihre Zahlungspflicht besteht aber unabhängig vom Fortgang des Verfahrens.

Antragsteller, Antragsgegner
Nur für Ehegatten

Sind Ehegatten mit gleichem Namen und gleichem Wohnsitz Antragsteller oder Antragsgegner, so genügt zur Bezeichnung als weiterer Antragsteller oder Antragsgegner die Angabe des Vornamens des anderen Ehegatten.

Nur für mehrere Antragsteller

Soll keiner der Antragsteller zur Vertretung der weiteren Antragsteller berechtigt sein, so teilen Sie dies bitte auf einem gesonderten Blatt mit.

Nur für GmbH u. Co KG

Bei einer GmbH u. Co KG tragen Sie bitte die KG in die Zeilen 8-11 (23-26), die GmbH in die Zeilen 4-7 (19-22) – ohne Schlüsselzahl – und den gesetzlichen Vertreter der GmbH in die Zeilen 12-16 (27-31) ein.

Nur für Antragsteller, die ihren Wohnsitz (Sitz) nicht im Inland haben

Als Auslandskennzeichen (siehe »Ausl.Kz.« in Zeile 7, 11) ist das Nationalitätszeichen im internationalen Kraftfahrzeugverkehr anzugeben. Bitte beachten Sie die Zuständigkeit des Amtsgerichts Schöneberg in Berlin (siehe unter »Zuständigkeit für das Mahnverfahren«).

Nur für Partei kraft Amtes

Bei einer Partei kraft Amtes sind deren Angaben zur Person in die Zeilen 3-7 (18-22), das vertretene Vermögen in die Zeilen 9-11 (24-26) und die Stellung (z. B. Konkursverwalter, Nachlaßverwalter usw.) in Zeile 10 (25) unter »Bei juristischer Person, OHG und KG Rechtsform wiederholen« einzutragen.

Gesetzlicher Vertreter

Werden Antragsteller oder Antragsgegner gesetzlich vertreten, so geben Sie bitte bei der Anschrift des gesetzlichen Vertreters Straße und Ort dann an, wenn diese Angaben von der Anschrift des Vertretenen abweichen.
Bei **mehreren** Antragstellern oder **mehreren** Antragsgegnern: Der Raum, den der Vordruck für die Bezeichnung des einzelnen Antragstellers oder Antragsgegners vorsieht, ist mit »Spalte 1«, »Spalte 2« und »Spalte 3« überschrieben. Bitte tragen Sie in Zeile 12 bzw. 27 die Nummer der Spalte ein, damit erkennbar ist, welche Person(en) der gesetzliche Vertreter vertritt.

Hauptforderung

Zur Bezeichnung Ihrer Hauptforderung tragen Sie bitte aus dem Anspruchskatalog (siehe Rückseite dieser Hinweise) die zutreffende **Katalog-Nr.** in die erste Spalte der Zeile 32 ein. In der zweiten Spalte geben Sie an, in welcher Form Sie Ihre Forderung dem Antragsgegner mitgeteilt haben (z. B. »Rechnung«, »Mahnung«, »Kontoauszug«). Sie können eine allgemein verständliche Abkürzung eintragen. Für eine etwaige Rechnungs- oder Kontonummer ist in der Zeile die dritte Spalte und für das Datum die vierte Spalte vorgesehen. Wenn Sie einen Anspruch für einen bestimmten Zeitraum geltend machen (z. B. Miete für die Zeit vom ... bis ...), ist jedoch in der vierten Spalte (»vom«) der Beginn dieses Zeitraums und in der vorletzten Spalte (»bis«) dessen Ende einzutragen. In der letzten Spalte folgt der Betrag der Hauptforderung.
Zur Frage der **Gegenleistung** (Kästchen am Ende der Zeile) müssen Sie sich erklären; sonst kann Ihr Antrag zurückgewiesen werden.
Die Zeilen 33 und 34 sind für weitere Hauptforderungen vorgesehen. In Zeile 36, 37 soll nur ein Anspruch eingetragen werden, der im Anspruchskatalog nicht aufgeführt ist.

Nur für Urkundenmahnverfahren

Wenn Sie Ihren Anspruch in der besonderen Art des Urkundenmahnverfahrens geltend machen wollen, tragen Sie bitte in Zeile 36 das Wort »Urkundenmahnverfahren« ein und bezeichnen Sie anschließend dort die Urkunde.

Nur für Scheck- und Wechselmahnverfahren

Wenn Sie Ihren Anspruch in der besonderen Art des Scheck- oder Wechselmahnverfahrens geltend machen wollen, tragen Sie bitte in Zeile 36 das Wort »Scheckmahnverfahren« oder »Wechselmahnverfahren« ein; zusätzlich ist der Scheck- oder Wechselanspruch in den Zeilen 32-34 unter Verwendung der entsprechenden Katalognummer zu bezeichnen.

Zinsen

Machen Sie Zinsen geltend, so tragen Sie bitte die Zeilennummer (32, 33, 34 oder 36) des Anspruchs, für den Sie Zinsen fordern, in die dafür vorgesehenen Spalten ein. In der gleichen Weise ist zu verfahren, wenn Sie für einen Anspruch oder Teil eines Anspruchs unterschiedliche Zinssätze geltend machen wollen; wiederholen Sie für jeden Zinssatz die Zeilennummer des entsprechenden Anspruchs.
In die Spalte »ab oder vom« ist dann eine Datumsangabe einzutragen, wenn Sie Zinsen geltend machen wollen, die vor der Zustellung des

Mahnbescheids entstanden sind. Wenn Sie die Spalte »ab oder vom« nicht ausfüllen, wird vom Zustellungsdatum des Mahnbescheids als Zeitpunkt des Zinsbeginns ausgegangen. Zusätzlich ist eine Datumsangabe »bis« nur erforderlich, wenn Sie Zinsen von verschiedenen Anspruchsteilen oder mit unterschiedlichen Prozentsätzen über mehrere Zeiträume geltend machen wollen.

Sie können aber auch die Zinsen für verschiedene Zeiträume, verschiedene Ansprüche und unterschiedliche Zinssätze ausrechnen und in Zeile 43 eintragen. Diese vereinfachte Angabe genügt jedoch nur, wenn dem Antragsgegner bereits eine Zinsabrechnung vorliegt.

Aus den von Ihnen in den Zeilen 40, 41 und 42 gemachten Angaben werden die Zinsbeträge maschinell errechnet, und zwar bis zum Tage des Erlasses des Mahnbescheids. Soweit Sie einen Prozentsatz über dem jeweils gültigen Diskontsatz geltend machen wollen, wird diese Berechnung allerdings nicht vorgenommen.

Mehrwertsteuer für Zinsen kann nur geltend gemacht werden, wenn Sie selbst für die von Ihnen geltend gemachten Ansprüche mehrwertsteuerpflichtig sind.

Streitiges Verfahren

In Zeile 45 ist die Schlüsselzahl für das Gericht einzutragen, das für die Geltendmachung des Anspruchs s a c h l i c h zuständig wäre; dies ist für Ansprüche bis zu 3 000 DM sowie für Ansprüche aufgrund eines Mietverhältnisses und für Unterhaltsansprüche das Amtsgericht, im übrigen grundsätzlich das Landgericht.

Als örtlich zuständig einzutragen ist das Gericht, bei dem der Antragsgegner seinen allgemeinen Gerichtsstand hat: dies ist in der Regel das Gericht, in dessen Bezirk der Antragsgegner wohnt oder seinen Geschäftssitz hat.

Bei mehreren Antragsgegnern mit unterschiedlichem Wohnsitz oder Sitz führen Sie bitte alle Gerichte des allgemeinen Gerichtsstands eines jeden Antragsgegners auf einem gesonderten Blatt auf.

Für Rechtsanwalt oder Rechtsbeistand

Wenn Sie Gebühren für die Geltendmachung eines e i g e n e n Anspruchs verlangen, so tragen Sie sich bitte in die Zeilen 46-50 ein, ohne den Antragstellerbereich auszufüllen.

Zuständigkeit für das Mahnverfahren

Zuständig ist in der Regel das Gericht, in dessen Bezirk der Antragsteller seinen Wohnsitz oder — bei Gesellschaften und juristischen Personen — seinen Sitz hat. Bitte beachten Sie dazu die von der Landesregierung oder der Landesjustizverwaltung erlassene Rechtsverordnung, in der diese die Mahnverfahren für den Bezirk eines oder mehrerer Oberlandesgerichte einem bestimmten Amtsgericht zuweist. Sollten Sie Ihren Wohnsitz (Sitz) nicht im Inland haben, wenden Sie sich bitte an das Amtsgericht Schöneberg in Berlin.

Anspruchskatalog

Die Hinweise in Klammern bitte unbedingt beachten.

Anspruchsbezeichnungen	Katalog-Nr.
Anzeigen in Zeitungen u. a.	1
Ärztliche/Zahnärztliche Leistung	2
Bürgschaft	3
Darlehensrückzahlung	4
Dienstleistungsvertrag	5
(Keine Ansprüche aus Arbeitsvertrag – Zuständigkeit des Arbeitsgerichts)	
Frachtkosten	6
Geschäftsbesorgung durch Selbständige	7
(z. B. Rechtsanwälte, Steuerberater)	
Handwerkerleistung	8
Heimunterbringung	9
Hotelkosten	10
(z. B. Übernachtung, Verzehr, Getränke)	
Kaufvertrag	11
Kontokorrentabrechnung	12
Krankenhauskosten -Pflege/Behandlung -	13
Lagerkosten	14
Leasing/Mietkauf	15
Lehrgangs-/Unterrichtskosten	16
Miete für Geschäftsraum einschl. Nebenkosten	17
Miete für Kraftfahrzeug	18
Miete für Wohnraum einschl. Nebenkosten	19
(PLZ und Ort der Wohnung sind im Vordruck Zeile 35 einzutragen. Wollen Sie die Nebenkosten getrennt geltend machen, siehe Katalog-Nr. 20.)	
Mietnebenkosten – auch Renovierungskosten –	20
(Falls keine Miete geltend gemacht wird, sind PLZ und Ort der Wohnung im Vordruck Zeile 35 einzutragen.)	
Miete (sonstige)	21
Mitgliedsbeitrag	22
Pacht	23

Anspruchsbezeichnungen	Katalog-Nr.
Rechtsanwalts-/Rechtsbeistandshonorar	24
Rentenrückstände	25
Reparaturleistung	26
Rückgriff aus Versicherungsvertrag wegen Unfall/Vorfall	27
Schadenersatz aus -Vertrag	28
(Die Vertragsart ist im Vordruck Zeile 35 einzutragen.)	
Schadenersatz aus Unfall/Vorfall	29
Scheck/Wechsel	30
(Fügen Sie bitte keine Scheck-/Wechselabschrift bei.)	
Scheck-/Wechselprovision (1/3 %) in DM	31
Scheck-/Wechselunkosten -Spesen/Protest in DM	32
Schuldanerkenntnis	33
Speditionskosten	34
Tilgungs-/Zinsraten	35
Überziehung des Bankkontos	36
(Konto-Nr. in Zeile 32-34 in der 3. Spalte angeben.)	
Ungerechtfertigte Bereicherung	37
Unterhaltsrückstände	38
Vergleich, außergerichtlicher	39
Vermittlungs-/Maklerprovision	40
(nicht aus Ehemaklervertrag)	
Versicherungsprämie/-beitrag	41
Versorgungsleistung -Strom. Wasser, Gas-	42
(Abn./Zähler-Nr. in Zeile 32-34 in der 3. Spalte eintragen.)	
Warenlieferung-ent	43
Wechsel (siehe Scheck)	
Werkvertrag/Werklieferungsvertrag	44
Zeitungs-/Zeitschriftenbezug	45
Zinsrückstände/Verzugszinsen	46
(Gilt nur für Zinsen, bei denen die zugrundeliegende Forderung nicht gleichzeitig geltend gemacht wird. Zinsen in diesen Fällen nicht in Zeile 40-43 bezeichnen.)	

Mahnbescheid in Form der maschinellen Bearbeitung:

Amtsgericht Stuttgart
— Mahnabteilung —
Postfach 2970
7000 Stuttgart 1

Antragsgegner:

WEITERSENDEN INNERH.D. AG-BEZIRKS
Geschäftsnummer des Antragsgegners
Bei Schreiben an das Gericht stets angeben
81-0990003-0-7

HERRN
EWALD HUNSEL
BEERENWEG 7

7000 STUTTGART

MAHNBESCHEID

vom 14.09.1982

Der Antragsteller
macht folgenden Anspruch geltend:

I. HAUPTFORDERUNG:
   1) SCHECK/WECHSEL
      GEM. SCHECK   -141920   *****1.100,00 DM
      VOM 01.03.79
   2) SCHADENERSATZ AUS KAUF   -29C   *******600,00 DM
      GEM. AUFSTELLUNG
      VOM 14.02.79   -VERTRAG   *****1.700,00 DM

                                     ZUSAMMEN   *******35,00 DM

II. KOSTEN WIE NEBENSTEHEND:

III. HINZU KOMMEN:
   ZU I.1)
      -LAUFENDE ZINSEN AB ZUSTELLUNG DES MAHNBESCHEIDS:
      *4,500% JAHRESZINSEN AUS *****1.100,00 DM
      VOM GERICHT AUSGERECHNETE ZINSEN :
   ZU I.3)   VOM GERICHT AUSGERECHNETE ZINSEN :
      *7,000% JAHRESZINSEN AUS *******600,00 DM   *******147,00 DM
      VOM 15.03.79 BIS 14.09.82
      VOM GERICHT NICHT AUSRECHENBARE
      WEITERE -LAUFENDE- ZINSEN AB DEM 15.09.82 :
      *7,000% JAHRESZINSEN AUS *******600,00 DM

IV. ANDERE NEBENFORDERUNGEN:
      SCHECK/WECHSELPROVISION (1/3%)
      GEM. AUFSTELLUNG   -27A   *********3,00 DM
      VOM 15.03.79
      REGISTERAUSZUG   ********11,20 DM

ZU I.1), 2)
   NACH ERKLÄRUNG DES ANTRAGSTELLERS HÄNGT DER ANSPRUCH
   NICHT VON EINER GEGENLEISTUNG AB.

Antragsteller:
ARNO SCHMIDT
OBERER WEG 32
7000 STUTTGART

Kosten
(nach dem Wert der Hauptforderung) DM   ******1.700,00)
1) Gerichtsgebühr (§ 11, Nr. 1000 GKG)   ********30,00 DM
2) Zustellungsauslagen (§ 11, Nr. 1902 GKG) – DM   *5,00   je Antragsgegner und Zustellung   ********5,00 DM
3) Kosten des Antragstellers für dieses Verfahren   ********0,00 DM

4) Rechtsanwalts-/Rechtsbeistandsgebühr (§ 43 Abs. 1 Nr. 1 BRAGO/Art. IX KostÄndG)   ********0,00 DM

5) dessen Auslagen (§ 26 BRAGO/Art. IX KostÄndG)   ********0,00 DM
6) *0,00 % Mehrwertsteuer von Nr. 4 u. 5   ********0,00 DM
                                                                   *******35,00 DM

JMB1 /n

Das Gericht hat nicht geprüft, ob dem Antragsteller der Anspruch zusteht. Es fordert Sie hiermit auf, innerhalb von zwei Wochen seit der Zustellung dieses Bescheids entweder die vorstehend bezeichneten Beträge, soweit Sie den geltend gemachten Anspruch als begründet ansehen, zu begleichen oder dem nebenstehenden Gericht auf einem Vordruck der beigefügten Art (s. Hinweis dazu auf der Rückseite) mitzuteilen, ob und in welchem Umfang Sie dem Anspruch widersprechen.
Werden die geforderten Beträge nicht beglichen und wird auch kein Widerspruch erhoben, kann der Antragsteller nach Ablauf der Frist einen Vollstreckungsbescheid erwirken, aus dem er die Zwangsvollstreckung betreiben kann. Ein streitiges Verfahren im allgemeinen Gerichtsstand des Antragsgegners wäre nach Angabe des Antragstellers durchzuführen vor dem AMTSGERICHT
7000 STUTTGART
An dieses Gericht, dem die Prüfung seiner Zuständigkeit vorbehalten bleibt, wird die Sache im Falle Ihres Widerspruchs abgegeben.

Beachten Sie bitte die Hinweise auf der Rückseite

AUST
Rechtspfleger

Maschinell erstellte Ausfertigung, ohne Unterschrift gültig (§ 703 b Abs. 1 ZPO)

Vordruck: Widerspruch gegen den Mahnbescheid

Mahnsache

Antragsteller: Vor- und Nachname/Firmenbezeichnung

gegen

Antragsgegner: Vor- und Nachname/Firmenbezeichnung

wegen

DM

Zeilen-Nummer

1 | Datum des Widerspruchs | Geschäftsnummer des Amtsgerichts

**An das
Amtsgericht Stuttgart
— Mahnabteilung —**
Postfach 2970

7000 Stuttgart 1

Hinweis für den Antragsgegner:
Bitte überlegen Sie sorgfältig, ob Sie im Recht sind, und beachten Sie die Hinweise auf der Rückseite des Mahnbescheids.

Widerspruch

Gegen den im Mahnbescheid geltend gemachten Anspruch erhebe ich Widerspruch.

Weiterer Hinweis für den Antragsgegner:
Falls Sie gegen den Anspruch **insgesamt** Widerspruch erheben wollen, genügt es, wenn Sie den Vordruck in Zeile 12 unterschreiben. Wollen Sie nur gegen einen **Teil des Anspruchs** Widerspruch erheben (Zeile 2) oder sind in den Zeilen 3 bis 10 Angaben erforderlich, beachten Sie bitte auch die Hinweise auf der Rückseite dieses Vordrucks.

Angaben bei Teilwiderspruch
Ich widerspreche nur einem Teil des Anspruchs, und zwar

2 | der Hauptforderung wegen eines
Teilbetrages von ___ DM | den geforderten Zinsen
1 = soweit sie sich auf den Teil der Hauptforderung beziehen, dem ich widerspreche, 2 = insgesamt. | den Verfahrenskosten
1 = soweit sie sich auf den Teil der Hauptforderung beziehen, dem ich widerspreche. 2 = insgesamt. | den anderen Nebenforderungen
wegen eines Betrages von ___ DM

Die Anschrift des Antragsgegners lautet richtig/nunmehr:
Straße, Hausnummer – bitte kein Postfach! –   Postleitzahl, Ort

3

**Ich erhebe den Widerspruch
als gesetzlicher Vertreter des Antragsgegners**
Stellung (z. B. Geschäftsführer, Vater, Mutter, Vormund)

Weiterer gesetzlicher Vertreter
Stellung

4

Vor- und Nachname   Vor- und Nachname

5

Straße, Hausnummer – **bitte kein Postfach!** –   Straße, Hausnummer – **bitte kein Postfach!** –

6

Postleitzahl, Ort   Postleitzahl, Ort

7

Ich erhebe den Widerspruch als Prozeßbevollmächtigter des Antragsgegners

8 | 1 = Rechtsanwalt   3 = Rechtsbeistand
2 = Rechtsanwälte   4 = Herr, Frau | Ordnungsgemäße Bevollmächtigung versichere ich.
Vor- und Nachname

9

Straße, Hausnummer – **bitte kein Postfach!** –   Postleitzahl, Ort

10

Geschäftszeichen des Antragsgegners/Prozeßbevollmächtigten

11   Bezeichnung des Absenders

Unterschrift des Antragsgegners/Vertreters/Prozeßbevollmächtigten

12

EWI2 /18

56

Vordruck: Antrag auf Erlaß eines Vollstreckungsbescheids

Mahnsache
▶

gegen

wegen
Zeilen-
Nummer

▶◀ Antragsteller: Vor- und Nachname/Firmenbezeichnung

▶◀ Antragsgegner: Vor- und Nachname/Firmenbezeichnung

▶◀

	Datum des Antrags	Geschäftsnummer des Amtsgerichts	DM
1			

Dieser Antrag darf nicht vor Ablauf von zwei Wochen nach dem
(Zustellung des Mahnbescheids) gestellt werden.

An das
Amtsgericht Stuttgart
— Mahnabteilung —
Postfach 2970

7000 Stuttgart 1

Antrag auf Erlaß eines Vollstreckungsbescheids

Ich beantrage, Vollstreckungsbescheid zu erlassen und in diesen die weiteren Kosten des Verfahrens aufzunehmen. Falls der Antragsgegner gegen einen Teil des Anspruchs Widerspruch erhoben hat, beantrage ich, Vollstreckungsbescheid zu erlassen, soweit dem Anspruch nicht widersprochen wurde.

Zahlungen des Antragsgegners auf den Mahnbescheid

2 □ 1 = Der Antragsgegner hat keine Zahlungen geleistet.
2 = Der Antragsgegner hat nur die hier angegebenen Zahlungen geleistet.

am	gezahlt DM	am	gezahlt DM
3 am	gezahlt DM	am	gezahlt DM
4 am	gezahlt DM	am	gezahlt DM
5			

6 □ 1 = Die Zahlung des Auslagenbetrags für die Zustellung des Vollstreckungsbescheids durch das Gericht habe ich veranlaßt.
2 = Ich möchte den Vollstreckungsbescheid selbst durch einen Gerichtsvollzieher zustellen lassen und beantrage, mir den Bescheid für diesen Zweck in Ausfertigung zu übergeben.

Weitere Auslagen des Antragstellers für dieses Verfahren

Betrag DM		Betrag DM		Bezeichnung der Art
7	Porto, Telefon und dgl.		Sonstige Kosten	
8	Ich beantrage auszusprechen, daß die Kosten des Verfahrens ab Erlaß des Vollstreckungsbescheids mit 4 % zu verzinsen sind.	Betrag DM		Bei Rechtsanwalt oder Rechtsbeistand: Anstelle der Auslagenpauschale des § 26 BRAGO werden die nebenstehenden Auslagen verlangt, deren Richtigkeit versichert wird.

Der Antragsgegner hat jetzt folgende Anschrift:

Straße, Hausnummer — bitte kein Postfach! —   Postleitzahl, Ort

9

Falls die Bezeichnung des Antragsgegners (Namensangabe) einen Schreibfehler oder eine ähnliche offenbare Unrichtigkeit enthält:
Die Bezeichnung lautet richtig:

Vorname/Vollständige Bezeichnung der Firma

10

Nachname/Fortsetzung der Bezeichnung der Firma   Bei juristischer Person, OHG und KG Rechtsform wiederholen

11

Soweit bisher nicht oder unrichtig angegeben:

Gesetzlicher Vertreter des Antragsgegners	**Weiterer gesetzlicher Vertreter**
Stellung (z. B. Geschäftsführer)	Stellung
12	
Vor- und Nachname	Vor- und Nachname
13	
Straße, Hausnummer — bitte kein Postfach! —	Straße, Hausnummer — bitte kein Postfach! —
14	
Postleitzahl, Ort	Postleitzahl, Ort
15	

Bezeichnung des Absenders

Unterschrift des Antragstellers/Vertreters/Prozeßbevollmächtigten

16

NZN1 /1R

57

2. Teil

Abschnitt A

Das zivilprozessuale Verfahren

1. Kapitel

Entstehung von Rechtsstreitigkeiten und die Möglichkeiten der Rechtsverfolgung; Organe der Rechtspflege

I. Rechtskonflikte – Möglichkeiten der Rechtsverfolgung

1. Regelmäßig werden die unzähligen, täglich neu entstehenden Ansprüche als selbstver- **1** ständlich anerkannt und freiwillig erfüllt. Es ist im Bewußtsein der Bevölkerung veran- kert, daß fremde Rechte geachtet und geschuldete Leistungen erbracht werden müssen. Bei Störungen im Bestand von Rechten und in der Abwicklung von Ansprüchen, bei Un- klarheiten, Differenzen zwischen den am Rechtsverhältnis Beteiligten und Leistungs- verweigerung oder Leistungsunfähigkeit, ist das Bemühen um eine gütliche **außerge- richtliche Regelung** vorrangig. Diese bietet auch wesentliche Vorteile gegenüber der ge- richtlichen Klärung: Sie führt meist schneller zu einem Ergebnis und ist billiger; auch er- möglicht sie häufig die Aufrechterhaltung bestehender Rechtsbeziehungen.

Z.B. Fortsetzung einer gestörten Geschäftsverbindung, Wiederherstellung des beeinträchtigten Nachbarschaftsfriedens.

Demgegenüber ist der **Prozeß** das letzte Mittel, um eine Klärung der Rechtslage oder Durchsetzung eines Rechts zu erreichen.
Es gibt jedoch Fälle, in denen das gerichtliche Verfahren unumgänglich zur Erhaltung oder Durchsetzung eines Rechts eingeleitet werden muß, z. B. beim Scheitern außerge- richtlicher Bemühungen, zur Beschaffung eines Titels zum Zwecke der Zwangsvoll- streckung bei Zahlungsunwilligkeit oder -unfähigkeit (§§ 704, 794 ZPO), zur Unter- brechung der Verjährung (§ 209 BGB), falls dies nicht auf andere Weise zu erreichen ist

(§ 208 BGB) oder wenn die erstrebte rechtliche Gestaltung eines Verhältnisses nur auf gerichtlichem Wege zu erreichen ist (z. B. Ehescheidung §§ 606 ff. ZPO, 1564 BGB).

2. An **gerichtlichen Verfahren** stehen zur Verfügung:

2 a) Der Zivilprozeß durch Erhebung einer Klage (§§ 261, 253 ZPO)
b) Das gerichtliche Mahnverfahren durch Einreichung eines Mahnantrags (§§ 688 ff ZPO)
c) Das schiedsgerichtliche Verfahren: Entscheidung durch ein privates Schiedsgericht bei entsprechender Vereinbarung (§§ 1025 ff. ZPO)

a) Der Zivilprozeß

3 Der Zivilprozeß wird eingeleitet durch Einreichung einer Klageschrift beim Gericht. **Erhoben** ist die Klage, sobald sie dem Gegner förmlich zugestellt ist. Dies erfolgt entweder nach vorheriger Terminsbestimmung durch das Gericht zusammen mit der Ladung zum Termin oder ohne Terminsbestimmung bei Anordnung des schriftlichen Vorverfahrens.

Das grundsätzliche Stattfinden einer mündlichen Verhandlung ist das wesentliche Merkmal des Zivilprozesses. Von diesem Erfordernis kann nur ausnahmsweise abgegangen werden, insbesondere, wenn die Parteien damit einverstanden sind.

Der Sachverhalt, der nach dem Willen der Parteien bei der beim Gericht erbetenen Entscheidung berücksichtigt werden soll, ist von den Parteien dem Gericht zu unterbreiten (**Verhandlungsgrundsatz**). Das Gericht stellt von sich aus zur Klärung des Streitfalles keine Ermittlungen an. Die Parteien müssen auch grundsätzlich die ihnen geeignet erscheinenden Beweismittel (insbesondere Zeugen) benennen.
Die **mündliche Verhandlung** ist – unbeschadet der gebotenen Prozeßvorbereitung durch Schriftsätze – das Ereignis, bei dem die Parteien den Sachverhalt und ihren Standpunkt vortragen können und auf dessen Grundlage die Entscheidung, gegebenenfalls nach Einholung der erforderlichen Beweise, ergeht.
Die **Entscheidung** wird regelmäßig in der Form des Urteils erlassen. Dies kann auch auf Grund formaler Verhaltensweise der Parteien in nichtstreitiger Form ergehen bei Anerkenntnis, Verzicht oder Säumnis einer Partei.
Die Parteien haben es jedoch auch in der Hand, den Rechtsstreit anderweitig zu beenden (**Dispositionsgrundsatz**) entweder durch *Prozeßvergleich*, bei gegenseitigem Nachgeben und Protokollierung der erfolgten Einigung, durch *Klagerücknahme*, wenn der Kläger von der begonnenen Rechtsverfogung wieder Abstand nehmen will, oder durch *übereinstimmende Erledigungserklärung*, wenn das Ziel des Rechtsstreits durch ein anderweitiges Ereignis vorweggenommen oder überholt wird.

b) Das gerichtliche Mahnverfahren

bietet einen einfachen, im Rechtsalltag gebräuchlichen Weg zur Geltendmachung von **4**
Außenständen.
Es ist durch einfache Antragsstellung (Antrag auf Mahnbescheid) einzuleiten, kennt
keine mündliche Verhandlung und erfordert auch keine Beweisführung hinsichtlich der
erhobenen Forderung.
Leistet der Schuldner nach Zustellung des Mahnbescheids die verlangte Zahlung, so ist
damit der Zweck des Verfahrens erreicht und es endet ohne weiteres.
Erbringt der Schuldner nicht die verlangte Leistung, ohne sich jedoch gegen die im
Mahnbescheid enthaltene Aufforderung durch Widerspruch zur Wehr zu setzen, so
kann der Gläubiger zügig einen Vollstreckungsbescheid erlangen und ihn zur Zwangsvollstreckung gegen den Schuldner verwenden (vgl. § 794 Ziff. 4 ZPO).
Wehrt sich der Schuldner gegen den erhobenen Anspruch durch Widerspruchseinlegung, so kann das gerichtliche Mahnverfahren direkt in ein gerichtliches Streitverfahren, den Zivilprozeß, übergeleitet werden (§ 696 ZPO).

c) Das schiedsgerichtliche Verfahren (§§ 1025 ff. ZPO)

Rechtsprechung kann auch außerhalb der staatlichen Rechtspflege geschehen. Soweit **5**
Parteien über den Gegenstand eines Streits einen Vergleich abschließen können,
können sie auch vereinbaren, daß an Stelle des staatlichen Gerichts ein aus einer oder
mehreren Personen bestehendes privates Schiedsgericht den Streit entscheiden soll. Der
Schiedsvertrag bedarf der besonderen Form des § 1027 ZPO (Warnfunktion).

Von dieser Möglichkeit wird im Geschäftsleben verbreitet Gebrauch gemacht, weil ein Schiedsgericht meist schneller entscheidet als das staatliche Gericht und keine »Öffentlichkeit« besteht. Durch
das Fehlen von Rechtsmittelinstanzen ist das Verfahren für gewöhnlich auch billiger. Schließlich
kann durch Auswahl fachkundiger Schiedsrichter die sonst oft langwierige und kostspielige Zuziehung besonderer Sachverständiger erspart werden. Allerdings besteht bei diesen nicht immer die
Gewähr für ausreichende Rechtskenntnisse und objektive Entscheidung.

Das Bestehen einer Schiedsgerichtsabrede zwischen den Parteien wird jedoch, wenn der
Streit vom Kläger gleichwohl beim staatlichen Gericht anhängig gemacht wird, nicht
von Amts wegen beachtet. Es ist vielmehr Sache des Beklagten, auf ihre Berücksichtigung hinzuwirken, indem er sich auf den Schiedsvertrag beruft (§ 1027a ZPO). Die
Klage ist dann als unzulässig abzuweisen, falls der Kläger sie nicht zurücknimmt.

Bildung eines Schiedsgerichts (wenn darüber der Schiedsvertrag keine Bestimmung ent- **6**
hält):
Jede Partei benennt einen Schiedsrichter (§ 1028 ZPO). Ein deutlicher Nachteil ist hierbei, daß die bestellten Schiedsrichter leicht geneigt sein werden, sich nicht nur als Richter,
sondern auch als Interessenvertreter der sie benennenden Partei zu fühlen. Somit besteht
auch die Gefahr der Stimmengleichheit bei der Abstimmung über die Entscheidung. In
diesem Fall tritt der Schiedsvertrag außer Kraft (§ 1033 Nr. 2 ZPO). Es wäre dann der
Weg zum staatlichen Gericht frei.

7 **Das schiedsgerichtliche Verfahren** bestimmt sich, soweit nicht die Parteien Bestimmungen darüber getroffen haben, nach freiem Ermessen (§ 1034 Abs. 2 ZPO).
Unverzichtbar ist jedoch:
Beachtung des rechtlichen Gehörs (§§ 1034, 1041 Abs. 1 Nr. 4 ZPO),
Zulassung von Rechtsanwälten (jedoch kein Anwaltszwang),
Sachverhaltsaufklärung vor der Entscheidung.
Freiwillig erscheinende Zeugen und Sachverständige können vernommen werden (§ 1035 ZPO).

Wird Ausübung von Zwangsgewalt gegen Zeugen oder Sachverständige notwendig (z. B. zwangsweise Vorführung, Erzwingung einer Aussage durch Ordnungsgeld) oder wird eine Beeidigung notwendig, so kann die Hilfe des staatlichen Gerichts in Anspruch genommen werden (§ 1036 ZPO).

8 **Der Schiedsspruch** ist die Entscheidung des Schiedsgerichts. Er wirkt unter den Parteien wie ein rechtskräftiges Urteil (§ 1040 ZPO).
Bei schweren Verstößen (erschöpfende Aufzählung: § 1041) kann im Wege der Aufhebungsklage vor dem staatlichen Gericht gegen den Schiedsspruch angegangen werden. Es ist aber nicht etwa allgemein das staatliche Gericht Rechtsmittelinstanz gegen Entscheidungen des Schiedsgerichts.

Die Vollstreckbarerklärung

9 Der Schiedsspruch kann durch ein einfaches Verfahren vor dem zuständigen Gericht für vollstreckbar erklärt werden und wird dadurch zum Vollstreckungstitel (§§ 1042 ff. ZPO).
Entsprechendes gilt für Vergleiche vor dem Schiedsgericht (§ 1044a ZPO), wenn sich der Schuldner der sofortigen Zwangsvollstreckung unterworfen hat.

Zu unterscheiden vom schiedsgerichtlichen Verfahren ist:

Das Schiedsgutachterverfahren:

10 Es bezieht sich auf die *Feststellung von Tatumständen und Tatfragen* – nicht auf die Entscheidung einer Rechtsstreitigkeit.
Beispiel: Zwischen Südfrüchtegroßhändler und Südfruchtimporteur besteht eine Vereinbarung, wonach das Vorhandensein und der Umfang von Qualitätsmängeln einer Lieferung durch den Schiedsgutachter X verbindlich festzustellen sind. Rechtliche Folgerungen aus seiner (Tatsachen-)Feststellung hat der Schiedsgutachter nicht zu ziehen. Das staatliche Gericht ist aber im Falle eines Rechtsstreits an diese Tatsachenfeststellung für seine Entscheidung gebunden.

Der Schiedsgutachter befindet also über Ursache und Umfang eines Schadens, nicht aber über die Verpflichtung, den Schaden ersetzen zu müssen.

3. Verfahren der freiwilligen Gerichtsbarkeit

Außer den bürgerlichen Rechtsstreitigkeiten, die nach den Bestimmungen der Zivilpro- **11** zeßordnung und unter Beachtung der dort geltenden Verfahrensgrundsätze durchzuführen sind, haben die Gerichte der ordentlichen Gerichtsbarkeit auch noch sogenannte *›Angelegenheiten der freiwilligen Gerichtsbarkeit‹* zu erledigen,

z. B. Vormundschafts-, Nachlaß-, Grundbuch- und Registersachen, bestimmte Familiensachen (vgl. §§ 621, 621a ZPO), Beurkundungssachen.

Für ihre verfahrensrechtliche Behandlung gilt nicht die ZPO, sondern in erster Linie das Gesetz über die Angelegenheiten der freiwilligen Gerichtsbarkeit (FGG). Nach diesem Verfahrensgesetz ist der Richter in der Verfahrensgestaltung, insbes. bei der Erhebung der Beweise (vgl. § 12 FGG) freier gestellt, als nach der ZPO in bürgerlichen Rechtsstreitigkeiten. Bei seinen Entscheidungen hat er meist auch einen weiteren Spielraum,

z. B. Entscheidungen nach § 1666 BGB, § 2 HausratsVO, § 1960 BGB.

Die Einleitung eines Verfahrens erfolgt nicht selten auch ohne Antrag einer Partei von Amts wegen,

z. B. Sicherungsmaßnahmen durch das Nachlaßgericht (§ 1960 BGB), Anordnungen des Vormundschaftsgerichts nach § 1666 BGB.

In welchen Fällen der Richter nach der ZPO zu verfahren hat und wann eine Angelegenheit der freiwilligen Gerichtsbarkeit vorliegt, die nach den Bestimmungen des FGG zu behandeln ist, ist allein den gesetzlichen Bestimmungen zu entnehmen,

z. B. § 13 HausratsVO, § 43 WEG, §§ 1632, 2227 BGB: Anordnung der Entscheidungszuständigkeit für Vormundschafts- oder Nachlaßgericht.

Die Begriffe *›freiwillige‹* und *›streitige‹* Gerichtsbarkeit tragen insoweit nichts zur Klarstellung bei, weil auch im Zivilprozeß nicht stets gestritten wird (gerichtliches Mahnverfahren, Anerkenntnis-, Versäumnisverfahren) und andererseits bei den Angelegenheiten der freiwilligen Gerichtsbarkeit sogenannte ›echte Streitsachen‹ vorkommen (z. B. Streitigkeiten unter Wohnungseigentümern nach dem WEG, Streit über den Versorgungsausgleich bei der Ehescheidung). Der Familienrichter hat sowohl Entscheidungen der streitigen wie auch der freiwilligen Gerichtsbarkeit zu treffen (vgl. §§ 621, 621a ZPO).

II. Die Organe der Rechtspflege

Bei der Durchführung und Erledigung eines Rechtsstreits wirken mehrere Personen als Rechtspflegeorgane mit,
auf seiten des Gerichts: Richter, Rechtspfleger, Urkundbeamter, Gerichtsvollzieher,
auf seiten der Parteien: Rechtsanwälte, Rechtsbeistände.

1. Organe der Gerichtsbarkeit

a) Richter

Besetzung der Gerichte

12 Beim Amtsgericht entscheidet der Amtsrichter als Einzelrichter (§ 22 Abs. 1 GVG). Bei den Kollegialgerichten (Landgericht, Oberlandesgericht, Bundesgerichtshof) besteht der Spruchkörper (das Prozeßgericht) regelmäßig aus mehreren Mitgliedern:
Landgericht und Oberlandesgericht = 3 (§§ 75, 122 GVG)
Bundesgerichtshof = 5 (§ 139 GVG)

Richterliche Funktionen

13 Das Gericht (Einzelrichter beim Amtsgericht oder Landgericht, Zivilkammer beim Landgericht, Zivilsenat beim Oberlandesgericht und beim Bundesgerichtshof) hat den Rechtsstreit zu entscheiden.
Dies geschieht bei Spruchkörpern, die aus mehreren Richtern bestehen, im Wege der Beratung und Abstimmung (§§ 192, 196 GVG), aber geheim, d. h. die Öffentlichkeit ist ausgeschlossen. Referendaren kann die Anwesenheit gestattet werden (§ 193 GVG).
Die Spruchkörper der Kollegialgerichte (Zivilkammer, -senat) bestehen aus dem Vorsitzenden und den Beisitzern.
Der **Vorsitzende** bestimmt die Termine (§ 216 Abs. 2 ZPO) und leitet die Verhandlung (§ 136 ZPO) und die Beratung (§ 194 GVG). Er hat jedoch in der Beratung gleiches Stimmrecht wie die Beisitzer.
Der **Berichterstatter** (BE) wird vom Vorsitzenden bestellt (§ 21g GVG). Er hat nach gründlichem Aktenstudium *die Entscheidung vorzubereiten,* in der Beratung *vorzutragen* (›Aktenvortrag‹ *mit Sachbericht, Gutachten und Entscheidungsvorschlag*) und gemäß dem Beratungs- und Abstimmungsergebnis *das Urteil schriftlich abzufassen.*

Der Einzelrichter beim Landgericht

14 Bei Sachen, die keine besonderen Schwierigkeiten aufweisen und keine grundsätzliche Bedeutung haben, kann die Zivilkammer den Rechtsstreit einem ihrer Mitglieder **als Einzelrichter** zur Entscheidung übertragen (§ 348 ZPO).

Die Übertragung erfolgt durch unanfechtbaren Beschluß der Kammer.
Wegen des rechtlichen Gehörs vgl. §§ 253 Abs. 3, 271 Abs. 3 ZPO.

Der Einzelrichter wird damit zum Prozeßgericht. Er verhandelt, erhebt die erforderlichen Beweise und trifft die Entscheidung, ohne daß hierbei die Kammer noch irgendwie beteiligt wäre.

Wegen der Möglichkeit der Zurückübertragung auf die Kammer vgl. § 348 Abs. 4 ZPO.

Beim *Berufungsgericht* (Berufungskammer des Landgerichts, Senat beim Oberlandesgericht) kann gleichfalls die Sache dem Einzelrichter zugewiesen werden. Seine Aufgabe besteht im wesentlichen darin, die Entscheidung der Kammer oder des Senats vorzubereiten

(§ 524 Abs. 1 und 2 ZPO). Neben der Befugnis ›einzelne Beweise‹ zu erheben steht ihm eine beschränkte Entscheidungsgewalt zu (§ 524 Abs. 3 ZPO).
Über die Berufung selbst kann der Einzelrichter nur im Einverständnis der Parteien entscheiden (§ 524 Abs. 4 ZPO).

Der kommissarische Richter (beauftragter und ersuchter Richter)

Beauftragter Richter ist *gleichfalls ein Mitglied der Zivilkammer* (des Zivilsenats), **15** dem einzelne Amtshandlungen übertragen sind, ohne daß er – wie der Einzelrichter – das Prozeßgericht darstellt (§ 361 ZPO),

z. B. Vornahme eines Güteversuchs (§ 279 Abs. 1 ZPO),
Beweiserhebung (Vernehmung eines erkrankten Zeugen im Krankenhaus) (§§ 355, 372 Abs. 2, 375 ZPO).

Ersuchter Richter ist demgegenüber das *Mitglied eines anderen Gerichts* (und zwar stets *eines Amtsgerichts*), das im Wege der Rechtshilfe angegangen wird; eine richterliche Handlung (Beweisaufnahme, Durchführung eines Sühneversuchs) für das Prozeßgericht durchzuführen (§§ 362, 279 Abs. 1 ZPO),

z. B. Vernehmung eines weit entfernt wohnenden Zeugen.

Ausschließung und Ablehnung von Richtern

Welcher Richter zur Entscheidung einer Rechtssache berufen ist, ist durch Gesetz und **16** Geschäftsverteilungsplan (§ 21e GVG) bestimmt: ›*Gesetzlicher Richter*‹.
Es ist jedoch möglich, daß dieser Richter im Einzelfall wegen besonderer Umstände, die seine Unparteilichkeit in Frage stellen, kraft Gesetzes ausgeschlossen ist oder von einer Partei abgelehnt werden kann.
Die in § 41 ZPO abschließend aufgezählten **Ausschließungsgründe** verstehen sich von selbst:
eigene Beteiligung an der Sache,
nahe Beziehung zu einer Partei,
frühere Mitwirkung in derselben Sache.
Ein vorliegender Ausschließungsgrund ist von Amts wegen zu beachten. Der ausgeschlossene Richter darf keine Amtshandlung vornehmen. Die Sache ist mit entsprechendem Aktenvermerk an den Vertreter abzugeben; bei Zweifeln, ob ein Ausschließungsgrund besteht, entscheidet das Gericht (§§ 48, 45 ZPO).

Ablehnung eines Richters **wegen Besorgnis der Befangenheit** kann erfolgen:
zur Geltendmachung eines vom Richter nicht beachteten Ausschließungsgrundes,
bei Vorliegen eines Grundes, der nach objektiven und vernünftigen Erwägungen vom Standpunkt der Partei aus Mißtrauen gegen die Unparteilichkeit des Richters rechtfertigt.

Beispiele für **Befangenheit:** Freundschaft oder Feindschaft zu einer Partei, Beratung einer Partei, abfällige Äußerungen über eine Partei, unsachliche Randbemerkungen zu Schriftsätzen einer Partei, Bewirtung des Richters mit Wein anläßlich einer Amtshandlung, etwa beim Augenscheinstermin.
Die h. M. bejaht die Besorgnis der Befangenheit auch bei einem Hinweis des Richters auf die Möglichkeit, die Einrede der Verjährung zu erheben (vgl. OLG Bremen NJW 1979, 2215 m. w. N.).

Keine Befangenheit: Äußerung einer der Partei ungünstigen Rechtsansicht in einem Aufsatz, Anregung zu einem sachgemäßen Prozeßverhalten (z. B. einem Beweisantrag) im Rahmen des § 139 ZPO.

Möglich ist nur die Ablehnung *eines Richters,* nicht des ganzen Gerichts.
Geltend zu machen ist die Ablehnung mündlich in der Verhandlung zu Protokoll oder schriftlich unter Glaubhaftmachung des Ablehnungsgrundes (§ 44 ZPO).
Beim Kollegialgericht besteht hierfür kein Anwaltszwang (§§ 44, Abs. 1, 78 Abs. 2 ZPO).
Der abgelehnte Richter hat sich dienstlich zu äußern (§ 44 Abs. 3 ZPO).
Verhandelt jedoch die Partei vor dem Richter in Kenntnis des Ablehnungsgrundes, so geht damit das Ablehnungsrecht verloren (§ 43 ZPO).

Für die Entscheidung über das Ablehnungsgesuch ist zuständig (§ 45 ZPO):

– im Falle der Ablehnung eines *Amtsrichters* das *Landgericht,*

Hält jedoch der abgelehnte Amtsrichter das Gesuch für begründet, so bedarf es keiner Entscheidung (§ 45 Abs. 2 ZPO).

– im Falle der Ablehnung des *Mitglieds eines Kollegialgerichts* das *durch Vertreter ergänzte Kollegium.*

Erkennt der Richter seinerseits einen Grund, der seine Ablehnung rechtfertigen könnte, so hat er davon Anzeige zu machen (*Selbstablehnung*). Es entscheidet dann gleichfalls das Gericht nach § 45 ZPO.

Die Entscheidung über ein Ablehnungsgesuch lautet:
Das Gesuch wird als *unzulässig abgewiesen* (z. B. im Falle des § 43 ZPO).
Das Gesuch wird als *unbegründet abgewiesen* (z. B. bei fehlendem Ablehnungsgrund).
Das Gesuch wird *für begründet erklärt* (in diesem Fall gibt es kein Rechtsmittel – § 46 Abs. 2 ZPO).

b) Rechtspfleger

17 Stellung: Gehobener Beamter des Justizdienstes (vgl. auch § 2 Abs. 5 RPflG).
Ihm sind durch das Rechtspflegergesetz Funktionen übertragen worden, die früher vom Richter zu bearbeiten waren. Der Rechtspfleger ist bei seinen Entscheidungen nur dem Gesetz unterworfen (= *sachliche Unabhängigkeit*). Daher besteht auch Ausschließungs- und Ablehnungsmöglichkeit wie beim Richter (§§ 9, 10 RPflGes.)

Aufgabenbereiche (vgl. Aufzählung in § 20 RPflG)

Richterliche Maßnahmen im gerichtl. Mahnverfahren (§§ 689, 691 ZPO)
Festsetzung des Regelunterhalts nichtehel. Kinder (§§ 1615f. BGB, 642a ZPO)
Kostenfestsetzung (§§ 21 RPflG, 103ff. ZPO)
Maßnahmen im Prozeßkostenhilfeverfahren (§ 118 ZPO) einschließlich Beurkundung eines Vergleiches
Maßnahmen im Bereich der Zwangsvollstreckung und Zwangsversteigerung.

Die Befugnis, Eide abzunehmen und Haft anzudrohen oder zu verhängen, ist dem Rechtspfleger ausdrücklich nicht übertragen (§ 4 Abs. 2 RPflG).

Gegen Entscheidungen des Rechtspflegers ist die Erinnerung an den Richter zulässig (§ 11 RPflG).

c) Urkundsbeamter der Geschäftsstelle

Jedes Gericht hat eine Geschäftsstelle, die mit Urkundsbeamten besetzt ist (Beamte des mittleren Dienstes, § 153 GVG).

Aufgaben: Entgegennahme der für das Gericht bestimmten Schriftstücke, Anlegen und Führen der Akten, Führung von Register und Terminkalender, Veranlassung von Ladungen und Zustellungen, Protokollführung in der Sitzung (§§ 159 ff. ZPO), Aufnahme von Erklärungen (§§ 496, 44 Abs. 1, 103 Abs. 2, 117 Abs. 1, 129 Abs. 2, 129 a, 486 Abs. 1, 702 ZPO – bei größeren Amtsgerichten werden zu diesem Zweck sog. Rechtsantragstellen eingerichtet).

d) Gerichtsvollzieher

ist der zuständige Beamte für Zustellungen und Vollstreckungen (§ 154 GVG). Seine Dienstbehörde ist das Amtsgericht; er hat jedoch auf eigene Kosten ein Geschäftszimmer zu halten.

Aufgabenbereiche: Zustellungen im Parteibetrieb, Zwangsvollstreckung, soweit nicht dem Gericht übertragen (Zwangsvollstreckung in bewegliche Sachen) (§ 753 ZPO), Verhaftung zur Erzwingung der eidesstattlichen Versicherung (§ 909 ZPO).
Der Gerichtsvollzieher steht zwar unter der Aufsicht des Gerichts (vgl. § 766 Abs. 1 ZPO), übt aber seine Tätigkeit selbständig aus. Er erhält als Beamter Dienstbezüge, daneben jedoch einen Anteil der vereinnahmten Gebühren.

2. Prozeßvertreter und Beistände

a) Der Rechtsanwalt

Der Rechtsanwalt ist der **berufene unabhängige Berater und Vertreter** in allen Rechts- **18**
angelegenheiten. Als *unabhängiges Organ der Rechtspflege* hat er nicht nur einseitig die Interessen seiner Partei zu verfolgen, sondern ist auch der Rechtswahrung verantwortlich (vgl. § 1 BRAO). Jedermann hat das Recht, sich in allen Rechtsangelegenheiten durch einen frei gewählten Rechtsanwalt beraten und vertreten zu lassen.
In Zivilprozessen vor den Landgerichten und den Gerichten des höheren Rechtsweges sowie vor den Amtsgerichten in Familiensachen besteht **Anwaltszwang** (§ 78 ZPO).
Die **Zulassung** erfordert die Befähigung zum Richteramt und erfolgt nach Anhörung der Anwaltskammer durch die Landesjustizverwaltung für ein bestimmtes Gericht, das der Anwalt frei wählen kann:
Zulassung zum Amtsgericht und übergeordneten Landgericht oder zum Oberlandesgericht.
Wegen der gleichzeitigen Zulassung (sog. Simultanzulassung) bei dem Land- und Oberlandesgericht in einigen Bundesländern vgl. § 226 Abs. 2 BRAO.

Besonderes gilt für die Zulassung zum Bundesgerichtshof (vgl. §§ 164 ff. BRAO).

Der Rechtsanwalt muß in dem Oberlandesgerichtsbezirk, in dem er zugelassen ist, seinen Wohnsitz nehmen und am Ort seiner Zulassung eine Kanzlei einrichten (sog. Residenzpflicht) § 27 BRAO.

Rechte und Pflichten des Rechtsanwalts

Der Rechtsanwalt hat seinen Beruf gewissenhaft auszuüben. Im einzelnen sind seine *Standespflichten* in besonderen ›*Richtlinien*‹ niedergelegt: Pflicht zur Kollegialität, Pflicht zum Tragen der Amtstracht, Mitwirkung bei der Referendarausbildung, Mitwirkung bei der Beratung Minderbemittelter, Abschluß einer Berufshaftpflichtversicherung, Werbeverbot, Verbot, geringere Gebühren als in der BRAGO vorgesehen, zu vereinbaren.

Das **Verhältnis des Rechtsanwalts zur Partei** ist ein *privatrechtlicher Geschäftsbesorgungsvertrag* (§ 675 BGB), der durch Bestimmungen der BRAO und BRAGO modifiziert wird. Das Rechtsverhältnis kommt durch Vertragsschluß zustande; Kündigung ist für beide Teile jederzeit möglich. Der Anwalt hat die Partei über Notwendigkeiten und Aussichten eines Prozesses zu informieren und sie vor Schädigungen zu bewahren.
Die Vergütung des Rechtsanwalts ist in der Bundesrechtsanwaltsgebührenordnung geregelt. Wegen der Möglichkeit einer Gebührenvereinbarung vgl. § 3 BRAGO.

b) Der Rechtsbeistand

19 Nach der Gewerbeordnung vom 21. 6. 1869 galt der Grundsatz der Gewerbefreiheit auch für das Gebiet der Rechtsberatung. Dies führte zu unerträglichen Mißständen (›Winkeladvokatentum‹). Erst das ›*Gesetz zur Verhütung von Mißbräuchen auf dem Gebiet der Rechtsberatung*‹ vom 13. 12. 1935 brachte eine **allgemeine Erlaubnispflicht für die Ausübung der Rechtsberatung** (heute: *Rechtsberatungsgesetz*)). Die Erlaubnis wird vom Präsidenten des Landgerichts ausgesprochen, in dessen Bezirk die Rechtsberatung ausgeübt werden soll.
Voraussetzungen für die Erlaubnis zur Rechtsberatung sind: Zuverlässigkeit in charakterlicher, moralischer und wirtschaftlicher Hinsicht, persönliche Eignung (Fehlen von geistigen Erkrankungen) und Sachkunde, die durch eine Prüfung ermittelt wird.

Das ursprünglich noch aufgestellte Erfordernis der Bedürfnisprüfung ist laut Entscheidung des BVerwG (NJW 55, 1532) mit dem Grundgesetz nicht vereinbar, also unzulässig.
Seit 19. 8. 1980 kann die Erlaubnis zur Besorgung fremder Rechtsangelegenheiten nur noch für bestimmte Sachgebiete erteilt werden:
Rentenberater, Frachtprüfer, vereidigte Versteigerer, Inkassounternehmer, Rechtskundiger in einem ausländischen Recht oder Recht der Europäischen Gemeinschaften.
Die Erlaubnis muß unter der entsprechenden Berufsbezeichnung ausgeübt werden.

Die von der Justizverwaltung ausgesprochene Erlaubnis zur Rechtsberatung umfaßt **nicht** auch die Befugnis, vor Gericht aufzutreten (vgl. § 157 Abs. 1 ZPO: Wer fremde Rechtsangelegenheiten geschäftsmäßig besorgt (außer Rechtsanwälte), ist von der mündlichen Verhandlung ausgeschlossen). Bestimmten Personen kann jedoch das Verhandeln vor Gericht durch Anordnung der Justizverwaltung gestattet werden (sogenannte ›**Prozeßagenten**‹ vgl. § 157 Abs. 3 ZPO). Für diese Zulassung ist eine Bedürfnisprüfung vorgesehen und gestattet. Sie ist verfassungsrechtlich unbedenklich, weil die Tätigkeit als Prozeßagent nur eine Betätigungsweise des Berufes ›Rechtsbeistand‹ ist. Die Bedürfnisprüfung bringt somit hier keinen Eingriff in die Freiheit der Berufswahl, sondern nur eine Regelung der Berufsausübung.

Ausgenommen vom Erlaubniszwang sind: Erstattung wissenschaftlicher Gutachten und Tätigkeit als Schiedsrichter, Rechtsbesorgung durch Angestellte für den Dienstherrn, Erledigung rechtlicher Angelegenheiten für Kunden durch kaufmännische oder sonstige gewerbliche Unternehmen, wenn diese in untrennbarem Zusammenhang mit dem Geschäft stehen, z. B. Wohnungsvermittler beim Entwerfen des Mietvertrages, Versicherungsunternehmer bei Schadensregulierung, Banken und Sparkassen beim Abschluß von einschlägigen Verträgen (vermögenswirksames Sparen), Rechtsberatung durch berufsständische Vereinigungen, z. B. Gewerkschaften, Verbände.

2. Kapitel

Prozeßvorbereitung

I. Maßnahmen vor Einleitung des gerichtlichen Verfahrens

Vor Einreichung eines Antrags auf Erlaß eines Mahnbescheids (Mahngesuchs) oder einer Klage beim Gericht ist es sinnvoll, die Prozeßchancen gründlich zu prüfen, den richtigen Zeitpunkt für die gerichtliche Geltendmachung zu wählen und auch das Kostenrisiko zu bedenken. Soll eine andere Person mit der Prozeßführung betraut werden, so bedarf es der Erteilung einer Prozeßvollmacht.

1. Die Beurteilung der Prozeßchancen

a) Prüfung der Rechtslage

20 Eine Klage kann nur zum Erfolg führen, wenn der vorzutragende Sachverhalt das Klagebegehren auch rechtfertigen kann.

Es muß also die erstrebte Rechtsfolge (Zahlung, Herausgabe, Unterlassung, Vornahme einer Handlung) auf Grund der vorzutragenden Tatsachen (Geschäftsabschluß, Unfallgeschehen, störende Einflußnahme in fremde Belange) durch eine einschlägige gesetzliche Bestimmung angeordnet sein **(Schlüssigkeitsprüfung).**

Beispiel: A hat dem B 5 Tonbänder ausgeliehen, die dieser trotz Aufforderung bisher nicht zurückgegeben hat. Den Wert dieser Tonbänder beziffert A mit 100,– DM.
Dem A wäre von einer Klage auf Zahlung des Kaufpreises für 5 Tonbänder abzuraten. Diese Klage müßte als unschlüssig der Abweisung verfallen.
Dagegen könnte eine Herausgabeklage (§ 604 BGB, evtl. § 985 BGB) Erfolg haben.

Ergibt die Prüfung der Rechtslage, daß die Forderung verjährt ist, so ist in die Erwägungen einer gerichtlichen Geltendmachung die spekulative Überlegung mit einzubeziehen, ob der Gegner sich voraussichtlich zur Abwehr des Anspruchs auf die Verjährung berufen wird oder ob damit gerechnet werden kann, daß er diese Einrede nicht erheben wird (insbesondere, weil er sie vermutlich gar nicht kennt). Denn die Verjährung als solche behindert eine gerichtliche Geltendmachung des verjährten Anspruchs nicht. Zur Abweisung der Klage kommt es aber jedenfalls durch die Erhebung der Einrede der Verjährung. (Ob das Gericht auf die eingetretene Verjährung hinweisen darf, ist umstritten; vgl. Thomas Putzo § 139 Anm. 2a cc; Bender, Vereinfachungsnovelle Rdnr. 10; OLG Bremen NJW 1979, 2215 m. w. N.).

b) Prüfung der Beweismöglichkeiten

Auch wenn die Schlüssigkeit der beabsichtigten Klage nicht in Frage steht, kann der Prozeßausgang noch davon abhängen, ob die den Anspruch begründenden Tatsachen auch bewiesen werden können.
Eine Beweisführung ist dann erforderlich, wenn der Gegner die Klagetatsachen bestrei-

tet. Ob damit zu rechnen ist, ergibt sich meist aus dem Verhalten des Gegners gegenüber Leistungsaufforderungen und Mahnungen.

In diesem Fall garantiert das ›Rechthaben‹ allein noch keinen erfolgreichen Prozeßausgang. Es muß vielmehr das ›Beweisenkönnen‹ noch dazutreten.

Eine weitgehend zuverlässige Beweisführung ermöglicht der Besitz von Urkunden, z. B. Vertragsurkunde, Schuldschein, Korrespondenz.
Demgegenüber ist es oft recht fragwürdig, auf vorhandene Zeugen zu bauen. Diese können unter Gedächtnisschwund leiden oder durch ›Gegenzeugen‹ entkräftet werden.

2. Richtiger Zeitpunkt für die gerichtliche Geltendmachung

Welche Maßnahmen des Klägers sollen sinnvollerweise einer Klageerhebung vorausgehen? **21**
Gewöhnlich wird der Gläubiger den Schuldner zur Leistung, der Berechtigte den Störer zur Unterlassung auffordern, ehe er Klage erhebt. Es gibt jedoch keine gesetzliche Bestimmung, daß eine Klageerhebung erst nach ein- oder mehrmaliger Mahnung zugelassen wäre.

Beispiel: Malermeister M hat bei der Lackfabrik L Farbe bestellt. Zwei Wochen nach Lieferung erhebt L ohne vorherige Mahnung Klage gegen M auf Zahlung des Kaufpreises von 1000,– DM.

Dieser Klage fehlt nicht das Rechtsschutzinteresse; sie wird nicht als unzulässig abgewiesen, sondern der Beklagte wird antragsgemäß verurteilt, denn der Anspruch besteht ja.
Der ›voreilige‹ Kläger läuft aber Gefahr, unter Umständen selbst die Kosten des Rechtsstreits tragen zu müssen (§ 93 ZPO), wenn der Beklagte
nicht durch sein Verhalten zur Erhebung der Klage **Veranlassung** gegeben hat

D. h. keine Verhaltensweise an den Tag gelegt hat, die den Kläger annehmen ließ, er könne nur durch den Prozeß sein Ziel erreichen; auf Verschulden kommt es dabei nicht an. Klageveranlassung liegt beispielsweise vor bei Verzug, Bestreiten der Leistungspflicht, Leistungsverweigerung,

und den Anspruch sofort – in der ersten mündlichen Verhandlung – **anerkennt** (vgl. § 307 ZPO). Gleichzeitiges Leistungsangebot im Termin ist nicht erforderlich, vorheriges Bestreiten der Prozeßvoraussetzungen schadet nicht.

Eine wichtige Rolle spielen Klageveranlassung und sofortiges Anerkenntnis im Bereich der Drittwiderspruchsklage (§ 771 ZPO).

Beispiel: Gläubiger läßt bei einem Schuldner durch den Gerichtsvollzieher eine Schreibmaschine pfänden. E erfährt davon und fordert den Gl. zur Freigabe der gepfändeten Schreibmaschine auf, weil diese noch in seinem Vorbehaltseigentum stehe.
Gl. verweigert die Freigabe.
E erhebt Klage gegen den Gl. nach § 771 ZPO mit dem Antrag, »Die Zwangsvollstreckung in die Schreibmaschine wird für unzulässig erklärt«.
Der Klageschrift legt er nunmehr auch den Kaufvertrag mit S, die Rechnung und Unterlagen über die bisherigen Zahlungen des S bei.
Im Termin anerkennt Gl. unter Verwahrung gegen die Kosten (§ 93 ZPO), d. h. er erklärt, daß er nunmehr die Schreibmaschine zu Gunsten des E aus der Zwangsvollstreckung freigebe.

Hat Gl. zur Klageerhebung Veranlassung gegeben, weil er nicht schon der vorgerichtlichen Freigabeaufforderung Folge geleistet hat?

Der Gl. hat die Klage nicht veranlaßt, weil er einer Freigabeaufforderung, der keine Beweismittel beigegeben waren, nicht Folge zu leisten brauchte.

II. Die Kosten eines Rechtsstreits

Der Einleitung eines gerichtlichen Verfahrens gehen für gewöhnlich Überlegungen zu dem damit verbundenen Kostenrisiko voraus.

Bereits bei Einreichung der Klageschrift oder des Mahnantrags sollen auch die erforderlichen Kostenvorschüsse geleistet werden, da sonst regelmäßig das angestrebte Verfahren nicht in Gang kommt.

§ 65 Abs. 1 GKG: Klagezustellung erst nach Zahlung der Prozeßgebühr und der Auslagen für die Zustellung.

§ 65 Abs. 3 GKG: Erlaß eines Mahnbescheids erst nach Zahlung der halben Prozeßgebühr und der Auslagen für die Zustellung.

1. Die Kostenbestimmungen

22 Für das Kostenrecht gelten folgende *gesetzliche Grundlagen:*

Gerichtskostengesetz (GKG): betrifft die gerichtlichen Kosten der Verfahren vor den ordentlichen Gerichten, soweit sie in den folgenden Gesetzen geregelt sind: ZPO, KO, Vergl. O, ZVG, StPO, OWiG, VwGO, FGO.

Kostenordnung (KostO): betrifft Kosten in Angelegenheiten der freiwilligen Gerichtsbarkeit

Zeugen und Sachverständigen-Entsch.-Gesetz: betrifft die Entschädigung der Zeugen und Sachverständigen in gerichtlichen Verfahren

Bundesrechtsanwaltsgebührenordnung (BRAGO): betrifft die Vergütung der Rechtsanwälte

Die *Kostenbestimmungen der ZPO* (§§ 91–101) regeln demgegenüber nicht die Höhe der in einem Verfahren entstehenden Kosten und auch nicht die Kostenhaftung der Staatskasse gegenüber, sondern die Frage, wer die in einem Prozeß entstandenen Kosten im Verhältnis zwischen den Parteien zu tragen hat.

Z. B. § 91 : die unterliegende Partei hat die Kosten zu tragen.

§ 91a: Kostenentscheidung nach billigem Ermessen, wenn der Rechtsstreit in der Hauptsache für erledigt erklärt worden ist durch übereinstimmende Erklärung der Parteien.

§ 92 : Kostenteilung bei Teilunterliegen (beachte § 92 Abs. 2 ZPO!).

§ 93 : Kosten zu Lasten des obsiegenden Klägers bei fehlender Klageveranlassung und sofortigem Anerkenntnis seitens des Beklagten.

§ 93a: Kosten in Ehesachen.

Die gemäß diesen Bestimmungen zu treffende Kostenentscheidung betrifft also die Kostenverteilung im Verhältnis zwischen den Parteien **dem Grunde nach.**
Die Feststellung der Kostenschuld **der Höhe nach** (Kostenerstattungsanspruch) erfolgt dann im Kostenfestsetzungsverfahren (§§ 103–107 ZPO) durch den Rechtspfleger (§ 21 Abs. 1 Nr. 1 RPflG) – *Kostenfestsetzungsbeschluß* – vgl. § 794 Abs. 1 Nr. 2 ZPO.

2. Die Grundlage der Kostenberechnung: Der Streitwert

a) Der Streitwert hat im Zivilprozeß in zweifacher Hinsicht Bedeutung: zum einen für die **23**
Bestimmung der sachlichen Zuständigkeit, zum anderen für die *Kostenberechnung.*
Demgemäß finden sich auch an verschiedenen Stellen im Gesetz Bestimmungen über den Streitwert:

§§ 3–9 ZPO: Wert des Streitgegenstandes zur Bestimmung der sachlichen Zuständigkeit

§§ 12 ff. GKG: Wert des Streitgegenstandes zur Gebührenberechnung.

Regel: *Die Bestimmungen der ZPO über den Wert des Streitgegenstandes gelten auch für die Berechnung des Gerichts- (und Anwalts-)Gebühren, soweit nicht das GKG etwas anderes bestimmt.*
Vergleiche dazu § 8 ZPO und § 16 GKG
§ 9 ZPO und § 17 GKG

Die **Streitwertfestsetzung** erfolgt durch gerichtlichen Beschluß: **24**
zur Bestimmung der sachlichen Zuständigkeit gem. § 3 ZPO,
zur Berechnung der Gerichtsgebühren gem. § 25 GKG.
Eine zum Zwecke der Zuständigkeitsbestimmung erfolgte Streitwertfestsetzung (§ 3 ZPO) ist aber auch für die Kostenberechnung maßgebend (§ 24 GKG).
Die *Höhe des Streitwerts* ergibt sich aus dem Betrag der Hauptforderung, wenn die Verurteilung zu einer Geldsumme beantragt wird. Voraussichtliche Uneinbringlichkeit mindert den Streitwert nicht, außer im Falle des § 148 KO (Klage auf Feststellung einer bestrittenen Konkursforderung). Bei *Herausgabeklagen* ist der Verkehrswert der herausverlangten Sache, bei *Unterlassungsklagen* das wirtschaftliche Interesse des Klägers am Unterbleiben der beanstandeten Handlung nach freiem Ermessen zu schätzen (§ 3 ZPO). Der Kläger ist gehalten, bereits in der Klageschrift dazu eine Angabe zu machen (§ 253 Abs. 3 ZPO). Bei der *behauptenden Feststellungsklage* wird allgemein ein um ca. 20% gegenüber dem Leistungsanspruch ermäßigter Betrag als Streitwert angenommen (BGH NJW 1965, 2298). Bei der *leugnenden Feststellungsklage* ist vom vollen Wert auszugehen, weil dadurch eine Leistungsklage ausgeschlossen werden soll (BHG NJW 1970, 2025). *Klage und Widerklage* werden für die Frage der sachlichen Zuständigkeit nicht zusammengezählt (§ 5 ZPO). Für die Ermittlung des Gebührenstreitwerts kommt es darauf an, ob Klage und Widerklage denselben Streitgegenstand oder unterschiedliche, voneinander unabhängige Streitgegenstände betreffen (§ 19 Abs. 1 GKG). Bei *einseitiger Erledigungserklärung* des Klägers (vgl. Rn. 278) und aufrechterhaltenem Abweisungsantrag muß noch über die Hauptsache entschieden werden. Nach der wohl überwiegenden Meinung richtet sich der Streitwert deshalb nach wie vor nach dem ursprünglichen Streitgegenstand (OLG Celle AnwBl 80, 254). Nach BGH (NJW 1961, 1210 u. st. Rspr.) soll demgegenüber der Streitwert ab Erledigungserklärung nur noch

die Summe der bis zu diesem Zeitpunkt entstandenen Verfahrenskosten sein. Dies ist nicht gerechtfertigt. Da nach einseitiger Erledigungserklärung zwar noch über die Hauptsache entschieden werden muß, die Entscheidung sich aber auf die Feststellung reduziert, ob die Klage zulässig und begründet war, erscheint eine angemessene Verminderung des ursprünglichen Hauptsachestreitwerts um ca. 20% angezeigt (OLG München NJW 1976, 973). Bei *nichtvermögensrechtlichen Streitigkeiten* (§ 12 Abs. 3 GKG) z. B. Ehesachen, Ehelichkeitsanfechtung, Unterlassungsklagen gegen ehrverletzende Handlungen, ist der Streitwert nach Ermessen zu bestimmen, wobei alle Umstände des Einzelfalles, insbesondere Bedeutung der Sache und Vermögensverhältnisse der Parteien zu berücksichtigen sind. In *Ehesachen* ist das in drei Monaten erzielte Nettoeinkommen der Eheleute maßgebend, mindestens aber 4000,– DM.

b) Änderung des Wertes eines Streitgegenstandes und Änderung des Streitgegenstandes

Begriff des Streitgegenstandes

25 Nach der herrschenden Meinung (sogenannter zweigliedriger Streitgegenstandsbegriff) wird ein Streitgegenstand durch **Sachverhalt** und **Antrag** bestimmt.
Ändert sich der Sachverhalt oder der Antrag (oder beides), so handelt es sich um *verschiedene* Streitgegenstände. Andernfalls ist (oder bleibt) der Streitgegenstand identisch.

Von dieser Frage »Änderung des Streitgegenstandes« ist der Fall zu unterscheiden, daß sich bei gleichbleibendem Streitgegenstand dessen Wert im Verlaufe der Zeit ändern kann, z. B. Wertsteigerung oder Wertverlust infolge Änderung einer Marktsituation oder durch Zeitablauf:

Ändert sich der Wert des Streitgegenstandes (z. B. Kurswert der herausverlangten Aktien) ohne daß der Streitgegenstand (Anzahl der Aktien) sich ändert, so gilt:

1. für die **Frage der Zuständigkeit** – § 4 ZPO:

Maßgebend für die Bestimmung der sachlichen Zuständigkeit ist der Wert, den der Streitgegenstand *im Zeitpunkt der Klageerhebung* hat. Eine *nach* Klageerhebung eintretende Werterhöhung oder Wertminderung des im übrigen gleich bleibenden Streitgegenstandes vermag sich auf die Frage der sachlichen Zuständigkeit im weiteren Prozeßverlauf nicht mehr auszuwirken.

Beispiel: Kläger erhebt am 1. 2. Klage auf Herausgabe von 20 VEBA-Aktien. Bei einem Kurswert dieser Aktien von 125 am 1. 2. beträgt der Wert dieses Streitgegenstandes 2500,– DM. Für die Klage ist also die sachliche Zuständigkeit des Amtsgerichts gegeben (§§ 1, Abs. 3 ZPO, 23 Ziff. 1 GVG).
Während der Dauer des Rechtsstreits steigt der Kurswert dieser Aktien auf 300. Obwohl sich damit der Wert des (identisch gebliebenen) Streitgegenstandes auf 6000,– DM erhöht hat, bleibt gemäß § 4 ZPO weiterhin das Amtsgericht für den Rechtsstreit zuständig.

2. für die **Gebührenberechnung** – § 15 Abs. 1 GKG:

Steigt der Wert des Streitgegenstandes – ohne daß er sich im übrigen verändert – zwischen dem Zeitpunkt der Klageerhebung und dem der Entscheidung des Rechtsstreits durch Urteil, so wird für die Gebührenberechnung der am Ende des Rechtsstreits höher gewordene Wert zu Grunde gelegt; sinkt der Wert im Verlaufe des Rechtsstreits ab, so verbleibt es für die Gebührenberechnung bei dem höheren Anfangswert der Streitsache.

Ändert sich der Streitgegenstand selbst und auch sein Wert, z. B. Kläger klagt eine rückständige Monatsmiete von 2000,– DM ein und erhöht nach 2 Monaten die Klage auf 6000,– DM, weil nun zwei weitere Monatsmieten auch noch fällig geworden sind (geänderter Streitgegenstand) oder verlangt der Kläger anstelle der mit der Klage ursprünglich geltend gemachten 20 VEBA-Aktien nach teilweiser Klagerücknahme jetzt nur noch 10 Aktien, so gilt:

1. für die **sachliche Zuständigkeit:**
a) Wenn sich für den beim Amtsgericht anhängigen Rechtsstreit infolge der Veränderungen des Streitgegenstandes nunmehr die sachliche Zuständigkeit des Landgerichts ergibt,

Beispiel: Klageerweiterung von 2000,– DM (eine Monatsmiete) auf 6000,– DM (drei Monatsmieten).

so kann jede Partei die jetzt eingetretene sachliche Unzuständigkeit des Amtsgerichts geltend machen und Verweisung an das Landgericht beantragen (§ 506 ZPO).

Beachte: Unterbleibt ein solcher Verweisungsantrag (absichtlich oder versehentlich) und wird statt dessen beim Amtsgericht weiterverhandelt, so bleibt gemäß § 39 ZPO weiterhin infolge Prorogation das Amtsgericht zuständig (beachte: § 504 ZPO).

b) Vermindert sich der Streitgegenstand eines landgerichtlichen Rechtsstreits (z. B. durch teilweise Klagerücknahme), auf einen Betrag von 5000,– DM oder weniger, also so, daß für eine jetzt erst zu erhebende Klage des verbliebenen Umfangs das Amtsgericht sachlich zuständig wäre, so bleibt der Rechtsstreit gleichwohl weiterhin beim Landgericht anhängig ohne Möglichkeit der Verweisung an das Amtsgericht (ein entsprechender Umkehrschluß aus § 506 ZPO ist nicht zulässig).

2. für die **Gebührenrechnung:**
Für die Prozeßgebühr ist der Streitwert im Zeitpunkt der Klageerhebung maßgebend. Wird die Klage im Verlaufe des Rechtsstreits erweitert, so errechnet sich die Prozeßgebühr für den Rechtsstreit aus dem erhöhten Streitwert (vgl. Rn 28).
Eine nachträgliche Verminderung des Streitwerts, etwa durch teilweise Klagerücknahme, hat auf die Prozeßgebühr keinen Einfluß mehr.

3. Die Gerichtskosten

Das Gerichtskostengesetz regelt die Kostenansprüche im Verhältnis zwischen dem Staat **26** und den Verfahrensbeteiligten sowie deren Höhe.

a) Arten der Gerichtskosten

Gebühren = Gegenleistung für Inanspruchnahme der Gerichte. Sie werden als Pauschgebühren entsprechend dem Streitwert für bestimmte Verfahrensabschnitte einmal erhoben, ohne Rücksicht auf die konkret aufgewandte Mühe.

Auslagen = Schreibauslagen, Postgebühren, Zeugengebühren, Tagegelder und Reisekosten bei Wahrnehmung auswärtiger Termine durch Richter und Urkundsbeamte (Anl. 1 Nr. 1900–1920 zu § 11 GKG).

b) Wer ist dem Staat gegenüber Kostenschuldner?

27 Der **Antragsteller** (§ 49 GKG): Wer das Verfahren der Instanz beantragt hat (Kläger, Berufungskläger)

– für Auslagen (z. B. Zeugengebühren) ist jedoch derjenige vorschußpflichtig, der die mit Auslagen verbundene Handlung beantragt hat § 68 GKG).

Der Entscheidungsschuldner (§ 54 Ziff. 1 GKG): Derjenige, dem durch gerichtliche Entscheidung die Kosten des Verfahrens auferlegt sind.

Der Übernahmeschuldner (§ 54 Ziff. 2 GKG): Wer die Kosten – etwa in einem Vergleich – übernommen hat.

Mehrere Kostenschuldner haften als **Gesamtschuldner** (§ 58 GKG).

Wird die *Klage abgewiesen,* so hat die Staatskasse nur *einen* Kostenschuldner (Schuldner nach § 49 und 54 Nr. 1 sind identisch).

Bei *erfolgreicher Klage* hat die Staatskasse dagegen *zwei* Kostenschuldner:
den Kläger nach § 49 GKG, den Beklagten nach § 54 Nr. 1 GKG. Es soll jedoch von der Staatskasse zuerst der Unterlegene herangezogen werden (§ 58 Abs. 2 GKG).

Es ist somit also möglich, daß der Kläger nach für ihn erfolgreicher Verfahrensbeendigung noch eine Kostenrechnung erhält und diese bezahlen muß, wenn vom unterlegenen Gegner nichts zu erlangen ist.

Selbstverständlich kann er dann die gesamten von ihm bezahlten Gerichtskosten gemäß § 104 ZPO gegen den unterlegenen Beklagten festsetzen lassen und versuchen, von ihm doch noch einmal Kostenerstattung zu erlangen.

Beachte: Bund und Länder genießen Kostenfreiheit (§ 2 GKG).

c) Die einzelnen Gerichtsgebühren

28 Das Gerichtskostengesetz ist in der Fassung vom 15. 9. 1975 so gestaltet, daß es den Einsatz von elektronischen Datenverarbeitungsanlagen ermöglicht.

Die Gebührentatbestände sind katalogartig in einem Kostenverzeichnis aufgeführt (Anl. zu § 11 Abs. 1 GKG).

Die **Prozeßgebühr**

Sie erwächst und wird fällig mit Einreichung der Klage (§ 61 GKG).

Wird die Klage rechtzeitig vor dem Stattfinden bestimmter richterlicher Maßnahmen wieder zurückgenommen, so entfällt die Gebühr; die bereits vorschußweise bezahlte Prozeßgebühr wird zurückerstattet (§ 11 Abs. 1 Anl. 1 Nr. 1012 GKG).

Die Urteilsgebühr

Sie entsteht bei einem kontradiktorischen (streitigen) Endurteil regelmäßig doppelt ohne Rücksicht darauf, ob im Rechtsstreit eine Beweisaufnahme stattgefunden hat oder nicht (§ 11 Abs. 1 Nr. 1016 GKG).

Beachte: Ausnahmsweise entsteht die Urteilsgebühr nur einfach im Falle des § 313 a ZPO in Verbindung mit § 11 Abs. 1 Anl. 1 Nr. 1017 GKG.

Für *nichtstreitige* Urteile (z. B. Versäumnisurteil, Anerkenntnisurteil, Verzichtsurteil) entsteht *keine Urteilsgebühr.*

Für den *Prozeßvergleich* selbst entsteht, *soweit er den Streitgegenstand betrifft, keine* **29**
Gerichtsgebühr.

Soweit der Vergleichsumfang den Streitgegenstand überschreitet z. B. bei Miterledigung weiterer (noch) nicht streitbefangener Angelegenheiten zwischen den Parteien, wird **ein Viertel der vollen Gebühr** aus dem Vergleichs**mehrwert** erhoben (Anl. zu § 11 Abs. 1 GKG Nr. 1170).

Beispiel: Rechtsstreit über 1000,– DM Kaufpreis wird durch Ratenzahlungsvergleich erledigt. – Dafür entsteht keine Gerichtsgebühr.
Der Kläger beansprucht vom Beklagten noch weitere 1000,– DM aus unerlaubter Handlung, die jedoch nicht eingeklagt sind. Dieser Streit wird von den Parteien in den Streit auch mit einbezogen, indem der Beklagte davon noch die Hälfte, also 500,– DM bezahlen, der Kläger auf den Rest verzichten will.
Vergleichs**mehrwert:** 1000,– DM, denn ein weiterer Streit in dieser Höhe ist miterledigt worden.
Gerichtsgebühr: 10,– DM ($^1/_4$ von 39,– DM – aufgerundet, § 11 Abs. 3 GKG).

Gebührenregelung nach dem Gerichtskostengesetz in besonderen Fällen

Für einen **Kostenbeschluß nach § 91 a ZPO** entsteht regelmäßig eine **volle** Gebühr (§ 11 **30**
Abs. 1 Anl. 1 Nr. 1038 GKG).
Streitwert ist hier der *Gesamtbetrag der in Frage stehenden Kosten,* nicht mehr der Streitwert der Hauptsache, die ja durch die Erklärungen der Parteien erledigt wurde, somit nicht mehr im Streit ist.

Für das **gerichtliche Mahnverfahren** wird die Hälfte der vollen Gebühr erhoben. (Anl. I zu § 11 Abs. 1 GKG Nr. 1000).
Diese Gebühr umfaßt auch den Vollstreckungsbescheid.

Im Falle der **Verweisung** des Rechtsstreits an ein anderes Gericht entsteht hierfür keine besondere Gerichtsgebühr (§ 9 Abs. 1 GKG).

Rechtsmittelverfahren
In der *Berufungsinstanz beträgt die Prozeßgebühr das 1*$^1/_2$*-fache,* in der *Revisions*instanz das Doppelte der vollen Gebühr (§ 11 Abs. 1 Anl. 1 Nr. 1020 und Nr. 1030 GKG).

d) Die Nichterhebung von Gebühren wegen unrichtiger Sachbehandlung (§ 8 GKG)

Gebühren und Auslagen, die bei richtiger Sachbehandlung nicht entstanden wären, wer- **31**
den nicht erhoben.
Die Entscheidung hierüber trifft das Gericht durch Beschluß.
Eine *zurückhaltende Anwendung* dieser Bestimmung ist geboten: Nur offensichtliche Verstöße gegen klare gesetzliche Bestimmungen oder offenkundige Versehen kommen in Betracht.

Beispiel: Wenn eine Zeugenvernehmung wiederholt werden muß (doppelte Zeugenkosten), weil beim Gericht das Band gelöscht wurde, ehe es übertragen war.
In diesem Fall werden die zusätzlich entstandenen Zeugenkosten nicht erhoben.

Kein Fall des § 8 GKG liegt vor bei bloß unzweckmäßigem Handeln des Gerichts.

Beispiel: Wenn das Gericht überflüssige Zeugen geladen oder Zeugen vorgenommen hat, auf deren Aussage es dann für die Entscheidung doch nicht ankam.

Beachte: § 8 GKG betrifft nur Gebühren und Auslagen des Gerichts, nicht etwa die Anwaltsgebühren.

Deshalb kann § 8 GKG im Falle eines ›nicht in gesetzlicher Weise ergangenen‹ Versäumnisurteils (§ 344 ZPO) keine Anwendung finden, denn Gerichtskosten, deren Erhebung unterbleiben könnte, sind durch ein solches Versäumnisurteil nicht entstanden.

4. Die Anwaltskosten

32 a) **Anspruchsgrundlage** für die Vergütung des Rechtsanwalts ist ein privatrechtlicher Dienstvertrag, der eine Geschäftsbesorgung zum Gegenstand hat (§ 675 BGB).

Schuldner der Vergütung ist, wer den Auftrag erteilt hat.

Die *Höhe* der Vergütung (Gebühren und Auslagen) richtet sich nach der Bundesrechtsanwaltsgebührenordnung (§ 1 BRAGO).

Eine *höhere Vergütung* als in der BRAGO vorgesehen, kann zwischen Anwalt und Auftraggeber vereinbart werden, aber nicht mit Wirkung gegenüber dem unterlegenen Gegner. Im Falle der höheren Vergütungsvereinbarung ist *besondere* Schriftform nach § 3 BRAGO erforderlich.

Die Vereinbarung einer *geringeren Vergütung* ist für gewöhnlich standeswidrig.

Der Rechtsanwalt kann einen angemessenen **Vorschuß** verlangen (§ 17 BRAGO).

b) Die Gebühren des Rechtsanwalts im einzelnen

33 Berechnungsgrundlage ist der Streit- oder Geschäftswert.

aa) Gebühren für außergerichtliche Tätigkeit des Anwalts

Rat oder **Auskunft** (§ 20 BRAGO)
Beschränkt sich die Tätigkeit des Rechtsanwalts auf Erteilung eines Rats oder einer Auskunft, so stehen dem Rechtsanwalt je nach Umfang und Schwierigkeit seiner Mitwirkung eine Gebühr von $1/10$ bis $10/10$ der vollen Gebühr zu.

Sonstige Mitwirkung bei außergerichtlichen Angelegenheiten, die über Rats- oder Auskunftserteilung hinausgeht (§ 118 BRAGO):

Geschäftsgebühr:
Sie entsteht für das Betreiben des Geschäfts, einschließlich der Information und Anfertigung von Schriftsätzen oder Urkunden.

Besprechungsgebühr:
Sie entsteht für das Mitwirken bei mündlichen Verhandlungen oder Besprechungen.
Die Geschäftsgebühr und die Besprechungsgebühr betragen je $^5/_{10}$ bis $^{10}/_{10}$ der vollen
Gebühr.
Schließt sich jedoch ein gerichtliches Verfahren in derselben Angelegenheit an, so sind
diese Gebühren auf die dann entstehenden gerichtlichen Gebühren des Anwalts anzu-
rechnen (§ 118 Abs. 2 BRAGO).
Kommt es dagegen in dieser Angelegenheit zu einem außergerichtlichen Vergleich, so er-
hält der Rechtsanwalt zusätzlich für seine Mitwirkung eine volle Vergleichsgebühr (§ 23
BRAGO).

bb) Die Gebühren des Rechtsanwalts in bürgerlichen Rechtsstreitigkeiten (§ 31 BRAGO)

Der zum Prozeßbevollmächtigten bestellte Rechtsanwalt erhält je eine volle Gebühr: **34**

Prozeßgebühr: für das Betreiben des Geschäfts, einschließlich der Information; dazu
gehört auch die Anfertigung von Schriftsätzen.

Verhandlungsgebühr: für das Verhandeln vor Gericht (Stellen der streitigen Anträge
vgl. § 137 ZPO).

Auch wenn nicht streitig verhandelt wird, erhält der Anwalt eine Gebühr, sofern er, etwa im Rahmen von Vergleichsgesprächen, die Sache erörtert (**Erörterungsgebühr**). Verhandlungs- und Erör-
terungsgebühren in *derselben* Sache werden jedoch aufeinander angerechnet.

Beweisgebühr: für die Vertretung im Beweisaufnahmeverfahren.
Die persönliche Anwesenheit des Anwalts im Beweisaufnahmetermin ist dazu nicht
unbedingt erforderlich, es genügt irgendwelche Tätigkeit des Rechtsanwalts mit Bezug
auf das Beweisverfahren, z. B. kritische Prüfung der Beweisanordnung, Zahlung des
Zeugenvorschusses, Beratung der Partei vor dem Beweistermin über die Wirkungen der
Beweisaufnahme.

Vergleichsgebühr: für die Mitwirkung beim Abschluß eines Vergleichs (§ 23 BRAGO).
Sie kommt zu den etwa schon entstandenen Gebühren hinzu und wird nach dem vollen
Gegenstandswert des Vergleichs berechnet, auch soweit dieser infolge Hereinnahme wei-
terer Streitpunkte in den Vergleich den Streitwert des Prozesses übersteigt.

Gebühr für nichtstreitige Verhandlung: (§ 33 BRAGO)
Sie beträgt $^5/_{10}$ der vollen Gebühr und entsteht z. B. beim Antrag auf Versäumnisurteil,
Anerkenntnisurteil oder Vollstreckungsbescheid (§ 43 Abs. 1 Nr. 3 BRAGO).

Sämtliche Anwaltsgebühren entstehen für jede Instanz nur einmal (§ 13 Abs. 2
BRAGO).

Beachte jedoch § 38 Abs. 2 BRAGO: Die halbe Verhandlungsgebühr beim Antrag auf
Versäumnisurteil bleibt auch bei Fortsetzung des Rechtsstreits nach Einspruch bestehen.

cc) Die Auslagen des Rechtsanwalts

Die allgemeinen Geschäftsunkosten (Miete, Angestelltengehälter) sind durch die Gebüh- **35**
ren abgegolten. Besonders verlangen kann der Anwalt jedoch Postgebühren (§ 26 BRA-

GO), Schreibauslagen (§ 27 BRAGO) sowie Aufwendungen für Geschäftsreisen (§ 28 BRAGO).

c) Festsetzung der Vergütung des Rechtsanwalts

36 Die **außerhalb eines Rechtsstreits** entstandenen Gebühren muß der Anwalt notfalls im ordentlichen Rechtsstreit geltend machen durch Klage oder gerichtliches Mahnverfahren.

Die **in einem gerichtlichen Verfahren** entstandenen Gebühren kann der Rechtsanwalt gegen die eigene Partei in einem einfachen **Kostenfestsetzungsverfahren** durch den Rechtspfleger festsetzen lassen (§ 19 BRAGO). Wegen der Möglichkeit dieses einfachen Verfahrens würde deshalb einer Geltendmachung im ordentlichen Verfahren das Rechtsschutzinteresse fehlen. Der Rechtspfleger entscheidet in diesem Verfahren auch darüber, *welche Gebühren* und *in welcher Höhe* diese entstanden sind.

Erhebt jedoch der Auftraggeber Einwendungen, die nicht im Gebührenrecht ihren Grund haben (z. B. Mandant behauptet Zahlung oder Stundung oder er rechnet mit einem Schadensersatzanspruch wegen schlechter Vertretung – positive Vertragsverletzung – auf), so können die Anwaltsgebühren nicht festgesetzt werden, vielmehr ist der Rechtsanwalt auf den *ordentlichen Rechtsweg* zu verweisen (§ 19 Abs. 4 BRAGO). Zuständig ist für diesen Rechtsstreit örtlich und sachlich das *Gericht der Hauptsache* (§ 34 ZPO).

Dem Prozeßgegner gegenüber hat die obsiegende Partei einen Kostenerstattungsanspruch, der auch ihre Aufwendungen für den Rechtsanwalt umfaßt (vgl. §§ 103 ff. ZPO).

III. Prozeßkostenhilfe (§§ 114 ff. ZPO)

37 Das Gesetz über die Prozeßkostenhilfe v. 13. 6. 1980 hat das frühere ›Armenrecht‹ abgelöst. Es soll dem wirtschaftlich Schwachen Chancengleichheit beim Zugang zum Zivilgericht verschaffen, indem es der unvermögenden Partei Kostenfreiheit gewährt oder ihr hinsichtlich der Prozeßkosten Ratenzahlung gestattet. Die Höhe der gegebenenfalls zu zahlenden Monatsraten ergibt sich aus einer Tabelle (Anlage zu § 114 ZPO), die vom Nettoeinkommen des Antragstellers ausgeht und gesetzliche Unterhaltsverpflichtungen angemessen berücksichtigt. Die Raten müssen nur so lange gezahlt werden, bis die voraussichtlichen Kosten gedeckt sind (§ 120 Abs. 3 ZPO). Unabhängig davon ist die Zahl der Raten auf 48 begrenzt. Einen etwa überschießenden Kostenrestbetrag trägt dann in jedem Fall die Staatskasse.

1. Die *Voraussetzungen* für die Gewährung von Prozeßkostenhilfe sind sorgfältig zu prüfen. Die Prüfung erfolgt durch das für den Rechtsstreit zuständige Gericht in einem selbständigen Verfahren.

Sie erstreckt sich auf folgende Umstände:

a) Wirtschaftliche Verhältnisse

38 Prozeßkostenhilfe erhält, wer nach seinem Nettoeinkommen (Tabelle) und bei zumutbarem Einsatz seines Vermögens die Prozeßkosten nicht, nur zum Teil oder nur in

Raten aufbringen kann (§§ 114, 115 ZPO). Prozeßkostenhilfe wird nicht gewährt, wenn die Kosten voraussichtlich geringer sind als vier Monatsraten. Selbstverschuldete Mittellosigkeit steht der Prozeßkostenhilfe grundsätzlich nicht entgegen, jedoch muß eine mögliche und zumutbare Gelderwerbsquelle genutzt werden. Ein realisierbarer Anspruch auf Prozeßkostenvorschuß gegen Dritte ist wahrzunehmen (z. B. § 1360a Abs. 4 BGB).

b) Erfolgsaussicht

Die beabsichtigte Rechtsverfolgung oder Rechtsverteidigung muß aussichtsreich sein **39** und darf nicht mutwillig erscheinen (§ 114 ZPO). Die vom Gesetz verlangte ›hinreichende‹ Erfolgsaussicht liegt bereits vor, wenn die Klage zulässig und schlüssig ist und die erforderlichen Beweismittel zur Verfügung stehen. Rechtsverteidigung erscheint aussichtsreich, wenn rechtsbegründende Behauptungen des Klägers bestritten werden oder sonstige erhebliche Verteidigungsmittel mit entsprechendem Beweisangebot vorgebracht werden können. Bei der Prüfung dieser Voraussetzungen soll nicht kleinlich verfahren werden. So ist Erfolgsaussicht auch dann zu bejahen, wenn Rechtsfragen zu entscheiden sind, die in Rspr. und Lehre noch nicht eindeutig geklärt sind, auch wenn das angerufene Gericht eine dem Antragsteller ungünstige Ansicht vertritt.
Mutwillig ist eine Rechtsverfolgung, wenn eine Partei, die selbst für die Kosten aufkommen muß, vernünftigerweise von einer Prozeßführung absehen würde (z. B. Klage gegen einen verarmten, schwerkranken Schuldner ohne jede Chance, den Titel jemals vollstrecken zu können).
Für die in erster Instanz erfolgreich gewesene Partei ist in der Rechtsmittelinstanz ohne weiteres Erfolgsaussicht anzunehmen (§ 119 S. 2 ZPO).

2. Das Verfahren

Der Prozeßkostenhilfeantrag ist beim Prozeßgericht anzubringen. Er kann auch zu **40** Protokoll der Geschäftsstelle erklärt werden und unterliegt daher nicht dem Anwaltszwang (§ 78 Abs. 2 ZPO). Die persönlichen und wirtschaftlichen Verhältnisse sind in einem Vordruck darzulegen (§ 117 Abs. 2 u. 3 ZPO).
Obwohl es sich streng genommen um ein Verwaltungsverfahren handelt, bei dem über den Einsatz von Steuergeldern entschieden wird, ist auch die Anhörung des Gegners zwingend vorgeschrieben wegen des ihm zukommenden rechtlichen Gehörs und weil seine Stellungnahme insbesondere für die Bewertung der Erfolgsaussicht bedeutsam sein kann (§ 118 ZPO). Aus Gründen des Persönlichkeitsschutzes sind ihm jedoch die Angaben über die wirtschaftlichen Verhältnisse des ASt. nicht zur Kenntnis zu bringen (Str., a. A. OLG Karlsruhe NJW 1982, 2507).
Zur Vorbereitung der Entscheidung kann das Gericht folgende Maßnahmen durchführen, die auch dem Rechtspfleger übertragen werden können (§ 20 Nr. 4 RPflG): **41**

Anordnung der *Glaubhaftmachung* tatsächlicher Angaben durch den Antragsteller. Die eidesstattliche Versicherung (vgl. § 294 ZPO) kommt hier jedoch nicht in Frage, da diese einer vorweggenommenen Parteivernehmung gleichkäme.

Anstellen von *Erhebungen:* Vorlage von Urkunden, Beiziehung von Vorakten, Einholung von Behördenauskünften. Eine Vernehmung von Zeugen und Sachverständigen kommt nur ausnahmsweise in Frage, wenn anderweitige Klärung der Erfolgsaussicht nicht möglich ist.

Vorladung zur *mündlichen Erörterung,* wenn eine Einigung zu erwarten ist. Die mündliche Erörterung soll eine Ausnahme bleiben und nicht dazu dienen, die mündliche Verhandlung und damit wesentliche Teile des Hauptprozesses vorweg zu nehmen.

42 Kommt es beim Erörterungstermin zu dem erwarteten *Vergleich*, so ist er zu Protokoll zu nehmen und stellt dann einen Vollstreckungstitel nach § 794 Abs. 1 Nr. 1 ZPO dar. Er ist ebenso wie das gesamte Verfahren der Prozeßkostenhilfebewilligung gerichtsgebührenfrei. Mitwirkende Anwälte haben jedoch einen Gebührenanspruch gemäß § 23 BRAGO. Nach Abschluß des Vergleichs kann Prozeßkostenhilfe nicht mehr bewilligt werden. Es wird jedoch überwiegend für möglich gehalten, vor Abschluß des Vergleichs für diesen (hinsichtlich der Anwaltskosten) Prozeßkostenhilfe zu gewähren (OLG Köln NJW 1969, 243; OLG Hamm MDR 1973, 856; a..A. Zöller/Schneider § 118 Anm. II 2 c).

3. Die Entscheidung

43 Über den Prozeßkostenhilfeantrag wird ohne mündliche Verhandlung durch Beschluß entschieden. Die Entscheidung muß alsbald ergehen und darf keinesfalls bis zur Entscheidungsreife des Prozesses hinausgezögert werden. Die bewilligende Entscheidung ist unanfechtbar. Gegen den ablehnenden Beschluß ist einfache Beschwerde möglich (§ 127 Abs. 2 ZPO). Er ist in jedem Fall zu begründen. Aber auch bei Bewilligung von Prozeßkostenhilfe ist in der Entscheidung mindestens die Berechnungsgrundlage für die festgesetzten Monatsraten darzulegen. Eine Kostenentscheidung enthält der Beschluß nicht. Es entstehen weder Gerichtsgebühren, noch findet eine Kostenerstattung statt (§ 118 Abs. 1 S. 4 ZPO).

4. Wirkungen der Prozeßkostenhilfe

44 Der Antragsteller wird von der Zahlung von Prozeßkosten (Gerichtsgebühren, Auslagen, Anwaltskosten) befreit, bzw. nur im Rahmen der Ratenzahlungsanordnung verpflichtet (§ 122 Abs. 1 Nr. 1 u. 3 ZPO). Soweit Anwaltszwang besteht, wird ein Anwalt nach Wahl des Antragstellers beigeordnet, sonst auf Antrag wegen besonders schwieriger Rechts- oder Sachlage oder wenn der Gegner durch einen Anwalt vertreten ist (§ 121 ZPO).
Der beigeordnete Rechtsanwalt erhält seine Gebühren und Auslagen aus der Staatskasse (§§ 121 ff. BRAGO – beachte jedoch auch § 126 ZPO: Erstattungsanspruch gegenüber dem unterlegenen Gegner). Soweit der Rechtsanwalt aus der Staatskasse befriedigt wird, gehen seine Vergütungsansprüche gegenüber einem ersatzpflichtigen Gegner auf diese über (§ 130 BRAGO).
Hat der siegreiche Gegner auf Grund der Kostenentscheidung im Urteil oder einer Kostenübernahme im Prozeßvergleich einen Kostenerstattungsanspruch, so kann die-

ser unabhängig von der bewilligten Prozeßkostenhilfe gegen die Partei geltend gemacht werden (§ 123 ZPO).

Prozeßkostenhilfe für Kläger oder Rechtsmittelführer, die ohne Ratenzahlungsanordnung gewährt worden ist, befreit aus Gründen der Waffengleichheit auch den Gegner einstweilen von Kostenzahlung an das Gericht (z. B. Auslagenvorschuß für Zeugen – § 122 Abs. 2 u. 125 Abs. 2 ZPO).

5. Nachträgliche Änderungen

Eine nachträgliche Aufhebung der Bewilligung der Prozeßkostenhilfe kommt nur in **45** Frage, wenn sich herausstellt, daß im Zeitpunkt der Bewilligung die Voraussetzungen tatsächlich nicht vorgelegen haben oder die Ratenzahlungspflicht nicht eingehalten wird (§ 124 ZPO). Eine lediglich geänderte Beurteilung der Erfolgsaussicht, etwa nach fehlgeschlagener Beweiserhebung, oder der wirtschaftlichen Leistungsfähigkeit reicht dazu nicht aus.

Wegfall der Mittellosigkeit durch nachträglichen Vermögenserwerb (Erbschaft, Lottogewinn) ist nach der gesetzlichen Regelung kein Grund, Prozeßkostenhilfe wieder zu entziehen. Auch die früher bestehende Nachzahlungspflicht bei Besserung der wirtschaftlichen Verhältnisse ist nicht mehr vorgesehen. Diese jetzige Regelung beruht auf der Erfahrung, daß die Überwachung der Vermögensverhältnisse derer, die einmal Kostenbefreiung in Anspruch genommen hatten, mehr Aufwendungen erfordert hat, als Rückzahlungen tatsächlich eingebracht haben.

6. Klage und Antrag auf Prozeßkostenhilfe

Wird der Antrag an das Gericht als ›Klage **und** Prozeßkostenhilfegesuch‹ bezeichnet, so wird *neben dem Prozeßkostenhilfeverfahren auch sogleich der Rechtsstreit in Gang gesetzt BGHZ 4, 333).*

Falls dieser Antrag dem Gegner zugestellt wird, so ist damit die Klage erhoben. Für den Antragsteller entsteht hier ein Kostenrisiko, falls die Prozeßkostenhilfe ganz oder teilweise versagt wird und er dementsprechend die Sache nicht weiterverfolgen will. Er muß dann die Prozeßkosten entweder für den trotzdem zu führenden Prozeß selbst aufbringen oder die durch Zustellung erhobene Klage (ganz oder teilweise) zurücknehmen (Kostenfolge: § 269 Abs. 3 ZPO).

Im Falle der Geltendmachung *erhöhter Unterhaltsforderungen* im Wege einer Abänderungsklage wird durch die sofortige Klageerhebung ein früherer Abänderungszeitpunkt erreicht (vgl. § 323 Abs. 3 ZPO).

Im Zweifelsfällen empfiehlt sich daher eine Rückfrage beim Antragsteller, ob die dem Prozeßkostenhilfegesuch beigefügte Klage nur für den Fall der Bewilligung oder unabhängig von der Entscheidung über das Prozeßkostenhilfegesuch erhoben sein soll.

7. Beratungshilfe

Auch außerhalb eines gerichtlichen Verfahrens kann einem Rechtssuchenden, der die **46** erforderlichen Mittel hierfür nicht aufbringen kann, Beratungshilfe zuteil werden

(Beratungshilfegesetz v. 18.6.1980). Die Beratungshilfe wird durch Rechtsanwälte oder, soweit möglich, durch das Amtsgericht erteilt. Über den Antrag auf Beratungshilfe entscheidet das Amtsgericht (Rechtspfleger) im Verfahren der freiwilligen Gerichtsbarkeit. Wenn die Voraussetzungen für die Gewährung von Beratungshilfe gegeben sind, wird dem Rechtsuchenden ein Berechtigungsschein für Beratungshilfe ausgestellt. Er kann den Rechtsanwalt selbst wählen. Dem Rechtsanwalt steht gegen den Rechtsuchenden eine Gebühr von 20,–DM zu, die er nach dessen Verhältnissen auch erlassen kann. Im übrigen erhält der Rechtsanwalt eine Vergütung aus der Staatskasse von 30,–DM für Rat oder Auskunft, 80,–DM für die Tätigkeit nach § 118 BRAGO (außergerichtliche Geschäftsbesorgung) und 100,–DM für Mitwirkung bei der vergleichsweisen Erledigung.

IV. Die Prozeßvollmacht

Soll der Rechtsstreit für die Partei durch einen Bevollmächtigten geführt werden, so ist anzuraten, die Prozeßvollmacht bereits der Klageschrift (seitens des Beklagten: der Klageerwiderung) anzufügen.

1. Wesen der Vollmacht

47 Die Tätigkeit des Prozeßbevollmächtigten für die Partei beruht
im **Innenverhältnis**   auf einem Geschäftsbesorgungsvertrag (§ 675 BGB),
                         auf einem Dienstvertrag (§ 611 BGB) (bei Angestellten),
                         auf einem Auftrag (§ 662 BGB) (bei unentgeltlicher Tätigkeit),
im **Außenverhältnis**   auf einer Prozeßvollmacht (§ 80 ZPO).

Erst durch die Vollmacht wird der Prozeßvertreter in Stand gesetzt, mit Wirkung für die Partei zu handeln. Es bedarf deshalb auch ein im Wege der Prozeßkostenhilfe beigeordneter Anwalt einer schriftlichen Vollmacht seitens der Partei.

2. Bestellung zum Prozeßbevollmächtigten und Vollmachtserteilung

48 Erteilt wird die Vollmacht durch *einseitiges Rechtsgeschäft* des Vollmachtgebers gegenüber dem zu Bevollmächtigten, dem Gericht oder dem Prozeßgegner. Nur eine prozeßfähige Person kann zum Prozeßbevollmächtigten bestellt werden (§ 79 ZPO).

Die ZPO unterscheidet zwischen **Vollmachtserteilung** und **Bestellung zum Prozeßbevollmächtigten.**

§ 176 ZPO: Zustellungen, die in einem anhängigen Rechtsstreit bewirkt werden sollen, müssen an den für den Rechtszug bestellten Prozeßbevollmächtigten erfolgen.

›**Bestellt**‹ ist jemand schon dann, wenn er durch ausdrückliche oder schlüssige Handlung dem Gericht oder dem Gegner gegenüber als Prozeßbevollmächtigter gekennzeichnet ist, z.B. wenn er für die Partei im Termin auftritt (vgl. § 89 ZPO) oder wenn er mitteilt, er ›bestelle‹ sich als Prozeßbevollmächtigter des Klägers oder des Beklagten.

Der Bestellung liegt selbstverständlich regelmäßig eine Vollmachtserteilung zu Grunde. Diese muß jedoch nicht in jedem Falle dem Gericht nachgewiesen werden (vgl. unten Rn 51).

3. Umfang der Prozeßvollmacht

a) Gesetzlicher Umfang:

Die Prozeßvollmacht ermächtigt *zu allen den Rechtsstreit betreffenden Prozeßhandlun-* **49** *gen. Vgl. dazu im einzelnen § 81 ZPO. Wegen des vom Prozeßbevollmächtigten abgegebenen Geständnisses* vgl. § 85 ZPO.
Nach h. M. *umfaßt die Prozeßvollmacht auch Rechtsgeschäfte des bürgerlichen Rechts,* soweit sie zur Führung des Prozesses erforderlich sind, z. B. Aufrechnung, Anfechtung, Kündigung.

b) Beschränkungen der Prozeßvollmacht

Im **Innenverhältnis** kann der Auftraggeber seinen Prozeßbevollmächtigten unbegrenzt **50** binden.
Im **Außenverhältnis** ist zwischen Anwaltsprozeß und Parteiprozeß zu unterscheiden:
Anwaltsprozeß: Nur die Befugnis zum Vergleichsabschluß, zum Verzicht und zum Anerkentnis kann aus der Vollmacht herausgenommen werden. (§ 83 Abs. 1 ZPO).
Parteiprozeß: Die Vollmacht kann so eingeschränkt werden, daß schließlich nur noch einzelne Prozeßhandlungen umfaßt werden z. B. ›Terminsvollmacht‹ = Vertretung nur in diesem Termin (§ 83 Abs. 2 ZPO).
Die Beschränkung erfolgt im Text der Vollmachtsurkunde oder durch ausdrückliche Erklärung gegenüber dem Prozeßgegner.
Beispiel: Der Anwalt hat, ohne entsprechenden Vermerk in der Vollmachtsurkunde, intern Anweisung, sich im Prozeß nicht zu vergleichen. Schließt der Anwalt trotzdem einen Vergleich ab, so ist dieser wirksam. Der Mandant hat allenfalls einen Regreßanspruch gegen den Anwalt.

Darf der Prozeßbevollmächtigte auf Grund einer allgemeinen Prozeßvollmacht auch die geltendgemachte Klageforderung einziehen?
nein: § 81 ZPO erwähnt nur die Befugnis zur Empfangnahme der vom Gegner zu erstattenden Kosten. Um die Klageforderung einziehen zu können, braucht der Prozeßbevollmächtigte also noch eine besondere **Inkassovollmacht**.

4. Prüfung und Nachweis der Vollmacht

Im **amtsgerichtlichen Verfahren** ist **von Amts wegen** auf das Vorliegen einer schriftli- **51** chen Vollmacht zu achten (§ 88 Abs. 2 ZPO), wenn als Bevollmächtigter nicht ein Rechtsanwalt auftritt.
Ein anderer Bevollmächtigter kann aber nach § 89 ZPO auch ohne Vorlage der schriftlichen Vollmacht einstweilen zugelassen werden.
Es darf aber, *ehe die Vollmacht nicht vorliegt,* auch bei einstweiliger Zulassung ein *Endurteil* (auch ein Versäumnisurteil) *nicht ergehen.*

Im **gerichtlichen Mahnverfahren** ist der Nachweis einer Vollmacht **nicht** erforderlich, es genügt die Versicherung ordnungsgemäßer Bevollmächtigung (§ 703 ZPO).

Vom Rechtsanwalt muß eine schriftliche Vollmacht nur vorgelegt werden, wenn der Prozeßgegner den Mangel der Vollmacht rügt (§ 88 Abs. 1 ZPO). Demgemäß findet sich in der Mehrzahl der landgerichtlichen Akten keine Vollmachtsurkunde.

Wegen der Besonderheit im Ehe-und Kindschaftsprozeß vgl. §§ 609, 640 ZPO.

Der **Nachweis einer Vollmacht** kann, wo dieser gefordert wird, stets nur durch Vorlegung einer schriftlichen Urkunde geführt werden (§ 80 ZPO).

5. Das Erlöschen der Vollmacht

52 Die Vollmacht **erlischt** mit rechtskräftiger Erledigung des Rechtsstreits.

Widerruf der Vollmacht durch den Vollmachtgeber ist jederzeit möglich. Im Anwaltsprozeß wird der Widerruf der Vollmacht jedoch erst wirksam mit der Bestellung eines neuen zugelassenen Rechtsanwalts (§ 87 ZPO). Bis zu diesem Zeitpunkt sind also auch die Zustellungen noch an den bisherigen Prozeßbevollmächtigten zu bewirken (§ 176 ZPO).

Der *Tod des Vollmachtgebers* beendet jedoch die Vollmacht *nicht*. Der Prozeßbevollmächtigte handelt für die Erben (§ 86 ZPO). Es tritt dann auch keine Unterbrechung des Verfahrens ein (§ 246 ZPO).

Kündigt der Bevollmächtigte das Mandatsverhältnis, so kann er gleichwohl noch weiter für den Mandanten handeln, bis dieser anderweitig für die Wahrnehmung seiner Rechte gesorgt hat (§ 87 Abs. 2 ZPO). Er kann dadurch eine etwaige Haftung wegen unzeitiger Kündigung abwenden (§§ 671 Abs. 2, 675 BGB).

3. Kapitel

Das gerichtliche Mahnverfahren

I. Bedeutung und wesentliche Merkmale

1. Das deutsche Prozeßrecht gestattet die Inanspruchnahme staatlicher Machtmittel zum Zwecke privater Zwangsvollstreckung nur auf Grund eines förmlichen Vollstreckungstitels (vgl. §§ 704, 794 ZPO). Ist das streitig gewesene Leistungsverlangen eines Klägers durch Endurteil geklärt, so bedarf es danach meist gar nicht mehr einer Zwangsvollstreckung, weil der einsichtige Schuldner dann freiwillig bezahlen wird. Viel häufiger wird dagegen eine zwangsweise Rechtsdurchsetzung bei an sich nicht bestrittenen Ansprüchen notwendig, wenn die Zahlung wegen Nachlässigkeit, Unwilligkeit oder aus Geldmangel unterbleibt. Es wäre unökonomisch, in all diesen Fällen dem Gläubiger eine Klageerhebung und dem Gericht eine mündliche Verhandlung mit abschließendem Urteil zuzumuten, um dadurch dann die Grundlage für eine notwendige Zwangsvollstreckung zu schaffen. Der Gesetzgeber war daher veranlaßt, bei voraussichtlich unstreitigen Forderungen einen einfachen, schnellen und billigen Weg zur Erlangung eines vollstreckbaren Titels zu schaffen: Das gerichtliche Mahnverfahren mit abschließendem Vollstreckungsbescheid (§§ 688 ff. ZPO).

Die früher verwendeten mißverständlichen Bezeichnungen »Zahlungsbefehl« und »Vollstreckungsbefehl« sind seit 1. 7. 1977 durch die Begriffe *»Mahnbescheid«* und *»Vollstreckungsbescheid«* ersetzt. Die am Verfahren beteiligten Parteien heißen nicht mehr »Gläubiger« und »Schuldner«, sondern »Antragsteller« und »Antragsgegner«.
– Vordrucke und Verfahrensdarstellung vgl. S. 46 ff.

2. Wesentliche Merkmale des gerichtlichen Mahnverfahrens

Das Verfahren ist

a) *einfach:* Es genügt eine kurze, stichwortartige Bezeichnung des Anspruchs (Verwendung von Formularen).
Sachlich ist stets – ohne Rücksicht auf den Streitwert – das Amtsgericht zuständig (§ 689 ZPO). Dementsprechend besteht auch kein Anwaltszwang.

b) *schnell:* Es findet keine mündliche Verhandlung statt; nach Ablauf einer 2wöchigen Widerspruchsfrist kann auf Antrag ein Vollstreckungsbescheid erteilt werden. Die maschinelle Bearbeitung soll baldmöglichst überall eingeführt werden (vgl. § 703 b ZPO). Im günstigsten Falle dauert also die Titelbeschaffung nur wenige Tage (vgl. § 689 Abs. 1, 3 ZPO).

c) *billig:* Bei Einreichung des Antrags auf Erlaß eines Mahnbescheids ist nur eine halbe Prozeßgebühr zu entrichten, demgegenüber bei Klageerhebung eine volle Gebühr.
Für den gegebenenfalls zu beantragenden Vollstreckungsbescheid entsteht keine weitere Gerichtsgebühr.
Anwaltskosten beim gerichtlichen Mahnverfahren: Der Anwalt erhält für die Beantragung eines Mahnbescheids (ebenso wie für die Einreichung einer Klage) eine volle Anwaltsgebühr (§ 43 BRAGO).
Für die Beantragung eines Vollstreckungsbescheids erhält der Anwalt (wie auch für den Antrag auf Erlaß eines Versäumnisurteils) eine halbe Verhandlungsgebühr (§ 43 Abs. 1 Nr. 3 BRAGO).

53

Der Gläubiger hat *freie Wahl,* ob er gegen seinen Schuldner im Wege der Klage oder mit einem Mahnantrag vorgehen möchte. Der Schuldner hat keinen Anspruch darauf, daß zuerst der billigere Weg des gerichtlichen Mahnverfahrens gegen ihn versucht werden müßte.

II. Voraussetzungen für den Erlaß eines Mahnbescheids

1. Gegenstand des gerichtlichen Mahnverfahrens

54 a) Gegenstand des gerichtlichen Mahnverfahrens können nur **Geldforderungen in inländischer Währung** sein (§ 688 Abs. 1 ZPO). Ausnahme: *Geldsummen in ausländischer Währung* nur im Rahmen des § 688 Abs. 3 ZPO.

b) Die verlangte Geldforderung darf *nicht von einer noch nicht erfolgten Gegenleistung abhängig sein (*§ 688 Abs. 2 ZPO). Dies muß im Mahnantrag ausdrücklich erklärt werden (§ 690 Abs. 1 Nr. 4).

Beispiel: Wenn bei einem Versendungskauf über ein Buch der Käufer die Annahme der Lieferung verweigert hat, so ist hinsichtlich des Kaufpreises das gerichtliche Mahnverfahren nicht zulässig, denn die Gegenleistung – Eigentumsübertragung – steht noch aus.

c) Der Anspruch muß im Mahnantrag lediglich bezeichnet, das heißt *hinreichend individuell bestimmt werden.* Die Angabe von anspruchsbegründenden Tatsachen wird nicht verlangt, da eine Schlüssigkeitsprüfung im gerichtlichen Mahnverfahren nicht mehr stattfindet (vgl. §§ 690 Abs. 1 Nr. 3, 692 Abs. 1 Nr. 2 ZPO).

2. Zuständigkeit (§ 689 ZPO)

55 a) **Sachlich zuständig** ist stets das **Amtsgericht** ohne Rücksicht auf den Streitwert. Demgemäß besteht auch für das gerichtliche Mahnverfahren in keinem Fall ein Anwaltszwang. Die Bearbeitung der Mahnsachen obliegt dem Rechtspfleger beim Amtsgericht (§ 20 Nr. 1 RpflG)

b) Die **örtliche Zuständigkeit** ist sehr praxisnah geregelt. Ausschließlich zuständig ist das Amtsgericht, bei dem der **Antragsteller seinen allgemeinen Gerichtsstand hat.** Zur schnelleren und rationelleren Erledigung ist den Landesregierungen auch ermöglicht, die Mahnsachen bei wenigen Amtsgerichten zu konzentrieren (§ 689 Abs. 3 ZPO). Dies ist bei der vorgesehenen und vom Gesetzgeber erstrebten maschinellen Bearbeitung auch geboten. Z. B. beim Amtsgericht Stuttgart für das gesamte Land Baden-Württemberg, vgl. Rn. 62 a.
Die *Regelung der Zuständigkeit ist ausschließlich,* von ihr kann also in keinem Fall mehr durch Vereinbarung abgewichen werden.

3. Allgemeine Zulässigkeitsvoraussetzungen

Sie müssen auch im gerichtlichen Mahnverfahren vorliegen (z. B. Partei- und Prozeßfähigkeit, Rechtsschutzinteresse, Prozeßführungsbefugnis, Zulässigkeit des Rechtswegs).

Macht ein Rechtsanwalt gegen seinen Mandanten Gebühren aus einer Prozeßvertretung im gerichtlichen Mahnverfahren geltend, so kann dafür das Rechtsschutzinteresse fehlen, wenn die Möglichkeit einer Kostenfestsetzung gem. § 19 BRAGO besteht (siehe oben Rn. 36) – Ausnahme: § 19 Abs. 4 BRAGO.

4. Der Mahnantrag (Muster: S. 68)

Mit dem Mahnantrag muß der Antragssteller den Erlaß eines Mahnbescheids beantra- **56** gen. Er bedarf der handschriftlichen Unterzeichnung (§ 690 Abs. 2 ZPO), falls er nicht als maschinell lesbare Aufzeichnung eingereicht wird (§ 690 Abs. 3 ZPO).
Die **Erfordernisse des Antrags** ergeben sich aus § 690 Abs. 1 ZPO:
a) Bezeichnung der Parteien, des Gerichts und des Anspruchs,
b) Erklärung über die Nichtabhängigkeit des Anspruchs von einer Gegenleistung,
c) Angabe des sachlich zuständigen Gerichts beim allgemeinen Gerichtsstand des Antragsgegners, dorthin erfolgt ggf. die Abgabe nach Widerspruch oder Einspruch (vgl. §§ 696 I, 700 Abs. 3 ZPO).
Der Antrag auf Erlaß eines Mahnbescheids wird durch die nach § 703 c ZPO eingeführten Vordrucke weithin vereinfacht.
Er kann auch bereits den Antrag auf Durchführung des streitigen Verfahrens im Falle des Widerspruchs enthalten (§ 696 Abs. 1 S. 2 ZPO), nicht jedoch den Antrag auf Erlaß des Vollstreckungsbescheids bei Unterbleiben eines Widerspruchs (§ 699 Abs. 1 S. 2 ZPO).

5. Vollmacht

Sie braucht nicht nachgewiesen, sondern vom Bevollmächtigten lediglich versichert zu werden (§ 703 – abweichend von § 88 Abs. 2 ZPO).

III. Die Entscheidung über den Mahnantrag

1. *Fehlen die gesetzlichen Voraussetzungen,* so wird der Antrag durch Beschluß **57** (Ausnahme: § 691 Abs. 3 ZPO) **zurückgewiesen.**

Gegen die Zurückweisung durch den Rechtspfleger findet die befristete Erinnerung binnen einer Notfrist von 2 Wochen statt (§ 11 Abs. 1, 2 RPflG). Die Entscheidung des Amtsrichters ist unanfechtbar.

Eine Zurückweisung kann geboten sein, weil
a) für den Antrag nicht der eingeführte Vordruck verwendet worden ist (§ 703 c Abs. 2 ZPO),
b) der Mahnantrag nicht alle nach § 690 Nr. 1–5 ZPO notwendigen Angaben enthält oder nicht handschriftlich unterzeichnet ist,
c) ein im Mahnverfahren nicht zugelassener Anspruch, z. B. Herausgabe einer Sache, Geld in ausländischer Währung oder ein von einer Gegenleistung abhängiger Anspruch, geltend gemacht wird,
d) eine allgemeine Zulässigkeitsvoraussetzung fehlt, z. B. Zuständigkeit, Prozeßfähigkeit, Rechtsschutzinteresse.

2. Andernfalls wird der beantragte **Mahnbescheid erlassen** (Muster S. 68).

Dieser ist eine *gerichtliche Entscheidung (Beschluß)*.
Bei offenbaren Unrichtigkeiten ist eine Berichtigung entspr. § 319 ZPO möglich.

Der Mahnbescheid enthält
a) die Angaben des Antragsstellers im Mahnantrag über Parteien, Mahngericht, Anspruch, Nichtabhängigkeit des Anspruchs von einer Gegenleistung und Streitgericht,
b) den Hinweis, daß das Bestehen des Anspruchs vom Gericht nicht geprüft worden ist (eine solche falsche Vorstellung konnte bei dem früheren sog. »Zahlungsbefehl« für Rechtsunkundige gelegentlich entstehen),
c) die Aufforderung, innerhalb von zwei Wochen seit Zustellung des Mahnbescheids zu zahlen oder Widerspruch einzulegen,
d) der Hinweis, daß ein die Möglichkeit der Zwangsvollstreckung eröffnender Vollstreckungsbescheid ergehen kann, wenn ein rechtzeitiger Widerspruch unterbleibt,
e) Die Ankündigung der Abgabe an das (vorläufige) Streitgericht im Fall des Widerspruchs.
Der Mahnbescheid ist, falls er nicht maschinell ausgedruckt wird, vom Rechtspfleger zu unterschreiben oder mit Faksimile-Stempel zu versehen (§ 692 Abs. 2 ZPO).

3. Der Mahnbescheid wird dem Antragsgegner zugestellt (§ 693 ZPO)

Die Zustellung macht den Mahnbescheid erst wirksam und führt auch zur Verjährungsunterbrechung, wobei diese Wirkung schon mit der Einreichung des Mahnantrags eintritt, wenn die Zustellung alsbald nachfolgt (»demnächst«, § 693 Abs. 2 ZPO).
Der Antragssteller wird von der erfolgten Zustellung des Mahnbescheids benachrichtigt.

IV. Das weitere Verfahren nach Zustellung des Mahnbescheids

58 1. Der *Antragsgegner* kann den verlangten Betrag zuzüglich der auf dem Mahnbescheid bezeichneten Kosten *bezahlen.* Hierdurch erledigt sich das Verfahren.

2. Der *Antragsgegner* kann *Widerspruch einlegen* (Muster S. 70).
Widerspruch kann so lange eingelegt werden, als ein Vollstreckungsbescheid noch nicht erlassen ist (§§ 694, 699 ZPO). Die *Widerspruchsfrist des § 692 Abs. 1 Nr. 3 ZPO* ist also *keine Ausschlußfrist.* Sie bedeutet tatsächlich nur, daß vor ihrem Ablauf ein Vollstreckungsbescheid noch nicht erteilt werden darf.
Ein Widerspruch, der erst nach Erlaß des Vollstreckungsbescheids also *verspätet eingeht,* wird als Einspruch über den Vollstreckungsbescheid behandelt (§ 694 Abs. 2 ZPO). Der Widerspruch und der Zeitpunkt seiner Erhebung werden dem Antragsteller vom Gericht mitgeteilt (§ 695 ZPO).

59 3. *Unterbleibt ein Widerspruch,* so wird **auf Antrag des Antragsstellers** ein dem Mahnbescheid entsprechender **Vollstreckungsbescheid** erlassen (§ 699 ZPO). Der Antrag kann nicht vor Ablauf der Widerspruchsfrist (§ 699 Abs. 1 S. 2 ZPO) und nicht mehr nach Ablauf von 6 Monaten ab Zustellung des Mahnbescheids (§ 701 ZPO) gestellt werden. Die früher umstritten gewesene Frage, ob Zahlungsbefehl und Vollstreckungsbefehl gleichzeitig beantragt werden können, ist vom Gesetz für das neu geregelte gerichtliche Mahnverfahren jetzt eindeutig verneint.

Der Vollstreckungsbescheid *steht einem für vorläufig vollstreckbar erklärten Versäumnisurteil gleich.* Die Rechtshängigkeit gilt als mit der Zustellung des Mahnbescheids eingetreten (§ 700 ZPO) – Muster S. 71.

Über die Zustellung des Vollstreckungsbescheids vgl. § 699 Abs. 4 ZPO.

Gegen den Vollstreckungsbescheid steht dem *Antragsgegner* innerhalb einer Notfrist von zwei Wochen ab Zustellung der *Einspruch* zu.

V. Übergang vom gerichtlichen Mahnverfahren in das ordentliche Streitverfahren nach Widerspruch

1. Nach rechtzeitigem Widerspruch kann *jede Partei* (Antragssteller oder Antragsgegner) **60** die Durchführung des **streitigen Verfahrens** beantragen. Der *Antragsteller* kann die Durchführung des streitigen Verfahrens im Falle des Widerspruchs bereits zusammen mit dem Erlaß des Mahnbescheids beantragen (§ 696 Abs. 1, S. 2 ZPO). Ihn trifft auch – anders beim Antrag des Antragsgegners – eine Vorschußpflicht hinsichtlich der weiterhin entstehenden Kosten (zweite Gebührenhälfte, Zustellungsauslagen; § 65 Abs. 1 S. 2 GKG).

2. Es erfolgt **Abgabe** von Amts wegen an das im Mahnbescheid (§§ 690 Abs. 1 Nr. 5, 692 Abs. 1 Nr. 6) als **Streitgericht** bezeichnete Gericht. Die Abgabe ist nicht bindend (§ 696 Abs. 5 ZPO), vielmehr kann der Rechtsstreit im Rahmen des § 281 ZPO von dort an ein anderes zuständiges Gericht weiterverwiesen werden (z. B. bei Vorliegen einer wirksamen Gerichtsstandsvereinbarung – BGH NJW 1979, 984). Lästig ist, daß es in diesem Fall beim weiterverweisenden Gericht einer mündlichen Verhandlung, beim Landgericht wegen § 78 ZPO sogar unter Mitwirkung dort zugelassener Anwälte, bedarf (vgl. KGJR 1982, 367).

Zur Vermeidung unnötiger Kosten sollte man bei beiderseitigem Einverständnis den Verweisungsbeschluß ohne mündliche Verhandlung erlassen und dabei für Verweisungsantrag und Zustimmung zum schriftlichen Verfahren auf Anwaltszwang verzichten, weil es sich dann eigentlich nicht um eine Entscheidung im Streitverfahren, sondern um eine besonders ausgestaltete Überleitung des Mahnverfahrens in das streitige Verfahren handelt (vgl. Bergerfurth Rpfleger 1979, 364).

Die *Rechtshängigkeit* gilt mit der Zustellung des Mahnbescheids als eingetreten. Diese Wirkung entfällt wieder, wenn der Antrag auf Durchführung des streitigen Verfahrens bis zum Beginn der mündlichen Verhandlung des Antragsgegners zur Hauptsache zurückgenommen wird (I 696 Abs. IV ZPO).

3. Der Antragssteller hat den **Anspruch** in einer der Klageschrift entsprechenden Form **zu begründen.** Dies ist erforderlich, weil im Mahnantrag eine schlüssige Kennzeichnung des Anspruchs nicht mehr verlangt wird.

Die Geschäftsstelle des Streitgerichts hat dem Antragssteller hierfür eine Frist von zwei Wochen zu setzen (§ 697 Abs. 1 ZPO), gegebenenfalls mit Aufforderung zur Anwaltsbestellung und zur Stellungnahme hinsichtlich einer Übertragung der Sache auf den Einzelrichter, wenn die Sache an ein Landgericht abgegeben worden ist (entspr. § 271 ZPO).

Die Versäumung der Frist des § 697 Abs. 1 ZPO führt allerdings nicht zum Ausschluß des Vorbringens, weil sie in § 296 Abs. I ZPO nicht erwähnt ist. Dazu müßte noch zusätzlich durch das Gericht eine Frist nach § 273 Abs. 2, 1 ZPO gesetzt werden.

61 4. Für die *weitere Durchführung des Streitverfahrens* eröffnet das Gesetz auch hier die beiden Möglichkeiten zur beschleunigten Prozeßerledigung entspr. § 272 Abs. 2 ZPO:

a) Der Vorsitzende bestimmt den **frühen ersten Termin** bei Eingang der Anspruchsbegründung oder, wenn eine solche nicht eingeht, nach Ablauf der zweiwöchigen Begründungsfrist (§ 697 Abs. 2 ZPO).
Durch diesen Termin soll der Rechtsstreit tunlichst erledigt (Vergleich, Klagerücknahme, Anerkenntnis, Urteil in einfachen Sachen) oder der Haupttermin gehörig vorbereitet werden.
Bleibt eine der Parteien im Termin aus, so wird es regelmäßig nach den einschlägigen Bestimmungen zum *Versäumnisurteil* kommen. Liegt im Termin eine Anspruchsbegründung in Klageform gem. § 697 ZPO nicht vor, so ist, auch bei Säumnis des Beklagten, die Klage abzuweisen (§ 331 Abs. 2 ZPO). Die im Mahnantrag gegebene Bezeichnung des Anspruchs (§ 690 Abs. 1 Nr. 3 ZPO) reicht in keinem Fall aus, auch wenn sie (überflüssigerweise) die für eine Schlüssigkeitsprüfung erforderlichen Tatsachen enthalten sollte (vgl. Bender, Vereinfachungsnovelle **Rn. 240**). Bei *verspätet eingehender Anspruchsbegründung* ist ein Antrag auf Versäumnisurteil gegen den Beklagten entsprechend § 335 Abs. 1 Nr. 3 ZPO *zurückzuweisen*. Ob auch das Vorbringen in der Anspruchsbegründung überhaupt zurückzuweisen ist, bestimmt sich im weiteren Verfahren nach den allgemeinen Vorschriften (§§ 282, 296 Abs. 2 ZPO).

b) Der Vorsitzende sieht von der Bestimmung eines Termins zunächst ab und setzt dem Antragsgegner mit der Zustellung der Anspruchsbegründung eine Frist von mindestens zwei Wochen zur schriftlichen Klageerwiderung (sog. **schriftliches Vorverfahren** – § 697 Abs. 3 ZPO). Für das weitere Verfahren gelten die allgemeinen Vorschriften (§§ 697 Abs. 3, 276 Abs. 3, 277, 282, 296 ZPO). Ein Versäumnisurteil im schriftlichen Vorverfahren kann jedoch gegen den Beklagten nicht ergehen, da dieser ja mit dem Widerspruch seine Verteidigungsabsicht bereits angezeigt hat (§ 331 Abs. 3 ZPO).

VI. Das weitere Verfahren nach Einspruch gegen den Vollstreckungsbescheid

62 1. Ist bereits Vollstreckungsbescheid erlassen worden, so kann der Antragsgegner dagegen **Einspruch** einlegen. Die *Einspruchsfrist* beträgt *2 Wochen ab Zustellung des Vollstreckungsbescheids* (§§ 700 Abs. 1, 339 ZPO). Der Einspruch kann aber eingelegt werden, sobald der Vollstreckungsbescheid erlassen ist, also auch schon vor Zustellung. Ein *verspäteter Widerspruch* wird als Einspruch behandelt (§ 694 Abs. 2 ZPO). Im Gegensatz zum Einspruch gegen ein Versäumnisurteil braucht der Einspruch gegen den Vollstreckungsbescheid *nicht begründet zu werden* (§§ 700 Abs. 3, 340 Abs. 3 ZPO). Dieser Unterschied ist dadurch gerechtfertigt, daß beim Versäumnisurteil bereits eine Klagebegründung vorliegt, während für den Mahnantrag die einfache Bezeichnung des Anspruchs genügt.

2. Nach Eingang des Einspruchs erfolgt **Abgabe** des Rechtsstreits durch das Mahngericht an das im Mahnbescheid als **Streitgericht** bezeichnete Gericht.

Für das weitere Verfahren gelten die Vorschriften für das Verfahren nach Widerspruch entsprechend (Rn. 60, 61) mit folgenden Besonderheiten:

a) Ein Antrag auf Durchführung des streitigen Verfahrens entfällt, er ist im Einspruch konkludent enthalten.

b) Das Gericht, an das abgegeben wird, hat dem Kläger die Einspruchsschrift zuzustellen (§ 340 a ZPO) und bei eindeutiger Unzulässigkeit des Einspruchs diesen durch Beschluß als unzulässig zu verwerfen (§ 341 Abs. 2 ZPO). Bei zweifelhafter Zulässigkeit des Einspruchs empfiehlt sich die alsbaldige Durchführung eines Termins gem. § 341 a ZPO.

c) Bei zulässigem Einspruch ist nach § 697 ZPO zu verfahren.

3. Bei *Säumnis des Beklagten (Antragsgegner)* kann gegen ihn unter den Voraussetzungen des § 345 ZPO ein *zweites Versäumnisurteil* ergehen. Hierbei ist jedoch die Schlüssigkeit der Klage zu prüfen, weil dies bei Erlaß des Mahnbescheids und des Vollstreckungsbescheids noch nicht erfolgt war (§ 700 Abs. 3, S. 3 HS 1 ZPO).
Fehlt die Schlüssigkeit der Klage, so ist der Vollstreckungsbescheid aufzuheben.

VII. Die maschinelle Bearbeitung der Mahnsachen in Baden-Württemberg

Beim Amtsgericht Stuttgart ist am 1. 10. 1982 die maschinelle Bearbeitung der Mahnverfahren eingeführt worden (vgl. § 689 Abs. 1 Satz 2 ZPO). – Für die verwendeten Vordrucke im Verfahren der maschinellen Bearbeitung der Mahnsachen wird auf die Seiten 51–57 verwiesen. – Bis voraussichtlich Herbst 1984 soll das gesamte Land Baden-Württemberg einbezogen werden. Das Amtsgericht Stuttgart wird dann zentrales und ausschließlich zuständiges Mahngericht in Baden-Württemberg werden (§ 689 Abs. 3 Satz 1 ZPO). Nach und nach soll auch in den anderen Bundesländern die maschinelle Bearbeitung der Mahnsachen eingeführt werden. **62 a**
Für den *Antrag* auf Erlaß eines Mahnbescheids muß ein besonderer Vordruck verwendet werden (§ 703 c Abs. 1 Nr. 1 ZPO). Das automatisierte Verfahren macht es notwendig, daß die Angaben auf das gesetzlich erforderliche Maß beschränkt bleiben. Die hauptsächlich vorkommenden Anspruchsbezeichnungen sind in einem Katalog zusammengestellt und mit einer Katalog-Nummer versehen, die anstelle einer Beschreibung des Anspruchs in den Vordruck einzutragen ist.
Rechtsanwaltskosten werden maschinell berechnet und in den Mahnbescheid bzw. Vollstreckungsbescheid aufgenommen, müssen also im Antrag nicht mehr besonders ausgerechnet und angegeben werden.
Das Erfordernis, vor Erlaß des Mahnbescheids einen *Vorschuß* auf Gerichtskosten zu leisten, entfällt (§ 65 Abs. 3 GKG). Es sollen weder Gebührenmarken noch Freistempler aufgebracht werden. Die für den Erlaß des Mahnbescheids anfallenden Gerichtskosten werden vielmehr maschinell berechnet und dem Antragssteller erst mit Erlaß des Mahnbescheids durch Kostenrechnung zur Zahlung aufgegeben.
Mahnbescheid und Vollstreckungsbescheid werden ausgedruckt und den Verfahrensbeteiligten mit weiteren Vordrucken (Widerspruch, Antrag auf Vollstreckungsbescheid) zugeleitet.

Verlauf des gerichtlichen Mahnverfahrens und Verhältnis zum Zivilprozeß

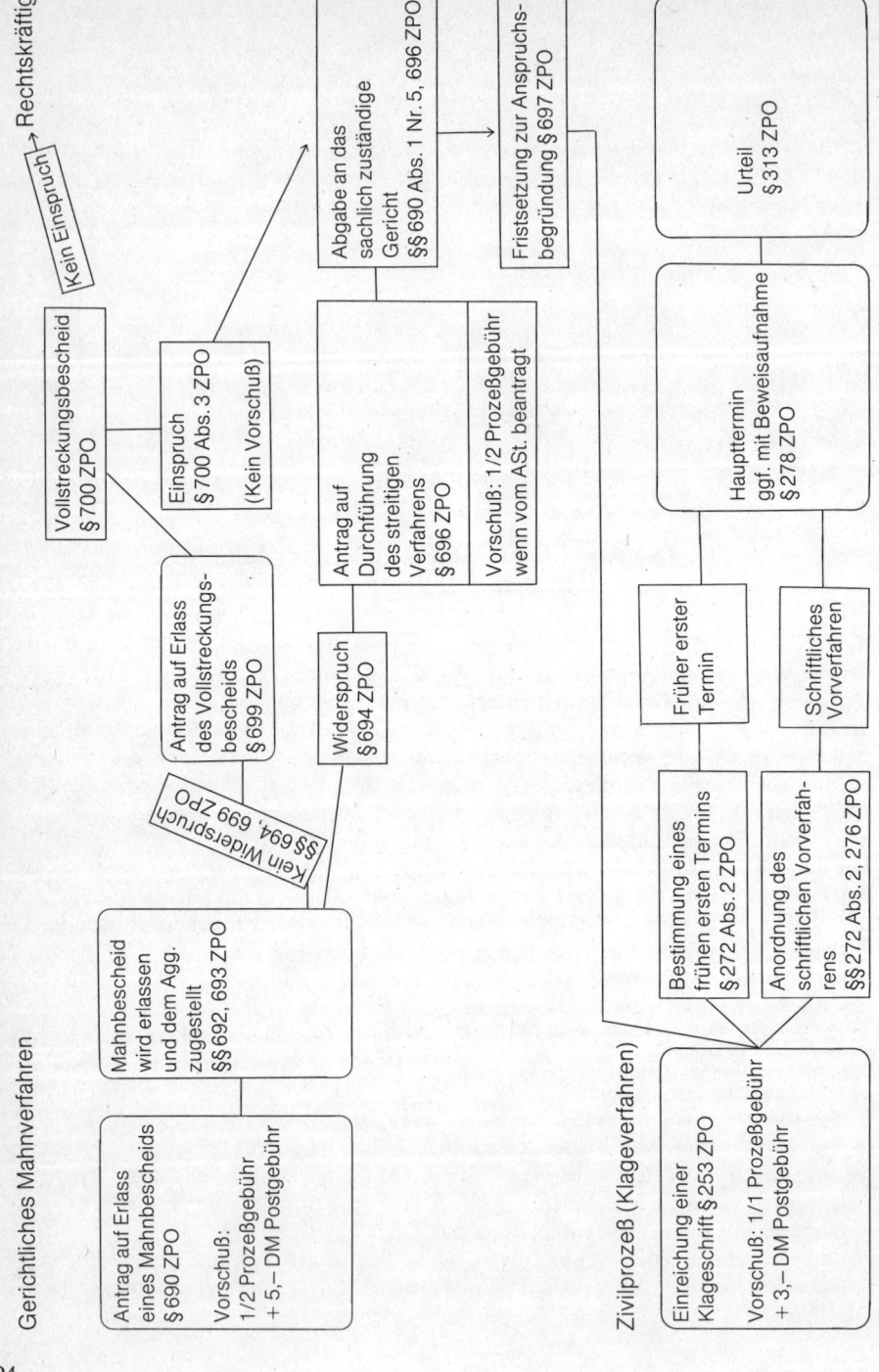

Gerichtliches Mahnverfahren

Antrag auf Erlass eines Mahnbescheids § 690 ZPO

Vorschuß: 1/2 Prozeßgebühr + 5,– DM Postgebühr

Mahnbescheid wird erlassen und dem Agg. zugestellt §§ 692, 693 ZPO

Kein Widerspruch §§ 694, 699 ZPO

Antrag auf Erlass des Vollstreckungsbescheids § 699 ZPO

Widerspruch § 694 ZPO

Vollstreckungsbescheid § 700 ZPO

Kein Einspruch → Rechtskräftig

Einspruch § 700 Abs. 3 ZPO (Kein Vorschuß)

Antrag auf Durchführung des streitigen Verfahrens § 696 ZPO

Vorschuß: 1/2 Prozeßgebühr wenn vom ASt. beantragt

Abgabe an das sachlich zuständige Gericht §§ 690 Abs. 1 Nr. 5, 696 ZPO

Fristsetzung zur Anspruchsbegründung § 697 ZPO

Zivilprozeß (Klageverfahren)

Einreichung einer Klageschrift § 253 ZPO

Vorschuß: 1/1 Prozeßgebühr + 3,– DM Postgebühr

Bestimmung eines frühen ersten Termins § 272 Abs. 2 ZPO

Anordnung des schriftlichen Vorverfahrens §§ 272 Abs. 2, 276 ZPO

Früher erster Termin

Schriftliches Vorverfahren

Haupttermin ggf. mit Beweisaufnahme § 278 ZPO

Urteil § 313 ZPO

4. Kapitel

Die Klage

I. Die Abfassung der Klageschrift (§ 253 Abs. 2 ZPO)

1. Klärung der Zuständigkeit

Die *Bezeichnung des Gerichts* (vgl. § 253 Abs. 2 Nr. 1 ZPO) wird in der Klageschrift **63**
meist als Anschrift vermerkt. Sie erfordert vorherige gewissenhafte Klärung des Rechtswegs sowie der örtlichen und sachlichen Zuständigkeit.
Zulässigkeit des Rechtswegs bedeutet, daß eine Sache vor die ordentlichen Gerichte gehört und nicht etwa vor ein besonderes Gericht, z. B. Verwaltungsgericht.
Die **Zuständigkeit** regelt die Frage, vor welches einzelne Gericht der ordentlichen Gerichtsbarkeit die Sache gehört. Die Zuständigkeit kann sich für den konkreten Rechtsstreit aus der gesetzlichen Regelung (§§ 23, 71 GVG; §§ 12–37 ZPO) oder ausnahmsweise auf Grund einer Parteivereinbarung (vgl. §§ 38–40 ZPO) ergeben.

a) die gesetzliche Zuständigkeitsregelung

Sachliche Zuständigkeit: **64**
Ist in erster Instanz ein Amtsgericht oder ein Landgericht zur Entscheidung berufen?
Das **Amtsgericht** ist zuständig bei vermögensrechtlichen Streitgegenständen bis 5000,–
DM; außerdem ohne Rücksicht auf den Streitwert bei den in §§ 23 Ziff. 2 a–h, 23 a, b
GVG, 29 a ZPO aufgeführten Streitigkeiten.
Das **Landgericht** ist in allen anderen Fällen sachlich zuständig (§ 71 GVG).

Eine Besonderheit ist die Zuständigkeit der **Kammern für Handelssachen (KfH).** Sie werden bei
den Landgerichten gebildet, soweit dafür ein Bedürfnis besteht (§ 93 GVG) und stehen gleichge-
ordnet neben den Zivilkammern. Das Verhältnis zwischen Zivilkammern und Kammer für
Handelssachen ist somit kein Problem der Zuständigkeit, sondern der gesetzlich geregelten
Geschäftsverteilung.
Die Kammer für Handelssachen entscheidet in sogenannten ›Handelssachen‹ – vgl. Aufzählung in
§ 95 GVG –, wenn der Kläger dies in der Klageschrift beantragt hat (§ 96 GVG) oder wenn der
Beklagte in einer vor der Zivilkammer anhängig gewordenen Handelssache die Verweisung an die
Kammer für Handelssachen beantragt (§ 98 GVG).

Wegen der Berechnung des Streitwerts zur Bestimmung der sachlichen Zuständigkeit
vgl. §§ 2–9 ZPO u. Rn. 23.

Örtliche Zuständigkeit: **65**
Welches Amtsgericht oder Landgericht hat in erster Instanz über den Rechtsstreit zu ent-
scheiden?
Die örtliche Zuständigkeit wird auch als ›**Gerichtsstand**‹ bezeichnet.
Der **allgemeine Gerichtsstand** einer Person besteht bei dem Gericht an ihrem Wohnsitz.
Bei diesem Gericht können alle Prozesse gegen sie geführt werden, für die nicht ein aus-
schließlicher Gerichtsstand besteht (vgl. §§ 12–18 ZPO).

Einzelne bestimmte Klagen können statt dessen wahlweise auch an den dafür eröffneten **besonderen Gerichtsständen** erhoben werden (vgl. §§ 20–34 ZPO):
Gerichtsstand des Erfüllungsortes ist nach §§ 269, 270 BGB zu bestimmen (§ 29 ZPO).

Demnach ist Erfüllungsort der Ort, an dem der Schuldner *zur Zeit der Entstehung* des Schuldverhältnisses seinen Wohnsitz hatte. Ein nachträglicher Wohnsitzwechsel hat also auf den Erfüllungsort keinen Einfluß.

Der vereinbarte Erfüllungsort hat jedoch im wesentlichen nur bei Vollkaufleuten Bedeutung für den Gerichtsstand (§ 29 Abs. 2 ZPO).
Gerichtsstand der unerlaubten Handlung (§ 32 ZPO) ist dort begründet, wo nach dem Tatsachenvortrag des Klägers gegen ihn eine unerlaubte Handlung begangen worden ist. Ort der Tat ist überall da, wo auch nur ein Stück des Tatbestandes der unerlaubten Handlung verwirklicht worden ist; bei unerlaubter Handlung durch Zeitungsanzeige also überall dort, wo die Zeitung verbreitet worden ist.

Bei einer Klage im besonderen Gerichtsstand der unerlaubten Handlung ist allerdings das Gericht auf die Prüfung der Ansprüche aus unerlaubter Handlung beschränkt (BGH NJW 1971, 564 u. h. M. – anders LG Köln NJW 1978, 329). Wird eine solche verneint, so ist diesem Gericht (nach § 32 ZPO) eine Prüfung, ob die Klage etwa aus Verschulden beim Vertragsschluß oder aus positiver Vertragsverletzung begründet sein könnte, verwehrt.
Es hat dann die auf unerlaubte Handlung gestützte Klage als unbegründet, die auf andere Anspruchsgrundlagen (bei gleichem Sachverhalt) gestützte Klage als unzulässig abzuweisen, falls insoweit die Unzuständigkeitsrüge erhoben und nicht durch rügelose Einlassung des Beklagten zur Hauptsache die umfassende Prüfungszuständigkeit des ›Gerichts der unerlaubten Handlung‹ begründet worden ist.
Die Rechtskraft des wegen Unzuständigkeit abweisenden Prozeßurteils steht einer neuen Klage vor dem für die anderen Anspruchsgrundlagen zuständigen Gericht nicht entgegen.
Wer demnach das Risiko vermeiden will, mit seiner auf unerlaubte Handlung gestützten Klage zu unterliegen, obwohl der Anspruch aus anderen Gründen gerechtfertigt wäre, sollte seinen Schuldner nicht im Gerichtsstand des § 32 ZPO, sondern im allgemeinen Gerichtsstand verklagen.

Gerichtsstand des Vermögens (§ 23 ZPO) besteht, wo eine im Inland wohnsitzlose Person Vermögen hat:

Der in Wien wohnhafte Österreicher O hat eine Forderung gegen Herrn S in Stuttgart. Gläubiger des O können diesen in Stuttgart verklagen.

Gerichtsstand des Hauptprozesses bei Gebührenklagen (§ 34 ZPO). Diese Bestimmung regelt gegebenenfalls auch zugleich die sachliche Zuständigkeit:

Ein Gebührenanspruch von 6000,– DM, der einem Rechtsanwalt aus einer Prozeßführung beim Amtsgericht entstanden ist, ist dort auch geltend zu machen.
Wegen der Frage des Rechtsschutzinteresses für eine solche Gebührenklage vgl. Rn. 36.

Besteht für eine Klage ein **ausschließlicher Gerichtsstand** (z. B. § 24 ZPO), so ist dieser zwingend maßgeblich.

66 Funktionelle Zuständigkeit:
Welche Art von Gericht übt die in Frage kommende Funktion aus?

Gericht erster Instanz, Rechtsmittelgericht, Vollstreckungsgericht, Rechtshilfegericht, Konkursgericht.

Die funktionelle Zuständigkeit ist stets **eine ausschließliche,** d. h. die gesetzlich geregelten Gerichtsfunktionen können durch Parteivereinbarung nicht geändert werden. Die Parteien können deshalb nicht vereinbaren, daß gegen ein Urteil des Amtsgerichts Berufung zum Bundesgerichtshof gegeben sein soll.

b) Begründung der Zuständigkeit infolge Parteiverhaltens (Prorogation)

Die früher sehr verbreitete Möglichkeit einer **Gerichtsstandsvereinbarung (Proroga-** **67** **tion** = Bestimmung eines nach der gesetzlichen Zuständigkeitsregelung an sich unzuständigen Gerichts durch Parteivereinbarung) ist durch die sogenannte Gerichtsstandsnovelle seit dem 1. 4. 1974 weitestgehend eingeschränkt.

Die Gerichtsstandsvereinbarung war ein regelmäßiger Bestandteil von Allgemeinen Geschäftsbedingungen und Formularverträgen, die dem wirtschaftlich Stärkeren den Vorteil brachte, alle Rechtsstreitigkeiten aus den abgeschlossenen Verträgen an seinem Wohnsitzgericht durchzuführen. Gleichem Zweck diente indirekt auch die von der gesetzlichen Regelung abweichende Vereinbarung eines Erfüllungsortes. Über den damit zur Anwendung gebrachten § 29 ZPO sollte die gewünschte günstige Zuständigkeitsregelung herbeigeführt werden. Die Folge solcher Vereinbarungen war oftmals, daß der wirtschaftlich schwache und rechtlich ungewandte Prozeßgegner wegen weiter Entfernung zum Gericht den Verhandlungstermin gar nicht wahrnahm und damit von vornherein auf seine oft aussichtsreiche Rechtsverteidigung zwangsläufig verzichtete.

Eine Gerichtsstandsvereinbarung ist nach jetzt gültiger Regelung nur noch sehr eingeschränkt möglich (§ 38 ZPO).
Sie kann weiterhin *ohne besondere Form durch ausdrückliche oder stillschweigende Vereinbarung* **unter Vollkaufleuten** geschehen. Gleiches gilt für **juristische Personen des öffentlichen Rechts** und **öffentliche Sondervermögen.**
Bei Fehlen eines allgemeinen Gerichtsstandes im Inland vgl. § 38 Abs. 2 ZPO.
Andere Personen können eine Gerichtsstandsvereinbarung nur noch *ausdrücklich und in schriftlicher Form* unter nachfolgenden Voraussetzungen treffen:
a) wenn *aus dem Rechtsverhältnis bereits ein Streit* (nicht notwendig ein Rechtsstreit bei Gericht) *entstanden ist,* also in keinem Fall bereits bei Vertragsabschluß,
b) für den Fall, daß *eine Partei nach Vertragsabschluß ihren Wohnsitz oder gewöhnlichen Aufenthaltsort ins Ausland verlegt;* ebenso bei *unbekanntem Wohnsitz oder Aufenthalt,* z. B. bei Verträgen mit Gastarbeitern.
In den genannten Fällen hängt die *Wirksamkeit* der Gerichtsstandsvereinbarung davon ab, daß sie *ausdrücklich formuliert,* d. h. in ihrer Bedeutung eindeutig und klar auch für einen Laien unmißverständlich erkennbar gemacht *und schriftlich getroffen ist.* Es muß also die Gerichtsstandsvereinbarung von der Unterschrift gedeckt sein.
Die Vereinbarung eines Erfüllungsortes hat, außer bei Kaufleuten und juristischen Personen des öffentlichen Rechts, auf die Zuständigkeit keinen Einfluß mehr (§ 29 Abs. 2 ZPO).
Die Gerichtsstandsvereinbarung ist *nur bei vermögensrechtlichen Streitigkeiten* möglich, nicht also in Ehesachen. Sie muß sich *auf ein konkretes Rechtsverhältnis* und *auf ein bestimmtes oder mindestens für den Zeitpunkt der Klageerhebung bestimmbares Gericht* beziehen.

Eine Gerichtsstandsvereinbarung kann grundsätzlich auch durch **rügelose Einlassung** **68** **des Beklagten** zur Hauptsache erfolgen (§ 39 ZPO), d. h., wenn der beim unzuständigen

Gericht verklagte Beklagte dort zur Hauptsache mündlich verhandelt, ohne die Unzuständigkeit geltend zu machen.

Diese Wirkung kann aber *beim Amtsgericht nur eintreten, wenn der Amtsrichter den Beklagten auf die zuständigkeitsbegründende Wirkung einer rügelosen Einlassung hingewiesen hatte* (§§ 39, 504 ZPO). Unterblieb diese Belehrung, so kann der Beklagte die zunächst unterlassene Rüge auch später noch nachholen und wirksam auf die Unzuständigkeit des Gerichts hinweisen.

Im Versäumnisverfahren bei *Säumnis des Beklagten* ist eine Prorogation nach § 39 ZPO *nicht* möglich, da hier der Beklagte ja nicht verhandelt. In diesem Fall genügt nicht einmal mehr der schlüssige Vortrag einer Zuständigkeitsvereinbarung seitens des Klägers, da sich gemäß § 331, Abs. 1, 2 ZPO die Geständnisfiktion bei Säumnis des Beklagten hierauf nicht bezieht.

Der **Kläger** hat demnach eine behauptete Gerichtsstandsvereinbarung und die Voraussetzungen ihrer Wirksamkeit auch im Versäumnisverfahren **voll zu beweisen.**

Dies kann durch Vorlage der Urkunde über die getroffene Vereinbarung, im Falle der Gerichtsstandsvereinbarung unter Kaufleuten durch Vorlage eines Handelsregisterauszugs zum Nachweis der angeblichen Kaufmannseigenschaften des Beklagten, geschehen.

c) Die Folgen einer Klage beim unzuständigen Gericht

69 Die Zuständigkeit ist eine **Sachurteilsvoraussetzung;** *ihr Fehlen führt daher zur Abweisung der Klage als unzulässig.* Diese Folge wird jedoch vermieden, wenn der Beklagte die Unzuständigkeit nicht rügt (§ 39 ZPO) oder der Kläger die Verweisung des Rechtsstreits an das zuständige Gericht beantragt (§ 281 ZPO). Vgl. unten Rn. 141.

2. Begriff und Stellung der Parteien

70 a) Die **Bezeichnung der Parteien** in der Klageschrift hat nach *Vor-* und *Zunahme, Stand* oder *Gewerbe* und *genauer Wohnanschrift* zu erfolgen (§ 253 Abs. 2 Nr. 1 i. Verb. m. § 130 ZPO). Auf eine zutreffende Kennzeichnung der Parteien ist besondere Sorgfalt zu verwenden.
Partei kann nur **eine bestimmte natürliche** oder **juristische Person** sein.

Unzutreffend sind daher Parteibezeichnungen wie ›Möbel-Müller‹ – ›Franz Maier, Erben‹ – Ein Einzelkaufmann ist mit Namen zu bezeichnen oder unter seiner Firma zu verklagen (vgl. § 17 HGB).
Unzutreffend: Klage gegen   1. Fa. Gustav Müller
                                2. deren Inhaber Paul Maier

Juristische Personen (Vereine, AG, GmbH) sind genau zu bezeichnen und die gesetzlichen Vertreter (Vorstand, Geschäftsführer) namentlich anzugeben.

71 **Gesetzliche Vertreter** müssen genau bezeichnet sein.
Bei *Minderjährigen* als Partei empfiehlt sich *die Angabe des Geburtsdatums,* da die gesetzliche Vertretung wegfällt, wenn während des Prozesses Volljährigkeit eintritt.
Ein **eheliches minderjähriges Kind** wird durch *beide Elternteile* gesetzlich vertreten (beachte jedoch: § 171 Abs. 3 ZPO).

Eine besondere Regelung gilt im Falle eines *Unterhaltsprozesses des minderjährigen Kindes:*

1. Ist die Ehe der Eltern geschieden, so ist für die gesetzliche Vertretung die Zuteilung des Sorgerechts maßgebend (§ 1671 BGB).
2. Besteht die Ehe und leben die Eltern mit dem Kind zusammen in einem gemeinsamen Haushalt, so ist der Unterhalt des Kindes im Rahmen des Familienunterhalts nach § 1360a Abs. 2 BGB geltend zu machen.
3. Besteht die Ehe der Eltern, leben diese aber getrennt, so kann ein Elternteil das Kind im Unterhaltungsstreit gegen den anderen allein vertreten (§ 1629 Abs. 2, 2. Halbs. BGB). Dies gilt nicht für andere Rechtsstreitigkeiten zwischen dem Kind und dem getrenntlebenden Elternteil (z. B. Klage auf Herausgabe einer mitgenommenen Sache). Hier bedarf es einer Pflegerbestellung (§§ 1629 Abs. 2, 1795, 1909 BGB).

b) Parteibegriff – Partei kraft Amtes – Parteiwechsel

Es gilt der sogenannte **formelle Parteibegriff:** 72
Partei ist *diejenige Person, die für sich Rechtsschutz begehrt* und diejenige Person, *gegen die Rechtsschutz begehrt wird.*
Maßgebend ist also die Benennung in der Klageschrift. Wird versehentlich *eine falsche Person in der Klageschrift erwähnt,* so wird *diese Partei.* Wird versehentlich *einer anderen* als der in der Klageschrift bezeichneten Person *die Klage zugestellt,* so wird diese dadurch *nicht* Partei, wegen ihres Kostenerstattungsanspruchs vgl. OLG Köln MDR 1971, 585.

Partei kraft Amtes: 73
Konkursverwalter, Nachlaßverwalter, Testamentsvollstrecker und Zwangsverwalter sind durch ein Amt zur Wahrung fremder Rechte berufen. Nach herrschender Meinung sind die genannten Verwalter in einem Prozeß *selbst Partei* (sog. **Amtstheorie;** seit RG 29,29).
Prozessuale Folge dieser Auffassung ist, daß z. B. der Gemeinschuldner als Zeuge vernommen werden kann und daß bei seinem Tod keine Unterbrechung eintritt (vgl. § 239 ZPO).
An dieser Konstruktion von der ›*Partei kraft Amtes*‹ kann jedoch berechtigte Kritik geübt werden. Denn tatsächlich werden die genannten Verwalter weithin nicht als Partei, sondern eher als gesetzliche Vertreter behandelt:

z. B. Prozeßkosten treffen beim Unterliegen nicht sie, sondern das verwaltete Vermögen;
für die Bewilligung von Prozeßkostenhilfe sind nicht ihre Vermögensverhältnisse, sondern die des verwalteten Vermögens maßgebend (vgl. § 116 ZPO);
der Gerichtsstand richtet sich nach dem Verwalterwohnsitz;
die Zwangsvollstreckung richtet sich nicht gegen den Verwalter, sondern gegen das verwaltete Vermögen.

Auch bürgerlich-rechtlich treffen die Geschäfte des Verwalters den Vermögensinhaber. Deshalb sehen einige (z. B. Thomas-Putzo § 51 Anm. III, 1 d) im Konkursverwalter usw. keine Partei kraft Amtes, sondern den gesetzlichen Vertreter des Gemeinschuldners usw. (sog. **Vertretungstheorie).**

Das Problem ›Amtstheorie‹ oder ›Vertretertheorie‹ war entstanden an der Frage: Kann der Gemeinschuldner als Zeuge vernommen werden? Das Reichsgericht hatte eine

Vertreterstellung deshalb abgelehnt, weil der Verwalter nicht nur die Interessen der vertretenen Person (z. B. des Gemeinschuldners), sondern auch die Interessen anderer Personen (z. B. der Konkursgläubiger) zu wahren habe. Der damit von der Rechtsprechung geschaffene Begriff ›Partei kraft Amtes‹ hat inzwischen auch in das Gesetz Eingang gefunden (§ 116 ZPO).

Eine echte Partei kraft Amtes ist der Staatsanwalt, soweit seine Mitwirkung im Zivilprozeß vorgesehen ist (vgl. §§ 632, 646 Abs. 2, 675, 686 Abs. 3 ZPO).

74 Parteiwechsel (Parteiänderung)

Ein *Parteiwechsel* tritt *Kraft Gesetzes* beim Tod einer Partei ein (§ 239 ZPO). Der Erbe tritt als Gesamtrechtsnachfolger auch in die prozessuale Stellung des Erblassers ein. Gleiches gilt bei Eintritt der Nacherbschaft oder einer Partei Kraft Amtes (§§ 242, 240 ZPO).

Streit besteht jedoch über die Behandlung des *gewillkürten Partei*wechsels.

Hierfür besteht ein Bedürfnis, wenn sich im Laufe des Prozesses ergibt, daß nicht der richtige Kläger geklagt hat oder der falsche Beklagte verklagt worden ist und anstatt der sonst gebotenen Klagerücknahme, die Klage auf die richtige Person umgestellt werden soll, damit bereits erzielte Prozeßergebnisse weiterhin verwertbar bleiben.

Beispiele:

1. Ehemann A klagt in Verkennung seiner Rechtsstellung in der Ehe einen Darlehensanspruch seiner Frau C gegen B ein. Nach Hinweis auf die fehlende Sachlegitimation des A will Frau C den Rechtsstreit gegen B weiterführen (einfacher wäre die Abtretung des Anspruchs an A).

2. A klagt gegen B auf Schadensersatz, weil dieser gegen ihn tätlich geworden sei. Durch Beweisaufnahme wird aber geklärt, daß C der Schläger war. A will nun anstelle des B den C in den Rechtsstreit einbeziehen.

In beiden Fällen wären an sich Klagerücknahme und Erhebung einer neuen Klage geboten.

Kann statt dessen ein gewillkürter Parteiwechsel erfolgen?

Es handelt sich beim gewillkürten Parteiwechsel um ein besonderes Institut des Prozeßrechts, das im Gesetz nicht geregelt ist, nach feststehender Rechtsprechung aber in Anlehnung an die Klageänderung behandelt wird (BGHZ 65, 264 = NJW 1976, 239; BGH NJW 1981, 989). Dabei wird wesentlich unterschieden, ob der Parteiwechsel in erster Instanz oder erst in der Berufung stattfindet.

Trotz vielfältiger Streitfragen im einzelnen (vgl. Franz NJW 1972 und NJW 1982, 15) sind in Rechtsprechung und Lehre folgende Grundsätze erkennbar:

Bei Klägerwechsel ist die Zustimmung des Beklagten erforderlich, sobald dieser mündlich zur Hauptsache verhandelt hat (entspr. § 269 ZPO – Anspruch auf Sachentscheidung).

Soll der Beklagte ausgewechselt werden, so bedarf es gleichfalls ab Verhandlung zur Hauptsache dessen Zustimmung. Der neue Beklagte muß nicht zustimmen.

Für Prozeßzinsen und Verjährungsunterbrechung ist der Zeitpunkt des Eintritts des neuen Beklagten maßgebend.

In der Berufungsinstanz kann ein neuer Beklagter nur mit seiner Zustimmung in den Prozeß hineingezogen werden, da ihm sonst seine Abwehrmöglichkeiten eingeschränkt werden würden (Verlust einer Instanz – BGH NJW 1976, 239). Nur bei mißbräuchlicher Verweigerung ist seine Zustimmung entbehrlich. Im Revisionsverfahren kommt ein gewillkürter Parteiwechsel wegen § 561 ZPO nicht in Frage.

Entsteht Streit über die Wirksamkeit des gewillkürten Parteiwechsels, so ist darüber durch Urteil zu entscheiden, das entspr. § 280 ZPO als rechtsmittelfähiges Zwischenurteil zu gelten hat. Das Urteil ergeht mit Wirkung für alle drei Parteien, obwohl dem geltenden Prozeßrecht sonst eine solche Form des Mehrparteienstreits fremd ist (vgl. BGH NJW 1981, 989; kritisch dazu Franz NJW 1982, 15).

In allen Fällen hat der ausscheidende Beklagte einen Anspruch auf eine Kostenentscheidung entspr. § 269 Abs. 3 ZPO gegen den Kläger, der die bis dahin entstandenen Mehrkosten zu tragen hat.

Vom Eintritt einer neuen Partei ist jedoch die bloße Berichtigung einer falschen Parteibezeichnung zu unterscheiden.

c) Streitgenossenschaft und Beteiligung Dritter am Rechtsstreit

aa) **Streitgenossenschaft** liegt vor, wenn auf einer Parteiseite mehrere Personen stehen **75** (§§ 59, 60 ZPO – sog. *subjektive Klagenhäufung* oder *Klagenverbindung*). Dies ist der Fall, wenn z. B. die bei einem Verkehrsunfall verletzten Eheleute ihre Ansprüche gegen den Schädiger in einem Rechtsstreit geltend machen oder der Gläubiger die Darlehensforderung zugleich gegen Hauptschuldner und selbstschuldnerischen Bürgern einklagt.

Es handelt sich hierbei grundsätzlich um *mehrere verbundene Prozesse*, die je nach Rechtslage und Verlauf des Rechtsstreits ihr eigenes Schicksal haben (§ 61 ZPO) und auch jederzeit getrennt werden können (§ 145 ZPO) – sog. *einfache Streitgenossenschaft.*

Kläger 1 kann die Klage zurücknehmen oder im Termin ein Versäumnisurteil gegen sich ergehen lassen, während Kläger 2 nach durchgeführtem Haupttermin obsiegt.

Beklagter 1 kann anerkennen, während gegen Beklagten 2 die Klage abgewiesen wird; Beklagter 1 kann im streitigen Endurteil obsiegen, Beklagter 2 unterliegen.
(Kostenentscheidung in solchem Fall:
Gerichtskosten: Kläger u. Beklagter 2 je $1/2$. *Außergerichtliche Kosten:* Beklagter 2: eigene und die des Klägers $1/2$. Kläger: eigene $1/2$ und die des Beklagten 1).
(Vgl. Thomas-Putzo § 100 Anm. 4).

Anderes gilt bei der sog. *notwendigen Streitgenossenschaft* (§ 62 ZPO). Hier verhindert **76** das Erscheinen auch nur eines Streitgenossen ein Versäumnisurteil gegen die anderen säumigen. Der einzelne Streitgenosse kann allein nicht wirksam die Klage zurücknehmen, die Hauptsache für erledigt erklären, verzichten, anerkennen oder ein Geständnis abgeben. Der Rechtsbehelf eines Streitgenossen hindert den Eintritt der Rechtskraft für alle.

Die notwendige Streitgenossenschaft (»Notwendigkeit einheitlicher Feststellung des streitigen Rechtsverhältnisses allen Streitgenossen gegenüber« – § 62 ZPO) kann aus zwei Gründen bestehen (vgl. BGH NJW 1959, 1683).

Prozeßrechtlicher Grund: wenn bei nacheinander für oder gegen die Streitgenossen geführten Prozessen die Rechtskraft des zuerst entschiedenen auch im Verhältnis zum anderen Streitgenossen wirken würde:

Testamentsvollstrecker und Erbe (§ 327 ZPO), mehrere Pfändungspfandgläubiger bei Forderungspfändung (§ 856 Abs. 4 ZPO).

Materiellrechtlicher Grund: Wenn es aus Gründen des materiellen Rechts geboten ist, daß mehrere Personen als Prozeßpartei auftreten, weil nach der materiellrechtlichen

Regelung der mit der Klage verfolgte Anspruch nur von mehreren oder gegen mehrere Personen gemeinsam ausgeübt werden kann. Der Klage des einzelnen oder gegen einen einzelnen würde in diesen Fällen die Sachlegitimation fehlen, z. B. den an einer Gesamthandsgemeinschaft beteiligten Personen.

(Ferner Klage auf Notwegeinräumung bei in Miteigentum stehendem Grundstück – BGH 36, 187; Klagen nach §§ 117, 127, 133, 140 HGB).

bb) Beteiligung Dritter am Rechtsstreit

77 Gelegentlich ist ein Außenstehender daran interessiert, daß eine Partei im Prozeß obsiegt. Wenn es sich dabei um ein rechtliches Interesse handelt, kann sie dieser Partei als **Nebenintervenient (Streithelfer)** im Rechtsstreit beitreten (§ 66 ZPO). Dies ist regelmäßig der Fall, wenn die Partei im Falle ihres Unterliegens gegen den Dritten einen Regreßanspruch haben könnte. Ein wirtschaftliches oder ideelles Interesse genügt nicht.

Bauherr verlangt vom Heizungsmonteur Schadensersatz wegen Einbau einer fehlerhaften Ölpumpe. Der Lieferant der Pumpe tritt dem Beklagten als Nebenintervenient bei, um im Rechtsstreit geltend zu machen, die Pumpe sei mangelfrei.
Gläubiger verlangt vom Schuldner Darlehenszinsen. Bürge tritt dem Beklagten als Nebenintervenient bei, um im Prozeß zur Geltung zu bringen, der vereinbarte Zinssatz sei sittenwidrig.
Grundstücksverkäufer verlangt vom Käufer Zahlung des Kaufpreises, die dieser mit dem Hinweis auf Formfehlerhaftigkeit des notariellen Kaufvertrags verweigert. Der beurkundende Notar tritt dem Kläger im Rechtsstreit bei mit dem Bestreben, die Behauptung ordnungsgemäßer Beurkundung zu unterstützen.

Durch den Beitritt wird der Nebenintervenient Streitgehilfe der Partei mit der Befugnis im Prozeß grundsätzlich alle Prozeßhandlungen vorzunehmen, die auch die Partei selbst vornehmen könnte, soweit er sich nicht zu deren Prozeßverhalten in Widerspruch setzt (§ 67 ZPO).
Eine wichtige Folge der Nebenintervention ist die sogenannte **Interventionswirkung** (§ 68 ZPO):
Da der Nebenintervenient auf den Prozeß Einfluß nehmen könnte, wird er in einem späteren Rechtsstreit zwischen ihm und der von ihm unterstützten Partei nicht mit der Behauptung gehört, daß der Rechtsstreit, wie er dem Richter vorgelegen habe, unrichtig entschieden sei (– wegen der Einzelheiten vgl. § 68 ZPO). Es handelt sich hierbei nicht lediglich um eine Rechtskrafterstreckung, vielmehr bezieht sich die Interventionswirkung auch auf Feststellungen tatsächlicher und rechtlicher Art im Urteil.
Der Beitritt des Nebenintervenienten erfolgt meist nicht aus freien Stücken, vielmehr wird ihm die an der Streithilfe interessierte Prozeßpartei dazu einen Anstoß geben:
Streitverkündung (§ 72 ZPO)
Die Streitverkündung zwingt den Dritten nicht zum Beitritt, die Interventionswirkung (§ 68 ZPO) betrifft ihn jedoch nach Streitverkündung, auch wenn er den Beitritt ablehnt (§ 74 ZPO).

d) Sachlegitimation und Prozeßführungsbefugnis

78 Diese Begriffe werden häufig falsch verwendet.
Der Begriff ›**Sachlegitimation**‹ ist an sich entbehrlich. Man versteht darunter das Beteiligtsein am streitigen materiellen Rechtsverhältnis.

Beim Streit über eine Kaufpreiszahlung ist der Kläger aktiv legitimiert, wenn er der wirkliche Verkäufer, der Beklagte passivlegitimiert, wenn er der wirkliche Käufer ist. – Stellt sich im Prozeß heraus, daß nicht der Beklagte, sondern ein anderer den Kaufvertrag abgeschlossen hat, so ist der Beklagte nicht passivlegitimiert (d. h. nicht am streitigen materiellen Rechtsverhältnis beteiligt). Die gegen ihn gerichtete Klage ist somit **als unbegründet** abzuweisen.

Die **Prozeßführungsbefugnis**, d. h. die Befugnis, **im eigenen Namen** zu prozessieren, steht regelmäßig demjenigen zu, der an dem streitigen Rechtsverhältnis materiellrechtlich angeblich beteiligt ist: der Kläger, der verkauft haben will; der Beklagte, der gekauft haben soll. Insoweit ist auch dieser Begriff ohne eigentliche Bedeutung.

Bedeutsam wird er jedoch dann, wenn die Rechtsordnung ausnahmsweise die *Befugnis zur Prozeßführung im eigenen Namen* einer anderen als der am materiellen Rechtsverhältnis beteiligten Personen zuweist (sog. gesetzliche Prozeßstandschaft):

Ein Ehegatte verkauft ohne Zustimmung des anderen einen ihm gehörenden Haushaltsgegenstand an einen Dritten (§ 1369 BGB). – Gemäß § 1368 BGB ist der andere (an dem materiellen Rechtsverhältnis nicht beteiligte) Ehegatte berechtigt, im eigenen Namen gegen den Dritten zu klagen. Dieser Ehegatte ist also nicht aktivlegitimiert, er ist aber *prozeßführungsbefugt*.

K klagt gegen B auf Herausgabe einer ihm gehörenden Schreibmaschine. Während des Prozesses veräußert und übereignet er diese Schreibmaschine gemäß § 931 BGB an D. – K ist nach der Übereignung nicht mehr aktivlegitimiert (d. h. nicht mehr an dem materiellrechtlichen Eigentümer-Besitzerverhältnis beteiligt); gemäß § 265 Abs. 2 ZPO ist er aber *weiterhin befugt, den Prozeß zu führen.*

Ein Elternteil kann, solange das Scheidungsverfahren anhängig ist, Unterhaltsansprüche des Kindes gegen den anderen Elternteil nur im eigenen Namen, also in gesetzlicher Prozeßstandschaft, geltend machen (§ 1629 Abs. 3 BGB).

Ein Auseinanderfallen von materiellrechtlicher Beteiligung am Rechtsverhältnis und Befugnis zur Prozeßführung im eigenen Namen ist auch gegeben in den Fällen der sogenannten *Parteien kraft Amtes* (siehe Rn. 73).

Ein Anspruch des Gemeinschuldners im Konkurs steht materiellrechtlich nicht dem Konkursverwalter zu. Dieser ist aber als Partei kraft Amtes befugt, den Prozeß im eigenen Namen zu führen.

Schließlich besteht das Recht, im eigenen Namen über ein fremdes Recht zu prozessieren, wenn der Rechtsträger durch Rechtsgeschäfte (Ermächtigung § 185 BGB) diese Befugnis auf einen anderen übertragen hat (sog. **gewillkürte Prozeßstandschaft**). Sie wird nach h. M. nur zugelassen, wenn ein eigenes rechtsschutzwürdiges Interesse des Prozeßstandschafters an der Geltendmachung des Rechts besteht (vgl. BGHZ 30, 162, 166). Dies trifft zu auf den Treuhänder, den Berechtigten im Falle der sog. Drittschadensliquidation (vgl. BGHZ 25, 258) und auch auf den Gemeinschuldner, wenn er mit Ermächtigung des Konkursverwalters eine Konkursforderung geltend macht (vgl. BGHZ 35, 180). Streitig ist, ob auch bereits die Einziehungsermächtigung hinsichtlich einer Forderung zur Annahme einer Prozeßführungsbefugnis ausreicht (nach Thomas-Putzo § 51 Anm. IV, 4 jedenfalls dann, wenn eine Provision für die Einziehung gewährt wird).

Behauptet eine Partei zu Unrecht eine Prozeßführungsbefugnis, also eine Befugnis, im eigenen Namen über das Recht eines anderen prozessieren zu dürfen, so ist diese Klage als unzulässig abzuweisen.

Beispiel: Frau B, die in einem eheähnlichen Verhältnis mit Herrn A lebt, will entsprechend §§ 1369, 1368 BGB ein Recht des A im eigenen Namen einklagen. – Da ihr eine Prozeßführungsbefugnis nicht zusteht, ist die Klage als unzulässig abzuweisen.

Die **Prozeßführungsbefugnis** ist also eine **Sachurteilsvoraussetzung.**

Beachte: Eltern sind berechtigt, ihre minderjährigen Kinder im Rechtsstreit zu vertreten. Sie sind die gesetzlichen Vertreter (§ 1626 Abs. 2 BGB).
Falsch ist es, insoweit von Prozeßführungsbefugnis der Eltern zu sprechen, da diese ja nicht im eigenen Namen, sondern als Vertreter der Kinder den Prozeß führen. Um eine Prozeßführungsbefugnis handelt es sich dagegen im Falle des § 1629 Abs. 3 BGB.

Übung: Sachlegitimation und Prozeßführungsbefugnis.
Herr A heiratet Frau B. Diese hatte vor der Eheschließung ihrem früheren Freund C ein Darlehen von 1000,– DM gegeben. Frau B möchte von C das Geld nicht mehr verlangen. Herr A ist anderer Meinung.

1. Fall:
A klagt gegen C die Darlehensforderung ein. Er ist der Meinung, daß als Gegenleistung für den seiner Frau erbrachten Unterhalt deren voreheliche Forderungen auf ihn übergegangen seien.
A behauptet also selbst der Anspruchsberechtigte zu sein.
Da sich im Gesetz diese Rechtsfolge einer Eheschließung nirgends findet, ist A nicht der Gläubiger des C, also nicht aktivlegitimiert.
Diese Klage ist als unbegründet abzuweisen.

2. Fall:
A klagt gegen C die Darlehensforderung ein und macht folgende Ausführungen: Seine Frau B habe eine Darlehensforderung gegen C. Als Familienoberhaupt sei er dazu da, in seinem Haus nach dem Rechten zu sehen und erforderlichenfalls auch befugt, Ansprüche seiner Familienmitglieder einzuklagen.
A behauptet also in diesem Fall nicht selbst der Gläubiger zu sein, sondern maßt sich eine Prozeßführungsbefugnis an. Diese ›Prozeßführungsbefugnis des Familienoberhaupts‹ ist im Gesetz nicht vorgesehen.
Da die Befugnis, ein fremdes Recht im eigenen Namen einklagen zu können (Prozeßführungsbefugnis) eine Sachurteilsvoraussetzung ist, führt ihr Fehlen zu Klageabweisung als unzulässig.
Eine gewillkürte Prozeßstandschaft kommt hier schon deshalb nicht in Betracht, weil Frau B der Prozeßführung ihres Mannes nicht zustimmt. Auch bei Vorliegen einer Ermächtigung würde es hier wohl an einem eigenen schutzwürdigen rechtlichen Interesse des Herrn A an der Rechtsverfolgung fehlen.

3. Angabe des Anspruchsgrundes

79 **Klagebegründung** (§ 253 Abs. 2 Nr. 2 ZPO): Mitteilung des konkreten Sachverhalts, aus dem der Kläger die begehrte Rechtsfolge ableitet. Dieser Sachvortrag muß im Hinblick auf den Klageantrag *schlüssig* sein, d. h. er muß den Tatbestand einer gesetzlichen Norm erfüllen, die den gestellten Antrag rechtfertigt.
Nicht erforderlich ist die technisch-juristische Benennung des geltendgemachten Rechts.
Es ist also nicht nötig, die Gesetzesnorm anzugeben oder darzulegen, ob der Anspruch aus Kaufvertrag, ungerechtfertigter Bereicherung, unerlaubter Handlung usw. begründet sei (»iura novit curia«).

Beachte: Entbehrt eine Klagebegründung der Schlüssigkeit, so muß die Klage deshalb noch nicht unbedingt auch letztlich erfolglos bleiben, weil die zunächst fehlenden Tatsachen noch nachgetragen werden können (§ 139 ZPO, beachte jedoch auch § 296 ZPO). Regelmäßig werden mit der Klageschrift zu den erwartungsgemäß vom Gegner bestrittenen Tatsachen sogleich auch schon die geeigneten Beweismittel vorgelegt (z. B. Urkunden) oder angeboten (z. B. Zeugen). Vgl. §§ 130 Nr. 5, 131 ZPO.

4. Angabe eines bestimmten Antrags

Klageantrag (§ 253 Abs. 2 Nr. 2 ZPO): Die begehrte Leistung muß in der Klageschrift so **80** genau bezeichnet sein, daß das daraufhin ergehende Urteil verständlich und vollstreckbar ist:

Bezifferung einer Geldforderung,
genaue Bezeichnung der herausverlangten Gegenstände,
Bezeichnung einer bestimmten Handlung, die vorgenommen oder unterlassen werden soll.

Unklarheiten sind gemäß § 139 ZPO zu beseitigen.

Wird ein gewerbliches Unternehmen veräußert, so kann der Käufer die Übertragung des Geschäftsvermögens verlangen. Die Erfüllung dieses Anspruchs erfordert eine Vielzahl von einzelnen Rechtsgeschäften: Auflassung und Eintragung hinsichtlich der Betriebsgrundstücke, Einigung und Übergabe bei beweglichen Sachen, Abtretung von Forderungen, Übertragung von Patentrechten.
Wie ist die Klage zu formulieren?
Der schlichte Antrag, den Beklagten zu verurteilen, »alle Rechtsgeschäfte mit dem Kläger abzuschließen, die zur Übertragung des Geschäfts erforderlich sind«, ist nicht genügend bestimmt (BGH NJW 1959, 1371); ein so ergehendes Urteil wäre nicht vollstreckbar. Der Antrag muß vielmehr dahin gehen, daß der Beklagte außer zur Herausgabe beweglicher Sachen dazu verurteilt wird, daß er die einzelnen Erklärungen abgibt, die zur Übertragung des Geschäfts erforderlich sind (vgl. § 894 ZPO).
Besteht der Streit nur darüber, ob überhaupt eine Verpflichtung zur Übertragung des Geschäfts besteht, ohne daß gegebenenfalls der Umfang des zu übertragenden Geschäftsvermögens streitig wäre, so könnte zur Klärung dieses Streits allerdings einfacher im Wege der Feststellungsklage vorgegangen werden (BGH NJW 1959, 1371).

Der Antrag bindet das Gericht: Es darf bei seiner Entscheidung *nicht über den Antrag hinausgehen* (§ 308 ZPO); andererseits muß es ihn erschöpfend behandeln.
Anträge zur Kostentragung und zur vorläufigen Vollstreckbarkeit brauchen nicht gestellt zu werden, da hierüber das Gericht von Amts wegen entscheiden muß (§§ 308 Abs. 2, 708 ZPO).

Ausnahmen vom Erfordernis des bestimmten Antrags in der Klage

a) **Stufenklage** (§ 254 ZPO)

Wenn der Kläger wegen fehlender – nur beim Beklagten vorhandenen – Berechnungs- **81** grundlagen nicht genau angeben kann, was er zu fordern hat, z. B. der Auftraggeber vom Beauftragten (§ 667 BGB), so gestattet das Gesetz *die Verbindung von mehreren selbständigen Ansprüchen in einer Klage, über die stufenweise entschieden wird:*
Der Kläger erhebt eine Leistungsklage zunächst ohne bestimmten Antrag und verbindet sie mit einer Klage auf Rechnungslegung und Abgabe einer eidesstattlichen Versicherung (z. B. §§ 259 Abs. 2, 260 Abs. 2 BGB).

b) **Der unbezifferte Klageantrag**

Das Gesetz verlangt in § 253 ZPO offensichtlich ausnahmslos eine Bezifferung des Klageantrags. Dies bringt für den Kläger dort Schwierigkeiten, wo der zu verlangende Betrag von einer Sachverständigenbeurteilung (z. B. Schadenshöhe § 287 ZPO; Höhe einer Kaufpreisminderung § 472 BGB), von einer Billigkeitsabwägung des Gerichts (z. B. Schmerzensgeld § 847 BGB) oder von einer Ermessensausübung (§§ 343, 612 Abs. 2, 632 Abs. 2, 642, 653 Abs. 2 BGB) abhängt.

Für den Kläger entstehen dabei folgende Probleme:

Wenn er mit seinem Klagebegehren zu hoch greift, erleidet er bei teilweiser Abweisung der Klage einen Kostennachteil (§ 92 ZPO).

Wenn er vorsichtigerweise zu tief greift, verschenkt er möglicherweise etwas, was ihm zusteht (vgl. § 308 ZPO).

Aus diesem Grunde ist bereits vom Reichsgericht (RGZ 10, 353) der *unbezifferte Klageantrag* zugelassen worden, wenn *die Bezifferung unmöglich* oder *dem Kläger aus besonderen Gründen nicht zuzumuten ist.*

Beispiele für zugelassene Anträge:

»Der Beklagte wird verurteilt, an den Kläger ein Schmerzensgeld zu zahlen, dessen Höhe in das Ermessen des Gerichts gestellt wird« (vgl. BGHZ 4, 138).

»Der Beklagte wird verurteilt, dem Kläger allen durch den Bergbau des Beklagten entstandenen der Höhe nach von einem Sachverständigen festzustellenden Schaden zu ersetzen« (RGZ 21, 387).

Seitdem ist der unbezifferte Klageantrag in der Rechtsprechung, wenn auch gegen gewichtige Argumente in der Literatur (vgl. Pawlowski, NJW 61, 341) gewohnheitsrechtlich zugelassen.

Nach BGH genügt es, wenn die Klage genügende Grundlagen für die vom Gericht festzustellende Schadenshöhe enthält. Dabei wird erwartet, daß der Kläger in der Klageschrift Angaben über die Größenordnung macht, in der seiner Auffassung nach die Forderung gerechtfertigt ist (vgl. BGHZ 45, 93). Nicht zulässig ist der unbezifferte Klageantrag, wenn der Kläger mit ihm das Risiko einer späteren Beweisaufnahme über eine ihn treffende Mitverantwortung an dem Eintritt eines Schadens (§ 254 BGB) auffangen will (BGH NJW 1967, 1420).

Probleme bei der Zulassung des unbezifferten Klageantrags:

Hat der Kläger einen Teil der Kosten zu tragen, wenn er in der Klagebegründung einen höheren Betrag erwähnt hat, als er vom Gericht zugesprochen erhielt? – *Nein, denn der Streitwert entspricht dem tatsächlich zugesprochenen Betrag.* Kann der Kläger Berufung einlegen, wenn das Gericht zwar nach seinem Ermessen entschieden hat, jedoch der Kläger sich einen höheren Betrag erhofft hatte? (Problem der Beschwer). – *Ja, wenn der dem Kläger durch das Gericht zugesprochene Betrag wesentlich von der Größenordnung abweicht, die sich als Vorstellung des Klägers über die Höhe seiner Forderung aus seinen Angaben in der Klageschrift ergibt.* Haben solche Angaben in der Klageschrift gefehlt, so genügt allerdings für die Annahme einer Beschwer die bloße Behauptung des Klägers, er habe an die Zubilligung eines höheren Betrages gedacht, nicht (BGHZ 45, 937).

5. Weitere Erfordernisse der Klageschrift

a) Angabe des Streitwertes (§ 253 Abs. 3 ZPO)

82 Soweit sich der Streitwert nicht bereits aus der Bezifferung einer auf Geldzahlung gerichteten Leistungsklage ergibt und dieser für die Bestimmung der sachlichen Zuständigkeit maßgeblich ist, soll der Streitwert angegeben werden. Die Angabe ist allerdings für das Gericht nicht verbindlich (§ 3 ZPO).

b) Übertragung auf den Einzelrichter

Bei der zum Landgericht eingereichten Klage soll zur Frage der Übertragung auf den Einzelrichter Stellung genommen werden (§§ 253 Abs. 3, 348 ZPO).

c) Vorsorglicher Antrag auf Versäumnis- u. Anerkenntnisurteil.

Im Hinblick auf die Möglichkeit, daß das Gericht schriftliches Vorverfahren anordnet (§ 276 ZPO), empfiehlt sich bereits in der Klageschrift ein vorsorglicher Antrag auf Versäumnis- oder Anerkenntnisurteil (vgl. § 331 Abs. 3, 307 Abs. 2 ZPO).

d) Unterschrift

Die Klageschrift muß von der Partei oder ihrem Bevollmächtigten, im Anwaltsprozeß von einem Rechtsanwalt, unterzeichnet sein (vgl. § 130 Nr. 6 ZPO).

6. Anmerkung: Der Streitgegenstand

Der Begriff des Streitgegenstandes ist in den letzten Jahren viel beachtet und wissenschaftlich untersucht worden. Nach h. M. wird der Streitgegenstand bestimmt: durch den *Antrag* und den *vorgetragenen Sachverhalt* (sog. **zweigliedriger Streitgegenstandsbegriff**). Hieraus ergibt sich, daß allein der Kläger durch seinen Vortrag und den Antrag in der Klageschrift den Streitgegenstand festlegt (*Dispositionsgrundsatz*).

Praktische Bedeutung hat der Streitgegenstandsbegriff insbesondere für Rechtshängigkeit, Klagenhäufung, Klageänderung und materielle Rechtskraft.

Beispiele:
a) Sind Antrag und Sachvortrag einer neuen Klage mit einer bereits anhängigen Klage identisch, so liegt Rechtshängigkeit vor.
b) Ändert sich in einer anhängigen Sache der Antrag oder der Sachverhalt (oder beides), so liegt eine Klageänderung vor.

Fahrgast F wird bei einem Straßenbahnunfall verletzt. Er verlangt Schadensersatz in Höhe von 3000,– DM.
Anspruchsgrundlagen: positive Vertragsverletzung, unerlaubte Handlung, Anspruch aus Gefährdungshaftung.
Handelt es sich hier um einen oder drei Streitgegenstände?

Hierzu ergeben sich folgende Probleme:
a) Klage ist mangels Verschulden nur aus Gefährdungshaftung begründet. Ist dann die Klage, soweit sie auf die beiden anderen Rechtsgrundlagen gestützt worden ist, abzuweisen?
– *Problem der Klagenhäufung § 260 ZPO –*
b) Die Klage ist zunächst nur auf positive Vertragsverletzung gestützt worden. Ist die nachgeschobene Begründung aus unerlaubter Handlung eine Klageänderung? Kann eine weitere Klage mit der Begründung aus Gefährdungshaftung noch nachgeschoben werden?
– *Problem der Rechtshängigkeit –*

c) Die Klage ist auf positiver Vertragsverletzung und unerlaubte Handlung gestützt worden. Mangels Verschulden wurde sie abgewiesen. Das Urteil ist rechtskräftig geworden. Kann jetzt noch mit der Begründung aus Gefährdungshaftung erneut geklagt werden?
– *Problem der Rechtskraft* –
Es liegt jeweils nur ein Streitgegenstand vor, denn für alle drei Begründungen sind Antrag und Sachverhalt identisch; eine rechtliche Bezeichnung der Anspruchsgrundlage brauchte auch gar nicht angegeben zu werden (jura novit curia).

K verlangt von B 100,– DM Kaufpreis für Lieferung von Wurst. B bestreitet den Abschluß eines wirksamen Kaufvertrages. K stützt den Anspruch nunmehr auf ungerechtfertigte Bereicherung, weil B die Wurst verbraucht hat. Liegt Klageänderung vor?
Obwohl der Sachverhalt für beide Anspruchsgrundlagen nicht genau übereinstimmt, ist wohl ein einheitlicher Streitgegenstand anzunehmen.

Klage aus Wechsel wird abgewiesen. Kann danach noch der zugrundeliegende Kaufpreisanspruch klageweise geltend gemacht werden?
Verschiedener Streitgegenstand, also steht Rechtskraft nicht entgegen.

Der von Rosenberg-Schwab (vgl. auch JuS 65, 83 ff.) vertretene sogenannte ›**eingliedrige**‹ **Streitgegenstandsbegriff** stellt *allein auf den Antrag* ab und beachtet den Sachverhalt nur, soweit der Streitgegenstand nicht schon durch den Antrag individualisiert wird (z. B. Zahlungsklagen). Ein wesentlicher Unterschied besteht im Ergebnis nicht.

II. Einreichung der Klage beim Gericht

84 1. Die **Klageschrift** ist mit der *erforderlichen Anzahl von Abschriften*, je eine für den Prozeßgegner und evtl. dessen Anwalt, **beim Gericht einzureichen** (§ 253 Abs. 5 ZPO).

Beim **Amtsgericht** kann die Klage auch mündlich zu Protokoll der Geschäftsstelle angebracht werden (§ 496 ZPO – daher Einrichtung von sogenannten Rechtsantragsstellen).

Das *Einreichen* erfolgt gewöhnlich *durch Einwurf in den Gerichtsbriefkasten.*

Durch Aufstellen von sogenannten Nachtbriefkästen ist gewährleistet, daß auch noch nach Dienstschluß bis 24.00 Uhr Klagen und andere Schriftsätze beim Gericht eingereicht werden können. Dies kann besonders wichtig werden bei Klageerhebung oder Einreichung von Mahnanträgen zum Zwecke der Verjährungsunterbrechung.

2. Das *Eingangsdatum* wird durch Stempelaufdruck festgehalten.

85 Dieses Datum kann von entscheidender Bedeutung sein, wenn durch die Klageerhebung eine Frist gewahrt oder die Verjährung unterbrochen werden soll. Zwar knüpft das BGB die Wirkung der Verjährungsunterbrechung an die Erhebung der Klage an, somit also an die Zustellung der Klageschrift (vgl. § 253 Abs. 1 ZPO – entsprechend § 209 Abs. 2 BGB: Zustellung eines Mahnbescheids). Diese Wirkung wird jedoch auf den Zeitpunkt der Klageeinreichung (Datumsstempel!) vorverlegt (§ 270 Abs. 3, für den Mahnbescheid: § 693 Abs. 2 ZPO), sofern die Zustellung **demnächst** erfolgt. Innerhalb welchen Zeitraumes ist noch ›demnächst‹ zugestellt?
Es kann auch ein längerer Zeitraum noch das Erfordernis ›demnächst‹ erfüllen, wenn diese Verzögerung *nicht durch den Kläger* veranlaßt ist z. B. Personalmangel beim Gericht, nachlässige Behandlung der Klage durch die Geschäftsstelle.
Geht jedoch die verzögerte Zustellung *zu Lasten des Klägers*, etwa wegen später Einzahlung des Gerichtskostenvorschusses oder ungenauer Bezeichnung des Beklagten in der Klageschrift, so ist der Begriff ›demnächst‹ enger zu fassen.

3. Die beim Gericht eingegangene Klage wird registriert und mit einem Aktenzeichen **86** versehen.

Wegen der Bedeutung der Registerzeichen der deutschen Justizbehörden vgl. Schönfelder, Deutsche Gesetze, Anhang I.

Es bedeuten zum Beispiel
C = allgemeine Zivilsachen beim Amtsgericht,
O = allgemeine Zivilsachen beim Landgericht,
R = Ehe- und Kindschaftssachen,
B = Mahnsachen.

III. Geschäftsverteilung und gesetzlicher Richter

Das angelegte Aktenstück wird dem ›gesetzlichen Richter‹ zugewiesen. **Gesetzlicher** **87** **Richter** ist der nach Zuständigkeitsordnung und Geschäftsverteilungsplan im Einzelfall berufene Richter oder richterliche Spruchkörper. Die Bestimmungen über den ›gesetzlichen Richter‹ (Art. 101 Abs. 1 GG, § 16 GVG) verbieten eine Richterauswahl für den Einzelfall.

Die **Geschäftsverteilung** (§ 21 e GVG) erfolgt durch das Präsidium als Maßnahme der gerichtlichen Selbstverwaltung, also nicht durch die Landesjustizverwaltung, für die Dauer eines Kalenderjahres im voraus durch Aufstellung eines Geschäftsverteilungsplanes nach allgemeinen Merkmalen:

Anfangsbuchstaben, Bezirk, Gegenstand des Prozesses.
Zeitliche Reihenfolge des Eingangs, sofern Vorkehrungen getroffen sind, die keine Manipulation zulassen.
Eine Zuteilung nach Umfang oder Schwierigkeitsgrad ist nicht gestattet.

Änderungen des Geschäftsverteilungsplanes sind während des Geschäftsjahres nur wegen Überlastung, Richterwechsel oder dauernder Verhinderung zulässig (§ 21 e Abs. 3 GVG).

Die Abgrenzung zwischen Zivilkammer und Kammer für Handelssachen ist eine gesetzlich geregelte Frage der Geschäftsverteilung, nicht der sachlichen Zuständigkeit (§§ 93 ff. GVG – vgl. Rn. 64!).

5. Kapitel

Eintritt der Rechtshängigkeit durch Klageerhebung

88 **Rechtshängig** wird die durch die Klageschrift gekennzeichnete Streitsache, *sobald die Klage erhoben ist.* Klageerhebung erfolgt *durch Zustellung der Klage*, d. h. einer beglaubigten Abschrift der Klageschrift (§§ 261 Abs. 1, 253 Abs. I, 208 ZPO) an den Beklagten oder seinen Prozeßvertreter.

Die *Einreichung* der Klage *beim Gericht* macht demgegenüber die Sache nur **anhängig** (vgl. z. B. § 270 Abs. 3 ZPO).

Die Rechtshängigkeit hat sowohl prozessuale (§ 261 Abs. 3 ZPO; vgl. Rn. 99) als auch materiellrechtliche Wirkungen (§ 262 ZPO, vgl. Rn. 98).

I. Anordnung der Klagezustellung

1. Angeordnet wird die Klagezustellung durch das Gericht, beim Landgericht durch den Vorsitzenden.
Im Interesse einer beschleunigten Prozeßdurchführung hat dies, wie auch die Zustellung selbst, unverzüglich zu geschehen (vgl. § 271 Abs. 1 ZPO).

2. Voraussetzungen für die Anordnung der Klagezustellung

89 a) *Vorliegen einer ordnungsgemäßen Klageschrift:* Die Klageschrift muß den Anforderungen des § 253 Abs. 2 ZPO entsprechen und wirksam, d. h. eigenhändig, unterzeichnet sein. Beim Landgericht muß die Klage von einem zugelassenen Rechtsanwalt eingereicht sein.
b) *Zahlung der Prozeßgebühr und der Zustellungskosten* (§ 65 Abs. 1 GKG): Sie erfolgt in der Praxis regelmäßig durch Aufkleben von Gerichtskostenmarken.
Ausnahmsweise brauchen diese Gerichtskosten nicht vorschußweise bezahlt werden, z. B. wenn dem Kläger Prozeßkostenhilfe bewilligt worden ist (weitere Fälle § 65 Abs. 7 GKG).
c) Gegenüber Personen, die als sog. *Exterritoriale* von der deutschen Gerichtsbarkeit befreit sind (vgl. §§ 18–20 GVG, hat auch die Zustellung einer Klage zu unterbleiben.

Da es in den vorgenannten Fällen nicht zu einer Klagezustellung kommt und damit eine Rechtshängigkeit nicht eintreten kann, handelt es sich um sog. *echte Prozeßvoraussetzungen: Ohne Klageschrift oder Vorschuß und gegenüber Exterritorialen kommt es überhaupt nicht zu einem Prozeß.*

3. Weitere richterliche Anordnungen vor Klagezustellung

Das zentrale Ereignis im Zivilprozeß und die Grundlage für die zu treffende Entschei- **90** dung ist die mündliche Verhandlung (Grundsatz der Mündlichkeit, vgl. §§ 128 Abs. 1, 272 Abs. 1 ZPO). In dem für die Prozeßerledigung bestimmten sog. Haupttermin sollen tunlichst alle entscheidungserheblichen Fakten zur Verfügung stehen. Er bedarf daher einer umfassenden Vorbereitung. Hierfür stehen zwei Wege zur Verfügung (§ 272 Abs. 2 ZPO):
Bestimmung eines frühen ersten Termins
Veranlassung eines schriftlichen Vorverfahrens
Die demgemäß vom Richter getroffenen Verfügungen, *Terminsbestimmung nebst vorbereitenden Maßnahmen (§§ 275, 273 ZPO) und Ladung zum Termin (§ 274 ZPO)* oder *Aufforderung zur schriftlichen Anzeige der Verteidigungsabsicht und zur Klageerwiderung (§ 276 ZPO),* werden dem Beklagten zugleich mit der Klageschrift zugestellt.

4. Im *landgerichtlichen Verfahren* ist der Beklagte bei der Zustellung zur *Stellung-* **91** *nahme zur Frage der Übertragung auf den Einzelrichter* aufzufordern (§ 271 Abs. 3 ZPO). Dies ist erforderlich, um das rechtliche Gehör hinsichtlich der Entscheidung gem. § 348 ZPO, die ohne Anfechtungsmöglichkeit getroffen wird (§ 348 Abs. 2 ZPO), zu gewähren. Außerdem erfolgt eine Aufforderung zur Anwaltsbestellung bei bestehender Verteidigungsabsicht (§ 271 Abs. 2 ZPO).

II. Die Zustellung der Klageschrift

1. *Zustellung ist der hoheitliche und beurkundete Vorgang, durch den dem Empfänger ein* **92** *Schriftstück übermittelt wird.*
In der Form der Zustellung sind zu übermitteln (§ 270 Abs. 2 ZPO): die Klageschrift; Schriftsätze, in denen Sachanträge enthalten sind; die Klagerücknahmeschrift.

Andere Schriftsätze und Erklärungen der Parteien werden formlos – durch einfache Übersendung – mitgeteilt.
Je nach dem Wohnort der Partei gilt die Mitteilung am Werktag nach der Absendung oder am übernächsten Werktag als bewirkt (vgl. § 270 Abs. 2, 2 ZPO). Das Gericht kann jedoch nach seinem Ermessen jederzeit die förmliche Zustellung anordnen, auch wo dies nach den gesetzlichen Bestimmungen nicht vorgesehen ist.

2. Die **Zustellung der Klageschrift** erfolgt **von Amts wegen** (§ 270 Abs. 1 ZPO). Sie **93** wird von der Geschäftsstelle besorgt (§ 209 ZPO).
Das Verfahren bei Zustellungen ist in §§ 166 ff. ZPO für den Fall geregelt, daß die Zustellung auf Betreiben der Partei erfolgt. Eine Zustellung *im Parteibetrieb* gilt es aber nur noch in wenigen Ausnahmefällen (z. B. §§ 699 Abs. 4, 2; 829 Abs. 2 ZPO).
In diesem Fall wird als Zustellungsorgan der Gerichtsvollzieher tätig (§ 166 ZPO).
Für die in der Praxis viel häufigere ›Zustellung von Amts wegen‹, die von der Geschäftsstelle besorgt wird (vgl. § 209 ZPO), ist in der gesetzlichen Regelung auf die Parteizustellung Bezug genommen (§ 208 ZPO).

Die »Zustellung von Amts wegen« wird durchgeführt durch den *Urkundsbeamten* selbst in der Geschäftsstelle (§ 212 b ZPO), etwa wenn der Empfänger gerade anwesend ist, durch den *Gerichtswachtmeister* (§ 211 ZPO), z. B. an einen Strafgefangenen in der

Vollzugsanstalt, durch die *Post* im Wege der förmlichen Postzustellung (§ 211 ZPO) – dies ist die regelmäßige Zustellungsart.

Über die Zustellung ist eine Urkunde aufzunehmen (*Zustellungsurkunde*), vgl. §§ 212, 195, 190, 191 ZPO. Die Zustellungsurkunde ist der Geschäftsstelle zuzuleiten, wo sie den Akten angefügt wird (§ 212 Abs. 2 ZPO). Sie liefert den Beweis für Zeitpunkt, Ort und Art der Zustellung, z. B. bei der Prüfung der Ordnungsmäßigkeit der Ladung im Versäumnisverfahren (§ 335 Abs. 1 Nr. 2 ZPO).

3. Der Zustellungsempfänger

94 Die Zustellung erfolgt:

an **die Partei selbst:** ihr darf überall (im Inland) zugestellt werden, wo sie angetroffen wird, z. B. auf der Straße, am Arbeitsplatz (§ 180 ZPO);

an den **Prozeßbevollmächtigten der Partei** (§ 176 ZPO): *Ist ein Prozeßbevollmächtigter bestellt, so muß ihm zugestellt werden;* eine Zustellung an die Partei selbst ist dann unwirksam. *Bestellt* ist der Prozeßbevollmächtigte, sobald er oder die Partei von der Bevollmächtigung Kenntnis gegeben haben, also evtl. auch schon vor Erteilung einer schriftlichen Prozeßvollmacht, vgl. Rn. 48;

an den **gesetzlichen Vertreter einer prozeßunfähigen Partei** (§ 171 ZPO): Bei mehreren gesetzlichen Vertretern genügt die Zustellung an einen von ihnen (§ 171 Abs. 3 ZPO), z. B. an einen Elternteil;

an eine **Ersatzperson,** wenn der Zustellungsadressat nicht angetroffen wird: Dies können erwachsene Familienangehörige, Hausbedienstete, Hauswirt oder Vermieter (§ 181 ZPO), Gewerbegehilfen eines Geschäftsmannes im Geschäftslokal, Gehilfe oder Schreiber eines Rechtsanwalts (§ 183 ZPO) sein.

Für *Zustellung an Rechtsanwälte* gilt die Sonderregelung des § 212 a ZPO: Empfangsbekenntnis als Zustellungsnachweis.

Ersatzzustellung durch Niederlegung bei der Post erfolgt, wenn weder der Zustellungsempfänger selbst noch eine zugelassene Ersatzperson angetroffen wird (§ 182 ZPO). Der Empfänger wird durch einfache Benachrichtigung von der Niederlegung in Kenntnis gesetzt. Zugestellt ist mit der Niederlegung; wann und ob der Empfänger von dem niedergelegten Schriftstück Kenntnis nimmt, ist ohne Bedeutung.

4. Besondere Fälle bei der Zustellung

95 *Verweigert der Zustellungsempfänger die Annahme,* so ist das zu übergebende Schriftstück am Ort der Zustellung zurückzulassen (§ 186 ZPO), z. B. Einwurf in den Briefkasten, Anheften an die Tür.

Wird die Zustellung an eine im Gesetz nicht vorgesehene Ersatzperson vorgenommen (**unzulässige Ersatzzustellung**), z. B. an einen in der Nähe wohnenden Freund, so ist die Zustellung gleichwohl wirksam, sobald das Schriftstück dem Adressaten tatsächlich zugegangen ist (§ 187 ZPO) – **Heilung des Zustellungsmangels.** Der Lauf einer Notfrist kann dadurch jedoch nicht in Gang gesetzt werden (z. B. der Einspruchsfrist bei Zustellung eines Versäumnisurteils oder Vollstreckungsbescheids).

Bei *unbekanntem Aufenthalt der Partei* gibt es die Möglichkeit der **öffentlichen Zustel-** **96**
lung (§§ 203, 204 ZPO). Voraussetzungen hierfür sind *Gesuch des Klägers, allgemein*
unbekannter Aufenthalt des Zustellungsempfängers (diese Voraussetzung ist besonders
streng zu prüfen), *Bewilligung der öffentlichen Zustellung durch Beschluß des Prozeßge-*
richts. (Im Falle der Zurückweisung ist dagegen Beschwerde gegeben).

Durchführung der öffentlichen Zustellung: Anheftung der zuzustellenden Ausfertigung
oder Abschrift an die Gerichtstafel (§ 204 Abs. 2 ZPO).
Im Falle der *Zustellung einer Ladung* ist außerdem noch die Veröffentlichung im Bundes-
anzeiger nötig (§§ 204, 205 ZPO).
Zugestellt ist zwei Wochen nach Anheftung an die Gerichtstafel; im Falle einer Ladung
ein Monat nach Veröffentlichung (§ 206 ZPO).

Zustellung im Ausland
Da die Zustellung ein amtlicher hoheitlicher Vorgang ist, ist es nicht möglich, einer im **97**
Ausland wohnenden Partei das zuzustellende Schriftstück einfach durch die Post zu
übersenden. Vielmehr ist der ausländische Staat zu ersuchen, die Zustellung im Wege der
Rechtshilfe auszuführen. Das Ersuchensschreiben wird vom Vorsitzenden erlassen (§ 202
ZPO). Im übrigen gelten die ins Einzelne gehenden Bestimmungen der Rechtshilfeord-
nung für Zivilsachen (ZRHO).
An wen das Ersuchen zu richten ist, hängt von der Regelung ab, die mit dem Staat be-
steht, in dessen Hoheitsgebiet die Zustellung erfolgen soll.
Möglich sind: der diplomatische Weg – über die diplomatische Vertretung, der
konsularische Weg – über den deutschen Konsul, der unmittelbare Rechtsverkehr mit
den ausländischen Gerichten (z. B. mit der Schweiz und mit Österreich).
Welcher Weg im Einzelfall zu beschreiten ist, ergibt sich aus dem ›Länderteil‹ der
ZRHO, der die mit den einzelnen Staaten bestehenden völkerrechtlichen Regelungen
darstellt.
Eine erhebliche Vereinfachung für das weitere Verfahren bringt § 174 Abs. 2 in Verbindung mit § 175 ZPO.

III. Die Rechtshängigkeit

Mit der Einreichung der Klage beim Gericht wird der Rechtsstreit anhängig. **Rechts-**
hängig wird die Sache durch Klageerhebung (§ 261 ZPO), d. h. Zustellung der Klageschrift (§ 253 Abs. 1 ZPO). Die Rechtshängigkeit dauert bis zur Beendigung des
Prozesses (formelle Rechtskraft des Urteils, Prozeßvergleich, Klagerücknahme).
Die Rechtshängigkeit hat *materiellrechtliche* und *prozeßrechtliche* Wirkungen.

1. Materiellrechtliche Wirkungen der Rechtshängigkeit

a) **Unterbrechung der Verjährung** (§ 209 BGB): Entgegen dem Wortlaut des § 209 **98**
BGB *tritt* die Wirkung der *Verjährungsunterbrechung* nicht erst mit der Klagezustellung (Klageerhebung), sondern bereits *mit der Klageeinreichung* (Eingangsstempel!)
ein, wenn die Zustellung ›demnächst‹ erfolgt (§ 270 Abs. 3), vgl. oben Rn. 84.

b) **Anspruch auf Prozeßzinsen** (§ 291 BGB).

c) **Verschärfung der Haftung** bei der ungerechtfertigten Bereicherung (§ 818 Abs. 4 BGB) und beim Eigentümer – Besitzer-Verhältnis (§ 987 ff. BGB).

d) Eintritt der **Vererblichkeit** und **Übertragbarkeit des Schmerzensgeldanspruchs** (§ 847 Abs. 1 BGB).

Problemfall:

A ist bei einem Verkehrsunfal lebensgefährlich verletzt worden. Stirbt er nach längerer Bewußtlosigkeit, ohne vorher seinen Schmerzensgeldanspruch gegen den Schädiger S gerichtlich geltend gemacht zu haben, so kann dieser Anspruch nicht auf die Erben übergehen, sondern ist ›verloren‹ (§ 847 BGB).

Um dies zu verhindern, veranlaßt der künftige Erbe E den Rechtsanwalt R, im Namen des bewußtlosen A noch zu dessen Lebzeiten eine Klage auf Schmerzensgeld gegen S zu erheben. Die Klage wird zugestellt und damit rechtshängig.

Rechtsanwalt R ist zunächst vollmachtloser Prozeßvertreter des A. Nach dessen erwartetem Tod genehmigt der nun Erbe und damit Rechtsnachfolger des A gewordene E die bisherige Prozeßführung des Rechtsanwalts R.

Ist damit Vererblichkeit des Schmerzensgeldanspruchs eingetreten?

Nein – der Schmerzensgeldanspruch ist vom Gesetz (§ 847 BGB) als höchstpersönlicher Anspruch ausgestaltet. Es soll allein vom Willen des Verletzten selbst abhängen, ob er den ihm zustehenden Anspruch verfolgen will oder nicht. Die gerichtliche Geltendmachung im Sinne des § 847 BGB muß daher, um Vererblichkeit auszulösen, von seinem Willen getragen werden, was hier nicht geschehen ist. Ein bloß mutmaßlicher Wille des Verletzten reicht nicht aus (BGH NJW 1978, 214 – anders die frühere Rechtsprechung).

2. Prozeßrechtliche Wirkungen der Rechtshängigkeit

99 a) Während der Dauer der Rechtshängigkeit kann **derselbe Rechtsstreit (Streitgegenstand)** von keiner Partei *noch einmal anhängig gemacht* werden (§ 261 Abs. 3, Nr. 1 ZPO). Die Rechtshängigkeit ist von Amts wegen zu beachten (fehlende Rechtshängigkeit ist Sachurteilsvoraussetzung).

b) Eine **Klageänderung (Änderung des Streitgegenstandes)** ist nach Eintritt der Rechtshängigkeit nur noch zulässig *mit Einwilligung des Beklagten,* oder *wenn das Gericht sie für sachdienlich hält* (§ 263 ZPO).

Nicht als Klageänderung sollen nach gesetzlicher Bestimmung (§ 264 Nr. 1–3 ZPO) angesehen werden: Ergänzung oder Berichtigung des Sachverhalts, Erweiterung oder Beschränkung des Klageantrags, Forderung eines anderen Gegenstandes oder des Interesses nach eingetretener Veränderung.

Trotz des gesetzlichen Wortlautes handelt es sich bei den beiden letztgenannten Fällen um Klageänderungen (d. h. Änderung des Streitgegenstandes). Sie werden jedoch kraft Gesetzes zugelassen auch ohne Einwilligung des Beklagten und ohne Rücksicht auf Sachdienlichkeit.

Als (sogenannte subjektive) Klageänderung behandelt die Praxis (insbesondere BGH) auch den Parteiwechsel. Vgl. oben Rn. 73!

100 c) Die *bei Klageerhebung bestehende Zuständigkeit* wird durch eine Veränderung der sie begründenden Umstände *nicht berührt* (›**perpetuatio fori**‹ § 261 Abs. 3 Nr. 2 ZPO).

Zahnarzt Z aus Stuttgart hat den Patienten P aus Ludwigsburg in seiner Praxis behandelt. Der Stuttgarter Anwalt des Z klagt beim Amtsgericht Ludwigsburg das Honorar von 1 000,– DM ein. Dem P wird die Klage in seiner Wohnung in Ludwigsburg zugestellt. P bestellt gleichfalls einen Stuttgarter Anwalt.

Nunmehr vereinbaren beide Anwälte die Zuständigkeit des Amtsgerichts Stuttgart. Der Anwalt des Z beantragt demgemäß Verweisung an das Amtsgericht Stuttgart.

Wie lautet die Entscheidung des Amtsgerichts Ludwigsburg?

Das Amtsgericht Ludwigsburg war im Zeitpunkt der Klagezustellung gemäß § 13 ZPO örtlich zuständig. Die nachträgliche Zuständigkeitsvereinbarung vermag diese Zuständigkeit nicht wieder zu beseitigen (§ 261 Abs. 3 Nr. 2 ZPO). Dem Amtsgericht Ludwigsburg ist es somit verwehrt, seine örtliche Unzuständigkeit festzustellen (vgl. den Wortlaut des § 281 ZPO). Eine Verweisung kommt also nicht in Frage (BGH NJW 63, 585).

Der Kläger könnte den Rechtsstreit nur zum Amtsgericht Stuttgart bringen, wenn er in Ludwigsburg die Klage zurücknimmt und sie in Stuttgart neu erhebt (Kosten!).

Auch eine *nach Klageerhebung* beim örtlich zuständigen Gericht *erfolgende Wohnsitzveränderung des Beklagten* vermag die Zuständigkeit nicht mehr zu beeinflussen.

Wegen nachträglicher Änderung der sachlichen Zuständigkeit vgl. § 506 ZPO.

6. Kapitel

Der Termin zur mündlichen Verhandlung

Zum **Verhandlungstermin** kommt es im Rechtsstreit, wenn das Gericht den Weg des »frühen ersten Termins« beschreitet (§§ 272 Abs. 2, 275 ZPO) und wenn es nach umfassender Vorbereitung (durch den frühen ersten Termin oder ein zuvor eingeleitetes schriftliches Vorverfahren – § 276 ZPO), den für die Prozeßerledigung bestimmten Haupttermin (§ 278 ZPO) anordnet.

I. Begriff des Verhandlungstermins

1. *Termine sind die im voraus bestimmten Zeiträume für die gemeinschaftlichen Prozeßhandlungen des Gerichts mit den Parteien.* Das Gesetz unterscheidet zwischen dem »frühen ersten Termin« und dem »Haupttermin«.

101 a) Der **frühe erste Termin** ist die eine der vom Gesetz vorgesehenen Möglichkeiten, *um den späteren Haupttermin soweit vorzubereiten, daß in diesem der Prozeß zum Ende gebracht werden kann.*

Die andere Vorbereitungsmöglichkeit bietet sich im sog. schriftlichen Vorverfahren (§ 276 ZPO).

Das Gericht hat im Gespräch mit den Parteien die tatsächlichen und rechtlichen Streitpunkte herauszufinden und alle Anordnungen zu treffen, damit im Haupttermin die nötige Aufklärung vollends erfolgen kann (§ 275 Abs. 2 ZPO). Hierzu gehört auch die Aufforderung an die Parteien, unter Fristsetzung den notwendigen Sachverhalt und die Beweismittel mitzuteilen (vgl. §§ 273 Abs. 2, Nr. 1, 275 Abs. 3 u. 4 ZPO).

In dieser Vorbereitungsfunktion erschöpft sich jedoch nicht die Bedeutung des »frühen ersten Termins«. Vielmehr soll auch er nach Möglichkeit bereits zur Prozeßerledigung führen (vgl. § 275 Abs. 2 ZPO). Dies kann bei nichtstreitigen Sachen durch Versäumnis- oder Anerkenntnisurteil geschehen. Die gebotene Erörterung des Sach- und Streitstandes (vgl. § 139 ZPO) kann zur frühzeitigen vergleichsweisen Erledigung des Rechtsstreits (vgl. § 279 ZPO) oder zur Klagerücknahme (§ 269 ZPO) führen. In einfach gelagerten Fällen, insbesondere bei unstreitigem Sachverhalt, kann der Rechtsstreit bereits im frühen ersten Termin zur Entscheidungsreife geführt und durch Urteil beendet werden.

102 b) Der **Haupttermin** soll nach der Absicht des Gesetzgebers *dazu dienen, den Rechtsstreit zu erledigen* (vgl. § 272 ZPO). Es soll nach *umfassender Vorbereitung* der Sach- und Streitstand aufgezeigt und mit den persönlich anwesenden Parteien erörtert werden. Eine notwendige Beweisaufnahme soll unmittelbar folgen. Alle für die Entscheidung erheblichen Sach- und Rechtsfragen sollen in diesem einzigen Haupt(-verhandlungs-)termin angesprochen und geklärt werden (§ 278 ZPO). Damit hat sich das Gesetz deutlich an die Verfahrensweise im Strafprozeß angelehnt. Wie dort soll ein weiterer Haupttermin die absolute Ausnahme sein und – wo er notwendig wird – kurzfristig angesetzt werden (§ 278 Abs. 4 ZPO).

2. Vom gewöhnlichen Verhandlungstermin sind zu unterscheiden:

a) Der **Verkündungstermin:** Zeitraum, in dem die auf Grund einer mündlichen **103** Verhandlung ergehende Entscheidung verlesen und damit existent wird (§§ 310, 329, 136 Abs. 4 ZPO).

Eine Anwesenheit der Parteien im Verkündungstermin ist nicht erforderlich (§ 312 ZPO) und auch nicht üblich.

b) Der **Beweisaufnahmetermin:** Zeitraum, in dem das Gericht die Beweisaufnahme (Zeugen-, Sachverständigenvernehmung, Augenscheineinnahme) durchführt.

Die Beweisaufnahme soll nach Möglichkeit vor dem Prozeßgericht (das die Entscheidung treffen wird), nur ausnahmsweise vor anderen Richtern (ersuchtem, beauftragtem Richter) stattfinden (Unmittelbarkeitsgrundsatz, § 355 ZPO). Ein Beweisaufnahmetermin vor dem Prozeßgericht ist nach gesetzlicher Vorschrift (§ 370 ZPO) stets auch zur Fortsetzung der mündlichen Verhandlung bestimmt. (Vgl. auch § 278 Abs. 2 ZPO: Beweisaufnahme im Haupttermin).

c) Der auf Grund eines Einspruchs gegen ein Versäumnisurteil oder einen Vollstrekkungsbescheid anzusetzende Termin ist zu bezeichnen als ›**Termin** zur mündlichen Verhandlung über **Einspruch und Hauptsache**‹ (§§ 341 a, 700 ZPO). Vgl. unten Rn. 154!

3. Mehrere in einem Rechtsstreit stattfindende Verhandlungstermine derselben Instanz gelten als **eine mündliche Verhandlung (Grundsatz der Einheit der mündlichen Verhandlung).** Das bedeutet, daß die Parteien grundsätzlich Angriffs-, Verteidigungs- und Beweismittel noch *bis zum Schluß der letzten mündlichen Verhandlung* vorbringen können.

Aus Nachlässigkeit oder Verschleppungsabsicht erst spät gebotenes Vorbringen kann vom Gericht aber **zurückgewiesen** werden (§ 296 ZPO); vgl. unten Rn. 185 ff.

II. Terminsbestimmung

1. Sie erfolgt durch **Verfügung des Gerichts** (Vorsitzender der Zivilkammer, Einzel- **104** richter – § 348 ZPO, Amtsrichter).

Im Interesse der Prozeßbeschleunigung hat dies, wenn sich das Gericht zum sog. frühen ersten Termin entschließt, unverzüglich zu geschehen (§ 216 Abs. 2 ZPO).

Die Terminsanordnung kann auch in einer verkündeten Entscheidung enthalten sein, wenn sie in oder auf Grund einer bereits stattgefundenen mündlichen Verhandlung getroffen wird, z. B. Bestimmung des Haupttermins im frühen ersten Termin. In diesem Fall ist eine Ladung der Parteien entbehrlich (§ 218 ZPO).
Wird, nachdem der Rechtsstreit geruht hat (§ 251 ZPO), eine zum Zwecke der Weiterführung des Prozesses beantragte Terminsbestimmung abgelehnt oder unterbleibt sie ohne ausdrückliche Entscheidung, so ist dagegen Beschwerde (§ 567 ZPO) möglich.

2. Einlassungsfrist und Ladungsfrist

105 Bei der Ansetzung der Termine ist zu beachten, daß zugunsten der Parteien bestimmte Fristen einzuhalten sind.

a) Die **Einlassungsfrist** ist eine Überlegungsfrist für den Beklagten zwischen der Klagezustellung und dem ersten Verhandlungstermin. Sie beträgt regelmäßig *zwei Wochen* (§ 274 Abs. 3 ZPO).

In den in der Praxis seltenen *Meß- und Marktsachen* (sie betreffen nur den kaufmännischen Großverkehr – § 30 ZPO) beträgt die Einlassungsfrist *24 Stunden.*

Bei notwendiger Zustellung im Ausland wird sie im Einzelfall vom Vorsitzenden angemessen festgesetzt.

Wie lange dauert die Einlassungsfrist, wenn auf einen Arrestantrag das Gericht nicht sofort entscheidet, sondern Termin zur mündlichen Verhandlung bestimmt (vgl. § 922 ZPO)? *Keine Einlassungsfrist,* da es sich bei dem Antrag auf Erlaß eines Arrests nicht um eine Klageschrift handelt (vgl. Wortlaut des § 274 Abs. 3 ZPO). Zu beachten ist in diesem Fall lediglich die Ladungsfrist.

b) Die **Ladungsfrist** ist im Gegensatz zur Einlassungsfrist vor jedem Termin, zu dem Parteien geladen werden, zu beachten (§ 217 ZPO). Anders bei verkündeten Terminen, zu denen nicht noch besonders geladen werden muß (§ 218 ZPO).

Die Ladungsfrist beträgt: im *Anwaltsprozeß = 1 Woche,*
in *anderen Prozessen = 3 Tage,*
in *Meß- und Marktsachen = 24 Stunden.*

Auf Antrag können die Einlassungs- und die Ladungsfristen abgekürzt werden (§ 226 ZPO). Dies erfolgt gegebenenfalls durch Verfügung des Vorsitzenden nach freiem Ermessen. Rechtliches Gehör ist hierbei nicht erforderlich.

Ist die Einlassungsfrist oder die Ladungsfrist *nicht* gewahrt, so braucht sich der im Termin erschienene Beklagte auf die Verhandlung nicht einzulassen. Gegen den nicht verhandelnden oder nicht erschienenen (oder vorzeitig wieder weggegangenen) Beklagten darf kein Versäumnisurteil ergehen (§ 335 Nr. 2 ZPO).

3. Fristberechnung

106 Bereits bei der Terminbestimmung muß der Richter vorausberechnen, wann voraussichtlich die Zustellung an den Beklagten erfolgen wird, um dann unter Berücksichtigung der einzuhaltenden Einlassungsfrist den alsbald möglichen Terminstag zu ermitteln. Für die Berechnung der Einlassungsfrist und der Ladungsfrist gelten die §§ 222 ZPO, 186ff. BGB.
Hierbei ist zu beachten: Der Tag der Zustellung wird nicht mitgerechnet. Fällt das Ende einer Frist auf einen Samstag, Sonntag oder Feiertag, so endet die Frist erst mit Ablauf des nächsten Werktages (§ 222 Abs. 2 ZPO)!

Beispiele für Fristberechnung:
Es ist eine 3tägige Ladungsfrist zu beachten.

Wenn die **Zustellung** erfolgt am	so ist der **früheste Termin** möglich am folgenden
Montag	Freitag
Dienstag	Montag
Mittwoch	Dienstag
Donnerstag	Dienstag
Freitag	Dienstag
Samstag	Mittwoch

Zu beachten ist noch, daß in **Notfällen** Termine sogar an Samstagen, Sonntagen und Feiertagen gehalten werden können (§ 216 Abs. 3 ZPO), wovon in der Praxis allerdings fast nie Gebrauch gemacht wird. Demnach käme in obigem Beispiel im Falle der Zustellung am Dienstag auch ein Termin am Samstag oder Sonntag in Betracht.

4. Bedeutung der Gerichtsferien

Während der Gerichtsferien (15. 7. bis 15. 9.) werden Termine nur in Feriensachen abge- **107** halten (§ 200 Ab. 1 GVG). Dies gilt auch für Termine vor dem ersuchten Richter.
Feriensachen sind die in § 200 Abs. 2 GVG aufgezählten Sachen. *Andere Rechtsstreitigkeiten* können *auf Antrag* zur Feriensache erklärt werden:

Beim **Kollegialgericht** solche, die besonderer Beschleunigung bedürfen (§ 200 Abs. 4 GVG). Beim **Amtsgericht** alle; kommt es jedoch zur streitigen Verhandlung, so ist die Bezeichnung als Feriensache wieder aufzuheben, wenn der Prozeß nicht besonderer Beschleunigung bedarf (§ 200 Abs. 3 GVG).

Geht eine Klage *während der Gerichtsferien* beim Gericht *ein*, so kann dies – entgegen weit verbreiteter Praxis – noch *nicht ohne weiteres als stillschweigender Antrag* auf Erklärung zur Feriensache verstanden werden. Dagegen erscheint es unbedenklich, eine Sache als Feriensache zu behandeln, wenn beide Parteien damit einverstanden sind, auch wenn kein Beschleunigungsbedürfnis besteht (entspr. § 295 ZPO).
Zulässig ist auch während der Gerichtsferien eine *Terminsbestimmung* auf einen Zeitpunkt *nach dem 15. 9.*
Keinen Einfluß haben die Gerichtsferien u. a. auf: **Mahnverfahren, Kostenfestsetzungsverfahren, Konkursverfahren** (vgl. § 202 GVG).

Wegen der Bedeutung der Gerichtsferien für den Lauf von Fristen vgl. § 223 ZPO.

5. Die Terminsladung

Die gerichtliche Mitteilung an die Parteien vom angesetzten Termin mit der Aufforde- **108** rung, zu erscheinen (**Ladung**) wird **von Amts wegen** veranlaßt (§ 274 Abs. 1 ZPO). Im *Anwaltsprozeß* muß die Ladung die Aufforderung enthalten, einen zugelassenen Rechtsanwalt zu bestellen (§ 215 ZPO).
Ist im weiteren Verlauf des Rechtsstreits *die Terminbestimmung in einer verkündeten Entscheidung enthalten*, z. B. es wird ein Beweisbeschluß verkündet, der zugleich einen Termin zur Beweisaufnahme und Fortsetzung der mündlichen Verhandlung (§ 370 ZPO) enthält, so ist *eine Ladung* der Parteien zu diesem Termin *nicht erforderlich* (§ 218 ZPO).

III. Die Vorbereitung des Verhandlungstermins durch vorbereitende Maßnahmen und vorterminlichen Beweisbeschluß

109 Das Ziel des Gesetzgebers, den Rechtsstreit in der Regel in einem Termin zu erledigen (§ 272 Abs. 2 ZPO), erfordert eine gehörige Vorbereitung dieses Termins. Insbesondere hat das Gericht darauf hinzuwirken, daß sich die Parteien rechtzeitig und vollständig erklären und im Termin die zur Entscheidung erforderlichen Erkenntnismöglichkeiten bereitstehen (vgl. § 273 ZPO).

Dem Gericht stehen hierfür zwei Möglichkeiten zur Verfügung:
a) *Vorbereitende Maßnahmen (§ 273 Abs. 2 ZPO),*
b) *vorterminlicher Beweisbeschluß (Beweisbeschluß vor mündlicher Verhandlung § 358a ZPO).*
Beide Maßnahmen können auch in einer einheitlichen Verfügung vorkommen.

1. Vorbereitung des Verhandlungstermins in zeitlicher Hinsicht

110 Bei der Terminsbestimmung ist – abgesehen von der Beachtung der vorgeschriebenen Fristen – auch auf die voraussichtliche Dauer der Verhandlung Rücksicht zu nehmen. Diese voraussichtliche Dauer kann aus dem Umfang der Streitsache, Anzahl der Zeugen, langwierigen Vergleichsbemühungen geschlossen werden.

Es ist jeder Rechtssache schädlich, wenn unter Zeitdruck verhandelt werden muß, weil schon die Prozeßbeteiligten der nächsten Sache bereitstehen. Ungehörig ist es, zu großzügig mit der Zeit der Mitmenschen umzugehen, indem man sie über Gebühr auf ihren Termin warten läßt.

2. Die vorbereitenden Maßnahmen

111 Der Richter muß das ihm vorliegende Prozeßmaterial gründlich durcharbeiten.

Wenn er hierbei schon das endgültige Fehlen von Prozeßvoraussetzungen (z. B. die Unzuständigkeit) oder die offensichtliche Unschlüssigkeit der Klage feststellt, so darf er selbstverständlich nicht sogleich, sondern erst nach mündlicher Verhandlung darüber entscheiden (»Mündlichkeitsgrundsatz«).

Die vorbereitenden Maßnahmen dienen der Herbeiführung vollständigen Parteivortrags und der Bereitstellung der für notwendig gehaltenen Beweismittel. Sie können dementsprechend zum Inhalt haben:

a) *Aufforderung zur Ergänzung oder Erläuterung vorbereitender Schriftsätze*

Diese muß in **konkreten Hinweisen** bestehen. Die allgemein gehaltene Empfehlung, zum Schriftsatz vom ... Stellung zu nehmen, ist ohne Sinn. Die Aufforderung muß **unter Fristsetzung** ergehen, um den gewünschten Beschleunigungseffekt zu erzielen. Bei der Bemessung der Frist muß aber das Bearbeitungstempo durch die Schreibkräfte beim Gericht und die Dauer des Postlaufes bedacht werden, damit den Parteien ein gehöriger Zeitraum verbleibt. Wird *die gesetzte Frist nicht eingehalten*, so ist das Vorbringen unter den Voraussetzungen des § 296 Abs. 1 ZPO *zurückzuweisen.*

120

b) *Aufforderung zur Vorlage von Urkunden und anderen Beweisgegenständen*

Z. B. des angeblich bei der Reinigung verdorbenen Kleides, der über das Unfallgeschehen vorhandenen Fotografien.

Auch dies hat unter Fristsetzung mit der Folge des § 296 Abs. 1 ZPO zu geschehen.

c) *Anforderung amtlicher Urkunden oder Auskünfte*

Sie können die Qualität von Zeugenangaben des erklärenden Beamten oder von Sachverständigengutachten haben und gelten als zulässige Beweismittel (BGH BB 76/480).

d) *Anordnung des persönlichen Erscheinens der Parteien*

Die persönliche Anwesenheit der Parteien im Termin kann einen Rechtsstreit wesentlich fördern: **112** bessere Aufklärung des Sachverhalts durch persönliche Befragung der Parteien, Herbeiführung einer gütlichen Einigung durch Erörterung der Streitsache, insbesondere der Prozeßrisiken, mit den Parteien selbst. **Es sollte deshalb die persönliche Anwesenheit der Parteien im Haupttermin die Regel sein (vgl. § 278 Abs. 1 ZPO).** Gleichwohl sollte die Anordnung nicht automatisch und unüberlegt erfolgen: Bei großer Entfernung ist die Zumutbarkeit der persönlichen Anreise zu prüfen (vgl. § 141 Abs. 1 ZPO).

Sinnlos ist die Anordnung meist bei Großfirmen – hier empfiehlt sich mindestens ein Hinweis auf die Vertretungsmöglichkeit nach § 141 Abs. 3, 2 ZPO. Bei einem Streit um reine Rechtsfragen ist die Anwesenheit der Parteien im Termin unergiebig und nicht angezeigt.

Das Gesetz regelt ausdrücklich zwei Anlässe, die eine Anordnung des persönlichen Erscheinens der Parteien rechtfertigen:

aa) *Anordnung des persönlichen Erscheinens zum Zwecke der Sachaufklärung* (§ 141 ZPO). Sie ist zu unterscheiden von der Parteivernehmung, die ein stets durch förmlichen Beweisbeschluß anzuordnendes Beweismittel ist (§§ 450, 358/359 ZPO). Demgegenüber sind die durch die Anordnung des persönlichen Erscheinens erstrebten Angaben der Parteien **Sachvortrag;** sie unterliegen auch nicht der Protokollierungspflicht nach § 160 ZPO.

Die *Parteien* sind *persönlich* zu laden, auch wenn sie einen Prozeßbevollmächtigten bestellt haben (§ 141 Abs. 2 ZPO). Bei unentschuldigtem Ausbleiben ist ein Ordnungsgeld wie gegen einen ausgebliebenen Zeugen (§ 141 Abs. 3, 380 ZPO) zu verhängen, jedoch keine Festsetzung von Ordnungshaft, keine Verurteilung in die Kosten, keine Androhung einer zwangsweisen Vorführung.

Eine Ordnungsmaßnahme kommt aber nicht in Betracht,
wenn sich die Partei zur Sache überhaupt nicht eingelassen hat, also nicht streiten will,
wenn die Partei in der Ladung nicht auf die Folgen ihres Ausbleibens hingewiesen war,
wenn die Partei an ihrer Stelle eine zur Sachaufklärung befähigte und zur Abgabe der gebotenen Erklärungen ermächtigte Person entsendet.

Streitig ist, ob diese ›Ersatzperson‹ aus eigener Wahrnehmung informiert sein muß (z. B. Buchhalter, Prokurist) oder ob auch die Information ›aus zweiter Hand‹ ausreicht (z. B. unterrichteter Prozeßbevollmächtigter). Sachgemäß dürfte es sein, nur eine aus eigenem Wissen informierte Ersatzperson zuzulassen.

bb) *Anordnung des persönlichen Erscheinens zum Zwecke des Güteversuchs.*
Die ZPO gebietet dem Gericht, auf eine gütliche Beilegung des Rechtsstreits hinzuwirken (§ 279 Abs. 1 ZPO). Es ist deshalb auch die Möglichkeit eröffnet, zu diesem Zweck das persönliche Erscheinen der Parteien anzuordnen. Bei dieser Anordnung des persönlichen Erscheinens (zum Zwecke des Güteversuchs) ist zu beachten: keine Ordnungsmaßnahmen, wenn die Partei ausbleibt, denn § 279 Abs. 2 ZPO verweist nur auf § 141 Abs. 2 ZPO, nicht auf dessen Abs. 3. Einen Zwang zur gütlichen Beilegung will das Gesetz offenbar nicht ausüben.
Wird der Güteversuch vor einem beauftragten oder ersuchten Richter (§ 279 Abs. 1 ZPO) durchgeführt, so besteht für einen abzuschließenden Prozeßvergleich kein Anwaltszwang (§ 78 Abs. 2 ZPO).

113 **e)** *Ladung von Zeugen und Sachverständigen*
Es kommen nur solche **Zeugen** in Frage, auf die sich eine Partei bezogen hat (Verhandlungsgrundsatz!) und die für eine schlüssige und bestrittene Behauptung benannt sind. Für die Ladung von **Sachverständigen** bedarf es der Benennung durch eine Partei nicht. Über deren Zuziehung befindet allein das Gericht (§ 144 ZPO).

Selbstverständlich hat die Ladung von Zeugen und Sachverständigen dann zu unterbleiben, wenn der Beklagte dem Klageanspruch nicht widersprochen hat, also mit einem Versäumnis- oder Anerkenntnisurteil gerechnet werden kann (§ 273 Abs. 3 ZPO).

Zeugen werden nach § 377 Abs. 2 ZPO **geladen.** Bei unentschuldigtem Ausbleiben treten die Folgen des § 380 ZPO (Verurteilung in die Kosten des Ausbleibens, Ordnungsgeld, bzw.-haft, Anordnung der zwangsweisen Vorführung) ein. Das Gericht kann die Zeugenladung von der vorherigen Zahlung eines Auslagenvorschusses abhängig machen (§ 379 ZPO). Die Anordnung der Ladung von Zeugen und Sachverständigen gem. § 273 Abs. 2 Nr. 4 ZPO ist kein Beweisbeschluß. Die anwaltliche Beweisgebühr (§ 31 Abs. 1 Nr. 3 BRAGO) entsteht erst und nur dann, wenn die Vernehmung im Termin tatsächlich auch beschlossen wird. Dagegen ist der Anspruch der geladenen und erschienenen Zeugen und Sachverständigen auf Auslagenersatz nach dem ZuSEntschG davon nicht abhängig.

3. Der vorterminliche Beweisbeschluß (§ 358 a ZPO)

114 **a)** *Der Beweisbeschluß ist die gerichtliche Entscheidung, durch die im Rechtsstreit eine Beweiserhebung angeordnet wird.* Er ergeht demgemäß grundsätzlich auf Grund einer mündlichen Verhandlung (Mündlichkeitsgrundsatz z. B. als Entscheidung nach dem frühen ersten Termin oder im Haupttermin als Anordnung zur Vernehmung der erschienenen Zeugen.
In Abweichung von diesem Grundsatz ist durch die Vereinfachungsnovelle v. 1976 (§ 358 a ZPO) die Möglichkeit eröffnet worden, schon *vor der mündlichen Verhandlung einen Beweisbeschluß zu erlassen.*
Während die vorbereitenden Maßnahmen des § 273 ZPO auch vom Vorsitzenden allein getroffen werden können, **steht der Erlaß eines vorterminlichen Beweisbeschlusses in der Entscheidungsbefugnis des Gerichts,** also beim Landgericht der Zivilkammer, falls nicht der Einzelrichter zuständig ist.
Der vorterminliche Beweisbeschluß kann jede Beweisanordnung treffen. Sein Inhalt richtet sich nach § 359 ZPO.

b) Von der vorterminlichen Anordnung der Beweiserhebung ist die *vorterminliche Ausführung des Beweisbeschlusses* zu unterscheiden.

Sie darf nur erfolgen, soweit es sich handelt um (§ 358a Nr. 1–5): Beweisaufnahme vor dem beauftragten oder ersuchten Richter (§§ 355 Abs. 1, Nr. 2, 375 ZPO), Einholung amtlicher Auskünfte, Einholung schriftlicher Auskünfte von Zeugen (§ 377 Abs. 3 und 4 ZPO), Begutachtung durch Sachverständige oder Einnahme eines Augenscheins. *Beweiserhebungen außerhalb dieses Katalogs dürfen nicht vor dem Termin durchgeführt werden.*

c) Bei der Ausführung des vorterminlichen Beweisbeschlusses ist das **Recht auf Parteiöffentlichkeit** (§ 357 ZPO) zu beachten. Die Parteien sind zur Anwesenheit bei der Beweiserhebung stets berechtigt und dementsprechend zu benachrichtigen (vgl. § 357 Abs. 2 ZPO). Dies gilt auch für den Besichtigungstermin des mit einem Gutachten beauftragten Sachverständigen.

4. Rechtliche Hinweise

Bereits durch Art und Inhalt der vorbereitenden Anordnungen werden sich die Parteien **115** ein Bild machen können von den beim Gericht vorherrschenden Rechtsansichten. Darüber hinaus ist es geboten, daß das Gericht ausdrücklich die von ihm als einschlägig erkannten Rechtsfragen aufzeigt und eine entsprechende Diskussion anregt. Das Gericht beachtet damit die ihm gesetzlich auferlegte Aufklärungspflicht, die sich nicht auf den Bereich des Tatsächlichen beschränkt (§§ 139, 278 Abs. 3 ZPO), und sichert sich die Mitarbeit der Parteien für eine allseitige rechtliche Durchleuchtung des Falles.

IV. Vorbereitung des Haupttermins durch schriftliches Vorverfahren (§ 276 ZPO)

1. Der für die Erledigung des Rechtsstreits vorgesehene Haupttermin kann anstatt durch **116** frühen ersten Termin auch durch ein **schriftliches Vorverfahren** umfassend vorbereitet werden.

Es gründet sich darauf, daß durch den Austausch von wechselseitigen Schriftsätzen die streitigen Sach- und Rechtsfragen hinreichend deutlich werden, sodaß dann im Termin die Entscheidung des Rechtsstreits herbeigeführt werden kann. Da demgemäß eine entsprechende Qualität der Schriftsätze erforderlich ist, eignet sich das schriftliche Vorverfahren regelmäßig nur für Rechtsstreitigkeiten mit beiderseitiger Anwaltsbeteiligung.

In Ehesachen gibt es kein schriftliches Vorverfahren (§ 611 Abs. 2 ZPO).

2. **Die Entscheidung, ob** ein schriftliches Vorverfahren angeordnet werden soll, **trifft der Vorsitzende.** Er hat unverzüglich die Zustellung der Klageschrift anzuordnen. Zugleich werden dem Beklagten folgende Fristen gesetzt:

a) *Frist zur Anzeige der Verteidigungsabsicht*
Sie ist eine *Notfrist* (vgl. §§ 276 Abs. 1, 223 Abs. 3, 233 ZPO) *von zwei Wochen ab Zustellung der Klage.*

123

Im Anwaltsprozeß unterliegt diese Erklärung dem Anwaltszwang (§ 276 Abs. 2 ZPO.) Unterbleibt sie oder wird sie nicht von einem zugelassenen Rechtsanwalt abgegeben, so kann auf Antrag des Klägers gegen den Beklagten ein Versäumnisurteil im schriftlichen Verfahren ergehen (§ 331 Abs. 3 ZPO). Entsprechend ist bei einem Anerkenntnis oder der ausdrücklichen Erklärung, sich nicht verteidigen zu wollen, das Anerkenntnisurteil ohne mündliche Verhandlung zu erlassen (§ 307 Abs. 2 ZPO).

Unterbleibt ein Antrag des Klägers auf Versäumnis- oder Anerkenntnisurteil, so ist Termin zur mündlichen Verhandlung zu bestimmen. Eine entsprechende Antragsstellung kann jedoch durch den Vorsitzenden angeregt werden.

b) *Frist zur Klageerwiderung*
Sie schließt sich an die Frist zur Erklärung der Verteidigungsbereitschaft an und *dauert mindestens weitere zwei Wochen*. Eine Klageerwiderungsfrist von nur zwei Wochen wird selten einmal ausreichen. Auf Antrag kann die vom Gericht gesetzte Frist auch verlängert werden (§§ 224 Abs. 2, 225 ZPO).

c) *Nach richterlichem Ermessen kann nach Eingang der Erklärungen des Beklagten auch noch der Kläger zur weiteren schriftlichen Stellungnahme aufgefordert werden.*

Zur klaren Erfassung des Streitstandes wird dies, wenn auch vom Gesetz nicht ausdrücklich vorgesehen, regelmäßig notwendig sein.

3. Nach Abschluß des schriftlichen Vorverfahrens bestimmt das Gericht den **Haupttermin** und trifft die hierfür gebotenen Anordnungen:

Vorbereitende Maßnahmen (§ 273 ZPO) – vgl. Rn. 111.
Vorterminlicher Beweisbeschluß (§ 358 aa ZPO) – vgl. Rn. 114.
Rechtliche Hinweise (§§ 139, 278 Abs. 3 ZPO) – vgl. Rn. 115.

V. Aufhebung, Verlegung, Vertagung von Terminen; Wiedereröffnung der mündlichen Verhandlung

117 1. **Terminsaufhebung** ist die *Beseitigung eines angesetzten Termins, ohne daß ein neuer bestimmt wird* (§ 227 ZPO). Es muß hierfür ein erheblicher Grund vorliegen, z. B. wenn ein Zeuge nicht geladen werden konnte und seine neue Anschrift erst ermittelt werden muß.

In der allzu großen Bereitschaft, Termine aus unbedeutenden Anlässen aufzuheben, sah der Gesetzgeber eine besondere Gefahr für die angestrebte zügige Prozeßerledigung. Es sind deshalb einige in der Praxis häufig vorkommende Umstände im Gesetz genannt, die nicht Anlässe für eine Terminaufhebung sein dürfen: Ausbleiben einer Partei, wenn das Nichterscheinen nicht entschuldbar erscheint; nicht entschuldigte mangelnde Vorbereitung einer Partei; Einverständnis der Parteien, im Termin nicht zu erscheinen. Der **Aufhebungsbeschluß** ist zu begründen (§ 227 Abs. 2 ZPO):

»Der Termin vom... wird aufgehoben, weil der Zeuge Z unter der vom Kläger angegebenen Anschrift nicht geladen werden konnte.«

Die *Aufhebung* wie auch die *Zurückweisung einer beantragten Aufhebung* sind nicht anfechtbar (§ 227 Abs. 2 ZPO).

2. **Terminsverlegung** ist die *Bestimmung eines neuen Termins, bevor der ursprünglich* **118** *angesetzte Termin begonnen hat,* d. h. Aufhebung des ursprünglichen Termins unter gleichzeitiger Benennung eines neuen.

3. Bei der **Terminsvertagung** wird *der angesetzte und stattfindende Termin nicht zum vorgesehenen Ende geführt, vielmehr wird im Termin ein neuer bestimmt.*

4. Wiedereröffnung der mündlichen Verhandlung (§ 156 ZPO)

Das Gericht soll die mündliche Verhandlung schließen, wenn die Sache vollständig erör- **119** tert, also zur Entscheidung reif ist. Anstelle der Entscheidung in der Sache kann jedoch *ein Beschluß ergehen, daß die mündliche Verhandlung wiedereröffnet werde,* wenn dafür ein Grund gegeben ist:

Bei nachträglicher Erkenntnis, daß die Sache noch nicht vollständig erörtert war, weil das Gericht seine Aufklärungspflicht nicht hinreichend beachtet hatte (§ 278 Abs. 3 ZPO), oder wenn ein an der mündlichen Verhandlung beteiligt gewesener Richter vor der Entscheidung weggefallen ist (vgl. § 309 ZPO).
Ein nach Schluß der mündlichen Verhandlung noch eingegangener Schriftsatz hat grundsätzlich unbeachtet zu bleiben. **Ein Anspruch der Partei auf Wiedereröffnung der mündlichen Verhandlung,** um dadurch den schriftsätzlichen Vortrag noch zum Gegenstand der mündlichen Verhandlung zu machen (Mündlichkeitsgrundsatz!), **besteht nicht.**
Das Gericht kann jedoch nach freiem Ermessen die Wiedereröffnung der Verhandlung anordnen, um den Inhalt des Schriftsatzes zum Gegenstand der mündlichen Verhandlung und damit zur Entscheidungsgrundlage werden zu lassen, wenn für das Gericht in der mündlichen Verhandlung Anlaß bestanden hätte, in Richtung auf das nachträgliche Vorbringen eine Aufklärung nach § 139 ZPO herbeizuführen.

7. Kapitel

Postulationsfähigkeit und Bedeutung des Anwaltszwanges

I. Postulationsfähigkeit

120 *Postulationsfähigkeit bedeutet die Fähigkeit zu rechtserheblichem prozessualem Handeln. Jede prozeßfähige Partei ist grundsätzlich auch postulationsfähig.*
Ausnahmen:
a) Bei den *Kollegialgerichten* (Landgericht und Gerichte des höheren Rechtszuges) sind nur die bei dem jeweiligen Gericht zugelassenen Rechtsanwälte postulationsfähig (§ 78 ZPO). Ein beim Prozeßgericht zugelassener Rechtsanwalt kann sich dort selbst vertreten (§ 78 Abs. 3 ZPO).
b) Beim *Amtsgericht* ist eine nach § 157 ZPO in der mündlichen Verhandlung ausgeschlossene Person (vgl. oben Rn. 19!) nicht postulationsfähig. Wegen des Anwaltszwanges vor den Familiengerichten vgl. § 78 Abs. 1 und 78a ZPO; Rn. 122.

II. Der Anwaltszwang und die Ausnahmen vom Anwaltszwang

1. Anwaltszwang

121 Aus der Regelung des § 78 ZPO folgt der sogenannte **Anwaltszwang**, d. h. die *Notwendigkeit der Vertretung durch einen zugelassenen Rechtsanwalt für alle Prozeßhandlungen gegenüber dem Prozeßgericht,*

z. B. Einreichung einer Klageschrift, Verhandeln im Termin, Stellen von Beweisanträgen, Anerkenntnis, Verzicht, Abschluß eines Prozeßvergleiches, Klagerücknahmeerklärung, Einlegung von Einspruch oder Rechtsmitteln.

Ein *Verstoß* gegen den Anwaltszwang macht die *vorgenommene Prozeßhandlung* völlig *unwirksam.* Eine nachträgliche Heilung ist nur durch Genehmigung seitens des etwas später eintretenden zugelassenen Anwalts möglich. Dadurch, daß der Prozeßgegner den Verstoß gegen den Anwaltszwang nicht rügt (§ 295 ZPO), kann eine Heilung nicht eintreten. Die **Postulationsfähigkeit** ist demnach keine Sachurteilsvoraussetzung mit der Folge, daß die Klage des nicht gehörig vertretenen Klägers als unzulässig abzuweisen wäre, sondern eine **Prozeßhandlungsvoraussetzung.** Seine Klage wird gar nicht bearbeitet; seine Antragsstellung im Termin gilt nicht als erfolgt (mit der Folge des § 333 ZPO). Der im Anwaltsprozeß ohne Anwalt erschienene Beklagte kann gleichfalls nicht verhandeln und gilt als säumig (§ 333 ZPO).

2. Ausnahmen

Ausnahmsweise kann auch in *Rechtsstreitigkeiten vor Kollegialgerichten* die Partei selbst handeln (§ 78 Abs. 2 ZPO):
a) In **Verfahren vor einem beauftragten** oder **ersuchten Richter** (§§ 361, 362, 279 ZPO)

– vgl. oben Rn. 15). Vor dem Einzelrichter des Landgerichts (§ 348 ZPO vgl. oben Rn. 14) besteht aber Anwaltszwang, denn er ist das Prozeßgericht.

b) Bei **Prozeßhandlungen, die vor dem Urkundsbeamten der Geschäftsstelle vorgenommen werden können.**

Diese Prozeßhandlungen sind im Gesetz besonders gekennzeichnet, z. B. Richterablehnung (§ 44 ZPO), Kostenfestsetzungsverfahren (§ 103 ZPO), Prozeßkostenhilfeverfahren (§ 117 ZPO), Antrag auf Beweissicherung (§ 486 ZPO), Antrag auf Erlaß eines Arrests oder einer einstweiligen Verfügung (§§ 920 Abs. 3, 936 ZPO). (Bei den beiden letztgenannten Verfahren ist nur die Antragstellung, nicht auch ein sich etwa anschließendes Gerichtsverfahren beim Landgericht vom Anwaltszwang befreit).

c) Im **Beschwerdeverfahren, wenn der Rechtsstreit beim Amtsgericht anhängig und dort kein Anwaltsprozeß ist** (vgl. § 569 Abs. 2, 2 ZPO i. Verb. mit § 78 Abs. 2 ZPO).

3. Anwaltszwang beim Familiengericht

Ausnahmsweise besteht auch beim **Amtsgericht Anwaltszwang soweit es als Familiengericht tätig wird** (§ 78 Abs. 1, 2 ZPO): in Ehesachen, in Folgesachen von Scheidungssachen und im Verfahren über Ansprüche aus dem ehelichen Güterrecht, die selbständig geltend gemacht werden bei Streitwert von mehr als 5000,– DM (vgl. dazu § 78 a ZPO). **122**

Dem Antragsgegner in einer Scheidungssache kann das Prozeßgericht von Amts wegen einen Rechtsanwalt beiordnen, wenn dies zu seinem Schutz unabweisbar erscheint (§ 625 ZPO). Damit soll der unwissende oder hilflose Gegner im Ehescheidungsverfahren vor unangemessenen Nachteilen bewahrt werden.

Bestellt der Antragsgegner keinen Prozeßbevollmächtigten und unterbleibt die Beiordnung eines Rechtsanwalts gem. § 625 ZPO, so kann er wirksam keine Prozeßhandlungen vornehmen. Seine Mitwirkung im Verfahren erschöpft sich in der Anhörung gem. § 613 ZPO. Er kann nicht verhandeln und insbesondere keine Anträge stellen. Ein Versäumnisurteil kann aber gegen ihn nicht ergehen (§ 612 Abs. 4 ZPO).

Es findet dann eine einseitige mündliche Verhandlung mit dem Kläger statt und es ergeht ein kontradiktorisches Urteil auf Grund des unter Berücksichtigung von § 616 ZPO (Untersuchungsgrundsatz) erkannten Sachverhalts. Das Urteil kann demnach auch auf Abweisung lauten.

Beachte: Ein Versäumnisurteil auf Zurückweisung des Antrags gegen den in einer Scheidungssache nicht erschienenen Antragsteller ist zulässig (arg. § 612 Abs. 4 ZPO).

4. Einzelfälle zum Anwaltszwang

a) *Vor dem Einzelrichter beim Landgericht schließen die im Termin ohne Anwälte erschienenen Parteien einen Vergleich.* Dieser Vergleich ist als Prozeßvergleich unwirksam, da vor dem Einzelrichter (der ja das Prozeßgericht darstellt) Anwaltszwang besteht und der Abschluß eines Prozeßvergleiches dem Anwaltszwang unterliegende Prozeßhandlungen erfordert. Er ist jedoch materiellrechtlich wirksam, vgl. Rn. 267. **123**

b) *Die Parteien treffen sich ohne Anwälte anläßlich einer Beweisaufnahme vor dem ersuchten Richter und schließen hier einen Vergleich ab.* – Dieser Vergleich ist ein wirksamer Prozeßvergleich, weil für Prozeßhandlungen im Verfahren vor dem ersuchten Richter kein Anwaltszwang besteht.

c) *Im Verhandlungstermin vor der Zivilkammer des Landgerichts ist der Kläger anwaltlich vertreten. Der Beklagte ist persönlich, aber ohne Anwalt anwesend. Die Parteien wollen einen Vergleich abschließen. Die Kammer verweist deshalb den Rechtsstreit zum Zwecke eines Güteversuchs gemäß § 279 Abs. 1 ZPO an den Berichterstatter oder der Einzelrichter an sich selbst als beauftragten Richter. Hier wird der Vergleich abgeschlossen und protokolliert.* Der Vergleich ist ein wirksamer Prozeßvergleich (§ 78 Abs. 2 ZPO). Vgl. OLG Koblenz NJW 1971, 1043.

d) *Der Kläger entzieht im landgerichtlichen Verfahren seinem Anwalt das Mandat und erklärt selbst die Klagerücknahme gegenüber dem Prozeßgericht.* – Die Klagerücknahmeerklärung ist unwirksam, da sie eine dem Anwaltszwang unterliegende Prozeßhandlung ist. Gleiches müßte gelten, wenn der Kläger im Verfahren vor dem beauftragten oder ersuchten Richter Klagerücknahme erklären würde, weil die Klage dem Gericht (d. h. Prozeßgericht) gegenüber zurückgenommen werden muß (§ 269 Abs. 2 Satz 1 ZPO).

e) *In einem vor dem beauftragten Richter zulässig ohne Anwälte abgeschlossenen Vergleich lautet die Ziffer 1: ›Der Kläger nimmt die Klage zurück‹.* – Diese vergleichsweise erklärte Klagerücknahme ist wirksam, denn die Klagerücknahmeerklärung ist Teil eines Prozeßvergleiches, der gemäß §§ 78 Abs. 2, 279 ZPO außerhalb des Anwaltszwanges abgeschlossen werden kann. Die prozeßbeendende Wirkung beruht hier auf dem Prozeßvergleich, nicht auf der Klagerücknahmeerklärung. Dementsprechend ergibt sich auch die Kostenfolge aus § 98 ZPO (oder aus der Kostenvereinbarung im Vergleich), nicht aus § 269 Abs. 3 ZPO. Zum Erfordernis des ›gegenseitigen Nachgebens‹ beim Prozeßvergleich vgl. jedoch Rn. 243.

8. Kapitel

Das Sitzungsprotokoll

Über jede mündliche Verhandlung ist ein Protokoll aufzunehmen (§ 159 ZPO). Dies gilt auch für Termine, in denen niemand erscheint, und für Verkündungstermine.

1. Die Aufgabe der Protokollführung

Die *Protokollführung* obliegt dem **Urkundsbeamten der Geschäftsstelle** (§ 159 Abs. 1 **124** ZPO). Er hat es auch neben dem Vorsitzenden zu unterschreiben (§ 163 Abs. 1 ZPO). Der Vorsitzende kann jedoch von der Zuziehung eines Protokollführers absehen. In diesem Fall ist er selbst zugleich Protokollführer (§ 159 Abs. 1, 2 ZPO).
Der Urkundsbeamte hat das Protokoll *in eigener Verantwortung* abzufassen und niederzuschreiben. Darüber hinaus hat er Anordnungen des Vorsitzenden, insbesondere hinsichtlich des ins Protokoll aufzunehmenden Parteivortrages, zu beachten.

In der Praxis finden für die Protokollführung verbreitet Formulare Verwendung, die dem Urkundsbeamten diese Arbeit beträchtlich vereinfachen. Es sollte jedoch jeder Protokollführer zunächst lernen, allein mit Hilfe des Gesetzes, ohne Verwendung von Formularen ein ordnungsgemäßes Protokoll zu errichten, um nicht ›formularabhängig‹ zu werden. Es besteht sonst die Gefahr, daß die Formulare ohne Verständnis und damit häufig falsch ausgefüllt werden.

2. Die Bedeutung des Protokolls

Das **Protokoll** ist *eine öffentliche Urkunde*. Es beweist die Beachtung der vorgeschriebe- **125** nen Förmlichkeiten über den äußeren Hergang des Verhandlungstermins (§ 165 ZPO),

– z. B. wann und wo verhandelt worden ist,
– wer bei der Verhandlung mitgewirkt hat,
– ob Anträge gestellt worden sind,
– ob öffentlich verhandelt worden ist,
– ob ein Vergleich vorgelesen und genehmigt worden ist,
– ob und welche Entscheidungen verkündet worden sind.

Gegen den die Förmlichkeiten betreffenden Inhalt des Protokolls ist nur der Nachweis der Fälschung zulässig (§ 165 ZPO).
Wird der Protokollinhalt nachträglich noch als unrichtig erkannt, so kann er von dem an der Abfassung des Protokolls beteiligten Vorsitzenden und Urkundsbeamten auf Antrag oder von Amts wegen berichtigt werden (§ 164 ZPO). Gegen die Ablehnung einer beantragten Protokollberichtigung gibt es jedoch kein Rechtsmittel.

3. Der Inhalt des Protokolls

Das Protokoll enthält **126**
a) Die **Förmlichkeiten und äußeren Gegebenheiten des Verhandlungstermins** (§ 160 Abs. 1 ZPO):

Ort und *Tag* der Verhandlung und *mitwirkende Gerichtspersonen, Bezeichnung des Rechtsstreits nach Aktenzeichen und Parteien,*

Enthält das Protokoll einen **Prozeßvergleich,** so muß es die vollen Parteiangaben (Namen, Anschrift, Prozeßbevollmächtigte) enthalten, da der Prozeßvergleich ein Vollstreckungstitel ist. In **anderen Fällen** genügt im Protokoll die abgekürzte Bezeichnung der Parteien, z. B. Maier./.Müller).

Angabe der erschienenen prozeßbeteiligten Personen,
Angaben über die Öffentlichkeit der Verhandlung.

Ist in einer Familiensache nichtöffentlich verhandelt worden (§ 170 GVG) und wird nach anschließender geheimer Beratung sogleich ein Urteil verkündet, so muß vor der Verkündung die Öffentlichkeit hergestellt (§ 173 GVG) und dies im Protokoll vermerkt werden.

b) Verhandlungsablauf

Der Gang der Verhandlung ist nicht im einzelnen anzugeben. Allgemeiner Parteivortrag und die Darstellung der Streitpunkte durch die Parteien gehören regelmäßig nicht ins Protokoll, sondern in den Tatbestand des Urteils (vgl. § 314 ZPO).
Ins Protokoll müssen *aufgenommen werden* (§ 160 Abs. 3 ZPO):
Anerkenntnis (§ 307 ZPO), *Verzicht* (§ 306 ZPO), *Vergleich* (§ 794, Nr. 1 ZPO), *Anträge der Parteien,*

Die Anträge der Parteien müssen im Anwaltsprozeß (§ 78 ZPO) aus den vorbereitenden Schriftsätzen verlesen werden (§ 297 ZPO, Bezugnahme auf die Schriftsätze ist gestattet). Wenn sie noch nicht schriftlich in den Akten vorliegen, müssen sie im Termin niedergeschrieben und die Niederschrift dem Protokoll angefügt werden, falls nicht der Vorsitzende gestattet, daß die Anträge zu Protokoll erklärt werden. Wegen der Regelung im amtsgerichtlichen Prozeß vgl. § 510a ZPO.

Aussagen von Zeugen und Sachverständigen, Parteiaussagen bei angeordneter Parteivernehmung.

Erklärungen einer Partei bei lediglich informatorischer Befragung (vgl. § 141 ZPO) werden meist nicht ins Protokoll aufgenommen; ausnahmsweise erweist sich dies als zweckmäßig, bei besonders gewichtigen Erklärungen oder bei bevorstehendem Richterwechsel.

Ergebnis eines richterlichen Augenscheins, jedoch ohne die vom Gericht aus den Beobachtungen gezogenen Schlußfolgerungen,

Entscheidungen des Gerichts sowie *die Tatsache der Verkündung dieser Entscheidungen.*

Zu beachten ist, daß ein Protokoll, soweit es **Anerkenntnisse, Verzichtserklärungen, Prozeßvergleiche, Geständnisse, Zeugen-, Sachverständigen-** oder **Parteiaussagen** (im Falle der förmlichen Parteivernehmung), **Augenscheinsergebnisse, Zurücknahme der Klage** oder *eines* **Rechtsmittels** oder **Rechtsmittelverzicht** enthält, *den Beteiligten zum Zwecke der Genehmigung vorzulesen* oder *zur Durchsicht vorzulegen ist.*
Ist der Inhalt des Protokolls nur vorläufig aufgezeichnet worden, z. B. mit einem Tonaufnahmegerät, so genügt es, wenn die Aufzeichnungen abgespielt werden.
Das Protokoll muß einen Vermerk darüber enthalten, daß dies geschehen ist (§ 162 ZPO) (v. u. g.: vorgelesen und genehmigt).
Aussagen von Zeugen, Sachverständigen und vernommenen Parteien brauchen nicht abgespielt zu werden, wenn sie in Gegenwart der Beteiligten unmittelbar aufgezeichnet worden sind (»nach Diktat genehmigt«). Der Beteiligte, dessen Aussage aufgezeichnet ist, kann jedoch das Abspielen verlangen (§ 162 Abs. 2 ZPO).

4. Vorläufige Aufzeichnung des Protokollinhalts

Vom Protokoll selbst ist die **vorläufige Aufzeichnung seines Inhalts** zu unterscheiden **127**
(§ 160a ZPO). Sie kann erfolgen durch gebräuchliche Kurzschrift, Kurzschriftmaschine,
verständliche Abkürzungen oder Tonaufnahmegerät. Grundsätzlich soll das Protokoll
dann unverzüglich nach der Sitzung hergestellt werden (§ 160a Abs. 2 ZPO).
Ausnahmen gelten jedoch für die *Verwendung von Tonaufnahmegeräten* bei der Beweisaufnahme. Hier genügt der Vermerk im Protokoll, daß eine vorläufige Aufzeichnung mit
einem Tonaufnahmegerät erfolgt ist. Die Übertragung der Aufzeichnungen selbst in das
Protokoll ist nur auf Antrag einer Partei oder auf Anfordern des Rechtsmittelgerichts erforderlich.
Die Tonaufzeichnung kann unmittelbar und wortgetreu erfolgen – Mitlaufen des
Tonaufnahmegerätes während der ganzen Sitzung (»Wortprotokoll«) oder durch Aufnahme der vom Richter diktierten Zusammenfassung der wesentlichen Aussageergeb-
nisse. Letzteres wird die Regel sein, da andernfalls das Protokoll zu umfangreich
werden und viel Unnötiges enthalten wird.
Bei der Protokollierung von **Vergleichen** erscheint es ratsam, sich nicht mit einer
vorläufigen Tonaufzeichnung zu begnügen, sondern sogleich ein schriftliches Protokoll
anzufertigen, um Unklarheiten und Mißverständnisse zu vermeiden.

9. Kapitel

Verhandlungstermin beim Erscheinen beider Parteien

I. Haupttermin und früher erster Termin

128 Im Ablauf der Verhandlungstermine besteht grundsätzlich kein Unterschied. Zwar wird dem »frühen ersten Termin« häufig noch ein »Haupttermin« nachfolgen. Gleichwohl wäre es falsch, im frühen Termin stets nur einen »Vortermin« zu sehen. Vielmehr soll auch er tunlichst bereits zur endgültigen Prozeßerledigung führen (vgl. § 275 Abs. 2 ZPO). Tatsächliche Unterschiede werden sich daraus ergeben, daß für den frühen ersten Termin meist eine umfassende Vorbereitung noch nicht stattgefunden hat (vgl. allerdings § 277 Abs. 1 ZPO) und auch regelmäßig Zeugen oder die Parteien persönlich dazu nicht einbestellt sind.

Die Erledigungschancen im frühen ersten Termin werden sich deshalb gewöhnlich darauf beschränken, daß von vornherein nichtstreitige Sachen durch Versäumnis- oder Anerkenntnisurteil ausgeschieden werden oder die vorbereitende Erörterung der Streitsache bereits zu einer vergleichsweisen Bereinigung führen kann. In allen anderen Fällen soll im frühen ersten Termin jedenfalls der nachfolgende Haupttermin umfassend vorbereitet werden (§ 275 Abs. 1 und 2 ZPO).

Unter Berücksichtigung dieser Unterschiede gelten die nachfolgenden Ausführungen über den Verhandlungsablauf gleichermaßen für den frühen ersten Termin und den Haupttermin.

II. Terminsablauf

1. Aufruf der Sache

129 Der Termin beginnt mit dem **Aufruf der Sache** durch den Vorsitzenden (§§ 220, 136 ZPO), dem die gesamte Verhandlungsleitung obliegt.

Wird verhandelt, ohne daß die Sache aufgerufen wurde oder ist der Aufruf nicht hinreichend deutlich erfolgt, so daß eine erschienene Partei nicht effektiv in die Lage versetzt wurde, zu hören, daß jetzt verhandelt wird, so ist ihr Anspruch auf Gewährung rechtlichen Gehörs verletzt (BVerf. GE 43, 364, 369).

Ein Versäumnisurteil wäre dann nicht ›in gesetzlicher Weise‹ ergangen (§ 344 ZPO). Dieser Fall ist bei Großstadt-Amtsgerichten, bei denen in einer Sitzung 20 bis 30 Termine stattfinden und demgemäß bei Beginn der Sitzung viele Personen im Saal anwesend sind, im Trubel der Vorgänge (viele Versäumnissachen) durchaus vorstellbar.

Zur Feststellung im Protokoll ist es erforderlich, sich Gewißheit über die erschienenen Prozeßbeteiligten zu verschaffen (vgl. § 160 Abs. 1 Nr. 4 ZPO).

2. Das ›streitige Verhandeln‹, Termine ohne Antragstellung

130 a) Gemäß § 137 Abs. 1 ZPO wird die mündliche Verhandlung durch die förmliche **Antragsstellung** eingeleitet:

Der Kläger stellt den Antrag, den Beklagten zur Zahlung von ... DM nebst ... % Zinsen zu verurteilen.
Der Beklagte beantragt, die Klage abzuweisen.

Im Anwaltsprozeß (§ 78 ZPO) müssen die Anträge verlesen werden (§ 297 ZPO); sie müssen also im Zeitpunkt der Antragstellung schriftlich vorliegen. Bezugnahme auf Schriftsätze, die den Antrag enthalten, ist gestattet (§ 297 Abs. 2 ZPO).

Formuliert der Anwalt im Termin auf Grund einer veränderten Prozeßsituation neu, so hat er den zu stellenden Antrag schriftlich abzufassen und dem Gericht zu übergeben oder, wenn dies der Vorsitzende gestattet, zu Protokoll zu erklären.

Die Antragstellung ist der **Beginn der ›streitigen Verhandlung‹**. Das Gericht ist bei der von ihm erwarteten Entscheidung an die Parteianträge gebunden (§ 308 ZPO) und darf insbesondere nicht über den klägerischen Antrag hinausgehen.

Für die als Parteivertreter bestellten Anwälte entsteht mit der streitigen Verhandlung die Verhandlungsgebühr (§ 31 BRAGO) und Klagerücknahme ist nur noch mit Einwilligung des Beklagten möglich (§ 269 ZPO). Ein unzuständiges Gericht gilt gemäß §§ 39, 40 ZPO als vereinbart; beim Amtsgericht jedoch nur, wenn der Beklagte vor der Verhandlung entsprechend § 504 ZPO belehrt worden war.

b) Trotz § 137 Abs. 1 ZPO muß es jedoch nicht unabweislich schon im ersten Termin **131** zur Antragstellung und streitigen Verhandlung kommen:
Bemüht sich das Gericht um eine gütliche Einigung zwischen den Parteien oder zeichnet sich eine solche schon zu Beginn des Termins ab, so wird zunächst eine Antragsstellung unterbleiben: ausdrücklich oder stillschweigend angeordneter Güteversuch (§ 279 ZPO).

3. Erörterung des Streitverhältnisses

Der Verhandlungstermin dient der Erörterung des Streitverhältnisses in tatsächlicher und **132** *rechtlicher Hinsicht zwischen dem Gericht und den Parteien.*

a) Es liegt in der **Verantwortung des Vorsitzenden,** daß der Rechtsstreit erschöpfend und zügig verhandelt wird (§ 136 Abs. 3 ZPO).

aa) **Das Gericht führt in den Sach- und Streitstand ein** (§ 278 Abs. 1 ZPO).

Diese Einführung besteht in einer kurzen Darstellung der unstreitigen Sachverhaltsumstände und der zu klärenden Streitfragen durch den Vorsitzenden oder den Berichterstatter. Die einführende Information sollte aber nicht so sehr ins Detail gehen, um die danach erst anzuhörenden Parteien nicht von vornherein auf eine bestimmte Darstellung zu fixieren.

bb) **Die Richterliche Aufklärungspflicht** ist besonders in der mündlichen Verhandlung wahrzunehmen. Durch Fragen und Hinweise hat das Gericht auf vollständigen Vortrag und sachdienliche Anträge hinzuwirken (§ 139 ZPO). Dabei müssen insbesondere auch die von den Parteien nicht erkannten rechtlichen Aspekte des Falles offen zur Sprache kommen.

Eine eindeutige Absage an unerwartete Überraschungsentscheidungen enthält § 278 Abs. 3 ZPO.

cc) **Die gütliche Beilegung** des Rechtsstreits ist ein stets anzustrebendes Ziel. Das Gericht soll daher, soweit dies sinnvoll erscheint, in jeder Lage des Verfahrens um eine solche gütliche Prozeßerledigung bemüht sein (§ 279 ZPO).

133 b) Die **Vorträge der Parteien** sollen das Streitverhältnis in tatsächlicher und rechtlicher Beziehung umfassen und den jeweiligen Standpunkt aufzeigen. Der Vortrag ist frei zu halten (§ 137 Abs. 2 ZPO). Ein Vorlesen von Schriftsätzen oder vorbereiteten Manuskripten ist deshalb zu unterbinden (vgl. auch § 157 Abs. 2 ZPO). Zulässig ist jedoch die *Bezugnahme auf Schriftstücke* (Schriftsätze, Urkunden, Beweisprotokolle, Beiakten), soweit dies dem Gericht angemessen erscheint und keine der Parteien widerspricht (§ 137 Abs. 3 ZPO).

Im Verfahren mit Anwaltszwang (Anwaltsprozeß, § 78 ZPO) *obliegt der Vortrag dem Rechtsanwalt.* Auf Antrag ist jedoch auch der Partei selbst das Wort zu gestatten. (§ 137 Abs. 4 ZPO).

134 c) Die **erschienen Parteien** sollen zum Streitfall **persönlich gehört werden** (§ 278 Abs. 1, 2 ZPO).

Es handelt sich hierbei nicht um eine eigentliche Beweisaufnahme. Gleichwohl kann die Parteianhörung für die Wahrheitsfindung von besonderem Wert sein, insbesondere wenn die Parteien einander gegenüber gestellt und auf ihre entgegengesetzten Sachverhaltsschilderungen direkt hingewiesen werden. Das hierbei gezeigte Verhalten kann ein wesentliches Element bei einer notwendigen Beweiswürdigung sein (vgl. § 286 ZPO: »Berücksichtigung des gesamten Inhalts der Verhandlungen«).

4. Beweisaufnahme

135 Die **Beweisaufnahme** soll sich an die streitige Verhandlung unmittelbar anschließen (§ 278 Abs. 2 ZPO).

Dies wird regelmäßig nur in dem entsprechend vorbereiteten Haupttermin in Frage kommen. Eine Beweisaufnahme ist aber auch in einem frühen ersten Termin nicht ausgeschlossen, etwa wenn die notwendigen Zeugen von den Parteien in die Sitzung gestellt worden sind.

Falls nicht bereits ein Beweisbeschluß vorliegt, z. B. auf Grund eines vorhergegangenen frühen ersten Termins, oder ein vorterminlicher Beweisbeschluß, so ist die Beweiserhebung *ausdrücklich anzuordnen.* Dieser im Termin getroffene Beweis(-anordnungs-)beschluß bedarf allerdings nicht der Form des § 359 ZPO.
Es genügt folgende Anordnung: »b. u. v.: Der Zeuge Z wird vernommen.«
Hierdurch wird der Beginn des Beweisverfahrens gekennzeichnet.

5. Schlußverhandlung (Plädoyer der Parteien)

136 Im Anschluß an die Beweisaufnahme ist den Parteien Gelegenheit zu geben, über das Ergebnis der Beweisaufnahme zu verhandeln (§ 285 ZPO) und zu den aufgeworfenen Rechtsfragen Stellung zu nehmen.

Dies stellt die Gewährung des rechtlichen Gehörs in bezug auf das Beweisergebnis mit der Möglichkeit, Beweiseinreden oder Gegenbeweise vorzubringen, dar.
Darüber hinaus gebietet § 278 Abs. 2, 2 ZPO dem Gericht, den Sach- und Streitstand erneut mit den Parteien zu erörtern.
In diesem Stadium des Haupttermins wird sich in besonderem Maße die Chance zur gütlichen Beilegung des Rechtsstreits bieten (§ 279 Abs. 1 ZPO).

6. Schluß des Verhandlungstermins und Verkündung der Entscheidungen

a) Schluß der mündlichen Verhandlung

Nach *vollständiger* Erörterung der Sache *schließt der Vorsitzende die mündliche* **137**
Verhandlung und verkündet die Entscheidungen des Gerichts.
Will eine Partei **nach** Schließung der mündlichen Verhandlung noch etwas zur Sache
vorbringen, so bedarf es **zuvor der Wiedereröffnung der mündlichen Verhandlung
durch das Gericht** (§ 156 ZPO), vgl. Rn. 119.

b) Verkündung der Entscheidung

Die Verkündung der Entscheidung erfolgt entweder
sofort im Anschluß an die Verhandlung (§ 136 Abs. 4 ZPO)

Nach der Idealvorstellung des Gesetzes soll die nach dem Ergebnis der mündlichen Verhandlung
gebotene Entscheidung sogleich in Anschluß an diese verkündet werden (vgl. § 310 ZPO).

oder *in einem besonderen Verkündungstermin* (§§ 310, 329 ZPO), der nicht über drei
Wochen hinaus angesetzt werden soll.

Regelmäßig braucht der Richter nach der mündlichen Verhandlung noch Zeit für gründliches Aktenstudium, Überdenken von Problemen und Nachlesen einschlägiger Literatur. Deshalb gestattet
ihm das Gesetz, den Verkündungsvorgang zeitlich vom Verhandlungstermin zu trennen und auf einen besonderen sofort bekannt zu gebenden späteren Zeitpunkt zu verschieben. Das Urteil muß
dann aber bei der Verkündung in vollständiger Form abgefaßt sein (§ 310 Abs. 2 ZPO).

Der Verkündungstermin ist zwar öffentlich (§ 173 GVG) und auch durch Protokoll
festzustellen (§§ 159 ff. ZPO), es wird aber im Verkündungstermin weder verhandelt,
noch brauchen die Parteien überhaupt zu erscheinen (§§ 312, 329 Abs. 1 ZPO).

Zur Verkündung eines Urteils vgl. § 311 ZPO:
Der Tenor muß, außer bei Versäumnis- und Anerkenntnisurteilen, stets schriftlich vorliegen (›Vorlesung der Urteilsformel‹). Die Bekanntgabe der Entscheidungsgründe steht im Ermessen des Vorsitzenden (§ 311 Abs. 3 ZPO).

Über die Erleichterung des Verkündungsvorganges in einem Verkündungstermin vgl.
§ 311 Abs. 4 ZPO. Die Urteile werden den Parteien von Amts wegen zugestellt (§ 317
ZPO).

10. Kapitel

Verhandlungsverlauf beim Erscheinen beider Parteien in besonderen Fällen

Erscheinen beide Parteien im Verhandlungstermin, so muß es nicht unbedingt zur Erörterung des Streitverhältnisses und zur streitigen Verhandlung durch Antragsstellung (vgl. oben Rn. 117 ff.!) kommen.

I. Anerkenntnis und Verzicht

Eine nichtstreitige Verfahrensbeendigung durch Urteil findet statt, wenn der Beklagte den Klageanspruch anerkennt oder der Kläger auf den Klageanspruch verzichtet.

1. Anerkenntnis und Anerkenntnisurteil

138 **Anerkenntnis** ist *die Erklärung des Beklagten an das Gericht, daß der vom Kläger erhobene prozessuale Anspruch bestehe.* Das **Geständnis** bezieht sich demgegenüber auf Tatsachen (vgl. §§ 288 ff. ZPO); es kann auch vom Kläger abgegeben werden.
Ein Anerkenntnis ist nur möglich, soweit das Rechtsverhältnis der Verfügung der Parteien unterliegt, d. h. im Rahmen der Dispositionsmaxime, also nicht im Ehe-, Kindschafts- oder Entmündigungsprozeß (vgl. § 617 ZPO).
Das in der mündlichen Verhandlung erklärte Anerkenntnis muß ins Protokoll aufgenommen (vgl. § 160 Abs. 3 Nr. 1 ZPO) und zum Zwecke der Genehmigung vorgelesen werden (§ 162 ZPO). Beim Kollegialgericht besteht für das Anerkenntnis Anwaltszwang. §§ 276 Abs. 1, S. 1, 307 Abs. 2 ZPO – Rn. 117).
Das **Anerkenntnisurteil** ergeht *auf Antrag des Klägers und auf der Grundlage des vom Beklagten abgegebenen Anerkenntnisses.* Das Gericht prüft die Sachurteilsvoraussetzungen, nicht aber die Schlüssigkeit der Klagebehauptungen (vergleiche den Wortlaut der §§ 307, 331 ZPO!).

Streitig ist, ob ein Anerkenntnisurteil im Wechselprozeß dann ergehen kann, wenn der Beklagte zwar anerkennt, sich aber die Ausführung seiner Rechte im Nachverfahren vorbehalten will (vgl. § 599 ZPO; zum Meinungsstreit: Thomas-Putzo 1 a zu § 599).
Unterläßt der Kläger nach einem Anerkenntnis die Beantragung eines Anerkenntnisurteils, weil er, etwa bei einem Musterprozeß, vordringlich an einer streitigen Entscheidung interessiert ist, so soll nach BGHZ 10, 333 gleichwohl ein Anerkenntnisurteil ergehen. Dies ist im Hinblick auf § 308 ZPO nicht unbedenklich. Besteht der Kläger trotz des Anerkenntnisses ausdrücklich auf einer kontradiktorischen Entscheidung, so dürfte hierfür das Rechtsschutzinteresse fehlen und die Klage als unzulässig abzuweisen sein (vgl. Thomas-Putzo 3 b zu § 307).

Die *Kostenentscheidung* im Anerkenntnisurteil ergeht nach § 91 oder § 93 ZPO.

Wird nur ein Teil des erhobenen Anspruchs anerkannt, so ergeht das *Teil-Anerkenntnisurteil* ohne Kostenentscheidung; diese wird dann im Schlußurteil getroffen.

In der Praxis ist häufig zu beobachten, daß über die gesamte Hauptsache ein ›Teil-Anerkenntnisurteil‹ ohne Kostenentscheidung erlassen wird. Hierüber wird dann noch nachträglich als einzigem Punkt in einem Schlußurteil entschieden. Als reine Kostenentscheidung unterliegt dieses Schlußurteil der sofortigen Beschwerde (§ 99 Abs. 2 ZPO; vgl. Thomas-Putzo, 3 c zu § 99).

Das Anerkenntnisurteil ist *ohne Sicherheitsleistung vorläufig vollstreckbar* (§ 708 Nr. 1 ZPO).

Anfechtung und Widerruf. Das prozessuale Anerkenntnis gemäß § 307 ZPO ist ausschließlich Prozeßhandlung. Es ist nicht zugleich auch materiellrechtliches Rechtsgeschäft nach § 781 BGB (keine Doppelnatur wie beim Prozeßvergleich, vgl. Rn. 242). Deshalb ist das Anerkenntnis gemäß § 307 ZPO nicht widerruflich. Ausnahmsweise ist jedoch Widerruflichkeit anzunehmen, wenn das Anerkenntnis auf einem offenbaren Versehen beruht (Rechtsgedanke des § 319 ZPO, vgl. OLG Karlsruhe MDR 1974, 588), wenn der Gegner dem Widerruf (vor Urteilserlaß) zustimmt oder wenn das Anerkenntnis vor einem Restitutionsgrund des § 580 ZPO betroffen ist (BGH NJW 1981, 2193). Streitig ist in diesem Fall, ob § 581 ZPO erfüllt, d. h. eine rechtskräftige Verurteilung wegen der Straftat erfolgt sein muß (BGHZ 12, 285; a. A. Schwab JuS 1976, 71). Eine entsprechende Anwendung des § 290 ZPO, wonach ein Geständnis u. U. widerrufen werden kann (so OLG Nürnberg MDR 1963, 419 – gegen h. M.), ist abzulehnen.

Beispiel: Kläger veranlaßt den Beklagten durch Vorlage einer gefälschten Urkunde zum Anerkenntnis. Antragsgemäß wird Anerkenntnisurteil erlassen. Bemerkt der Beklagte später die Fälschung, so kann er das Anerkenntnis widerrufen und gegen das Anerkenntnisurteil Berufung einlegen. Nach Rechtskraft des Anerkenntnisurteils bleibt nur noch die Restitutionsklage nach §§ 580 ff. ZPO.

2. Der **Verzicht** des Klägers auf den geltendgemachten Anspruch (§ 306 ZPO) ist das **139** prozessuale Gegenstück zum Anerkenntnis. Es kommt in der Praxis selten vor.
Der Verzicht führt bei entsprechendem Antrag des Beklagten zum **Verzichtsurteil**: *›Die Klage wird als unbegründet abgewiesen‹.*
Der durch Verzichtsurteil rechtskräftig abgeschlossene Rechtsstreit kann, im Gegensatz zu dem durch Klagerücknahme beendeten Prozeß, nicht erneut wieder anhängig gemacht werden.

II. Streit über Sachurteilsvoraussetzungen

1. *Bei Fehlen von Sachurteilsvoraussetzungen darf ein Rechtsstreit nicht zu einer* **140** *Sachentscheidung kommen. Die Klage ist als unzulässig abzuweisen.*
Da es auch bei Fehlen von Sachurteilsvoraussetzungen zu einem Prozeß kommt, nämlich zu einem Verfahren, in dem diese Sachurteilsvoraussetzungen geprüft und gegebenenfalls dann die Klage als unzulässig abgewiesen wird, ist die vielfach verwendete Bezeichnung ›Prozeßvoraussetzung‹ nicht zutreffend. Zutreffend ist der Begriff ›Sachurteilsvoraussetzung‹.
Das Gericht hat *in jeder Lage* des Verfahrens und grundsätzlich auch unabhängig vom Verhalten der Parteien *von Amts wegen* das Vorhandensein der Sachurteilsvoraussetzungen zu prüfen.

Nur auf Rüge des Beklagten sind die sog. »**Prozeßhindernisse**« zu prüfen. Diese können auch nur bis zum Beginn der mündlichen Verhandlung gerügt werden (§ 282 Abs. 3 ZPO). Wird diese Rüge unterlassen, so wird dies grundsätzlich als Verzicht seitens des Beklagten behandelt. Bei diesen sog. »verzichtbaren Zulässigkeitsvoraussetzungen« handelt es sich um

a) Einrede des Schiedsvertrages (§ 1027 a ZPO),
b) Einrede der mangelnden Sicherheitsleistung für Prozeßkosten bei Ausländern (§ 110 ZPO),
c) Einrede der mangelnden Kostenerstattung aus einem früheren Rechtsstreit (§ 269 Abs. 4 ZPO).

Bei Streit über Sachurteilsvoraussetzungen kann insoweit *abgesonderte Behandlung* angeordnet werden, d. h. das Gericht beschränkt das Verfahren zunächst auf die Prüfung der Sachurteilsvoraussetzungen (§ 280 ZPO).
Die Entscheidung ergeht stets durch Urteil auf Grund einer mündlichen Verhandlung, auch wenn sich das Fehlen einer Sachurteilsvoraussetzung bereits aus der Klageschrift ergeben sollte.

Es wäre also ein unverzeihlicher Fehler, eine mit einem solchen Prozeßmangel behaftete Klage sogleich nach Eingang der Klageschrift – womöglich noch durch Beschluß (!) – sofort als unzulässig abzuweisen.

2. Unzuständigkeit und Verweisung

141 a) Auch die Zuständigkeit ist eine von *Amts wegen* zu beachtende Sachurteilsvoraussetzung. Sie unterliegt allerdings in mehrfacher Hinsicht einer besonderen prozessualen Behandlung. Hat das Gericht über den Antrag auf Erlaß eines Versäumnisurteils gegen den Beklagten zu befinden, so ist die Frage der Zuständigkeit gewissenhaft zu prüfen. Fehlt sie, so ist die Klage trotz Säumnis des Beklagten als unzulässig abzuweisen (sogenanntes »unechtes Versäumnisurteil«). – Erscheint der Beklagte im Verhandlungstermin, so ist er allerdings gehalten, die fehlende Zuständigkeit *vor* der Verhandlung ausdrücklich geltend zu machen, da die Unterlassung einer Rüge vom Gesetz als eine stillschweigende Zuständigkeitsvereinbarung fingiert wird (§§ 39, 504 Abs. 2 ZPO). Eine solche stillschweigende Prorogation gemäß § 39 ZPO greift jedoch nur ein, wo eine Zuständigkeitsvereinbarung überhaupt möglich ist, nicht also bei Bestehen einer ausschließlichen Zuständigkeit.

Beispiel: G hat auf Grund eines rechtskräftigen Titels das Gehalt seines Schuldners S gepfändet (Pfändungs- und Überweisungsbeschluß). Klagt nun G aus der gepfändeten Forderung beim Amtsgericht gegen den Arbeitgeber D des Schuldners, weil dieser trotz der Pfändung und Überweisung nichts an G abführt, so wird auch bei rügeloser Einlassung des D eine Zuständigkeit beim Amtsgericht nicht begründet, weil für diese Klage, mit der ja eine Gehaltsforderung geltend gemacht wird, ausschließlich das Arbeitsgericht zuständig ist (§ 2 Abs. 1 und 4 ArbGG).

Trotz fehlender Zuständigkeit des angegangenen Gerichts kann jedoch der Kläger eine Prozeßabweisung (als unzulässig) seiner Klage vermeiden, wenn er im Verhandlungstermin die *Verweisung* des Rechtsstreits an das zuständige Gericht *beantragt* (§ 281 ZPO).
Die Möglichkeit der Verweisung besteht in jedem Verfahren, z. B. Prozeßkostenhilfeverfahren, Zwangsvollstreckungsverfahren, Arrestverfahren. Die Verweisungsmöglichkeit dient der Prozeßwirtschaftlichkeit und vermeidet unnötige Verteuerungen.

Die **Verweisung** erfolgt
durch Beschluß gemäß § 281 ZPO; ausnahmsweise, wenn ein Gericht höherer Instanz entscheidet, durch Urteil, in dem dann zugleich die angefochtene Entscheidung aufgehoben werden muß,
auf Grund einer mündlichen Verhandlung oder **gemäß § 128 Abs. 2 ZPO im schriftlichen Verfahren** (Beachtung des rechtlichen Gehörs!),
an das als zuständig bestimmte Gericht; eine Verweisung an das Arbeitsgericht ist möglich (§ 48 ArbGG), nicht aber an ein ausländisches Gericht.

Voraussetzung einer Verweisung ist stets, daß das verweisende Gericht selbst unzuständig ist (vgl. Wortlaut des § 281 ZPO). Kann das Gericht nicht aussprechen, daß es selbst unzuständig ist, so darf eine Verweisung nicht erfolgen: Vgl. dazu den Fall bei Rn. 100.

Die Verweisung ist **bindend und unanfechtbar.** Dies gilt selbst dann, wenn die Verweisung falsch war oder auf einem Prozeßverstoß beruht, z. B. wenn die Verweisung ohne Antrag, ohne mündliche Verhandlung oder unter falscher Beurteilung der Rechtslage zu Unrecht erfolgt ist.
Ausnahmen: Bei Verweisung wegen *örtlicher* Unzuständigkeit kann *hinsichtlich der sachlichen Unzuständigkeit* noch weiterverwiesen werden (OLG München NJW 1958, 148). Ein Verweisungsbeschluß, der *ohne Gewährung des rechtlichen Gehörs* erlassen worden ist, unterliegt der Anfechtung durch Beschwerde (OLG Frankfurt NJW 1962, 449; OLG Düsseldorf Rpfleger 1975, 102).

Kommt es zur Verweisung, nachdem beim unzuständigen Gericht bereits ein Versäumnisurteil erlassen worden war, so muß das verweisende Gericht zuvor die Zulässigkeit des Einspruchs prüfen. Erweist sich hierbei der Einspruch als verspätet oder formfehlerhaft, ist er als unzulässig zu verwerfen (§ 341 Abs. 1 S. 2 ZPO). Zu einer Verweisung kann es dann nicht mehr kommen. Ist die Einspruchsprüfung durch das verweisende Gericht versäumt worden, so ist die Verweisung trotzdem bindend. Das neue Gericht muß ohnedies noch im Urteil über die Zulässigkeit des Einspruchs entscheiden und ihn gegebenenfalls als unzulässig verwerfen, wenn das verweisende Gericht die Fehlerhaftigkeit des Einspruchs übersehen hatte.

b) Kosten der Verweisung:

Der Verweisungsbeschluß enthält keine Kostenentscheidung. Jedoch hat das neue Gericht in seiner Kostenentscheidung (z. B. im Endurteil) dem Kläger die durch die Anrufung des unzuständigen Gerichts erwachsenen Kosten aufzuerlegen, auch wenn er sonst im Rechtsstreit obsiegt (§ 281 Abs. 3 ZPO). Dies gilt auch, wenn der Verweisungsbeschluß falsch war, also gar nicht hätte ergehen dürfen. **142**

Für den Verweisungsbeschluß entstehen keine besonderen Gerichtskosten (vgl. § 9 GKG). Für die Terminswahrnehmung vor dem unzuständigen Gericht können den Parteien jedoch Kosten entstehen (z. B. Anwaltskosten, Reisekosten).

Beispiel für einen **Verweisungsbeschluß**
  b. u. v.: Das Amtsgericht Stuttgart erklärt sich auf Antrag des Klägers für örtlich unzuständig und verweist den Rechtsstreit an das örtlich zuständige Amtsgericht Frankfurt a. M. (vgl. Wortlaut des § 281 ZPO).

Beispiel für eine **Kostenentscheidung** im Endurteil des Gerichts, an das verwiesen worden ist:
  1. Der Beklagte wird verurteilt, an den Kläger … zu bezahlen.
  2. Der Beklagte trägt die Kosten des Rechtsstreits mit Ausnahme der durch die Anrufung des örtlich unzuständigen Amtsgerichts Stuttgart entstandenen Kosten, die der Kläger zu tragen hat.
  3. Das Urteil ist … vorläufig vollstreckbar.

11. Kapitel

Verhandlungsverlauf beim Ausbleiben von Parteien

I. Ausbleiben beider Parteien – Ruhen des Verfahrens

143 *Bleiben beide Parteien im Termin aus,* etwa weil sie sich außergerichtlich geeinigt haben, in Vergleichsverhandlungen eingetreten sind oder weil beide die Lust am Prozessieren verloren haben, so hat das Gericht folgende Möglichkeiten (§ 251 a i. Verb. m. § 251 ZPO):
Ruhen des Verfahrens wird angeordnet,
neuer Termin zur mündlichen Verhandlung wird bestimmt (Vertagung),
Entscheidung nach Lage der Akten wird verkündet.

Diese Möglichkeit einer Entscheidung nach Lage der Akten wird selten in Betracht kommen, insbesondere wenn nicht bekannt ist, weshalb die Parteien ausgeblieben sind. Wegen der Voraussetzungen für die Entscheidung nach Lage der Akten vgl. § 251 ZPO und unten Rn. 158!

Üblicherweise wird das ›Ruhen‹ angeordnet werden. In diesem Fall braucht das Gericht vor Ablauf von 3 Monaten einer Fortführung des Verfahrens nicht zuzustimmen (sogenannte ›Sperrfrist‹ nach § 251 Abs. 2 ZPO).
Ruhen des Verfahrens ist auch dann anzuordnen, wenn beide Parteien dies beantragen und diese Maßnahme zweckmäßig erscheint (§ 251 ZPO).

Insbesondere bei schwebenden Vergleichsverhandlungen wird häufig ›**Ruhen des Verfahrens ohne Sperrfrist**‹ beantragt. Mit diesem Antrag ist beabsichtigt, vom Gericht bereits im Voraus die Zustimmung zu einer Verfahrensfortsetzung vor Ablauf von 3 Monaten zu erlangen, falls die eingeleiteten Vergleichsverhandlungen scheitern sollten oder der sonstige Grund für das vorübergehende ›Ruhen‹ weggefallen ist.

II. Das Versäumnisverfahren – Versäumung des Verhandlungstermins

Versäumt *eine Partei* den Verhandlungstermin, *so ergeht auf Antrag der erschienenen Partei ein* **Versäumnisurteil**, falls die gesetzlichen Voraussetzungen hierfür vorliegen.

Verhandlungstermin:

144 Ein Versäumnisurteil kann nicht nur im ersten Termin nach Klageerhebung, sondern auch noch in jedem weiteren Verhandlungstermin, der im Verlaufe des Rechtsstreits stattfindet, ergehen (§ 332 ZPO). Es kann in einem Rechtsstreit auch mehrmals zu Versäumnisurteilen kommen (vgl. unten Rn. 158!).
Ist eine Partei im **Termin zur ›Beweisaufnahme und Fortsetzung der mündlichen Verhandlung‹** (vgl. § 370 ZPO) säumig, so ist, soweit tunlich, erst die Beweisaufnahme durchzuführen (z. B. die erschienenen Zeugen sind zu vernehmen – § 367 Abs. 1 ZPO). Danach (›Fortsetzung der mündlichen Verhandlung‹) kann Versäumnisurteil gegen die säumige Partei ergehen.

War die säumige Partei in einem früheren Termin anwesend gewesen, so bleibt für das beantragte Versäumnisurteil deren Vortrag in vorausgegangenen Verhandlungen ebenso unberücksichtigt wie der Inhalt ihrer zu den Akten eingereichten Schriftsätze. Auch das Ergebnis etwa bereits durchgeführter Beweisaufnahmen bleibt für das Versäumnisurteil außer Betracht.

Wegen der Möglichkeit eines Versäumnisurteils im schriftlichen Vorverfahren bei Nichtanzeige der Verteidigungsbereitschaft durch den Beklagten vgl. §§ 276, 331 Abs. 3 ZPO.

III. Versäumnisurteil gegen den Beklagten

Das **Versäumnisurteil gegen den Beklagten** (§ 331 ZPO) kommt in der Praxis, insbe- **145** sondere bei den Amtsgerichten, sehr häufig vor.

Die Säumnis des Beklagten hat zur Folge, daß das tatsächliche mündliche Vorbringen des Klägers als zugestanden gilt.

1. Voraussetzungen des Versäumnisurteils gegen den Beklagten

a) Säumnis des Beklagten

Säumig ist, wer nach Aufruf der Sache bis zum Schluß der mündlichen Verhandlung (vgl. § 136 Abs. 4 ZPO) *nicht erschienen und auch nicht vertreten ist.* (§ 220 Abs. 2 ZPO).

Ist jemand durch eine gemäß § 157 ZPO ausgeschlossene Person ›vertreten‹, so ist er, wenn er selbst nicht anwesend ist, als säumig zu behandeln. Säumig ist er auch, wenn er vorzeitig die Verhandlung verläßt oder zwangsweise entfernt wird (§ 158 ZPO). Als säumig gilt auch, wer zwar anwesend ist, aber nicht verhandelt (§ 333 ZPO), d. h. wer keinen Antrag stellt und auch sonst jede Einlassung zur Sache unterläßt oder verweigert oder wer mangels Postulationsfähigkeit nicht verhandeln kann, d. h. die nicht durch einen zugelassenen Anwalt vertretene Partei im Anwaltsprozeß (§ 78 ZPO).

b) Ordnungsgemäße Ladung

Säumnis kann nur vorliegen, wenn die nicht erschienene Partei ordentlich geladen war. *Ordnungsgemäß geladen* ist eine Partei, wenn die Zustellung der Ladung in gesetzlicher Weise erfolgt ist (vgl. oben Rn. 93 ff.!) und wenn zwischen Zustellung und Terminstag die vorgeschriebenen Fristen eingehalten sind (Einlassungsfrist: § 274 Abs. 3 ZPO; Ladungsfrist: § 217 ZPO). Vgl. oben Rn. 105!

c) Die allgemeinen Sachurteilsvoraussetzungen

Wie stets so sind auch im Versäumnisverfahren die *Sachurteilsvoraussetzungen von Amts wegen* zu prüfen. – Besonderes Augenmerk verdient erfahrungsgemäß die Prüfung der örtlichen Zuständigkeit. Die bloße Behauptung, das angerufene Gericht sei zuständig, genügt hierfür ebensowenig wie der Vortrag der die Zuständigkeit begründenden Tatsachen. Dieses Vorbringen unterliegt nicht der Geständnisfiktion des § 331 Abs. 1 ZPO. Von der Wahrheit der zur Zuständigkeit behaupteten Tatsachen muß vielmehr das Gericht überzeugt werden (§ 286 ZPO), z. B. durch Vorlage der schriftlichen Gerichtsstandsvereinbarung, ggf. eines Handelsregisterauszugs zum Nachweis der Kaufmannseigenschaft (§ 38 Abs. 1 ZPO).

d) Die Schlüssigkeit

Das im Termin mündlich vorgetragene (§137 Abs. 3 ZPO!) **und** rechtzeitig (§ 335 Abs. 1, Nr. 3 ZPO) schriftsätzlich mitgeteilte Vorbringen des Klägers, das gemäß §331 Abs. 1 ZPO als vom Beklagten zugestanden gilt, muß das *Klagebegehren rechtfertigen* (§331 Abs. 2 ZPO).

Liegen die vorgenannten Voraussetzungen vor und ergeht demnach das Versäumnisurteil voll nach dem Antrag des Klägers, so kann es gemäß §313b ZPO in **abgekürzter Form** abgefaßt werden. Es wird auf die bei den Akten befindliche Klageschrift oder auf ein damit zu verbindendes besonderes Blatt gesetzt und enthält weder Tatbestand noch Entscheidungsgründe.

2. Fehlen von Voraussetzungen

Beim Fehlen obiger Voraussetzungen darf ein Versäumnisurteil gegen den Beklagten nicht ergehen. Je nach Art des Mangels ergehen jedoch verschiedene Entscheidungen über den gleichwohl gestellten Antrag des Klägers: Es kann bloß der **Antrag** auf Erlaß eines Versäumnisurteils **zurückgewiesen** oder es kann trotz Anwesenheit des Klägers dessen **Klage abgewiesen** werden.

146 **a)** Der **Antrag** auf Erlaß eines Versäumnisurteils **wird zurückgewiesen** (§ 335 ZPO): bei **fehlender Säumnis,**

z.B. der Beklagte war zwar bei Aufruf der Sache noch nicht anwesend, erschien aber noch vor Schluß der mündlichen Verhandlung;

bei **nicht ordnungsgemäßer Ladung** (§ 335 Nr. 2 ZPO),

z.B. die Zustellung der Ladung ist an eine im Gesetz nicht vorgesehene Ersatzperson erfolgt; die Einlassungsfrist ist nicht beachtet;

bei **fehlendem Nachweis** eines von Amts wegen zu berücksichtigenden Umstandes (§ 335 Nr. 1 ZPO), sofern dieser Nachweis noch erbracht werden kann,

z.B. fehlende schriftliche Vollmacht des klägerischen Prozeßbevollmächtigten beim amtsgerichtlichen Prozeß, wenn dieser nicht ein Rechtsanwalt ist (§ 88 Abs. 2 ZPO).
Beachte dazu: Die fehlende Vollmacht erübrigt sich nicht gemäß § 89 ZPO, weil das Versäumnisurteil ein Endurteil im Sinne dieser Bestimmung ist. Sie kann auch nicht etwa durch das Angebot des Prozeßbevollmächtigten, ihn sofort über das Bestehen einer Prozeßvollmacht zu vernehmen, ersetzt werden, weil eine Prozeßvollmacht nur schriftlich nachgewiesen werden darf (vgl. § 80 ZPO). Schließlich kann dem Prozeßbevollmächtigten nicht gestattet werden, die Prozeßvollmacht noch vor einem sogleich anzusetzenden Verkündungstermin nachzureichen, weil die Prüfung der erforderlichen Voraussetzungen für den Erlaß des Versäumnisurteils in der mündlichen Verhandlung zu erfolgen hat (Mündlichkeitsgrundsatz).
Es ist allerdings zu beobachten, daß der letztere Weg gleichwohl in der Praxis der Amtsgerichte verbreitet für gangbar gehalten wird;

bei **nicht rechtzeitiger schriftsätzlicher Mitteilung** eines erheblichen tatsächlichen Vorbringens oder eines Antrags (§ 335 Nr. 3 ZPO),

z.B. der Kläger ergänzt erst im Termin die zunächst unschlüssige Klage durch zusätzlichen Sachvortrag; der Kläger behauptet erstmals im Termin, das (nach dem Inhalt der Klageschrift nicht zuständige) Gericht sei zwischen den Parteien als zuständig vereinbart worden.

Beachte: § 39 ZPO könnte hier keine Anwendung finden, da ja der nicht anwesende Beklagte ›nicht zur Hauptsache verhandelt‹ (anders, wenn er in einem früheren Termin sich schon eingelassen hatte).

Beim Fehlen derartiger Voraussetzungen ist es selbstverständlich zunächst geboten, den Kläger darauf hinzuweisen und die Rücknahme des Antrags auf Versäumnisurteil, gegebenenfalls einen Vertagungsantrag, anzuregen.
Muß dann noch gemäß § 335 ZPO entschieden werden, weil der Kläger der Anregung nicht folgen will, so lautet der **Beschluß:**
»Der Antrag auf Erlaß eines Versäumnisurteils wird kostenpflichtig zurückgewiesen.
Begründung:…«
Gegen diese Entscheidung steht dem Kläger *die sofortige Beschwerde* binnen zwei Wochen ab Verkündung (!) des Beschlusses zu (vgl. §§ 336, 577 Abs. 2 ZPO). Dieses Rechtsmittel ist auch dann gegeben, wenn das Gericht den Antrag auf Versäumnisurteil nicht ausdrücklich bescheidet, sondern einfach Vertagung anordnet.

Vgl. auch den Fall des § 337 ZPO: Vertagung von Amts wegen, wenn etwa wegen unerwartet starken Schneefalls am Terminstag der Verkehr zusammengebrochen ist. Dagegen: sofortige Beschwerde gemäß § 336 ZPO.

Wird auf die sofortige Beschwerde hin die Zurückweisung des Antrags auf Erlaß eines Versäumnisurteil aufgehoben, so hat daraufhin die untere Instanz vom Amts wegen Termin zu bestimmen, zu dem die säumig gewesene Partei nicht zu laden ist.

Streitig ist, ob der trotzdem erscheinende Gegner des Beschwerdeführers dann zur Verhandlung zugelassen werden muß (Thomas-Putzo § 336) oder ob ihm zur »Wiederherstellung« der dem Beschwerdeführer günstigen Prozeßsituation das Verhandeln verwehrt werden muß (Rosenberg-Schwab § 108 IV, 3 b). Der Wortlaut des Gesetzes spricht für die Ansicht von Thomas-Putzo.

Unterbleibt die Einlegung der sofortigen Beschwerde oder wird sie zurückgewiesen, so wird der Rechtsstreit erst wieder fortgeführt, wenn eine Partei neuen Termin beantragt. Bis dahin ruht das Verfahren.

b) Die Klage wird abgewiesen (sogenanntes unechtes Versäumnisurteil)

Klageabweisung als unzulässig:

147

Fehlt (endgültig) eine Sachurteilsvoraussetzung, so ist die Klage (entgegen dem Antrag des Klägers und trotz Säumnis des Beklagten) als unzulässig abzuweisen.

Beispiele: Die Klage ist beim unzuständigen Gericht erhoben (und der Kläger will auch nicht Verweisung beantragen). – Der Kläger ist bereits im Besitz einer vollstreckbaren Urkunde über den geltendgemachten Anspruch (fehlendes Rechtsschutzinteresse). – Der Rechtsstreit ist bereits anderweitig anhängig gemacht, etwa durch Mahnbescheid und Einleitung des Streitverfahrens (§ 696 ZPO).

Klageabweisung als unbegründet:

Ist die Klage zwar zulässig, weil die Sachurteilsvoraussetzungen vorliegen, aber der klägerische Sachvortrag nicht geeignet, den Antrag zu rechtfertigen (unschlüssige Klage), so ist die Klage als unbegründet abzuweisen.

Beispiele: Der Kläger verlangt den Kaufpreis aus einem nach seinem Vortrag nur privatschriftlich abgeschlossenen Grundstückskaufvertrag. – Der Kläger verlangt Leistung aus einem Rechtsgeschäft, dessen Sittenwidrigkeit bereits aus seiner eigenen Sachverhaltsdarstellung erkennbar wird. – Der Kläger macht einen verjährten Einspruch geltend und trägt vor, der Beklagte habe sich außergerichtlich auch schon auf die (seiner Meinung nach nicht eingetretene) Verjährung berufen.

In beiden Fällen der Klageabweisung durch ›**unechtes Versäumnisurteil**‹ handelt es sich um sogenannte ›einseitig kontradiktorische Urteile‹, die mit gleichem Inhalt auch dann ergehen müßten, wenn der Beklagte nicht säumig wäre. Derartige Urteile beenden die Instanz und können daher nur aus dem Rechtsmittel der Berufung angefochten werden, falls diese zulässig ist (§ 511 a ZPO).

3. Versäumnisurteil ohne mündliche Verhandlung

148 a) als Folge des schriftlichen Vorverfahrens (§ 276 ZPO) kann es zu einem **Versäumnisurteil** gegen den Beklagten **ohne mündliche Verhandlung** kommen, wenn dieser nicht innerhalb der Notfrist von zwei Wochen nach Zustellung der Klage angezeigt hat, daß er sich verteidigen wolle, und der Kläger ein Versäumnisurteil beantragt hat (§ 331 Abs. 3 ZPO).

Im Anwaltsprozeß unterliegt die Anzeige der Verteidigungsbereitschaft dem Anwaltszwang. (§ 276 Abs. 2 ZPO).

Der Antrag auf Versäumnisurteil kann schon in der Klageschrift vorsorglich gestellt werden. (§ 331 Abs. 3, 2 ZPO) Es empfiehlt sich, dies regelmäßig zu tun. Wenn die für ein solches Versäumnisurteil vorausgesetzte Prozeßlage nicht eintritt, braucht der vorsorglich gestellte Antrag nicht zurückgewiesen zu werden.

b) Die **allgemeinen Voraussetzungen des Versäumnisurteils** gelten auch in diesem Fall:

ordnungsgemäße Zustellung der Klage,
allgemeine Sachurteilsvoraussetzungen,
Schlüssigkeit der Klage.

Wird die zunächst unschlüssige Klage durch *nachgereichten Schriftsatz* sachgemäß ergänzt, so ist dieser nachgereichte Schriftsatz erneut mit Fristsetzung für die Verteidigungsanzeige zuzustellen. Bei fehlender Sachurteilsvoraussetzung oder unschlüssiger Klage kann auch im schriftlichen Vorverfahren ein unechtes Versäumnisurteil ergehen. Wegen § 278 Abs. 3 ZPO ist jedoch zuvor dem Kläger ein Hinweis und Gelegenheit zur Stellungnahme zu geben (Baumbach-Lauterbach § 331 Anm. 4 c; vgl. Kramer NJW 1977, 1657, a. A. Putzo NJW 1977, 2: Terminsbestimmung), denn auch in einem Termin müßte ein Hinweis nach § 139 ZPO erfolgen.

c) **Kein Versäumnisurteil** darf ergehen,
wenn die Erklärung zwar verspätet, aber noch vor Übergabe des unterschriebenen Urteils an die Geschäftsstelle eingeht (§ 331 Abs. 3, S. 1, 2. HS. ZPO),
wenn dem Bekl. die Notfrist von zwei Wochen nicht mitgeteilt worden ist (§§ 276 Abs. 1, 335 Abs. 1 Nr. 4 ZPO),
wenn der Bekl. über die Folgen der Nichtanzeige seiner Verteidigungsabsicht nicht belehrt worden ist (§§ 276, Abs. 2, 335 Abs. 1 Nr. 4 ZPO).

Reicht der Beklagte während seiner Erklärungsfrist ein *Prozeßkostenhilfegesuch* ein, so wird dadurch der Erlaß eines Versäumnisurteils zunächst behindert, bis darüber entschieden ist. Es bedarf dann einer erneuten Fristsetzung.

Wird schriftliches Vorverfahren nach vorausgegangenem Mahnverfahren angeordnet, so kann kein Versäumnisurteil im schriftlichen Vorverfahren ergehen, weil dann der Beklagte bereits durch Widerspruchseinlagung seine Verteidigungsbereitschaft angezeigt hat.

IV. Versäumnisurteil gegen den Kläger

Es kann auf Antrag des Beklagten auch **gegen den säumigen Kläger** ein Versäumnisurteil **149** ergehen (§ 330 ZPO). Das Versäumnisurteil lautet auf Klageabweisung (Sachurteil) mit der Folge, daß der Klageanspruch aberkannt wird, sofern die Klage zulässig ist. Hierfür ist aber nicht etwa erforderlich, daß das Vorbringen des Beklagten eine Klageabweisung rechtfertigen müßte. Vielmehr braucht er seinen Klageabweisungsantrag überhaupt nicht zu begründen.

Gegen eine Kaufpreisklage bringt der Beklagte vor, er bezahle nichts, weil der Kläger ohnedies schon sehr reich sei. – Trotz dieses unerheblichen Vortrags ergeht auf seinen Antrag Versäumnisurteil gegen den säumigen Kläger auf Klageabweisung; ebenso wenn er überhaupt nichts zur Sache vorträgt.

Abgesehen von der entfallenden Schlüssigkeitsprüfung sind im übrigen für das Versäumnisurteil gegen den Kläger die gleichen Voraussetzungen zu prüfen, wie beim Versäumnisurteil gegen den Beklagten:
Säumnis,
Ordnungsgemäße Ladung,
Sachurteilsvoraussetzungen.
Auch die prozessuale Behandlung bei Vorliegen von Mängeln gemäß § 335 ZPO ist gleich wie beim Versäumnisurteil gegen den Beklagten. Keine Bedeutung hat hier jedoch § 335 Nr. 3 ZPO.
Streitig ist allerdings, ob das bei Fehlen von Sachurteilsvoraussetzungen ergehende Prozeßurteil (Klageabweisung als unzulässig) stets als ein nur mit der Berufung anfechtbares ›unechtes Versäumnisurteil‹ ergehen muß oder ob es auch ein ›echtes Versäumnisurteil‹ mit der Einspruchsmöglichkeit sein kann.

Z. B. wenn der Beklagte die Einrede des Schiedsgerichtsvertrages erhebt und dadurch in entsprechender Anwendung von § 331 Abs. 1 ZPO (Geständnisfiktion) eine Prozeßabweisung veranlaßt.

Das Gericht muß jedoch stets erkennbar werden lassen, ob durch das Versäumnisurteil die Klage als unbegründet oder als unzulässig abgewiesen wird.
Ein **abgekürztes** Urteil gemäß § 313 b ZPO ist auch beim Versäumnisurteil gegen den Kläger möglich.

V. Praktische Probleme im Versäumnisverfahren

1. Aus den Akten ist ersichtlich, daß die nicht erschienene Partei einen Anwalt bestellt hat: **150**

a) Aus **Standesgründen** ist es dem Anwalt der erschienenen Partei verwehrt, gegen den Kollegen ohne weiteres ein Versäumnisurteil zu beantragen; anders im Wiederholungsfall.
b) Der nicht anwaltlich vertretenen erschienenen Partei wird durch das Gericht für gewöhnlich nahegelegt, **15 bis 20 Minuten** auf den (vermutlich durch anderweitige Terminswahrnehmung noch zurückgehaltenen) Gegenanwalt **zu warten.**

2. Der erschienene Kläger erklärt, der Beklagte habe inzwischen die Hauptsumme, nicht aber die Kosten bezahlt (›Erledigung der Hauptsache‹). Er wünscht noch eine Verurteilung des Beklagten zur Zahlung der Kosten des Rechtsstreits.

Es liegt eine zulässige Klageänderung im Sinne eines Feststellungsantrags vor, daß der Rechtsstreit in der Hauptsache erledigt sei (§ 264 Nr. 2 ZPO). Vgl. Rn. 278.

Es ergeht ein **Versäumnisurteil** mit folgendem Tenor:

1. Der Rechtsstreit ist in der Hauptsache erledigt.
2. Der Beklagte trägt die Kosten des Rechtsstreits.
3. Das Urteil ist vorläufig vollstreckbar.

Diesem Urteil steht § 335 ZPO nicht entgegen: Weder der geänderte Antrag (Feststellung statt Verurteilung hinsichtlich der Hauptsache) noch der zusätzliche Sachvortrag (zwischenzeitlich erfolgte Bezahlung) sind dem Beklagten gegenüber dem schriftlich angekündigten Vortrag nachteilig.

Ein Fall des § 91 a ZPO liegt hier nicht vor, da diese Bestimmung voraussetzt, daß **beide Parteien** für erledigt erklären. Die Geständnisfiktion des § 331 Abs. 1 ZPO kann diese Erklärung nicht ersetzen. Es wäre also falsch, in diesem Fall einen Beschluß gemäß § 91 a ZPO über die Kosten zu erlassen.

3. Die säumig gewesene Partei trifft gleich nach Verkündigung des Versäumnisurteils noch im Saal ein und beide Parteien erklären, sogleich ›weitermachen‹ zu wollen.

Das verkündete Versäumnisurteil kann **nicht** einfach **wieder beseitigt werden.** Vielmehr sind folgende Vorgänge nötig:

a) **Einspruchseinlegung,** evtl. zu Protokoll (§§ 340, 496 ZPO),

b) **Bestimmung eines Termins zur mündlichen Verhandlung über Einspruch und Hauptsache auf sofort unter Verzicht der Parteien auf förmliche Ladung und Einhaltung der Ladungsfrist,**

c) **Aufruf der Sache** und **Einspruchsprüfung** nach § 341 ZPO,

d) **Verhandlung zur Hauptsache** (§ 343 ZPO zu beachten).

VI. Einspruch und Einspruchsverfahren

Gegen ein echtes Versäumnisurteil findet der Einspruch statt. Er ist kein Rechtsmittel, sondern wird als *Rechtsbehelf* bezeichnet, weil er den Rechtsstreit nicht in eine höhere Instanz bringt (kein Devolutiveffekt). Jedoch wird durch einen zulässigen Einspruch der Eintritt der formellen Rechtskraft verhindert (Suspensiveffekt).

1. Form

151 a) Der Einspruch ist **schriftlich** einzulegen (vgl. § 340 ZPO: **Einspruchsschrift).** Beim *Amtsgericht* kann der Einspruch *auch mündlich* zu Protokoll der Geschäftsstelle erklärt werden (§§ 496 Abs. 1, 129 a ZPO). Nach ständiger Rechtssprechung wird auch ein *telegraphischer* Einspruch – trotz fehlender Unterschrift – zugelassen.

Die Einspruchsschrift muß den *Willen zur Einspruchseinlegung* (nicht notwendig unter Verwendung des Wortes ›Einspruch‹) und das *anzugreifende Urteil* erkennen lassen. Eine Entschuldigung der Säumnis ist dagegen überflüssig.

b) Wegen der vom Gesetz beabsichtigten Verfahrenskonzentration müssen sogleich auch *die Angriffs- und Verteidigungsmittel sowie die Zulässigkeitsrügen vorgebracht werden.* Dies wird regelmäßig in der Einspruchsschrift (vgl. § 340 Abs. 3 ZPO), muß aber auch bei gesondertem Schriftsatz jedenfalls innerhalb der Einspruchsfrist geschehen. **Auf Antrag** kann der Vorsitzende für die Begründung (nicht für die Einlegung!) des Einspruchs **die Frist verlängern** (§ 340 Abs. 3 ZPO).

Bei verspätetem Vorbringen kann **Zurückweisung gemäß § 296 ZPO** erfolgen. Hierauf muß bei Zustellung des Versäumnisurteils hingewiesen werden (§ 340 Abs. 3, 3 ZPO).

c) *Die Einspruchsschrift muß vom Gericht der Gegenpartei zugestellt werden.* Die Daten der *Urteilszustellung* und der *Einspruchseinlegung* sind dabei *mitzuteilen* (§ 340a ZPO).

d) Das Versäumnisurteil *bleibt* trotz des Einspruchs *vorläufig vollstreckbar* (§ 708 Nr. 2 ZPO). Wegen der Möglichkeit einer einstweilen Einstellung der Zwangsvollstreckung nach Einspruchseinlegung vgl. §§ 707, 719 ZPO.

2. Frist

Der Einspruch kann **eingelegt** werden, **sobald das Versäumnisurteil verkündet ist.** Die **152** Einspruchsmöglichkeit **endet** jedoch **mit dem Ablauf der Einspruchsfrist:** *2 Wochen ab Zustellung* (§ 339 ZPO), die von Amts wegen erfolgt (§ 317 Abs. 1 ZPO).

Wenn die *Zustellung im Ausland* oder *öffentlich* erfolgen muß, so hat das Gericht die Dauer der Einspruchsfrist besonders zu bestimmen. Dies geschieht bereits im Versäumnisurteil oder in einem besonderen Beschluß (§ 339 Abs. 2 ZPO).

3. Einspruchsprüfung

Das Gericht hat die **Zulässigkeit des Einspruchs von Amts wegen** zu prüfen. **153**

a) **Statthaftigkeit:** Ein Einspruch findet nur statt bei **echten Versäumnisurteilen**, nicht bei unechten (§ 331 Abs. 2, 2. HS. ZPO) oder sog. »Zweiten Versäumnisurteilen« (§ 345 ZPO).

b) **Formrichtigkeit:** Vorliegen einer Einspruchsschrift mit dem in § 340 Abs. 2 ZPO verlangten Inhalt. Das Vorliegen einer Einspruchsbegründung (§ 340 Abs. 3 ZPO) gehört nicht zu den Zulässigkeitsvoraussetzungen, sondern führt lediglich zur Zurückweisung bei Verspätung (§ 296 ZPO).

Im Verfahren vor den Amtsgerichten kann der Einspruch formgültig auch zu Protokoll der Geschäftsstelle erklärt werden (§§ 496, 340, 340a ZPO).

c) **Fristwahrung:** Zwischen dem aus der Zustellungsurkunde ersichtlichen Zustellungstag und dem Eingangsdatum der Einspruchsfrist (Eingangsstempel) dürfen nicht mehr als zwei Wochen liegen. Für die Fristberechnung gelten §§ 222 ZPO, 187–189 BGB.

Die Prüfungsunterlagen befinden sich in den Akten: **Zustellungsurkunde** (vgl. § 317 Abs. 1 ZPO) und **Eingangsstempel** auf der Einspruchsschrift.

4. Einspruchsentscheidung

Das Ergebnis der Einspruchsprüfung beeinflußt das weitere Verfahren. **154**

a) Ergibt die Prüfung, daß der Einspruch nicht zulässig ist, so ist er **als unzulässig zu verwerfen** (§ 341 Abs. 1 ZPO).

Diese Entscheidung kann ergehen

aa) *ohne mündliche Verhandlung* (jedoch unter Gewährung des rechtlichen Gehörs) durch *Beschluß;*
Rechtsmittel: sofortige Beschwerde – § 341 Abs. 2 ZPO;

bb) auf Grund einer *mündlichen Verhandlung* (›Termin zur mündlichen Verhandlung über Einspruch und Hauptsache‹ – § 341 a ZPO) durch Endurteil;
Rechtsmittel: Berufung – §§ 511 ff. ZPO.

b) Bei **zulässigem Einspruch** ist in jedem Fall *Termin zur mündlichen Verhandlung über den Einspruch und die Hauptsache* zu bestimmen (§ 341 a ZPO). Die Entscheidung über die Zulässigkeit des Einspruchs erfolgt dann regelmäßig in den Entscheidungsgründen des späteren Endurteils (ohne Ausspruch im Tenor).
Möglich ist jedoch auch – insbesondere wenn die Parteien über die Frage der Zulässigkeit streiten – eine Entscheidung über den Einspruch durch *Zwischenurteil* (§ 303 ZPO). Eine separate Anfechtung des Zwischenurteils findet jedoch nicht statt. Es ist nur zusammen mit dem Endurteil anfechtbar (§ 512 ZPO).
Bei zulässigem Einspruch wird *der Prozeß in die Lage vor Eintritt der Säumnis zurückversetzt* (§ 342 ZPO), d. h. der Rechtsstreit wird ohne Rücksicht auf das erlassene Versäumnisurteil fortgeführt.

Streitig ist, ob die in dem Antrag auf klageabweisendes Versäumnisurteil liegende Einlassung des Beklagten zur Hauptsache mit der Wirkung einer Prorogation gemäß § 39 ZPO auch nach einem zulässigen Einspruch des Klägers noch fortwirkt oder nach § 342 ZPO wieder beseitigt ist (ähnliches Problem: § 269 Abs. 1 ZPO – Zustimmung des Beklagten zur Klagerücknahme).
BGH: Keine Einlassung wegen § 342 ZPO (BGH 4, 339; Thomas-Putzo § 342 Anm. b).
Rosenberg-Schwab: (§ 108 VII, 3) Wirkung der Einlassung bleibt bestehen, da die Säumniswirkung erst mit Schluß der mündlichen Verhandlung eintritt (§ 220 Abs. 2 ZPO).

c) Im **Termin zur mündlichen Verhandlung über den Einspruch und die Hauptsache** (§ 341 a ZPO) ist, wie die Bezeichnung dieses Termins deutlich macht, zuerst über den Einspruch zu verhandeln, d. h. seine Zulässigkeit zu prüfen. Denn zur anschließenden Verhandlung ›über die Hauptsache‹ (Anträge: § 343 ZPO) kann es nur kommen, wenn ein zulässiger Einspruch vorliegt. Andernfalls ist der formungültige oder verspätete Einspruch durch Endurteil als unzulässig zu verwerfen (§ 341 Abs. 1 ZPO).

Im Protokoll über diesen Verhandlungstermin wird der wesentliche Vorgang der Einspruchsprüfung (§ 160 Abs. 2 ZPO) regelmäßig vermerkt:
›Es wird festgestellt, daß der Einspruch form- und fristgerecht eingelegt worden ist.‹
Hierbei handelt es sich aber nicht um eine Entscheidung, an die der Richter für das weitere Verfahren gebunden wäre. Vielmehr wird verbindlich über die Einspruchszulässigkeit erst im Urteil entschieden.
Falls also der Richter bei der späteren Abfassung des Urteils – sei es auch erst nach umfangreicher Beweiserhebung zur Hauptsache – hinsichtlich der Zulässigkeit des Einspruchs eine andere (bessere) Einsicht erlangt (z. B. Entdeckung eines Berechnungsfehlers beim Fristenlauf) so muß er auch jetzt noch im Urteil entscheiden:
›Der Einspruch wird als unzulässig verworfen.‹
Zur Hauptsache wird dann nicht mehr entschieden, weil insoweit ja das Versäumnisurteil schon Rechtskraft erlangt hatte.

5. Bedeutung des Versäumnisurteils für das weitere Verfahren

a) Die Entscheidung in der Hauptsache

Das echte Versäumnisurteil enthält eine vollstreckbare Entscheidung über den Klagean- **155**
spruch. Im weiteren Verfahren nach dem zulässigen Einspruch wird die Richtigkeit dieser Entscheidung überprüft. Es muß jedoch vermieden werden, daß über denselben
Streitgegenstand zwei Vollstreckungstitel erstellt werden. Deshalb wird im **Endurteil**
keine selbständige Entscheidung mehr getroffen, sondern auf das bereits ergangene Versäumnisurteil Bezug genommen (§ 343 ZPO).

Die Entscheidung lautet dann:
  ›Das Versäumnisurteil vom … wird aufrechterhalten‹,
  oder
  ›Das Versäumnisurteil vom … wird aufgehoben‹.

Im Falle der *Aufhebung des Versäumnisurteils* ist dann noch anderweitig über den
Rechtsstreit zu entscheiden, d. h. bei Aufhebung eines gegen den Beklagten ergangenen
Versäumnisurteils lautet die weitere Entscheidung:
  ›Die Klage wird abgewiesen‹.
Bei *Aufhebung eines gegen den Kläger ergangenen Versäumnisurteils* ist dann noch aus-
zusprechen:

  ›Der Beklagte wird verurteilt, an den Kläger …‹.

Erweist sich die *im Versäumnisurteil enthaltene Entscheidung teils als richtig, teils als unrichtig* (z. B. statt der zugesprochenen 1000,– DM sind nur 500,– DM begründet), so ist es
in dem begründeten Teil aufrechtzuerhalten. Im übrigen ist es aufzuheben und die Klage
abzuweisen.

Das Versäumnisurteil vom … wird in Höhe von 500,– DM nebst 4 % Zinsen seit … aufrechterhalten; im übrigen wird es aufgehoben und die Klage abgewiesen.

Möglich ist in diesem Fall auch die sprachlich etwas unschöne Formulierung:
›Das Versäumnisurteil vom … wird mit der Maßgabe aufrechterhalten, daß … .‹.

Das Versäumnisurteil auch bei nur teilweiser Unrichtigkeit insgesamt aufzuheben und
die Entscheidung im Endurteil dann ganz neu zu fassen, ist nicht zu empfehlen, weil im
Falle einer aus dem Versäumnisurteil bereits erfolgten Vollstreckungsmaßnahme deren
Rang verloren gehen könnte (§§ 776, 775 Nr. 1 ZPO, vgl. OLG Köln NJW 1976, 113.)

Beachte: Ob ein Versäumnisurteil aufzuheben oder aufrechtzuerhalten ist, entscheidet
sich allein nach seinem Ausspruch (Tenor), nicht danach, ob es durch einen Verfahrensverstoß zustande gekommen ist oder nicht.

Beispiel: Das Amtsgericht A hat unter Nichtbeachtung seiner örtlichen Unzuständigkeit auf
Antrag des Klägers ein Versäumnisurteil gegen den Beklagten auf Zahlung von 1000,– DM
Kaufpreis erlassen. Nach zulässigem Einspruch und Unzuständigkeitsrüge durch den Beklagten
erfolgt Verweisung an das Amtsgericht B. Kommt das Amtsgericht B zu dem Ergebnis, daß das
Versäumnisurteil des Amtsgerichts A (Verurteilung des Bekl. zur Zahlung von 1000,– DM) richtig
war, so lautet die Entscheidung:
  ›Das Versäumnisurteil des Amtsgerichts A vom … wird aufrechterhalten.‹

Es ist also nicht etwa dieses Versäumnisurteil bloß wegen Verstoßes gegen die Zuständigkeitsbestimmungen schon aufzuheben und dann über den Anspruch neu zu entscheiden.

Dieser Regelung des § 343 ZPO entsprechend sind auch die **Parteianträge** im Verhandlungstermin anzupassen: Ist der Beklagte durch Versäumnisurteil zur Zahlung von 1000,– DM an den Kläger verurteilt worden, so wäre es falsch, wenn der Kläger dann nach zulässigem Einspruch im Termin wiederum beantragen würde gemäß seinem ursprünglichen Klageantrag:
›Der Beklagte wird verurteilt, an den Kläger 1000,– DM zu bezahlen‹.

Vielmehr muß sein richtiger Antrag lauten:
›Das Versäumnisurteil vom … wird aufrechterhalten‹.

Stellen die Parteien weiterhin die ursprünglichen Anträge, ohne § 343 ZPO zu beachten, so hat dies *keine nachteilige Folgen,* da diese Bestimmung in erster Linie für das entscheidende Gericht gilt. **Die falschen Anträge sind entsprechend auszulegen.**

b) Die Kostenentscheidung nach vorangegangenem Versäumnisurteil

156 Das echte Versäumnisurteil enthält eine **Kostenentscheidung,** die auf § 91 ZPO beruht. Nach Einspruchseinlegung wird in der Entscheidung erneut über die gesamten Kosten des Rechtsstreits entschieden. Es sind dabei jedoch die Kosten eines in gesetzlicher Weise ergangenen Versäumnisurteils stets der säumig gewesenen Partei aufzuerlegen (§ 344 ZPO). In *gesetzlicher Weise* ergangen ist ein Versäumnisurteil, wenn bei seinem Zustandekommen alle gesetzlichen Voraussetzungen für seinen Erlaß (vgl. Rn. 145) erfüllt waren.

Beispiel: Es ist gegen den Beklagten ein Versäumnisurteil in gesetzlicher Weise ergangen. In dem weiteren Verfahren nach Einspruchseinlegung erweist sich die Klage als nicht begründet. Das Versäumnisurteil wird aufgehoben und die Klage abgewiesen. Die Kostenentscheidung hat dann zu lauten:
›Der Kläger trägt die Kosten des Rechtsstreits mit Ausnahme der durch die Säumnis im Termin vom … entstandenen Kosten, die der Beklagte zu tragen hat‹, oder
›Der Beklagte trägt die Kosten seiner Säumnis im Termin vom …; die übrigen Kosten des Rechtsstreits trägt der Kläger.‹

Da das **Versäumnisurteil** selbst **gerichtsgebührenfrei** ist, handelt es sich bei den *›Kosten der Säumnis‹* nur um *Parteikosten* (Reisekosten zum Termin, Anwaltsgebühren § 33 BRAGO).

Keine Anwendung findet die Bestimmung des § 344 ZPO, *wenn die im Versäumnisurteil unterlegene Partei auch endgültig unterliegt;* sie trägt dann ohnedies die gesamten Kosten des Rechtsstreits gemäß § 91 ZPO, oder *wenn das Versäumnisurteil nicht in gesetzlicher Weise ergangen war,* d. h. wenn gegen die §§ 330 ff. ZPO verstoßen worden ist. Dies ist z. B. dann der Fall, wenn eine Säumnis gar nicht vorgelegen hat, wenn das Versäumnisurteil entgegen §§ 335 oder 337 ZPO erlassen worden ist, wenn eine Prozeßvoraussetzung gefehlt hat oder wenn es trotz unschlüssigen Klagevortrags ergangen ist.

Liegt ein derartiger Gesetzesverstoß vor, so sind dann nicht etwa die Kosten des Versäumnisurteils dem Gegner, der das Versäumnisurteil beantragt hat, aufzuerlegen. Vielmehr bleibt nur § 344 ZPO außer Anwendung, d. h. *derjenige, dem allgemein im Urteil*

nach § 91 ZPO die Kosten des Rechtsstreits auferlegt sind, hat damit auch die Kosten des Rechtsstreits, soweit sie im Zusammenhang mit dem Versäumnisurteil entstanden sind, zu tragen.
Ob dem Gericht das Fehlen der gesetzlichen Voraussetzungen bei Erlaß des Versäumnisurteils bekannt war, bleibt außer Betracht.

c) Weitere Fälle der Berücksichtigung eines Versäumnisurteils

Endet der Rechtsstreit nach Einspruch durch einen Prozeßvergleich, so berührt dies das **157** Versäumnisurteil nicht ohne weiteres. Zur Vermeidung von Unzuträglichkeiten ist es deshalb zweckmäßig, in den Vergleichstext aufzunehmen:
> ›Der Kläger (Beklagte) verzichtet auf die Rechte aus dem Versäumnisurteil vom…‹.

Bei Klagerücknahme verliert das Versäumnisurteil seine Wirkung kraft gesetzlicher Bestimmung gemäß § 269 Abs. 3, 2. HS. ZPO. Auf Antrag des Klägers ist dies jedoch noch ausdrücklich durch Beschluß auszusprechen (§ 269 Abs. 3, 3 ZPO). Vgl. unten Rn. 271.
Wird der Rechtsstreit durch übereinstimmende Erledigungserklärung gemäß § 91 a ZPO in der Hauptsache erledigt, so tritt hinsichtlich eines ergangenen Versäumnisurteils analog § 269 Abs. 3 ZPO die gleiche Wirkung ein. Es empfiehlt sich jedoch ein entsprechender Ausspruch in der Entscheidung nach § 91 a ZPO.

6. Das ›zweite‹ Versäumnisurteil

Erscheint die säumig gewesene Partei im Termin zur mündlichen Verhandlung über **158** Einspruch und Hauptsache *wiederum nicht oder verhandelt sie nicht*, so ist gleichwohl zuerst die Zulässigkeit des Einspruchs zu prüfen (§ 341 ZPO).
Erweist sich der **Einspruch** als **nicht zulässig,** so wird er in gleicher Weise durch Endurteil als unzulässig verworfen (§ 341 Abs. 1 Satz 2 ZPO), wie wenn die Partei anwesend wäre. Dieses Urteil ist mit der Berufung anfechtbar.
Bei **zulässigem Einspruch** und Säumnis der Partei, die ihn eingelegt hat, im Einspruchstermin (§ 341 a ZPO) ergeht ein Endurteil mit dem Ausspruch:
> »Der Einspruch wird (als unbegründet) verworfen«.

Falls das Endurteil *gegen den Beklagten* ergehen soll, muß jedoch erneut Zulässigkeit und Schlüssigkeit der Klage geprüft werden. Fehlt es an diesen Voraussetzungen, so ist die Klage trotz Säumnis des Beklagten abzuweisen (vgl. Thomas-Putzo, 1 c zu § 345).
Dieses sogenannt **(echte)** ›**zweite Versäumnisurteil**‹ unterscheidet sich vom ersten Versäumnisurteil dadurch, daß *dem erneut Säumigen dagegen ein (weiterer) Einspruch nicht zusteht.* Möglich ist nur noch die Berufung, die allein darauf gestützt werden kann, es habe bei dem zweiten Versäumnisurteil ein Fall der Versäumung nicht vorgelegen (§ 513 Abs. 2 ZPO), z. B. Ladung in einen falschen Saal, fehlerhafte Zustellung, Unterbleiben eines Aufrufs der Sache, Nichtbeachtung einer mitgeteilten Anwaltsbestellung.
Gegebenenfalls wird das Versäumnisurteil in der Berufung aufgehoben und der Rechtsstreit an die untere Instanz zurückverwiesen (vgl. § 538 Abs. 1 Nr. 5 ZPO).

Beachte: Ein ›zweites Versäumnisurteil‹ gemäß § 345 ZPO kann nur ergehen, wenn der **Einspruchsführer im Termin zur mündlichen Verhandlung über Einspruch und Hauptsache** (§ 340 a ZPO) **wiederum säumig** ist.

Hat die säumig gewesene Partei den Termin zur mündlichen Verhandlung über Einspruch und Hauptsache wahrgenommen und auch verhandelt (nicht notwendig ist dabei förmliche Antragsstellung), *bleibt aber in einem späteren Termin wieder aus,* so ergeht bei der wiederholten Säumnis auf Antrag des erschienenen Gegners erneut ein ›erstes‹ Versäumnisurteil mit dem Tenor:

›Das Versäumnisurteil vom … wird aufrechterhalten‹.

Dagegen ist wiederum Einspruch möglich.

Um solche mehrfache ›erste‹ Versäumnisurteile im Verlaufe eines Rechtsstreits zu vermeiden, kann der Erschienene anstatt eines Versäumnisurteils eine Entscheidung nach Lage der Akten (§§ 331 a, 251 a ZPO) beantragen. Die Entscheidung nach Lage der Akten beendet dann die Instanz und ist nur mit Berufung anfechtbar.

VII. Die Entscheidung nach Lage der Akten

159 Eine Möglichkeit, den Prozeß zu fördern, bietet die **Entscheidung nach Lage der Akten‹.** Sie besteht im Falle der Säumnis beider Parteien (§ 251 a ZPO) oder der Säumnis einer Partei, wenn die erschienene statt eines Versäumnisurteils eine Entscheidung nach Lage der Akten beantragt (§ 331 a ZPO).

In der Praxis wird davon wenig Gebrauch gemacht.

Die Entscheidung kann ein *Beschluß* (z. B. Beweisbeschluß, Aufklärungsbeschluß) oder ein *Urteil* sein.

Ein Urteil kommt nur in Frage, wenn der Rechtsstreit zur Entscheidung reif ist und bereits einmal in einem früheren Termin mündlich verhandelt worden ist.

Besondere Regeln gelten insoweit für den Verkündungstermin und dessen Bekanntgabe an den Gegner (§ 251 a Abs. 2, Satz 2 u. 3 ZPO).

Grundlage für die Entscheidung nach Lage der Akten ist der aus den Akten ersichtliche Prozeßstoff, ohne daß jedoch die Geständnisfiktion des § 331 Abs. 1 ZPO eingreifen würde. Vom Gegner früher bestrittene Behauptungen müssen also nachgewiesen werden.

Das Urteil ergeht kontradiktorisch (also nicht als Versäumnisurteil). Es beendet die Instanz und unterliegt den allgemeinen Rechtsmitteln (Berufung, nicht Einspruch).

VIII. Versäumung von Prozeßhandlungen und Wiedereinsetzung in den vorigen Stand

1. Begriff

160 Es gibt im Verfahren bestimmte Prozeßhandlungen, die nur **innerhalb einer vom Gesetz bestimmten Frist** (z. B. Einspruch – § 339 ZPO; Berufung – § 516 ZPO; sofortige Beschwerde – § 577 ZPO) oder **innerhalb eines bestimmten Prozeßstadiums** (z. B. Richterablehnung vor Stellung der Anträge – § 43 ZPO; Vorbringen verzichtbarer Zulässigkeitsrügen nur bis zum Beginn der mündlichen Verhandlung – § 282 Abs. 3 ZPO) wirksam vorgenommen werden.

Ist die Frist oder das Prozeßstadium versäumt, so ist die Partei von dieser Prozeßhandlung ausgeschlossen (§ 230 ZPO). Das bedeutet, daß

– ein späterer Einspruch als unzulässig zu verwerfen und das Versäumnisurteil rechtskräftig geworden ist (§§ 339, 341 ZPO),

– das Ablehnungsrecht durch das Einlassen in eine Verhandlung verloren gegangen ist (§ 43 ZPO) (vgl. Rn. 16),
– die verzichtbare Zulässigkeitsrüge nicht mehr erhoben werden kann (§ 282 Abs. 3 ZPO – außer bei genügender Entschuldigung: § 296 Abs. 3 ZPO).

Ist jedoch eine **Notfrist** oder eine **Berufungsbegründungsfrist** (oder eine Revisionsbegründungsfrist) versäumt worden und die **Verhinderung unverschuldet,** so kann **dem Säumigen auf dessen Antrag Wiedereinsetzung in den vorigen Stand** gewährt werden, d. h., die versäumte und dann noch nachgeholte Prozeßhandlung wird als rechtzeitig fingiert (§ 233 ZPO).
Notfrist ist eine Frist, die im Gesetz ausdrücklich als solche bezeichnet ist (§ 223 Abs. 3 ZPO): z. B. Frist für die Einlegung einer Erinnerung gegen einen Kostenfestsetzungsbeschluß (§ 104 Abs. 3 ZPO); Einspruchsfrist (§ 339 ZPO); Frist für die Einlegung einer sofortigen Beschwerde (§ 577 Abs. 2 ZPO).
Wegen der *Berufungs-* und *Revisionsbegründungsfrist* vgl. §§ 519 Abs. 2, 554 Abs. 2 ZPO.

Ein *die Wiedereinsetzung ausschließendes Verschulden* ist anzunehmen, wenn der Säumige es in bezug auf die Fristeinhaltung an der ihm zumutbaren Sorgfalt fehlen ließ.

Dieser gemilderte Maßstab für die Gewährung der Wiedereinsetzung gilt erst seit der Vereinf. Novelle vom 1. 7. 77. Früher konnte nur eine in unabwendbarem Zufall oder durch Naturereignis begründete Fristversäumung zur Wiedereinsetzung führen. Es ist deshalb die bis 1977 erwachsene sehr umfangreiche Rechtsprechung zur Frage der Wiedereinsetzung nur sehr eingeschränkt noch verwertbar.

Das **Verschulden eines gesetzlichen Vertreters oder des Bevollmächtigten** steht dem Verschulden der Partei gleich (§§ 51 Abs. 2, 85 Abs. 2 ZPO).
Beispiele aus der Rechtsprechung:
Schwere Erkrankung der Partei oder ihres Vertreters; ungewöhnlich lange Postverzögerung; Armenrechtsbewilligung erst nach Ablauf der Rechtsmittelfrist, sofern rechtzeitig vorher beantragt; unvorhersehbare Verkehrsstörungen; Verschulden des Büropersonals, sofern es gründlich ausgesucht und ordnungsgemäß überwacht worden ist.

Der praktisch häufigste Fall der Wiedereinsetzung ist die *unverschuldete Versäumung einer Einspruchsfrist gegen ein Versäumnisurteil.* Hier ist Wiedereinsetzung auch dann zu gewähren, wenn die Partei von der Zustellung des Versäumnisurteils ohne ihr Verschulden keine Kenntnis erlangt hat (§ 233 ZPO).

2. Der **Antrag auf Wiedereinsetzung** in den vorigen Stand muß innerhalb einer *Frist* **161** *von 2 Wochen ab Beseitigung des Hindernisses* gestellt werden, z. B. ab Kenntnis von der Zustellung des Versäumnisurteils.
Dieser **Antrag muß enthalten** (§ 236 ZPO):
a) Die eine *Wiedereinsetzung begründenden Tatsachen,*
b) *Die Mittel zur Glaubhaftmachung dieser Tatsachen,*

In Frage kommen hierfür nur sofort verwertbare Beweismittel, z. B. eidesstattliche Versicherungen (§ 294 Abs. 2 ZPO), nicht das Angebot, irgendwelche Zeugen zu vernehmen.

c) Die *Nachholung der versäumten Prozeßhandlung,* evtl. Bezugnahme auf die bereits nachgeholte Prozeßhandlung.

Es darf also nicht mit der versäumten Prozeßhandlung zugewartet werden, bis die Wiedereinsetzung bewilligt worden ist.

Beispiel für einen Wiedereinsetzungsantrag:

In Sachen...

lege ich gegen das Versäumnisurteil vom ... Einspruch ein und beantrage Wiedereinsetzung in den vorigen Stand wegen Versäumung der Einspruchsfrist.

Begründung: Innerhalb der bis zum 16.5. laufenden Einspruchsfrist, am 14.5. nämlich, habe ich ein Einspruchsschreiben verfaßt und versandfertig gemacht. Vor beabsichtigten Absendung wurde ich noch am 14.5. in einen schweren Verkehrsunfall verwickelt, in dessen Folge ich eine Woche bewußtlos im Krankenhaus lag. Erst seit Anfang dieser Woche bin ich wieder in der Lage, klare Gedanken zu fassen und meine Angelegenheiten zu ordnen.

Ich versichere die Richtigkeit dieses Sachverhalts hiermit an Eides Statt und lege weiterhin zur Glaubhaftmachung eine ärztliche Bescheinigung über Datum und Ursache meiner Aufnahme ins Krankenhaus sowie über meinen gesundheitlichen Zustand bis zum Beginn dieser Woche vor.

...Unterschrift...

Liegen die Voraussetzungen für eine Wiedereinsetzung vor, so kann diese auch ohne Antrag gewährt werden (§ 236 Abs. 2 S. 2 ZPO), sofern die versäumte Prozeßhandlung nachgeholt wurde und alle Angaben zur unverschuldeten Fristversäumnis aktenkundig sind.

3. Praktische Probleme im Wiedereinsetzungsverfahren

1. Die Parteien haben im Prozeß einen bis zum 16.5. widruflichen Vergleich geschlossen. Das im obigen Beispiel geschilderte Mißgeschick widerfährt dem Beklagten hinsichtlich seines Widerrufsschreibens. Kann er wegen Versäumung der Frist für den Vergleichswiderruf Wiedereinsetzung in den vorigen Stand bewilligt bekommen?

Nein: Die Frist zum Widerruf eines gerichtlichen Vergleichs ist keine Notfrist.

2. Das im obigen Beispiel geschilderte Mißgeschick passiert dem Beklagten hinsichtlich der Einspruchseinlegung gegen ein Versäumnisurteil. Es wiederholt sich in ähnlicher Weise noch einmal bei der Beantragung der Wiedereinsetzung in den vorigen Stand mit der Folge, daß auch dieser Antrag durch einen unabwendbaren Zufall über die Frist des § 234 ZPO hinaus verzögert wird. Gibt es eine Wiedereinsetzung in den vorigen Stand gegen die Versäumung der Wiedereinsetzungsfrist?

Ja: Die Wiedereinsetzungsfrist ist zwar keine Notfrist, jedoch regelt § 233 ZPO diesen Fall ausdrücklich.

4. Verfahren

162 Es ist möglich, das Verfahren durch Beschluß zunächst auf den Wiedereinsetzungsantrag zu beschränken und

a) durch Endurteil den Antrag zurückzuweisen und zugleich die Prozeßhandlung zu verwerfen oder

b) durch Zwischenurteil Wiedereinsetzung zu gewähren.

Regelmäßig wird jedoch das Wiedereinsetzungsverfahren mit dem Verfahren über die nachgeholte Prozeßhandlung verbunden (§ 238 Abs. 1, 2 ZPO).

Die Wiedereinsetzung ist unanfechtbar (§ 238 Abs. 3 ZPO).

Wegen der Kosten der Wiedereinsetzung vgl. § 238 Abs. 4 ZPO.

12. Kapitel

Die Einlassung des Beklagten auf die Klage (Zusammenfassung der Möglichkeiten)

Die dem Beklagten zwischen der Klagezustellung und dem ersten Verhandlungstermin zu belassende *Einlassungsfrist* (§ 274 Abs. 3 ZPO) wie auch die im schriftlichen Vorverfahren eingeräumten Erklärungsfristen (§ 276 Abs. 1 ZPO) sollen dem Beklagten Zeit lassen für die Überlegung, wie er auf die Klage reagieren will. Er hat verschiedene Möglichkeiten, sich auf die Klage zu verhalten:

I. Säumnis und Anerkenntnis

Der Beklagte entzieht sich der streitigen Verhandlung:

1. *Er erscheint nicht* (§ 331 ZPO oder er *verhandelt nicht* (§ 333 ZPO) oder er *läßt im* **163** *schriftlichen Vorverfahren die Frist für die Anzeige der Verteidigungsabsicht ungenutzt verstreichen* (§§ 276, 331 Abs. 3 ZPO). Es ergeht auf Antrag gegen den Beklagten *Versäumnisurteil* (§ 331 ZPO).

Wegen der Möglichkeit einer Entscheidung nach Lage der Akten vgl. §§ 331 a, 251 a ZPO.

2. Er *erkennt* den gegen ihn erhobenen Anspruch *an.* Auf Antrag des Klägers ergeht gegen ihn *Anerkenntnisurteil* (§ 307 ZPO). Unter den Voraussetzungen des § 93 ZPO sind die *Kosten* des Rechtsstreits gleichwohl *dem Kläger aufzuerlegen.*

Vom Anerkenntnis zu unterscheiden ist das **Geständnis,** das sich anders als das Anerkenntnis auf Tatsachenbehauptungen bezieht (§ 288 ZPO). Vgl. oben Rn. 138.

II. Rüge fehlender Sachurteilsvoraussetzungen

Der Beklagte kann die *Abweisung der Klage* als **unzulässig** beantragen, sofern er Anlaß **164** hat, das Fehlen von Sachurteilsvoraussetzungen zu rügen.
Soweit es sich um verzichtbare Zulässigkeitsvoraussetzungen handelt, müssen sie aber rechtzeitig (§ 282 Abs. 3 ZPO) vorgebracht werden.

III. Der Klageabweisungsantrag

Der Beklagte kann *Abweisung der Klage* als **unbegründet** beantragen; damit ist ein **165** ›Verhandeln (Einlassen) zur Hauptsache‹ gegeben.
Bedeutung des ›Verhandelns‹: Entstehen der Verhandlungsgebühr für Anwälte (§ 31 Abs. 1 Nr. 2 BRAGO), Prorogation gemäß § 39 ZPO, Klagerücknahme nur noch mit Einwilligung des Beklagten (§ 269 Abs. 1 ZPO).

Hinsichtlich der *Einlassung des Beklagten zur Hauptsache* ergeben sich folgende Möglichkeiten:

1. Reine **Rechtsausführungen:** Der Beklagte trägt selbst zum Sachverhalt nichts vor, sondern begnügt sich damit, auf die Unschlüssigkeit des klägerischen Vorbringens hinzuweisen. Gegebenenfalls erfolgt bei Unschlüssigkeit Abweisung der Klage als unbegründet.

2. Der **Beklagte bestreitet Tatsachen,** die der Kläger zur schlüssigen Begründung seines Klageanspruchs vorgetragen hat. Der Kläger wird dadurch veranlaßt, Beweise für seine bestrittenen Behauptungen anzubieten.

3. Der Beklagte bringt gegen die Klage **Einreden** (im Sinne der ZPO) vor, d. h. er beruft sich unter entsprechendem Tatsachenvortrag auf eine Gegennorm, die dem klägerischen Anspruch entgegen steht.

a) *Rechtshindernde Einreden* (d. h. Einwendungen i. S. des BGB): Darstellung einer Rechts- und Sachlage, die den klägerischen Anspruch von vornherein an der Entfaltung hindert,

z. B. Geschäftsunfähigkeit, Verstoß gegen gesetzl. Verbot, Verstoß gegen die guten Sitten, böser Glaube, Widerruf eines Vertragsangebots (§ 145 BGB), Handeln in Notwehr,

b) *Rechtsvernichtende Einreden* (d. h. Einwendungen i. S. des BGB): Darstellung einer Rechts- und Sachlage, die den klägerischen Anspruch wieder beseitigt hat,

z. B. Erfüllung, Erlaß, Anfechtung einer Willenserklärung,

c) *Rechtshemmende Einreden* (d. h. Einreden im Sinne des BGB): Darstellung einer Rechts- und Sachlage, die dem Beklagten das Recht gibt, die Geltendmachung eines Anspruchs gegen ihn durch entsprechende Erklärung zu verhindern,

z. B. Verjährung, nachträglich gewährte Stundung.

Während die Einreden zu a) und b) von Amts wegen, also auch wenn sie sich aus dem Vortrag des Klägers ergeben, zu beachten sind, finden die rechtshemmenden Einreden (zu c) nur Beachtung, wenn sich der Beklagte ausdrücklich auf sie beruft.

IV. Die Aufrechnung im Prozeß

166 1. Die Aufrechnung ist ein Rechtsgeschäft des bürgerlichen Rechts (§§ 387 ff. BGB). Für die Erklärung einer Aufrechnung ist ein Rechtsstreit nicht erforderlich (§ 388 BGB).
2. Von diesem bürgerlich-rechtlichen Rechtsgeschäft ist zu unterscheiden die *Geltendmachung der* (bereits früher oder gleichzeitig) *erklärten Aufrechnung im Prozeß.*
Die *Prozeßaufrechnung* ist im Zweifel stets nur eine Eventualaufrechnung, d. h. der Beklagte erklärt die Aufrechnung neben anderen Verteidigungsmitteln für den Fall, daß diese nicht durchgreifen.

Das Gericht kann die Aufrechnung dann mit der Folge der Klageabweisung erst berücksichtigen, wenn es die Klageforderung für begründet hält. Es darf also nicht, wenn die Aufrechnungsforderung feststeht, die Klageforderung dahingestellt lassen und die Klage sogleich abweisen, weil dann dieses Prozeßergebnis ja auf alle Fälle feststehe.
Denn würde der Rechtsstreit so beendet werden, dann bliebe danach ungewiß, ob die Aufrechnungsforderung wegen bestehender Klageforderung verbraucht worden ist oder nicht und dann noch besteht.

Würde der Gläubiger der Aufrechnungsforderung (also der Bekl.) diese nach Beendigung des Rechtsstreits mit der Behauptung, sie sei noch gar nicht verbraucht, einklagen, so müßte in diesem Prozeß doch noch über das Bestehen der Klageforderung des ersten Rechtsstreits Beweis erhoben werden.

3. Einzelfälle zur Prozeßaufrechnung

K klagt gegen B 1000,– DM Kaufpreis ein. B bestreitet einen Kaufvertrag und rechnet außerdem **167** *hilfsweise mit einer Darlehensforderung in Höhe von 1000,– DM auf.*
a) *Durch vorgelegten Schuldschein ist das Gericht vom Bestehen der zur Aufrechnung gestellten Darlehensforderung überzeugt.*
Es muß trotzdem über die Klageforderung verhandelt und Beweis erhoben werden. Die klageabweisende Entscheidung darf erst ergehen, wenn feststeht, ob die Klageforderung wegen Aufrechnung oder aus anderen Gründen nicht besteht (sogenannte ›Beweiserhebungstheorie‹).
b) *Das Gericht erkennt die Klageforderung als nicht bestehend.*
Es erfolgt sofort Klageabweisung; die Aufrechnung ist gegenstandslos.
c) *Das Gericht erkennt die Klageforderung als bestehend, die Aufrechnungsforderung ist dagegen noch streitig und nicht geklärt.*
Die Gegenforderung ist zu prüfen, erst dann kann endgültig entschieden werden. Es kann jedoch über die Klageforderung gem. § 302 ZPO ein Vorbehaltsurteil ergehen.
d) *Das Gericht erkennt die Aufrechnungsforderung als nicht bestehend; Klageforderung ist noch ungeklärt.*
Es ist über die Klageforderung weiterzuverhandeln und zu entscheiden.

4. Die Geltendmachung der Aufrechnung im Prozeß ist eine **Einrede im Sinne der** **168** **ZPO** (§ 282 ZPO). Die Aufrechnungsforderung hat daher keinen Einfluß auf die Sachurteilsvoraussetzungen (z. B. Zuständigkeit) der Klage. Es kann also *mit einer Forderung aufgerechnet werden, für deren Geltendmachung ein anderes Gericht zuständig wäre;* dies gilt auch bei Zuständigkeit des Arbeitsgerichts.
Bei Aufrechnung mit einer Gegenforderung, über die eine *andere Gerichtsbarkeit,* außer der Arbeitsgerichtsbarkeit, z. B. Verwaltungsgericht, zu entscheiden hätte, *muß das Gericht aussetzen* (§ 148 ZPO) und *erforderlichenfalls eine Frist für die dortige Klageerhebung bestimmen.*
Die Aufrechnungsforderung wird nicht rechtshängig (h. M.); also keine Einrede der Rechtshängigkeit, wenn über diese Aufrechnungsforderung bereits anderweitig ein Rechtsstreit geführt wird.
Die Aufrechnungseinrede kann andererseits gegebenenfalls gem. §§ 282, 296 ZPO als verspätet zurückgewiesen werden.

5. Ein **Vorbehaltsurteil** (§ 302 ZPO) kann – auch ohne besonderen Antrag – ergehen, **169** **wenn das Gericht vom Bestehen der Klageforderung überzeugt, sich aber über die** **zur Aufrechnung gestellte Gegenforderung noch im unklaren ist.** Zweck des Vorbehaltsurteils ist die Verhinderung der Prozeßverschleppung durch Vorbringen erfundener oder fragwürdiger Gegenansprüche.
Das Vorbehaltsurteil ist vorläufig vollstreckbar und selbständig anfechtbar.
Es darf *nicht ergehen,* wenn Klageforderung und Aufrechnungsforderung rechtlich zusammenhängen, z. B. Klage auf Kaufpreiszahlung und Aufrechnung mit Schadenersatz wegen Nichterfüllung des Kaufvertrages.
Soweit ein Vorbehaltsurteil ergehen kann, ist auch eine Anordnung des Gerichts möglich, daß über Klage und Aufrechnung getrennt verhandelt wird (§ 145 ZPO).

Beispiel für den Tenor eines Vorbehaltsurteils:

1. Der Beklagte wird verurteilt, an den Kläger ... zu bezahlen.
2. Der Beklagte trägt die Kosten des Rechtsstreits.
3. Das Urteil ergeht unter Vorbehalt der Entscheidung über die vom Beklagten zur Aufrechnung gestellte Forderung wegen eines dem Kläger ... gegebenen Darlehens in Höhe von 1000,– DM.

Im *Nachverfahren* wird auf Antrag Termin bestimmt, in dem die Verhandlung auf die Gegenforderung beschränkt wird.

Die Entscheidung lautet dann:

a) Bei *begründeter* Aufrechnung: Aufhebung des Vorbehaltsurteils und Klageabweisung

1. Das Vorbehaltsurteil vom ... wird aufgehoben.
2. Die Klage wird als unbegründet abgewiesen.

b) Bei *nichtbegründeter* Aufrechnung: Vorbehaltserklärung des Vorbehaltsurteils, d. h. dessen Bestätigung.

Das Vorbehaltsurteil vom ... wird für vorbehaltlos erklärt oder

Das Vorbehaltsurteil vom ... wird unter Wegfall des Vorbehalts aufrechterhalten.

6. Rechtskräftige Entscheidung über die Aufrechnungsforderung

170 In Rechtskraft erwächst die Entscheidung über die Gegenforderung insoweit, als sie zur Aufrechnung gestellt worden ist (§ 322 Abs. 2 ZPO),
daß die Aufrechnungsforderung überhaupt nicht bestehe,
daß sie wegen Verbrauchs durch Aufrechnung gegen die Klageforderung nicht mehr bestehe.

Hierdurch soll vermieden werden, daß eine zur Aufrechnung verbrauchte Forderung danach nochmals gerichtlich geltend gemacht werden könnte oder daß eine als nichtbestehend erkannte Forderung noch eingeklagt werden könnte.

7. Kostenfolge bei Aufrechnung im Prozeß

171 Hat die aufrechenbare Forderung schon bei Prozeßbeginn bestanden und wird die Klage dann abgewiesen, so sind dem Kläger die Kosten nach § 91 ZPO aufzuerlegen, auch wenn der Beklagte erst nach Prozeßbeginn die Aufrechnung erklärt hat.
Ist erst nach Prozeßbeginn die Gegenforderung entstanden oder fällig geworden, so war die Klage anfangs begründet. Anerkennt dann der Kläger die zur Aufrechnung gestellte Gegenforderung, so ist ihm zu empfehlen, den Rechtsstreit in der Hauptsache für erledigt zu erklären. Die Kostenentscheidung ergeht dann gegebenenfalls gemäß § 91 a ZPO.

V. Die Widerklage

1. Wesen der Widerklage

Der Beklagte kann in dem gegen ihn angestrengten Prozeß zum Gegenangriff übergehen **172**
und Widerklage erheben.
Die **Widerklage** muß einen **selbständigen Anspruch** enthalten. Keine Widerklage ist der
Antrag auf Feststellung, daß der mit der Klage geltend gemachte Anspruch nicht bestehe.
Ein solcher Antrag wäre als Klageabweisungsantrag zu verstehen. Jedoch: Negative Feststellungswiderklage möglich hinsichtlich des gesamten Anspruchs, wenn der Kläger sich
einer Forderung berühmt und davon nur einen Teilbetrag einklagt.

2. Bedeutung der Bestimmung des § 33 ZPO

§ 33 ZPO bestimmt, daß *beim Gericht der Klage* eine *Widerklage* dann erhoben werden
kann, *wenn der Widerklageanspruch mit dem Klageanspruch in rechtlichem Zusammenhang steht.* Streitig ist, ob überhaupt *nur unter diesen Voraussetzungen* (rechtlicher
Zusammenhang) eine Widerklage zulässig ist: *Rechtlicher Zusammenhang wäre dann
eine Sachurteilsvoraussetzung für die Widerklage* (so BGH 40, 187 und Rosenberg-
Schwab § 99 I, 1 c), oder ob § 33 ZPO für den Fall des rechtlichen Zusammenhangs
zwischen Klage und Widerklage *lediglich eine zusätzliche Zuständigkeit* beim Gericht
der Klage schafft (so Baumbach-Lauterbach 1 zu § 33 und Thomas-Putzo § 33
Anm. 1 a).

3. Die Widerklage kann erhoben werden *ab Rechtshängigkeit der Klage bis zum Schluß
der mündlichen Verhandlung* (§ 296 a ZPO).
Ist sie erhoben, so hat sie ihr eigenes Schicksal, wird also weitergeführt, auch wenn die
Klage erledigt ist (vgl. § 301 ZPO).
Die Widerklage muß in derselben Prozeßart zulässig sein, wie die Klage.

Keine Widerklage im Urkundenprozeß (§ 595 Abs. 1 ZPO).
Wegen der Hereinziehung eines Dritten in die Widerklage im Rahmen der §§ 59, 60 ZPO vgl.
BGH NJW 1964, 44.

Bei *Überschreitung der Zuständigkeit des Amtsgerichts* infolge Widerklage kann **Verweisung** beantragt werden (§ 506 ZPO).
Im Falle *ausschließlicher Zuständigkeit* eines anderen Gerichts *für den Widerklageanspruch* (z. B. Arbeitsgericht) erfolgt **Abtrennung** (§ 145 Abs. 2 ZPO), dann Verweisung
der (Wider-)Klage oder Abweisung als unzulässig.
Der Widerkläger braucht keinen Vorschuß zu bezahlen.

4. Über die **Kosten der Klage** und **der Widerklage** ist **einheitlich**, gegebenenfalls nach **173**
Bruchteilen, zu entscheiden; nicht geteilt nach Kosten der Klage und Kosten der Widerklage.

Eine Kostenentscheidung müßte deshalb wie folgt lauten:
  Von den Kosten des Rechtsstreits trägt der Kläger ein Drittel, der Beklagte zwei Drittel.
Falsch wäre folgende Kostenentscheidung:
  Der Kläger trägt die Kosten der Klage, der Bekl. die Kosten der Widerklage.

Für die **Berechnung der Gerichtskosten** gilt § 19 Abs. 1 GKG: bei *gleichem Streitgegenstand* einfacher Wert, bei *nicht gleichem Streitgegenstand* sind die Gegenstände zusammenzurechnen.

5. Eventualwiderklage (Hilfswiderklage)

174 Sie ist nur beschränkt zulässig, nämlich *wenn die Hilfswiderklage neben dem Klageabweisungsantrag in einem wirklichen Eventualverhältnis steht,* d. h. wenn die Widerklage überhaupt nur begründet sein kann, falls der Klage stattgegeben wird.

Klage über 1000,– DM. Beklagter bestreitet diesen Anspruch an sich nicht, erklärt aber Aufrechnung mit einer gleichhohen Gegenforderung. Kläger wendet ein, die Aufrechnungsmöglichkeit sei in diesem Fall vertraglich ausgeschlossen.

Bekl. beantragt **in erster Linie Klageabweisung,** da Klageforderung durch Aufrechnung erloschen sei; **hilfsweise** – falls Aufrechnung nicht für zulässig erachtet und deshalb nicht gemäß seinem Klageabweisungsantrag entschieden werden – erhebt er **Widerklage,** den Kläger zur Zahlung seiner Gegenforderung zu verurteilen.

13. Kapitel

Praktische Bedeutung von Verfahrensgrundsätzen

Der Zivilprozeß ist nach bestimmten Grundsätzen geregelt, die in den gesetzlichen Bestimmungen der Zivilprozeßordnung erkennbar werden. Sie beziehen sich teils auf die Stellung und Aufgaben der Parteien im Verfahren (*Dispositionsgrundsatz, Verhandlungsgrundsatz*), teils auf den Verfahrensgang (*Mündlichkeitsgrundsatz, Öffentlichkeitsgrundsatz, Beschleunigungsgrundsatz*) und teils auf die Beweiserhebung (*Unmittelbarkeitsgrundsatz*).

I. Dispositionsgrundsatz und Verhandlungsgrundsatz

1. Dispositionsgrundsatz 175

Die Parteien haben eine Verfügungsfreiheit über den Streitgegenstand. Sie können über ihn in gewissen Grenzen disponieren.

Der Kläger hat es in der Hand den Prozeß durch Klageerhebung in Gang zu setzen (gelegentlich auch mit ›Parteibetrieb‹ bezeichnet). Die Parteien bestimmen durch ihre Anträge den Umfang der gerichtlichen Entscheidung (§ 308 ZPO: ›ne eat judex ultra petita partium‹). Der Kläger kann durch Klagerücknahme (§ 269 ZPO) den Rechtsstreit beenden und durch einen Verzicht (§ 306 ZPO) den Inhalt eines vom Beklagten zu beantragenden Urteils bestimmen. Letzteres gilt auch für den Beklagten im Falle seines Anerkenntnisses (§ 307 ZPO). Beide Parteien können durch Abschluß eines Prozeßvergleiches oder durch übereinstimmende Erledigungserklärung (§ 91 a ZPO) den Rechtsstreit insgesamt oder hinsichtlich der Hauptsache beenden. Auch durch Säumnis können die Parteien ein Versäumnisurteil ermöglichen und so auf den Prozeßverlauf Einfluß nehmen.
Eingeschränkt ist die Dispositionsbefugnis der Parteien jedoch **im Ehe- und im Kindschaftsprozeß:** Anerkenntnis und Prozeßvergleich sind insoweit ausgeschlossen (§ 617 ZPO). Ein Versäumnisurteil gegen den Beklagten darf nicht ergehen (§ 612 Abs. 4 ZPO), wohl aber gegen den Kläger.

2. Verhandlungsgrundsatz 176

Nach der Erfahrung ist die Annahme begründet, daß in einem Rechtsstreit jede Partei zu ihrem Vorteil selbst bemüht ist, das ihr Günstige zu dem zu entscheidenden Sachverhalt vorzutragen.

Es gilt daher im Zivilprozeß der **Verhandlungsgrundsatz:** *Es ist Sache der Parteien, dem Gericht das Prozeßmaterial zu unterbreiten.*

Der Untersuchungsgrundsatz wäre hier untunlich: Bei der Vielzahl der bürgerlichen Rechtsstreitigkeiten wäre es nicht zu schaffen, wenn das Gericht von Amts wegen den Sachverhalt zu erforschen und einzelnen Tatsachen nachzuspüren hätte. Für eine solche Aufgabe der Gerichte könnte ein öffentliches Interesse nicht angenommen werden.

a) Der Verhandlungsgrundsatz bedeutet im einzelnen:

aa) Einführung des Prozeßstoffes durch die Parteien

Nur die von den Parteien vorgetragenen Tatsachen dürfen Entscheidungsgrundlage werden.

Aus diesem Grunde darf privates Wissen des Gerichts nicht verwertet werden.

Der mit dem Schadensprozeß befaßte Richter hat den streitigen Verkehrsunfall selbst beobachtet. Er darf seine eigenen Wahrnehmungen der Entscheidung nicht zugrunde legen, vielmehr kommt er als Zeuge in Frage (beachte dann jedoch § 41 Nr. 5 ZPO).

bb) Tatsachenfeststellung auf Grund des Verhaltens der Parteien.

Tatsachen, die von einer Partei vorgetragen und von der anderen zugestanden oder nicht bestritten werden, sind vom Gericht als wahr zu behandeln. Sie bedürfen keines Beweises. Vgl. §§ 288, 138 Abs. 3 ZPO.

cc) Beweisantritt durch die Parteien.

Es ist Sache der Parteien, für die streitig gebliebenen Tatsachen Beweismittel anzubieten (§§ 371, 373, 403, 420ff., 445, 447 ZPO).

177 b) Der **Verhandlungsgrundsatz** ist jedoch nicht rein durchgeführt. Er erleidet mancherlei Durchbrechungen:

aa) Wahrheitspflicht (§ 138 Abs. 1 ZPO)

Ein Vortrag von *unwahren Tatsachen wider besseres Wissen* ist nicht gestattet. Unwahre Behauptungen dürfen vom Gericht nicht beachtet werden.

Die praktische Bedeutung dieser Bestimmung ist gering, weil das Gericht ohne Beweisaufnahme nur selten in der Lage sein wird, eine unwahre Behauptung als solche zu erkennen.

bb) Richterliche Aufklärungspflicht (§ 139 ZPO)

Sie ist ein wichtiges Mittel zur Vervollständigung des Prozeßstoffes und umfaßt auch die *rechtliche Erörterung des Sach- und Streitverhältnisses.* Die Verletzung des Fragerechts nach § 139 ZPO ist ein Revisionsgrund. Vgl. unten Rn. 193!

cc) Anordnung des persönlichen Erscheinens (§ 141 ZPO)

Das Gericht kann zum Zwecke der Sachaufklärung das persönliche Erscheinen der Parteien anordnen und gegebenenfalls die Nichtachtung dieser Anordnung durch Ordnungsgeld ahnden (§ 141 Abs. 3 ZPO – vgl. oben Rn. 112!).

dd) Beweiserhebungen von Amts wegen:

Auch *ohne Parteiantrag* kann das Gericht (von Amts wegen) folgende Beweiserhebungen anordnen: Einnahme eines Augenscheins (§ 144 ZPO), Begutachtung durch Sachverständige (§ 144 ZPO), Vorlegung von Urkunden, auf die sich die Parteien bezogen haben (§ 142 ZPO), Parteivernehmung (§ 448 ZPO).

Ohne Parteiantrag sind somit nur noch Zeugenvernehmungen unzulässig.

3. Vom Verhandlungsgrundsatz zu unterscheiden sind

a) Der Untersuchungsgrundsatz (Amtsermittlungsgrundsatz)

Das Gericht hat von Amts wegen Tatsachen zu ermitteln und Beweise zu erheben (vgl. **178** § 616 ZPO: Verfahren in Ehesachen). Die Parteien können nicht durch ihr Verhalten (z. B. Geständnis) das Gericht binden, welche Tatsachen es als wahr anzunehmen habe (vgl. § 617 ZPO). Dieser Grundsatz gilt im Verfahren der freiwilligen Gerichtsbarkeit (§ 12 FGG).

b) Die Prüfung von Amts wegen

Das Gericht hat im Zivilprozeß manche Umstände ›von Amts wegen‹ zu berücksichtigen, z. B. die Sachurteilsvoraussetzungen, Zulässigkeit des Einspruchs (§ 341 ZPO), Vollmacht beim Amtsgericht (§ 88 Abs. 2 ZPO).

Diese Umstände ermittelt nicht etwa das Gericht von sich aus, vielmehr haben auch insoweit die Parteien dem Gericht die erforderlichen Tatsachen vorzutragen und notfalls die Beweismittel anzubieten. *Übereinstimmendes Parteiverhalten* (Behaupten einerseits und Geständnis oder Nichtbestreiten andererseits) *bindet jedoch das Gericht nicht in der Weise, daß es die Tatsache oder den Umstand als gegeben anzunehmen habe.* Bei verbleibenden Zweifeln kann das Gericht gleichwohl angebotene Beweise hierzu erheben und bei negativem oder fehlendem Beweis den Umstand als nicht gegeben behandeln.

Im Termin zeigt eine Partei ein auffälliges Verhalten, das Geschäfts- und Prozeßfähigkeit (§ 52 ZPO) als äußerst fraglich erscheinen lassen. Die vom Gericht geäußerten Bedenken pariert sie mit der Behauptung, sie sei im Vollbesitz ihrer geistigen Kräfte. Der Prozeßgegner befürchtet unzuträgliche Komplikationen durch eine wohl notwendig werdende psychiatrische Begutachtung. Er erklärt deshalb, daß er die Behauptung des Gegners über seine Zurechnungsfähigkeit zugestehe.

Diese übereinstimmende Erklärung der Parteien ist für das Gericht nicht bindend. Es kann darauf bestehen, daß die Zurechnungsfähigkeit nachgewiesen wird, wenn es an der Richtigkeit der übereinstimmenden Parteierklärung zweifelt.

Bleibt auch nach Erschöpfung aller Beweismöglichkeiten die Frage der Prozeßfähigkeit letztlich ungeklärt, etwa weil sich die betreffende Partei nicht auf ihren Geisteszustand untersuchen lassen will, so trägt der *Kläger* die Beweislast (BGH NJW 1962, u. h. M.). Es ist also dann die Klage als unzulässig abzuweisen.

II. Der Mündlichkeitsgrundsatz

179 Während für die Klageschrift und das Urteil Schriftform vorgeschrieben ist (vgl. §§ 253 Abs. 2, 313 ZPO), ist die Verhandlung vor dem erkennenden Gericht mündlich (§ 128 Abs. 1 ZPO).

1. Bedeutung des Mündlichkeitsgrundsatzes

a) Es darf grundsätzlich **nicht ohne mündliche Verhandlung entschieden** werden (sog. ›notwendige‹ **mündliche Verhandlung).**

Z. B. über die Klageanträge, über einen Verweisungsantrag (§ 281 ZPO), über einen Tatbestandsberichtigungsantrag (§ 320 ZPO).

Ausnahmen bestehen, wenn das Gesetz die mündliche Verhandlung in das Ermessen des Gerichts stellt (sog. *freigestellt oder fakultative mündliche Verhandlung),*

z. B. Entscheidung über ein Ablehnungsgesuch (§ 46 ZPO), einen Aussetzungsantrag (§ 248 Abs. 2 ZPO) oder eine Urteilsberichtigung (§ 319 Abs. 2 ZPO), im Falle des § 128 Abs. 3 ZPO,

oder eine Entscheidung ohne mündliche Verhandlung anordnet,
z. B. Versäumnisurteil im schriftlichen Vorverfahren §§ 276, 331 Abs. 3 ZPO.

b) Nur was **Gegenstand der mündlichen Verhandlung war, darf der Entscheidung zugrunde gelegt werden.**

Bezugnahme auf dem Gericht vorliegende Schriftsätze ist gemäß § 137 Abs. 3 ZPO dem Vortrag in der mündlichen Verhandlung gleichgestellt. Diese Bezugnahme erfolgt in der Praxis verbreitet und meist sogar stillschweigend.

c) Nachgereichte Schriftsätze sind grundsätzlich nicht mehr zu beachten.

180 Die Entscheidung soll nach der Vorstellung des Gesetzgebers sofort im Anschluß an die mündliche Verhandlung verkündet werden (§ 310 ZPO). Vgl. oben Rn. 137! Wird statt dessen ein besonderer Verkündungstermin auf einen späteren Zeitpunkt angesetzt (§ 310 ZPO: nicht später als drei Wochen!), so darf trotzdem nur der Vortrag in der mündlichen Verhandlung Entscheidungsgrundlage werden:
Der Inhalt eines etwa *zwischen Verhandlungs- und Verkündungstermin* noch beim Gericht *eingehenden Schriftsatzes* einer Partei **darf für die Entscheidung nicht** zur Kenntnis genommen werden (§ 296 a ZPO).

Beispiel: Mündliche Verhandlung findet am 1. 10. statt; Verkündungstermin wird auf 22. 10. angesetzt. Am 5. 10. geht vom Beklagten noch ein Schriftsatz ein.
Sein Inhalt darf für die am 22. 10. zu verkündende Entscheidung nicht berücksichtigt werden. *Enthält* allerdings dieser Schriftsatz *einen neuen für die zu treffende Entscheidung bedeutsamen Vortrag oder Beweisantrag,* der nicht etwa nach §§ 282, 296 Abs. 2 ZPO als verspätet zurückzuweisen ist, so wird das Gericht diesem Vortrag noch Rechnung tragen, **aber nicht,** indem es diesen Vortrag bei der Entscheidung am 22. 10. verwertet, etwa einen Beweisbeschluß über diesen Beweisantrag verkündet (das wäre ein Verstoß gegen den Mündlichkeitsgrundsatz!), **sondern, indem das Gericht durch Wiedereröffnung der mündlichen Verhandlung der Partei**

nochmals Gelegenheit gibt, den Vortrag zum Gegenstand der mündlichen Verhandlung zu machen (§ 156 ZPO). Vgl. oben Rn. 119.

Die am 22. 10. zu verkündende Entscheidung könnte daher lauten:

›1. Die mündliche Verhandlung wird wiedereröffnet.

2. Termin zur mündlichen Verhandlung wird bestimmt auf ...‹.

Es kann auch zugleich noch eine Anordnung nach § 273 Abs. 2 Nr. 4 ZPO in Frage kommen.

2. Durchbrechungen des Mündlichkeitsgrundsatzes

a) Zugelassene nachgereichte Schriftsätze

Von dem Verbot der Berücksichtigung nachgereichter Schriftsätze gibt es eine Aus- **181** nahme: § 283 ZPO.

Für die Anwendung dieser Bestimmung müssen im Verhandlungstermin *folgende Voraussetzungen* vorliegen: Neues Vorbringen einer Partei im Termin (z. B. Übergabe eines Schriftsatzes, dessen Inhalt dem Gegner nicht bekannt ist) und Antrag der dadurch überraschten Gegenpartei, dazu noch schriftsätzliche Stellung nehmen zu dürfen.

Die Folgen einer Anwendung des § 283 ZPO sind dann:

Fristsetzung durch das Gericht für den nachzureichenden Schriftsatz der Gegenpartei, Ansetzung eines Verkündungstermins auf einen Zeitpunkt nach Ablauf dieser Frist, Berücksichtigung des nachgereichten Schriftsatzes bei der Entscheidung (also unter Durchbrechung des strengen Mündlichkeitsgrundsatzes!).

Eine ausdehnende Anwendung des § 283 ZPO ist wegen seines Ausnahmecharakters nicht gestattet. Insbesondere ist die früher verbreitete Praxis zu beanstanden, beiden Parteien noch Schriftsatzmöglichkeiten vor dem Verkündungstermin einzuräumen. Erscheint solches notwendig, dann muß vertagt oder in das schriftliche Verfahren eingetreten werden (vgl. Rn. 182).

b) Das schriftliche Verfahren (Verfahren ohne mündliche Verhandlung)

aa) Ausnahmsweise kann im Zivilprozeß auch ohne mündliche Verhandlung entschieden **182** werden bei vorliegendem **Einverständnis der Parteien** (§ 128 Abs. 2 ZPO) oder auf Grund einseitiger **richterlicher Anordnung** nach freiem Ermessen bei vermögensrechtlichen Streitigkeiten ohne Anwaltszwang, wenn der Streitwert der Klage 500,– DM nicht übersteigt (§ 128 Abs. 3 ZPO).

Das Einverständnis der Parteien kann schriftlich bereits vor dem Termin oder mündlich im Verhandlungstermin erklärt werden.

Notwendig ist jedoch eine eindeutige Erklärung der Parteien. Unzulässig ist die Anordnung des schriftlichen Verfahrens ›im vermuteten Einverständnis der Parteien‹.

Die *Einverständniserklärung* der Parteien ist *Prozeßhandlung*. Sie unterliegt daher bei den Kollegialgerichten dem Anwaltszwang, ist grundsätzlich unwiderruflich und muß unbedingt abgegeben werden. Unwirksam ist z. B. die Erklärung »Einverstanden mit Entscheidung ohne mündliche Verhandlung für den Fall, daß ein Beweisbeschluß ergeht, nicht aber für den Fall eines Urteils«.

Zulässig ist dagegen die Zustimmung zum schriftlichen Verfahren für den Fall eines Vergleichswiderrufs.

Das Einverständnis gilt immer nur **bis zur nächsten Entscheidung,** z. B. Beweisbeschluß, Aussetzungsbeschluß, Terminbestimmung, **danach** muß das Einverständnis zum schriftlichen Verfahren gegebenenfalls neu erklärt werden (BGHZ 31, 215). Es wird allerdings nicht verbraucht durch bloßen Aufklärungsbeschluß, Erklärung zur Feriensache oder einen gerichtlichen Vergleichsvorschlag. An das erklärte Einverständnis der Parteien mit Entscheidung ohne mündliche Verhandlung ist das Gericht nicht gebunden. Es kann gleichwohl Termin zur mündlichen Verhandlung bestimmen.

bb) *Die Anordnung des schriftlichen Verfahrens erfolgt durch Gerichtsbeschluß. Das Gericht bestimmt den* **Zeitpunkt,** bis zu dem Schriftsätze eingereicht werden können und einen **Verkündungstermin** für die Entscheidung (§ 128 Abs. 2 ZPO). Der Zeitpunkt, bis zu dem Schriftsätze eingereicht werden können, entspricht dem Schluß der mündlichen Verhandlung.

cc) Die *Entscheidung* im schriftlichen Verfahren ergeht wie im Verfahren mit mündlicher Verhandlung durch *Verkündung in einem dazu bestimmten Termin,* der *innerhalb einer Frist von drei Monaten* seit der Zustimmung der Parteien liegen muß. Wird diese **Frist überschritten,** so darf eine Entscheidung im schriftlichen Verfahren **nicht** mehr ergehen. Es muß Verhandlungstermin bestimmt werden. Durch diese Fristbestimmung soll dem früher verbreiteten Mißbrauch einer Prozeßverschleppung mit Hilfe des schriftlichen Verfahrens begegnet werden.

Für die Entscheidung muß das Ergebnis etwaiger mündlicher Verhandlungen und erfolgter Beweisaufnahmen sowie der gesamte im Schlußtermin für die Schriftsätze vorliegende Akteninhalt verwertet werden.

III. Grundsatz der Öffentlichkeit (§ 169 GVG)

1. Bedeutung des Öffentlichkeitsgrundsatzes

183 *Jedermann hat grundsätzlich Zugang zu den Gerichtsverhandlungen.*

Diese Möglichkeit dient der demokratischen Kontrolle der rechtsprechenden Gewalt; sie ist zugleich ein Mittel zur Bekämpfung des Mißtrauens der Bevölkerung gegen die Rechtsprechung. Die Eröffnung des freien Zugangs zu den Gerichtsverhandlungen ist gerade im Bereich der zivilrechtlichen Streitigkeiten nicht immer unbedenklich (Befriedigung der Neugier einzelner an der Austragung privater Streitigkeiten), aber gleichwohl nicht in Frage zu stellen.

2. Umfang der Öffentlichkeit

Der Grundsatz der Öffentlichkeit gilt für die Verhandlung vor dem erkennenden Gericht: ›*Verhandlung*‹ ist auch die im Termin stattfindende Beweisaufnahme. ›*Erkennendes Gericht*‹ ist dasjenige Gericht, das berufen ist, den Rechtsstreit zu entscheiden.

Im Gegensatz dazu steht der ersuchte und der beauftragte Richter, die im Verlaufe des Rechtsstreits nur eine beschränkte Aufgabe (z. B. Durchführung einer Beweisaufnahme) zu erledigen haben. Hier gilt der Grundsatz der Öffentlichkeit nicht.

Bei einer Beweisaufnahme vor dem **Prozeßgericht** (auch vor dem Einzelrichter) sind also Zuhörer zugelassen. Dies gilt, soweit die Räumlichkeit es zuläßt, auch wenn die Beweisaufnahme im Dienstzimmer des Richters stattfindet. Bei einer *Beweisaufnahme* durch den **ersuchten** oder **beauftragten Richter** sind dagegen Zuhörer nicht zugelassen.

3. Die Parteiöffentlichkeit des § 357 ZPO bedeutet demgegenüber:
Die **Parteien haben stets,** also auch vor dem ersuchten oder beauftragten Richter oder bei sonstigem Ausschluß der Öffentlichkeit, **das Recht auf Anwesenheit in der Beweisaufnahme.** Vgl. unten Rn. 212!

4. Ausschließung der Öffentlichkeit

Kraft Gesetzes ist die Öffentlichkeit bei Verhandlungen in Familien- und Kindschaftssa- **184** chen (§ 170 GVG) und bei Vernehmung des Entmündigten (§ 171 GVG) ausgeschlossen. Durch *Gerichtsbeschluß* kann sie bei Gefährdung der öffentlichen Ordnung, Sittlichkeit oder wichtiger Geschäfts- oder Betriebsgeheimnisse ausgeschlossen werden (§ 172 GVG).
In allen Fällen ist jedoch die Urteilsverkündung öffentlich (§ 173 GVG).

IV. Konzentrationsgrundsatz

Prozeßförderungspflicht und Zurückweisung verspäteten Vorbringens

Es ist ein vordringliches Anliegen aller am Prozeß Beteiligten, daß der Rechtsstreit alsbald entschie- **185** den wird. Lange Prozeßdauer bringt Nachteile für Parteien, Anwälte und Gericht; dem faulen Schuldner wird eine unfreiwillige Stundung gewährt; die fortschreitende Geldentwertung benachteiligt den Gläubiger; oftmalige zeitraubende Terminsvorbereitung und viele Termine bringen, zumal bei anschwellenden Akten, Zeitvergeudung für Richter und Anwälte. Insgesamt wird dadurch dem Ansehen der Rechtspflege erheblicher Schaden zugefügt. Es war deshalb ein gewichtiges Ziel der am 1. 7. 77 in Kraft getretenen Vereinfachungsnovelle, den Verfahrensablauf zu konzentrieren und zu beschleunigen.

1. Aufgaben des Gerichts

Durch die **Einrichtung eines Haupttermins im Zivilprozeß** (§§ 272 Abs. 1, 278 ZPO) und das **Gebot seiner umfassenden Vorbereitung** im *frühen ersten Termin* (§§ 272 Abs. 2, 275 ZPO) oder im *schriftlichen Vorverfahren* (§§ 272 Abs. 2, 276 ZPO) mit **rechtzeitiger Bereitstellung der notwendigen Erkenntnismittel** durch *vorbereitende Maßnahmen* nach § 273 ZPO und *vorterminlichen Beweisbeschluß* (§ 358 a ZPO) ist dem Gericht zur Pflicht gemacht, auf konzentrierte und intensive Prozeßführung bedacht zu sein.
Dem gleichen Ziel dient die erhebliche Einschränkung von Terminsverlegungen und Terminsvertagungen (§ 227 ZPO).

2. Prozeßförderungspflicht der Parteien

a) Allgemeine Prozeßförderungspflicht

186 aa) Jede Partei hat ihre **Angriffs- und Verteidigungsmittel** so zeitig vorzubringen, wie es nach der Prozeßlage einer sorgfältigen und auf Förderung des Verfahrens bedachten Prozeßführung entspricht (vgl. §§ 282, 277, 132 ZPO).

Damit soll zwar nicht die Eventualmaxime des gemeinen Rechts wieder eingeführt werden, auch soll nicht jegliche Prozeßtaktik, die zuweilen einen abgewogenen und dosierten Vortrag angezeigt erscheinen läßt, unterbunden werden. Jedenfalls aber wird durch ein nur nach und nach (»tröpfchenweise«) angebotenes Vorbringen gegen die normierte Prozeßförderungspflicht verstoßen.

Umstritten ist die Frage, ob die *Einrede der Verjährung* sogleich erhoben werden muß (Bender, Rn. 53, Schneider MDR 1977, 795) oder zurückgehalten werden darf, bis deutlich geworden ist, daß andere Verteidigungsmittel nicht durchgreifen (Baumbach/Hartmann ZPO § 282 Anm. 3 A).

Entscheidend wird sein, ob die Berücksichtigung der Verjährungseinrede noch eine den Prozeß verzögernde Beweisaufnahme erfordert oder ob sie eine sofortige Entscheidung des Rechtsstreits zuläßt. Nur wenn sie zur Prozeßverzögerung führt, verstößt die späte Verjährungseinrede gegen die Prozeßförderungspflicht.

187 bb) **Zulässigkeitsrügen** sind vom Beklagten gleichzeitig und vor seiner Verhandlung zur Hauptsache vorzubringen, im Falle einer Fristbestimmung für die Klageerwiderung noch innerhalb der Frist (§ 282 Abs. 3 ZPO).

Gemeint sind damit *sämtliche Sachurteilsvoraussetzungen*, nicht nur diejenigen, auf die der Beklagte verzichten kann,
z. B. Parteifähigkeit, Prozeßfähigkeit, gesetzliche Vertretung, keine entgegenstehende Rechtskraft oder anderweitige Rechtsabhängigkeit, Rechtsschutzbedürfnis, Zulässigkeit des Rechtswegs, örtliche und sachliche Zuständigkeit, Prozeßführungsbefugnis.
Da es sich insoweit um **unverzichtbare Sachurteilsvoraussetzungen** handelt und die Rüge durch den Beklagten lediglich eine Anregung zu der ohnedies von Amts wegen gebotenen Prüfung bedeutet, bleibt eine verspätete oder unterlassene Rüge ohne nachteilige Folgen für den Beklagten.
Etwas anderes gilt jedoch für **Zulässigkeitsrügen, auf die der Beklagte verzichten kann:**
Berufung auf eine Schiedsgerichtsklausel (§ 1027 a ZPO), Verweigerung der Einlassung wegen fehlender Kostenerstattung nach Klagerücknahme (§ 269 Abs. 4 ZPO), Verweigerung der Einlassung wegen fehlender Sicherheitsleistung für Prozeßkosten durch Ausländer (§ 110 ZPO).
Hier führt die verspätete Rüge zur Zurückweisung durch das Gericht, wenn nicht der Beklagte die Verspätung genügend entschuldigt (§ 296 Abs. 3 ZPO).

b) Pflicht zur Einhaltung von Fristen

188 Dem Zweck konzentrierter Prozeßführung dienen zahlreiche **Fristen für das Parteivorbringen.** *Ihre Versäumung führt regelmäßig zur Zurückweisung des verspäteten Vorbringens (§ 296 Abs. 1 ZPO).*

Die Fristen können auf Gesetz oder richterlicher Anordnung beruhen.

Z. B. § 273 Abs. 2 Nr. 1:	Frist zur Erklärung über bestimmte klärungsbedürftige Punkte;
§ 275 Abs. 3	Frist zur schriftlichen Klageerwiderung;
§ 275 Abs. 4:	Frist zur Stellungnahme des Klägers;
§ 276 Abs. 1 u. 3	Frist zur Erklärung im schriftlichen Vorverfahren;
§ 697:	Frist für die Klageerwiderung nach vorausgegangenem gerichtlichen Mahnverfahren.

168

Wegen der weitreichenden Folgen einer Fristversäumung (vgl. § 296 ZPO – unten Rn. 189 ff.) muß die Verfügung vom Vorsitzenden unterzeichnet sein. Eine Paraphe genügt nicht. Sie muß ferner der Partei als beglaubigte Abschrift zugestellt werden. Eine bloße Mitteilung der Geschäftsstelle setzt die Frist nicht in Lauf (BGH NJW 1980, 1167).
Zu beachten ist, daß dem Beklagten, der eine ihm zur schriftlichen Klageerwiderung gem. § 275 Abs. 1 ZPO gesetzte Frist nicht eingehalten hat, eine weitere Frist hierfür im Termin nicht mehr gewährt werden darf (§ 275 Abs. 3 ZPO). Dies kann insbesondere unbeholfene anwaltlich nicht vertretene Beklagte im Amtsgerichtsprozeß hart treffen, weshalb dort wohl von einer ausdrücklichen Fristsetzung gem. § 275 Abs. 1, 1 ZPO vor dem Termin abzuraten und statt dessen eher zum unverzüglichen Vorbringen der Verteidigungsmittel (§ 275 Abs. 1, 2 ZPO) aufzufordern ist.

3. Zurückweisung von verspätetem Vorbringen (sog. Präklusion)

Das Gesetz begnügt sich nicht mit einer sanktionslosen Aufforderung zu rechtzeitigem **189** und fristgemäßem Parteivorbringen. Vielmehr muß bzw. kann **verspätetes Vorbringen zurückgewiesen** werden. *Es bleibt dann für die Entscheidung unberücksichtigt.* Diese Regelung ist einer konzentrierten und beschleunigten Prozeßabwicklung dienlich, birgt aber die Gefahr sachlich unrichtiger Entscheidungen in sich, wenn das zurückgewiesene Vorbringen entscheidungserheblich gewesen wäre.

a) Die Zurückweisungsregelung für verspätetes Vorbringen

Vorbringen, das unter **Verletzung** einer hierfür gesetzten **Frist** (vgl. Aufzählung in **190** § 296 Abs. 1 ZPO) verspätet gebracht wird, **muß** zurückgewiesen werden, *außer* wenn die Zulassung die Prozeßerledigung nicht verzögern würde oder wenn die Verspätung genügend entschuldigt wird (§ 296 Abs. 1 ZPO). Die Verfügung mit der Fristsetzung muß in beglaubigter Abschrift zugestellt werden (BGH NJW 80, 1167).

Wohl ein gesetzgeberisches Versehen ist es, daß die Frist des § 697 Abs. 1 ZPO in § 296 Abs. 1 ZPO nicht erwähnt ist und ihre Versäumung deshalb nicht die Folge der Zurückweisung nach sich zieht; anders, wenn anstatt der Geschäftsstelle der Richter diese Frist setzt.

Vorbringen, das zwar ohne Versäumung einer Frist, aber unter **Verstoß** gegen die allgemeine **Prozeßförderungspflicht** (§ 282 ZPO) nicht rechtzeitig gebracht wird, **kann** zurückgewiesen werden, wenn die Zulassung die Prozeßerledigung verzögern würde und die Verspätung auf grober Nachlässigkeit beruht (§ 296 Abs. 2 ZPO).
Die *Zurückweisung erfordert* demnach **Verspätung, Verschulden, Verzögerung** *im Falle der Berücksichtigung.*

Eine **Verzögerung** ist anzunehmen, wenn der Rechtsstreit bei **rechtzeitigem Vorbringen rascher zur Entscheidung gekommen** wäre als dies unter Berücksichtigung des verspäteten Vorbringens möglich erscheint, z. B. wenn eine Vertagung erforderlich wird, zu der es bei rechtzeitigem Vorbringen nicht gekommen wäre.
Es kommt jedoch *nicht* darauf an, ob der Prozeß *ohne* das Vorbringen überhaupt schneller zu entscheiden wäre oder ob statt sofortiger Entscheidung noch ein Verkündungstermin nötig wird (vgl. Deubner NJW 1977, 921; Knöringer NJW 1977, 2336). Die Verzögerung ist also zu beurteilen für den Zeitpunkt, in dem das Vorbringen kommt (BGH NJW 1974, 862).

Der mit der Vorschrift des § 296 ZPO verfolgte Zweck der Verfahrensbeschleunigung kann in gewisser Weise durch die sog. ›**Flucht in die Säumnis**‹ unterlaufen werden.

Beispiel:
Der Beklagte hat versäumt, sein Verteidigungsvorbringen innerhalb der ihm in der Terminsverfügung gesetzten Frist dem Gericht mitzuteilen. Legt er nun erstmals im Termin einen Schriftsatz vor, der die entsprechenden Verteidigungsmittel enthält, so muß er damit nach § 296 Abs. 1 ZPO zurückgewiesen werden, falls er die Verspätung nicht entschuldigen kann. Wegen § 258 Abs. 3 ZPO kann er gegen die Zurückweisung auch in der Berufungsinstanz nicht mehr erfolgreich angehen.

Besser steht dieser Beklagte da, wenn er den Termin gänzlich versäumt und somit ein Versäumnisurteil gegen sich ergehen läßt. Denn nach § 340 Abs. 3 ZPO muß die säumig gewesene Partei ihre Angriffs- und Verteidigungsmittel in der Einspruchsschrift vorbringen. Das Gericht muß dann diesen Sachvortrag noch berücksichtigen, wenn dadurch keine Verzögerung eintritt. Da das Gericht bei zulässigem Einspruch einen Termin zur mündlichen Verhandlung über Einspruch und Hauptsache bestimmen muß und dazuhin in zumutbarem Rahmen gehalten ist, durch vorbereitende Maßnahmen (§ 273 ZPO) die Säumnis auszugleichen (BGH NJW 1980, 1105), kann doch noch eine weitergehende Verzögerung vermieden und so die Zurückweisung verhindert werden. Allerdings hat der Umfang der Terminsvorbereitung seine Grenzen. Der Termin braucht durch das Gericht nicht so weit hinaus angesetzt zu werden, daß zwischenzeitlich noch umfangreiche Beweisaufnahmen, insbesondere zeitaufwendige Sachverständigengutachten, erledigt werden können (BGH NJW 1979, 1988).

b) Zurückweisung verspäteter Zulässigkeitsrügen

191 Fehlende Prozeßvoraussetzungen sind vom Beklagten vor seiner Verhandlung zur Hauptsache zu rügen (§ 282 Abs. 3 ZPO). **Verzichtbare Zulässigkeitsrügen** (§§ 1027a, 269 Abs. 4, 110 ZPO) sind danach nur zuzulassen, wenn der Beklagte die Verspätung genügend entschuldigt (§ 296 Abs. 3 ZPO). Streitig ist, ob § 296 Abs. 3 ZPO entsprechend auch für die *Unzuständigkeitsrüge* gilt (so Bender Rn. 61; anders Putzo NJW 1977, 5). Sie ist keine verzichtbare Rüge, aber es kann durch rügelose Einlassung in die Verhandlung die zuvor fehlende Zuständigkeit begründet werden. Nach dem Gesetzeswortlaut fällt jedenfalls die Unzuständigkeitsrüge nicht unter § 296 Abs. 3 ZPO. Sie ist also auch dann noch zu beachten, wenn sie erst im Termin erhoben wird.

c) Zurückweisung in der Berufungsinstanz

192 Für die Berufungsinstanz gelten entsprechende Regeln über die Zurückweisung verspäteten Vorbringens (§ 528 ZPO).

Die Zurückweisung von Angriffs- und Verteidigungsmitteln, die in der ersten Instanz erfolgt ist, wird vom Berufungsgericht überprüft. Das im ersten Rechtszug zu Recht zurückgewiesene Vorbringen bleibt auch in der Berufungsinstanz ausgeschlossen (§ 528 Abs. 3 ZPO).

Für die Anwendung des § 528 Abs. 3 ZPO ist es aber erforderlich, daß eine Zurückweisung im Urteil erfolgt ist. Hat eine Partei nach Schluß der mündlichen Verhandlung (vor dem Verkündungstermin) noch etwas vorgetragen, das im Urteil schlicht unberücksichtigt geblieben ist, weil das Gericht von einer Wiedereröffnung der mündlichen Verhandlung (§ 156 ZPO) abgesehen hat, so handelt es sich dabei nicht um ein ›zurückgewiesenes‹ Vorbringen, das in der Berufungsinstanz nach § 528 Abs. 3 ZPO ausgeschlossen bleiben müßte.

Ein ähnliches Ergebnis wie bei der ›Flucht in die Säumnis‹ (vgl. oben Rn. 190) kann dadurch erreicht werden, daß der Beklagte, der einen fristgemäßen Sachvortrag ›vergessen‹ hat, im Termin bei der ersten Instanz zwar den Antrag auf Klageabweisung stellt, aber dazu keine Tatsachen vorträgt. Er wird dann, wenn die Klagebegründung schlüssig ist, in erster Instanz den Prozeß verlieren. In der Berufungsinstanz kann er jedoch seinen Sachvortrag noch anbringen. § 528 Abs. 3 ZPO greift nicht ein, weil ja – mangels Vortrags – im Urteil der ersten Instanz eine Zurückweisung nicht erfolgt ist.

Die Frage einer Verzögerung durch Berücksichtigung des jetzt erst gebrachten Vortrags (§ 528 Abs. 1, 2 ZPO) ist in diesem Fall nur für den Berufungsrechtszug, nicht für die Gesamtdauer des Rechtsstreits zu stellen. Auch hier ist das Gericht gezwungen, die bisherige Versäumung durch zumutbare vorbereitende Maßnahmen auszugleichen.

Ungereimt bleibt, daß derjenige, der noch in erster Instanz (verspätet) vorzutragen versucht, ausgeschlossen wird und wegen § 528 Abs. 3 ZPO auch in der Berufung ausgeschlossen bleibt, während derjenige, der zunächst jeglichen Vortrag unterläßt, noch in der Berufung in den Genuß vorbereitender Maßnahmen nach § 273 ZPO kommen und damit eine Zurückweisung letztlich vermeiden kann. Verfassungsrechtliche Bedenken hiergegen sind vom Bundesverfassungsgericht (NJW 1981, 271) verneint worden (vgl. auch BGH NJW 1980, 945).

V. Richterliche Aufklärungs-, Hinweis- und Belehrungspflicht

Die Mitwirkungspflicht des Gerichts zur Herbeiführung sachlich richtiger Entscheidungen durch Anregung vollständigen und sachgemäßen Vortrags und sachdienlicher Antragsstellung (§§ 139, 273 Abs. 1 ZPO), durch Belehrung der Parteien über die sie im Rahmen der Prozeßförderungspflicht treffenden Verpflichtungen zu rechtzeitigem und fristgemäßem Vortrag (z. B. § 276 Abs. 2 ZPO) sowie durch Hinweise auf nicht erkannte einschlägige rechtliche Gesichtspunkte (§ 278 Abs. 3 ZPO) wird durch Gesetz und Rechtsprechung so sehr betont, daß auch insoweit von einem Verfahrensgrundsatz gesprochen werden muß.

1. Die richterliche Aufklärungs- und Fragepflicht (§ 139 ZPO)

soll den Prozeß in die richtigen Bahnen lenken und vollständige Erklärungen und **193** sachdienliche Anträge herbeiführen. Damit trifft den Richter die Verantwortung für die Verwirklichung materieller Gerechtigkeit in dem zu entscheidenden Prozeß (vgl. BVerfG NJW 1976, 1391). Er hat deshalb dahin zu wirken,

daß *die Parteien sich über alle erheblichen Tatsachen vollständig erklären*, z. B. den erkennbar versehentlich unvollständigen und damit unschlüssigen Parteivortrag ergänzen, und *sachdienliche Anträge stellen*,

z. B. einen Verweisungsantrag bei fehlender Zuständigkeit, einen geeigneten Beweisantrag bei vorliegender Beweisbedürftigkeit einer Tatsache, den nach den Umständen gebotenen Klageantrag bei veränderter Prozeßsituation.

Er hat ferner in diesem Rahmen auch *das Sach- und Streitverhältnis nach der tatsächlichen und rechtlichen Seite zu erörtern*. Die Parteien sollen über die Überlegungen des Richters zu dem Entscheidungsweg nicht im unklaren gelassen werden, um sich dazu äußern zu können.

171

Eine **Grenze der Aufklärungspflicht** ist jedoch dort, wo der *Schein der Parteilichkeit* entsteht, z. B. Aufforderung an den Beklagten, die Einrede der Verjährung zu erheben, Empfehlung an den sachlich nicht legitimierten Kläger, sich die geltendgemachte Forderung doch abtreten zu lassen.

Die Aufklärungspflicht gilt in der mündlichen Verhandlung wie auch im schriftlichen Verfahren, nicht jedoch im Versäumnisverfahren gegenüber der abwesenden Partei. Ihre Verletzung ist ein Verfahrensmangel.

194 2. Eine **Hinweispflicht** besteht, wenn eine Partei *einen rechtlichen Gesichtspunkt erkennbar übersehen oder für unerheblich gehalten hat,* auf den das *Gericht seine Entscheidung stützen will* (§ 278 Abs. 3 ZPO). Ohne daß Gelegenheit zur Äußerung gegeben worden ist, darf das Urteil mit solcher Begründung nicht ergehen.

Es widerspricht nicht nur richterlicher Anstandspflicht, sondern ist ein gravierender Verfahrensverstoß, die Parteien mit Überraschungsentscheidungen zu verblüffen.

Z. B. Heranziehung einer von keiner Seite bedachten Anspruchsgrundlage, Prozeßabweisung wegen unerkannt fehlender Sachurteilsvoraussetzung, überraschende Beweislastentscheidung, unvorhergesehene Anwendung ausländischen Rechts.

Kommt der überraschende rechtliche Gesichtspunkt erst *nach Schluß der mündlichen Verhandlung* in der Beratung zum Vorschein, so ist eine *Wiedereröffnung der mündlichen Verhandlung* (§ 156 ZPO) unumgänglich.

Die Hinweispflicht besteht nicht, soweit nur eine *Nebenforderung* (Zinsen, Kosten außergerichtlicher Mahnung, Prozeßkosten, vorläufige Vollstreckbarkeit) betroffen ist.

195 3. **Belehrungspflichten** des Gerichts gegenüber den Parteien über die *Einhaltung von Erklärungsfristen* finden sich in mehreren Bestimmungen, z. B. §§ 276 Abs. 2, 277 Abs. 2, 697 Abs. 3 ZPO.

Nur bei hinreichender Belehrung sind die einschneidenden Konsequenzen einer Fristversäumung nach § 296 ZPO zu rechtfertigen. Andernfalls kann es an dem für eine Zurückweisung erforderlichen Verschulden fehlen.

Diese Belehrungen erfolgen regelmäßig durch dafür von der Justizverwaltung bereitgestellte Formulare.

14. Kapitel

Das Beweisverfahren
Beweisantrag und Beweisanordnung

Das Gericht hat die Bestimmungen der Rechtsordnung auf den Sachverhalt anzuwenden, um damit den Streit über die zutreffende Rechtsfolge zu entscheiden. Regelmäßig wird jedoch im streitigen Prozeß dieser Sachverhalt von den Parteien verschieden dargestellt, so daß dem Gericht vor der Rechtsanwendung die meist viel schwierigere Aufgabe der Ermittlung des wahren Sachverhalts gestellt ist.

Der Kläger trägt vor, der Beklagte habe ihn mit einem Faustschlag verletzt und dadurch einen Schaden zugefügt.

Der Beklagte trägt vor, er habe den Kläger überhaupt nicht berührt, also auch nicht geschädigt.

Was hat sich nun tatsächlich abgespielt?

Die Frage, ob hier der Kläger oder der Beklagte die wahre und damit für die Entscheidung maßgebliche Sachverhaltsschilderung vorträgt, ist schwieriger zu beantworten als die Frage, welche Rechtsfolge im einen oder anderen Fall eintreten muß.

In einem solchen Falle widersprechenden Vortrages dient das *Beweisverfahren* dazu, dem Gericht die Überzeugung von der Wahrheit oder Unwahrheit einer Behauptung zu verschaffen.

Während das Gericht bei der Rechtsfindung auf sich selbst gestellt ist (›iura novit curia‹), ist es bei der Sachverhaltsermittlung auf die Mitwirkung der Parteien angewiesen (Verhandlungsgrundsatz): **Die Parteien haben die Tatsachen und die Beweismittel vorzutragen; ihr Verhalten entscheidet auch über die Beweisbedürftigkeit einer Tatsache (§§ 288, 138 Abs. 3 ZPO). Vgl. oben Rn. 176!**

I. Notwendigkeit und Ausmaß der Beweiserhebung

1. Feststehende Tatsachen

Um einen dem Kläger oder dem Beklagten günstigen Rechtssatz anwenden zu können, muß nicht nur der Tatsachenvortrag der Partei die Tatbestandsmerkmale dieses Rechtssatzes ausfüllen, sondern dieser Tatsachenvortrag zur Überzeugung des Gerichts auch feststehen. **196**

Ein **Sachverhalt steht** für das Gericht **fest**, wenn er *von einer Partei vorgetragen und von der anderen zugestanden ist* (Geständnis §§ 288–290 ZPO) oder *von einer Partei vorgetragen und von der anderen nicht bestritten ist* (›Nichtbestreiten‹ § 138 Abs. 3 ZPO).

Trotz Bestreitens durch den Gegner steht eine vorgetragene Tatsache **auch dann für das Gericht fest,** wenn es sich *um eine offenkundige (allgemeinkundige) Tatsache* (§ 291 ZPO) (z. B. historische oder politische Ereignisse) *oder um eine gerichtskundige Tatsache handelt* (z. B. Konkurseröffnung über ein Vermögen).

Schließlich reicht das *bloße Bestreiten nicht* aus, *wo eine gesetzliche Vermutung für eine Tatsache spricht* (§ 292 ZPO) (z. B. Eigentumsvermutung gemäß: § 1006 BGB).

In allen übrigen Fällen muß eine Partei für die von ihr aufgestellten, vom Gegner aber bestrittenen Behauptungen den **Beweis führen,** um das Gericht von der Richtigkeit ihres Vortrags zu **überzeugen.**

2. Das Ausmaß der zu erlangenden Überzeugung

a) der Beweis:

197 Regelmäßig bedarf es im Rechtsstreit der vollen Überzeugung des Gerichts, um eine bestrittene Tatsache als wahr anzunehmen. Volle Überzeugung ist dann gewonnen, wenn wegen der gewonnenen Einsicht vernünftige Zweifel nicht mehr aufkommen. Durch Erhebung von **Beweisen** kann das Gericht zur vollen Überzeugung gelangen.

Die Beweisführung beschränkt sich auf die **in der Zivilprozeßordnung geregelten Beweismittel:** Zeugenvernehmung, Sachverständigengutachten, Augenschein, Vorlegung von Urkunden und Parteivernehmung. Demgegenüber ist im Verfahren der freiwilligen Gerichtsbarkeit jedes geeignet erscheinende Beweismittel auch außerhalb dieses Katalogs gestattet (§ 12 FGG).

Die *Versicherung an Eides Statt* ist nur ausnahmsweise unter besonderen Umständen als Beweismittel zugelassen (vgl. § 377 Abs. 3 und 4 ZPO).

b) Die Glaubhaftmachung:

198 **Glaubhaftmachung** ist eine weniger strenge Art der Beweisführung, bei der volle Überzeugung des Gerichts nicht nötig ist, vielmehr ›große Wahrscheinlichkeit‹ genügt. Im Bereich der Glaubhaftmachung ist auch die sonst grundsätzlich nicht zugelassene eidesstattliche Versicherung – auch durch die Partei selbst – gestattet (vgl. § 294 Abs. 1 ZPO).
Die Glaubhaftmachung ist nur ausnahmsweise in den im Gesetz ausdrücklich geregelten Fällen ausreichend.

Z. B. § 44 Abs. 2 ZPO: Ablehnungsgesuch, § 104 Abs. 2 ZPO: Kostenfestsetzungsverfahren, § 236 Abs. 2 ZPO: Wiedereinsetzung in den vorigen Stand, § 920 ZPO: Arrestverfahren.

Soweit aber Glaubhaftmachung zugelassen ist, muß die Beweisaufnahme sofort möglich sein, d. h. die Partei, der Zeuge, die Urkunde müssen im Termin zur Stelle sein, um zum Zwecke der Glaubhaftmachung verwendet werden zu können (§ 294 Abs. 2 ZPO) (sog. präsente Beweismittel).

II. Der Beweisantrag

199 1. Die Parteien haben dem Gericht das für eine bestimmte Behauptung (Beweisthema) vorhandene Beweismittel zu bezeichnen (Beweisantrag).

Im einzelnen erfolgt der Beweisantrag wie folgt:
Augenscheinseinnahme: Bezeichnung des Gegenstandes und Angabe der damit zu beweisenden Tatsachen (§ 371 ZPO),
Zeugenbeweis: Benennung der Zeugen und Bezeichnung des Vernehmungsgegenstandes (§ 373 ZPO),
Sachverständigenbeweis: Bezeichnung der zu begutachtenden Punkte (§ 403 ZPO),
Urkundenbeweis: Vorlegung der Urkunde (§ 420 ZPO),

Parteivernehmung: Benennung der zu beweisenden Tatsachen und Antrag, den Gegner zu vernehmen (§ 445 ZPO).

Falsch ist es, eine Reihe von Tatsachenbehauptungen aufzustellen und dann am Ende einige Beweismittel anzuführen. Vielmehr muß klar erkennbar sein, zu welcher Einzelbehauptung welches Beweismittel angeboten werden soll.

Gegenstand des Beweises sind stets Tatsachen, die unmittelbar oder mittelbar (als Indizien) den zu beweisenden Sachverhalt betreffen.

Rechtssätze kommen als Beweisgegenstand nur im Rahmen des § 293 ZPO in Frage (Fremdes Recht, Gewohnheitsrecht, Satzungen).

Beweisanträge können während der ganzen Dauer des Rechtsstreits bis zum Schluß der mündlichen Verhandlung im Rahmen des § 282 ZPO *vorgebracht* werden.

Ein gestellter Beweisantrag kann bis zur Durchführung der Beweisaufnahme auch ohne Zustimmung des Gegners wieder *zurückgenommen* werden (§ 399 ZPO).

Ist jedoch im Falle eines Zeugenbeweises der Zeuge zur Vernehmung im Termin bereits erschienen, so kann der Gegner verlangen, daß die Vernehmung durchgeführt wird (§ 399 ZPO). Gleiches gilt für die Verwertung einer bereits vorgelegten Urkunde (§ 436 ZPO).

Ein *zurückgenommener* Beweisantrag kann, falls er dann nicht wegen Verspätung zurückzuweisen ist, später wiederholt werden.

2. Beweisvereitelung

Bei der Beweisführung ist eine Partei nicht selten auf die Hilfestellung des Gegners angewiesen.

Beispiele: Der Gegner nur kennt Name und Anschrift des Zeugen,
sein Grundstück muß betreten werden, um den Augenschein einnehmen oder das Gutachten erstatten zu können,
sein Gesundheitszustand muß durch eine zumutbare medizinische Untersuchung festgestellt werden,
der Bankangestellte oder Notar darf wegen der bestehenden Verschwiegenheitspflicht nur mit seiner Zustimmung aussagen.

Es liegt nahe, daß keine Partei sich gerne der anderen ans Messer liefern, sondern durch Ablehnung der erforderlichen Mitwirkung diese in ihrer Beweisnot belassen möchte. Eine solche Beweisvereitelung widerspricht jedoch, wenn sie schuldhaft geschieht, dem Gebot einer fairen Prozeßführung und kann nicht gestattet werden. Umstritten sind die Voraussetzungen (Fahrlässigkeit, Arglist) und die Folgen einer Beweisvereitelung. Vereinzelt wird bei entsprechendem Verhalten eine Beweislastumkehr angenommen (BGH NJW 1972, 1131). Die überwiegende Meinung empfiehlt jedoch zutreffend, das gesamte beweisvereitelnde Verhalten frei zu würdigen und danach zu erkennen, ob die von der Beweisvereitelung betroffene Tatsache für wahr oder für nicht wahr zu erachten sei (BGH NJW 1967, 2012 – zur gesamten Problematik Musielak/Stadler JuS 1980, 740 ff.).

III. Prüfung des Beweisantrags

200 Das Gericht hat nicht sämtliche angebotenen Beweise blindlings zu erheben, sondern nur solche, die sich auf **erhebliche, beweisbedürftige Tatsachen** beziehen und **nicht unzulässig** sind.

1. Erheblich sind Tatsachen, die zur Schlüssigkeit des Klagevortrags oder der Klageerwiderung erforderlich sind.

Im Schadensersatzprozeß ist erheblich, ob der Beklagte dem Kläger ins Gesicht geschlagen hat oder nicht. Unerheblich ist, ob es zur Tatzeit geregnet hat oder nicht.

2. Beweisbedürftig sind Tatsachen, wenn sie vom Gegner bestritten, nicht offenkundig und auch nicht Gegenstand einer gesetzlichen Tatsachenvermutung sind.

Soweit der Untersuchungsgrundsatz gilt oder eine ›Prüfung von Amts wegen‹ zu erfolgen hat, können auch unbestrittene Tatsachen beweisbedürftig sein, wenn das Gericht trotz übereinstimmenden Vortrags der Parteien noch zweifelt. Vgl. oben Rn. 178.

Das Bestreiten muß sich auf *konkrete Tatsachenbehauptungen des Gegners* beziehen. *Allgemein gehaltene Erklärungen* (»Es wird bestritten« oder »Was nicht ausdrücklich zugestanden wird, gilt als bestritten«) sind *unbeachtlich* (§ 138 Abs. 3 ZPO).

3. Umfang der Beweisanordnung

201 In eine Beweisanordnung werden nicht nur *die von der beweisbelasteten Partei benannten Beweismittel* einbezogen, sondern sogleich *auch die vom Gegner bezeichneten Gegenbeweise.*

Benennt im obigen Beispiel der Kläger den Zeugen X für die Körperverletzung durch den Beklagten, der Beklagte den Zeugen Y dafür, daß er, der Beklagte, nicht zugeschlagen habe, so wird nicht erst die Vernehmung des X beschlossen und die Vernehmung des Y zurückgestellt. Vielmehr umfaßt der Beweisbeschluß sogleich beide Zeugenvernehmungen, obwohl bei einer negativen Aussage des X wegen der Beweislast des Klägers der Zeuge Y gar nicht mehr für die Entscheidung erforderlich wäre.

Bietet dagegen bei einer bestrittenen Tatsachenbehauptung *nur die Gegenpartei einen Beweis* (für das Gegenteil) an, nicht aber die beweispflichtige Partei für die von ihr aufgestellte Behauptung, *so ist dieser Gegenbeweis nicht einzuholen, sondern sofort die Klage als unbegründet abzuweisen.* Selbstverständlich ist zuvor ein entsprechender Hinweis an die beweispflichtige Partei gemäß § 139 ZPO erforderlich.

Der Kläger bietet für seine vom Beklagten bestrittene Behauptung, dieser habe ihn verletzt, keinen Beweis an. Die Klage ist dann, wenn trotz Hinweis gemäß § 139 ZPO kein Beweisangebot vom Kläger kommt, als unbegründet abzuweisen, ohne daß zuvor noch der vom Beklagten benannte Gegenzeuge zu vernehmen wäre.

Trotz des Grundsatzes, möglichst alle erheblichen Beweisangebote in einer einzigen Beweisaufnahme zu erledigen, ist es jedenfalls falsch, zunächst unbesehen einmal alle angebotenen Beweise zu erheben, um danach erst in die rechtliche Prüfung und Würdigung einzutreten. Zwar löst die Anordnung unnötiger Beweise in einem Rechtsstreit keine Schadensersatzpflicht des Richters aus § 839 BGB aus. Gleichwohl sollte er den Parteien nicht leichtfertig und unüberlegt vermeidbare Kosten verursachen.

4. Ablehnung von Beweisanträgen

Ein **Beweisantrag** ist außer bei unerheblichen Beweisangeboten entsprechend § 244   **202**
StPO in folgenden Fällen **abzulehnen:**

a) Unzulässiger Beweis: Ein Beweisangebot, das wegen der Art des Beweismittels
nicht zulässig oder das in der vorliegenden Verfahrensart nicht gestattet ist.

Angebot einer unter Verletzung der Intimsphäre hergestellten Tonbandaufnahme (BGH NJW
1960, 1580), Beweisantritt durch Zeugenvernehmung im Urkundenprozeß (§§ 592, 595 Abs. 2
ZPO).

Unzulässig ist auch ein Beweismittel, das in einer gegen Treu und Glauben verstoßen-
den Art und Weise beschafft worden ist.

Die Aussage eines Zeugen ist aber nicht schon deshalb unverwertbar, weil er sein Wissen dadurch
erlangt hat, daß er ohne Kenntnis des Gesprächspartners ein Telefongespräch über einen Lautspre-
cher mitgehört hat. Solche Mithöreinrichtungen werden verbreitet auch bei privaten Telefonan-
schlüssen benutzt, so daß regelmäßig nicht mit der Wahrung der Vertraulichkeit eines Telefonge-
sprächs gerechnet werden kann, falls nicht ausdrücklich darum gebeten worden ist (BGH JR 1982,
373 – entgegen LG Frankfurt NJW 1982, 1056).

b) Ausforschungsbeweis (Beweisermittlungsantrag): Ein Beweisangebot, dem die   **203**
Bestimmtheit des zu benutzenden Beweismittels oder die Bestimmtheit der zu ermit-
telnden Tatsache fehlt. Der Ausforschungsbeweis dient dem Ziel, durch die Beweisaufnahme erst die Grundlage für neue Behauptungen zu gewinnen.

Antrag auf Vernehmung des Zeugen Z, »weil er etwas Wesentliches zur Sache wisse«; Antrag, der
Prozeßgegner wolle seine Handelsbücher vorlegen, »weil sich daraus Wichtiges ergebe.«

Dieses *Verbot der Beweiserhebung durch Ausforschungsbeweis* gilt jedoch *nicht in einem
Verfahren mit Untersuchungsgrundsatz,* da hier das Gericht auch von Amts wegen Tatsachen ermitteln und Beweise erheben darf.

Z. B. Blutgruppengutachten im Abstammungsprozeß.

c) Verspäteter Beweisantrag

Ein unter Verletzung der allgemeinen Prozeßförderungspflicht (§ 282 ZPO) oder wegen   **204**
Fristübertretung verspätet gestellter Beweisantrag (§ 296 ZPO) ist abzulehnen.

d) Ungeeigneter und überflüssiger Beweis

Ein *nach wissenschaftlicher Erkenntnis völlig sinnloser Beweis* braucht nicht eingeholt zu   **205**
werden

Erbbiologisches Gutachten zum Nachweis der Vaterschaft, wenn diese durch Blutgruppengutachten bereits eindeutig ausgeschlossen ist.

Eine Beweiserhebung hat auch zu unterbleiben, wenn das Gericht *von der zu beweisenden Tatsache bereits anderweitig überzeugt ist.*
Ein Beweis **darf aber nicht** deshalb **abgelehnt werden,** *weil er die Überzeugung des
Gerichts angeblich doch nicht mehr ändern könnte* (**Verbot einer Beweisantizipation**
d. h. **Vorauswürdigung des Beweises**).

Z. B. weil der Zeuge wegen enger Beziehungen zum Beweisführer unglaubwürdig sei, weil er wegen langer Zeitspanne doch nichts mehr wissen könne oder weil bei dem Alter des Zeugen das Gedächtnis doch nicht mehr zuverlässig sein könne.

IV. Die Anordnung der Beweisaufnahme

Die Entscheidung, ob und gegebenenfalls welche Beweise erhoben werden, liegt beim Gericht. Die **Beweisanordnung** kann auf zwei Arten geschehen:

1. Durch **formlosen Beschluß**

206 Erfolgt die Beweisanordnung *während einer mündlichen Verhandlung* und steht *das Beweismittel sofort zur Verfügung* (sogenanntes ›**präsentes Beweismittel**‹), so geschieht dies durch formlosen Beschluß:

Beschluß: Der Zeuge Z. ist zu vernehmen.

Dieser Beschluß über die Beweisanordnung hinsichtlich eines sofort verfügbaren Beweismittels braucht nicht die Bestandteile des § 359 ZPO aufzuweisen.

Zu einer solchen Beweisanordnung kann es kommen, wenn das Beweismittel (z. B. ein Zeuge) von einer Partei vorsorglich in den Termin mitgebracht worden ist oder vom Gericht zur Vorbereitung der Verhandlung gemäß § 273 Abs. 2 Nr. 4 ZPO geladen worden ist.

Die Anordnung einer Maßnahme nach § 273 Nr. 4 ZPO ist aber noch **keine Beweisanordnung**, d. h. ein nach § 273 Nr. 4 ZPO geladener Zeuge muß nicht zwingend auch vernommen werden (allerdings hat er in jedem Fall Anspruch auf Zeugenentschädigung).

207 Zur Anordnung **einer Parteivernehmung** ist stets, auch wenn die zu vernehmende Partei anwesend ist, ein **förmlicher Beweisbeschluß** gemäß § 359 ZPO nötig (§ 450 ZPO). Dadurch soll die Parteivernehmung von der bloßen Parteianhörung nach § 141 ZPO, die ja keine Beweiserhebung darstellt, klar unterschieden werden.

2. Durch **förmlichen Beweisbeschluß**

208 Erfordert die Beweisaufnahme ein *besonderes Verfahren, weil die Beweismittel erst noch herbeigeschafft werden müssen* (also einen **besonderen** ›**Termin zur Beweisaufnahme**‹), so erfolgt die Beweisanordnung durch förmlichen Beweisbeschluß (§ 358 ZPO). Er ergeht entweder auf Grund einer mündlichen Verhandlung (z. B. im Verkündungstermin) oder als sog. vorterminlicher Beweisbeschluß ohne mündliche Verhandlung (§ 358 a ZPO – vgl. Rn. 114).

a) Der **Inhalt des Beweisbeschlusses** ergibt sich aus § 359 ZPO.

Beispiel: Auf Antrag des Klägers (= **Beweisführer**, § 359 Nr. 3 ZPO) ist Beweis zu erheben über die bestrittene Behauptung:

Der Beklagte habe am ... den Kläger durch einen Faustschlag im Gesicht verletzt (= **Beweisthema**, § 359 Nr. 1 ZPO);

durch Vernehmung des Zeugen Z. (= **Beweismittel**, § 359 Nr. 2 ZPO).

Bei der Formulierung des Beweisthemas ist es weder erforderlich noch zweckmäßig, die zu beweisende Parteibehauptung einfach wörtlich aus dem Schriftsatz zu übernehmen; es ist vielmehr sinnvoll, das Beweisthema aus dem Parteivortrag knapp zusammenzufassen.

b) Der Beweisbeschluß enthält weiterhin:

aa) Die **Bestimmung eines Termins zur Beweisaufnahme,** der, falls er vor dem Prozeß- **209** gericht stattfindet, zugleich zur Fortsetzung der mündlichen Verhandlung bestimmt ist (§ 370 ZPO). Regelmäßig wird es sich dabei um den sog. Haupttermin (§ 272 Abs. 1 ZPO) handeln.

bb) Gegebenenfalls die **Anordnung, daß die Beweisaufnahme durch den ersuchten Richter zu erfolgen hat.**

In diesem Fall hat der Vorsitzende außerdem noch das Ersuchensschreiben zu veranlassen (§ 362 ZPO).

cc) Die **Anforderung eines Auslagenvorschusses,** von dessen Eingang die Ladung der Zeugen abhängig gemacht werden soll (§ 379 ZPO). *Vorschußpflichtig* ist *diejenige Partei, die den Beweis angeboten hat,* ohne Rücksicht auf die Beweislast. Haben sich *beide Parteien* auf dasselbe Beweismittel berufen, so hat *der Beweisbelastete* den Vorschuß zu leisten. Die Anordnung eines Auslagenvorschusses steht jedoch im Ermessen des Gerichts.
Unterbleibt die Ladung mangels Vorschußzahlung, so ist der Beweis nicht geführt.

c) Änderung eines Beweisbeschlusses

Nach neuer mündlicher Verhandlung kann das Gericht den früheren Beweisbeschluß **210** ohne weiteres *ändern* oder *aufheben,* etwa besserer Einsicht zufolge. *Ohne* erneute mündliche Verhandlung kann ein Beweisbeschluß *geändert* werden (§ 360 ZPO), soweit die Parteien zustimmen oder zur Berichtigung und Ergänzung oder zur Auswechslung von Zeugen oder Sachverständigen.

Beachte: Anfechtung eines Beweisbeschlusses durch die Parteien ist nicht möglich.

15. Kapitel

Die Beweisaufnahme

I. Verfahrensgrundsätze zur Beweisaufnahme

1. Der Unmittelbarkeitsgrundsatz

211 Da der Beweisaufnahme häufig prozeßentscheidende Bedeutung zukommt, ist es geboten, daß die Richter, die den Rechtsstreit zu entscheiden haben, auch selbst die Beweisaufnahme erleben (§ 355 Abs. 1, 1 ZPO), da sie nur dann in der Lage sind, die erhobenen Beweise zuverlässig zu würdigen.

Z. B. Wertung der einzelnen Aussagen bei widersprechenden Zeugenbekundungen.

Vom Unmittelbarkeitsgrundsatz läßt die Zivilprozeßordnung nur wenige **Ausnahmen** zu:

a) Der **Vorsitzende der Kammer für Handelssachen,** der anstelle des Prozeßgerichts handelt, und der **Einzelrichter beim Berufungsgericht** (§ 524 Abs. 2, 2 ZPO) der die Berufungsentscheidung lediglich vorbereitet, können ›einzelne Beweise‹ erheben (§ 349 Abs. 1, 2 ZPO).

Der Wortlaut der §§ 349 Abs. 1, 2 und 524 Abs. 2, 2 ZPO läßt erkennen, mit welcher Zurückhaltung diese Durchbrechung des Unmittelbarkeitsgrundsatzes eingeräumt wird.

b) Beweisaufnahme durch den **kommissarischen Richter** darf nur erfolgen, *wenn ein Zeuge aus besonderen Gründen außerhalb des Gerichts zu vernehmen ist* (§ 375 Abs. 1 Nr. 1 ZPO), *ein Zeuge verhindert ist, vor dem Prozeßgericht zu erscheinen* (§ 375 Abs. 1 Nr. 2 ZPO), *ein Zeuge sich weit entfernt vom Gerichtsort aufhält* (§ 375 Abs. 1 Nr. 3 ZPO).

Kommissarische Richter sind
der **beauftragte** Richter (§ 361 ZPO): d. h. ein Mitglied des Prozeßgerichts, dem eine Beweisaufnahme übertragen wird,
der **ersuchte** Richter (§ 362 ZPO): d. h. Mitglied eines anderen Gerichts, dem im Wege der Rechtshilfe die Durchführung der Beweisaufnahme übertragen ist.

Der Beschluß, mit dem die Beweiserhebung durch einen kommissarischen Richter angeordnet wird, ist nicht anfechtbar (§ 355 Abs. 2 ZPO).

Nicht zulässig ist es, einem Sachverständigen die Erhebung der für die Erstattung des Gutachtens erforderlichen Beweise, insbesondere die Zeugenvernehmung, zu übertragen.

2. Grundsatz der Parteiöffentlichkeit (§ 357 Abs. 1 ZPO)

212 Die **Parteien** haben stets **das Recht, bei der Beweiserhebung anwesend zu sein,** auch soweit der allgemeine Öffentlichkeitsgrundsatz (§ 169 GVG) nicht gilt im Verfahren vor dem beauftragten oder ersuchten Richter.

Wird *dagegen verstoßen* und *einer Partei die Anwesenheit* bei der Beweisaufnahme *nicht* ermöglicht, so kann diese Partei die *Wiederholung* der Beweisaufnahme verlangen,

z. B. wenn der ersuchte Richter die Parteien von der Zeugenvernehmung nicht in Kenntnis setzt.

II. Die Beweisaufnahme vor dem Prozeßgericht

1. Die **Terminbestimmung** erfolgt regelmäßig bereits **im Beweisbeschluß** (vgl. oben **213** Rn. 209). Sie sollte zeitlich so eingerichtet werden, daß der Termin pünktlich beginnen kann und nicht durch überzogene vorher stattfindende Verhandlungen behindert wird. Bei Vernehmung mehrerer Zeugen ist zu empfehlen, sie nicht alle auf denselben Zeitpunkt zu laden, sondern die Vorladungen zeitlich zu staffeln.

2. Der **Termin zur Beweisaufnahme** vor dem Prozeßgericht **ist** kraft gesetzlicher Bestimmung (§ 370 ZPO) zugleich auch zur **Fortsetzung der mündlichen Verhandlung** bestimmt:
»Termin zur Beweisaufnahme und Fortsetzung der mündlichen Verhandlung«.
Geht der gemäß § 379 bereits *im Beweisbeschluß angeforderte Auslagenvorschuß nicht* rechtzeitig *ein*, so unterbleibt die Ladung der Zeugen oder Sachverständigen und es wird dann – ohne Beweisaufnahme – sogleich zur Hauptsache verhandelt.

3. Die **Anwesenheit der Parteien** ist bei der Beweisaufnahme *nicht zwingend* erforderlich (§ 367 ZPO). Bei Ausbleiben einer Partei kann daher ein *Versäumnisurteil erst* ergehen, *wenn die Beweisaufnahme durchgeführt ist.* Vgl. oben Rn. 144!

Beim Versäumnisurteil gegen den Beklagten bleibt dann das Ergebnis der Beweisaufnahme unbeachtlich, es kommt vielmehr nur auf den schlüssigen Vortrag des Klägers an (§ 331 ZPO).

Wegen des Ablaufs eines Termins zur Beweisaufnahme und Fortsetzung der mündlichen Verhandlung bei Zeugenvernehmung vgl. unten Rn. 283 ff.

III. Beweisaufnahme im Wege der Rechtshilfe

1. Rechtshilfe durch deutsche Gerichte (§§ 156 ff. GVG)

Die Gerichte haben sich in bürgerlichen Rechtsstreitigkeiten Rechtshilfe zu leisten. Die **214** Voraussetzungen, unter denen ein Rechtshilfeersuchen gestellt werden kann, sind im Gesetz ausdrücklich geregelt: §§ 355, 372 Abs. 2, 375, 402, 451, 479 ZPO; außerdem § 279 Abs. 1 ZPO.
Zuständig für die Erledigung von Rechtshilfeersuchen sind stets die *Amtsgerichte* (§ 157 GVG).
Das *Ersuchensschreiben* ist vom *Vorsitzenden des Prozeßgerichts* zu erlassen (§ 362 ZPO).

Um ein ergiebiges Vernehmungsprotokoll zu erlangen, empfiehlt es sich, außer dem zu übersendenden Beweisbeschluß in das Ersuchensschreiben gegebenenfalls noch besondere Fragen, die dem Zeugen vorzulegen sind oder wichtige Hinweise aufzunehmen. Soweit die Akten entbehrlich sind, sollten auch diese mitversandt werden.

Ist das *ersuchte Gericht* für die Durchführung des Ersuchens *örtlich nicht zuständig,* so ist das Ersuchen an das zuständige Gericht *weiterzuleiten.*

Im übrigen darf ein Ersuchen grundsätzlich nicht abgelehnt werden (vgl. im einzelnen §§ 158, 159 GVG).

Will das *Gericht* anstelle eines Rechtshilfeersuchens *selbst außerhalb seines Bezirks die Beweisaufnahme durchführen,* so bedarf es – außer bei Gefahr im Verzug – *der Zustimmung* des für *den Ort der Amtshandlung zuständigen Amtsgerichts* (§ 166 GVG).

2. Der Rechtshilfeverkehr mit dem Ausland

215 Da die deutsche Staatsgewalt an den Staatsgrenzen endet, ergibt sich die Notwendigkeit, ausländische Staaten um Rechtshilfe zu ersuchen, wenn ein dort wohnender Zeuge vernommen werden muß.

Die allgemeinen Richtlinien für den Rechtshilfeverkehr mit dem Ausland in Zivilsachen sind in der ›Rechtshilfeverordnung für Zivilsachen‹ (ZRHO) enthalten.

Demnach ist das Ersuchensschreiben sorgfältig abzufassen und muß besonderen Anforderungen hinsichtlich der äußeren Form genügen. Unzulässig ist die Übersendung von Zivilprozeßakten ins Ausland.

Die **Grundlagen des Rechtshilfeverkehrs** mit dem Ausland sind:

a) *Zwischenstaatliche Vereinbarungen* (d. h. vertraglicher Rechtshilfeverkehr). Es handelt sich um *zweiseitige Staatsverträge,* z. B. mit Österreich, der Schweiz, Frankreich, oder um *Beitritt mehrerer Staaten zu einem internationalen Übereinkommen* (›Haager Zivilprozeßübereinkommen‹), die sich gegenseitig verpflichten, den Mitgliedstaaten in der im Übereinkommen vorgesehenen Weise Rechtshilfe zu leisten.

b) *Gegenseitiges Entgegenkommen* (d. h. vertragsloser Rechtshilfeverkehr). Es wird Rechtshilfe geleistet, wenn und soweit auch der andere Staat üblicherweise zu Rechtshilfe bereit ist. Diese Art der Rechtshilfe besteht, z. B. mit USA und UdSSR.

16. Kapitel

Die einzelnen Beweismittel

I. Der Zeugenbeweis

1. Begriff

Der Zeuge soll auf Grund der von ihm gemachten Wahrnehmungen über Tatsachen oder **216**
Zustände aussagen. Er soll nicht etwa seine Meinung zu Vorgängen äußern oder diese gar
rechtlich würdigen.
Zeuge kann **jeder** sein, **der nicht als Partei zu vernehmen ist,**

also auch die nicht prozeßfähige Partei (vgl. § 455), der Gemeinschuldner, der nicht vertretungsbe-
rechtigte Gesellschafter einer oHG.

Weder Alter oder Geisteszustand, noch das eigene Interesse einer Person am Prozeßausgang hindern ihre Zeugnisfähigkeit.

Als Zeugen kommen also auch in Frage: Kinder, Geisteskranke, Ehegatten, nahe Verwandte, der
Prozeßbevollmächtigte, der Handelsvertreter über ein von ihm abgeschlossenes Geschäft.

Solche *besonderen Umstände* oder *Verhältnisse zur Partei* sind jedoch bei der Beweiswürdigung *zu berücksichtigen* (§ 286 ZPO).

2. Die Zeugenpflichten

Wer durch gerichtliche Anordnung ordnungsgemäß als Zeuge geladen worden ist, ist
verpflichtet zu erscheinen, auszusagen und den Eid zu leisten oder eine eidesgleiche Bekräftigung abzugeben.

a) Die Pflicht zum Erscheinen:

Der Zeuge muß *ordnungsgemäß geladen* werden. Zur ordnungsgemäßen Zeugenladung **217**
ist erforderlich, daß dem Zeugen der Gegenstand der Wahrnehmung wenigstens
ungefähr mitgeteilt wird (§ 377 Abs. 2 Nr. 2).
Unentschuldigtes Nichterscheinen wird durch *Ordnungsgeld* geahndet und hat Kosten-
nachteile zur Folge (§ 380 ZPO):

»Gegen den trotz ordnungsgemäßer Ladung im Termin nicht erschienenen Zeugen Z wird ein
Ordnungsgeld von ... DM, ersatzweise ... Tage Ordnungshaft, verhängt, auch werden ihm die
durch sein Ausbleiben entstandenen Kosten des Verfahrens auferlegt«.

Gegen den Ordnungsgeldbeschluß kann der Zeuge Beschwerde einlegen (§ 380 Abs. 3
ZPO).
Eine nachträgliche Erklärung des Zeugen zum Ordnungsgeld ist jedoch zunächst daraufhin zu betrachten, ob es sich nicht um eine Entschuldigung gemäß § 381 ZPO handelt, die
zur Aufhebung des Ordnungsgeldes führen muß.

Bei *wiederholtem Ausbleiben* kann auch *zwangsweise Vorführung* des Zeugen angeordnet werden (§ 380 Abs. 2 ZPO).

b) Die Pflicht zur Aussage

218 Der Zeuge hat *wahrheitsgemäß* und, *ohne etwas zu verschweigen, zusammenhängend über den Gegenstand der Vernehmung auszusagen* (§ 396 ZPO) sowie *Angaben zu seiner Person zu machen* (§ 395 Abs. 2 ZPO).

Über die Wahrheitspflicht ist er zuvor *zu belehren* (§ 395 Abs. 1 ZPO). Die Vernehmung des Zeugen liegt in der Hand des Gerichts, das durch Fragen und Vorhaltungen auf klare und vollständige Aussagen hinzuwirken hat (§ 396 Abs. 2 und 3 ZPO).

Auch die *Parteien* haben *ein Fragerecht* (§ 397 ZPO), um das Beweismittel voll ausschöpfen zu können; der Richter darf sich jedoch die Vernehmung nicht aus der Hand nehmen lassen.

Unzulässig sind Fragen, die mit dem Beweisthema nichts zu tun haben, z. B. Ausforschungsfragen oder Suggestivfragen, Fragen nach Vorstrafen, lediglich um den unbequemen Zeugen bloßzustellen.

Bei Streit oder Zweifel über die Zulässigkeit einer Frage entscheidet das Gericht (§ 397 Abs. 2 ZPO). Die Entscheidung (kein ausdrücklicher Beschluß erforderlich) ist nicht anfechtbar. Jedoch kann es zweckmäßig sein, die nicht zugelassene Frage wörtlich ins Protokoll aufzunehmen, insbesondere bei Vernehmungen vor ersuchtem oder beauftragtem Richter (vgl. dazu § 398 Abs. 2 ZPO).

Die Aussage des Zeugen ist – möglichst mit eigenen Formulierungen – in das Protokoll aufzunehmen (§ 160 Abs. 3 Nr. 4 ZPO), ihm vorzulesen, vorzulegen oder vor ihm abzuspielen und von ihm zu genehmigen (§ 162 ZPO). Bei Diktat in Gegenwart der Beteiligten können diese auf das Vorlesen, die Vorlage oder das Abspielen verzichten.

Eine *unberechtigte Aussagenverweigerung* wird gleichermaßen geahndet wie das unentschuldigte Nichterscheinen des Zeugen (§§ 390, 380 ZPO).

c) Pflicht zur Eidesleistung

219 Uneidlich zu vernehmen sind:

Eidesunmündige (§ 393 ZPO): Minderjährige unter 16 Jahre und Geistesschwache.

Im übrigen ist nach pflichtgemäßem Ermessen des Gerichts *ein Zeuge* dann *zu vereidigen, wenn* dies mit Rücksicht auf die Bedeutung der Aussage oder zur Herbeiführung einer wahrheitsgemäßen Aussage geboten erscheint (§ 391 ZPO).

Unzulässig ist die Beeidigung, *wenn beide Parteien darauf verzichten* (§ 391 ZPO).

Wer ein Zeugnisverweigerungsrecht hat, trotzdem aber Aussagen gemacht hat, kann dann immer noch unter Berufung auf das Zeugnisverweigerungsrecht den Eid verweigern, allerdings dürfte seine Aussage dann wohl wertlos sein (§ 286 ZPO).

Zur Vermeidung von auf Nebensächlichkeiten bezogenen Meineidsanzeigen einer durch die Aussage benachteiligten und dadurch verärgerten Partei dürfte es gelegentlich angezeigt erscheinen, die Beeidigung auf einen für die Entscheidung wesentlichen Teil der Aussage zu beschränken.

d) Das Verfahren bei der Abnahme von Eiden (vgl. §§ 478–484 ZPO) **220**

Die Beeidigung erfolgt *nach der Vernehmung* (sog. Nacheid – § 392 ZPO). Vor der Beeidigung ist der Zeuge über die Bedeutung des Eides, sowie darüber, daß der Eid mit religiöser oder ohne religiöse Beteuerung geleistet werden kann, *zu belehren* (§ 480 ZPO). Die **Eidesformel** ergibt sich aus § 481 i. Verb. mit § 392 Satz 2 ZPO. Wer aus Glaubens- oder Gewissensgründen keinen Eid leisten will, hat eine **eidesgleiche Bekräftigung** abzugeben.

3. Die Zeugnisverweigerung

a) Das Zeugnisverweigerungsrecht

Die Aussageverpflichtung ist für bestimmte Personengruppen durchbrochen, denen ein **221** Zeugnisverweigerungsrecht zugebilligt wird:

aa) Nahe Angehörige einer Partei (§ 383 Abs. 1 Nr. 1–3 ZPO): Ihnen soll ein Gewissenskonflikt erspart werden. Beachte jedoch die Ausnahmen des § 385 ZPO!

bb) Angehörige bestimmter Berufe (§ 383 Abs. 1 Nr. 4 und 5 ZPO), denen auf Grund einer besonderen Vertrauensstellung Tatsachen anvertraut sind. Sie müssen das Zeugnis verweigern über solche Tatsachen, auf die sich die *Verschwiegenheitspflicht* bezieht,

z. B. Geistliche, Ärzte, Apotheker, Hebammen, Rechtsanwälte, Notare, Inhaber von Auskunfteien.

Dieses Zeugnisverweigerungsrecht besteht jedoch nicht, wenn die betreffende Person durch die anvertrauende Partei *von der Schweigepflicht entbunden ist* (§ 385 Abs. 2 ZPO).

cc) Ein Zeugnisverweigerungsrecht aus sachlichen Gründen (§ 384 ZPO) besteht, wenn einem Zeugen durch die wahrheitsgemäße Aussage ein unmittelbarer Vermögensschaden droht,

z. B. durch Mitteilung von Tatsachen, die gegen ihn unmittelbar einen Anspruch begründen,

wenn ihm die Gefahr der Unehre oder Strafverfolgung droht,

z. B. außerehelicher Verkehr einer Frau, betrügerische Machenschaften eines Handelsvertreters beim Vertragsabschluß,

wenn ihm durch die Aussage die Preisgabe eines Kunst- oder Gewerbegeheimnisses zugemutet wird.

Der Zeuge braucht bei *Bestehen eines Zeugnisverweigerungsrechts überhaupt nicht auszusagen, ohne daß* aus der Verweigerung *Schlüsse gezogen werden dürften.*

b) Belehrung über das Zeugnisverweigerungsrecht

Nahe Angehörige (§ 383 Abs. 1 Nr. 1–3 ZPO) sind *vor der Vernehmung* über das ihnen zustehende Zeugnisverweigerungsrecht *zu belehren* (§ 383 Abs. 2 ZPO). Ist die Belehrung *unterblieben,* so darf im Falle einer *diesbezüglichen Rüge* durch die Partei die Aussage für die Entscheidung *nicht verwertet* werden.

Bei der Vernehmung des Zeugen zur Person ist es demgemäß üblich, nach dem Verwandtschafts- oder Schwägerschaftsverhältnis zu einer Partei zu fragen und in das Protokoll aufzunehmen:
›mit den Parteien nicht verwandt und nicht verschwägert‹.

Für die **übrigen Fälle** eines Zeugnisverweigerungsrechts ist die Belehrung *nicht vorgeschrieben,* ein Hinweis jedoch gelegentlich gleichwohl zu empfehlen.

Ein Zeuge, der bereits vor dem Termin schriftlich oder zu Protokoll erklärt hat, daß er das Zeugnis verweigere, braucht im Termin nicht zu erscheinen (§ 386 Abs. 3 ZPO).

c) Zwischenstreit wegen Zeugnisverweigerung

222 Wird das vom Zeugen vorgebrachte Zeugnisverweigerungsrecht von der Partei nicht anerkannt, so wird darüber in einem **Zwischenstreit** entschieden:
Zuständig ist das Prozeßgericht – auch bei Vernehmung vor dem ersuchten oder beauftragten Richter.
Parteien des Zwischenstreits sind der Zeuge und der Beweisführer.
Termin zur mündlichen Verhandlung über den Zwischenstreit ist zu bestimmen; ein Versäumnisurteil ist nicht zugelassen (vgl. § 388 ZPO). Anwaltszwang besteht für den Zeugen nicht.
Entscheidung ergeht durch **Zwischenurteil;** Rechtsmittel dagegen ist die sofortige Beschwerde (§ 387 Abs. 3 ZPO). Dem Unterliegenden sind die Kosten des Zwischenstreits aufzuerlegen. Das Zwischenurteil ist jedoch nicht für vorläufig vollstreckbar zu erklären, da sich die Vollstreckbarkeit unmittelbar aus § 794 Abs. 1 Nr. 3 ZPO ergibt.

Beispiel:
1. Der vom Zeugen Z vorgebrachte Zeugnisverweigerungsgrund ist unzulässig.
2. Der Zeuge Z trägt die Kosten des Zwischenstreits.
oder 1. Die vom Zeugen Z geltendgemachte Zeugnisverweigerung ist gerechtfertigt.
2. Der Kläger (Beklagte) trägt als Beweisführer die Kosten des Zwischenstreits.

Nach Rechtskraft des Zwischenurteils erfolgt Fortsetzung des Rechtsstreits. Gegen den sich gleichwohl noch weigernden Zeugen finden Maßnahmen nach § 390 ZPO statt (Ordnungsgeld).

4. Besondere Formen der Zeugenvernehmung

223 a) **Gegenüberstellung:** Während die Zeugen regelmäßig einzeln und in Abwesenheit der später abzuhörenden Zeugen zu vernehmen sind (§ 394 Abs. 1 ZPO), können bei widersprüchlichen Aussagen die Zeugen einander gegenüber gestellt werden (§ 394 Abs. 2 ZPO).

b) **Wiederholte Vernehmung** eines Zeugen kann vom Prozeßgericht nach seinem Ermessen angeordnet werden (§ 398 ZPO).

c) **Schriftliche Zeugenbefragung** ist nur *ausnahmsweise* zugelassen, wenn der Zeuge bei seiner Vernehmung Auskünfte zu bekunden hat, die er nur an Hand seiner Bücher oder anderer Aufzeichnungen geben kann (§ 377 Abs. 3 ZPO) oder wenn bei geeignetem Beweisthema beide Parteien mit einer schriftlichen Erklärung des Zeugen einverstanden sind (§ 377 Abs. 4 ZPO).
In beiden Fällen hat der Zeuge die Richtigkeit seiner Erklärungen an Eides Statt zu versichern.

d) **Übergabe einer schriftlichen Erklärung durch den Zeugen im Termin:** Es kommt nicht selten vor, daß Zeugen eine vorbereitete schriftliche Erklärung in den Beweisaufnahmetermin mitbringen. Der Vorsitzende muß das Schriftstück mit dem Zeugen durchsprechen, aufklären, unter welchen Umständen und von wem es verfaßt worden ist und etwaige Unklarheiten beseitigen. Hierüber soll das Protokoll Angaben enthalten wie auch möglichst noch einmal ausdrückliche Erklärungen zu den wesentlichen Punkten der Zeugenaussage.

Protokollierungsbeispiel:
> »Der Zeuge machte zunächst zusammenhängend Angaben zur Sache und erklärte dann, er habe als eigene Gedächtnisstütze bereits vor dem Termin selbst seine Angaben schriftlich niedergelegt.
> Das daraufhin vom Zeugen übergebene Schriftstück wurde wörtlich vorgelesen. Der Zeuge erklärt:
>> ›Das soeben vorgelesene, von mir verfaßte Schreiben enthält alles, was ich zur Sache angeben kann. Ich mache seinen Inhalt zum Gegenstand meiner Zeugenvernehmung. Insbesondere wiederhole ich, daß…‹.«

5. Die Entschädigung der Zeugen

Der allgemeinen Verpflichtung, als Zeuge vor Gericht zu erscheinen, entspricht der im **224** ›Gesetz über die Entschädigung von Zeugen und Sachverständigen‹ (ZuSEntschG) geregelte Anspruch auf Entschädigung.

a) **Entschädigungsberechtigt** ist, wer als Zeuge zu Beweiszwecken herangezogen worden ist (§ 1 ZuSEntschG):
geladene Zeugen, auch wenn die Ladung gemäß § 273 Nr. 4 ZPO erfolgt ist; daß die Vernehmung dann aus irgendeinem Grunde unterblieben ist, ist unerheblich;
die von den Parteien in die Sitzung *gestellten Zeugen,* wenn sie vom Gericht tatsächlich vernommen werden.

b) **Maß der Entschädigung:** *Verdienstausfall* für die zur Befolgung der Ladung erforderliche Zeit (§§ 2, 4 ZuSEntschG):

mindestens 2,– DM, höchstens 12,– DM je Stunde gemessen am regelmäßigen Bruttoverdienst, Hausfrauen erhalten 6,– DM je Stunde,
Höchststundenzahl pro Tag: 10 Stunden.

Notwendige Fahrtkosten (§ 9 ZuSEntschGes):
Kosten der öffentlichen Verkehrsmittel, Bundesbahnkosten je nach den persönlichen Verhältnissen 2. oder 1. Wagenklasse,
für PKW-Benutzung –,32 DM pro Kilometer (beachte jedoch § 9 Abs. 3 ZuSEntschG).

Reist der Zeuge von einem anderen Ort zum Termin an, als von dem, wo er geladen worden ist, so kann er regelmäßig die dadurch veranlaßten höheren Fahrtkosten nicht verlangen (§ 9 V ZuSEntschG). Der Zeuge sollte deshalb dem Gericht eine Aufenthaltsveränderung anzeigen, damit er gegebenenfalls abbestellt und seine Vernehmung durch den ersuchten Richter angeordnet werden kann (vgl. § 375 Nr. 3 ZPO).
Aufwandsentschädigung entsprechend den persönlichen Verhältnissen (§ 10 ZuSEntschG),

z. B. für Verzehr; Übernachtungskosten.

c) Die **Berechnung der Zeugenentschädigung** erfolgt zunächst durch den *Urkundsbeamten,* auf Antrag wird jedoch die Entschädigung richterlich festgesetzt (§ 16 ZuSEntschG).
Gegen die richterliche Festsetzung ist Beschwerde möglich (die Beschwer muß mindestens 100,– DM betragen).
Entschädigung wird nur auf Verlangen des Zeugen, nicht von Amts wegen gewährt (§ 15 ZuSEntschG). Er kann jedoch auch Vorschuß verlangen (§ 14 ZuSEntschG).
Verjährung des Anspruchs tritt ein nach zwei Jahren (§ 196 Nr. 17, 201 BGB).

II. Der Sachverständigenbeweis

1. Begriff

225 Im Gegensatz zum Zeugen, der über eigene Wahrnehmungen aussagen soll, ohne jedoch diese zu bewerten, hat *der Sachverständige die Aufgabe, die dem Gericht vorliegenden Tatsachen in Anwendung seines besonderen Fachwissens zu werten und aus ihnen Schlußfolgerungen zu ziehen,*

z. B. Feststellung der Todesursache eines Menschen (medizinischer Sachverständiger); Beurteilung der Ursächlichkeit des Zustandes eines PKW für den Unfall und seiner Folgen (Kraftfahrzeugsachverständiger), Feststellung der Urheberschaft eines bestimmten Schriftstücks (Schriftsachverständiger).

Der **Sachverständige** ist damit ein **Gehilfe des Richters, über dessen Zuziehung dieser selbst entscheidet:** Der Richter kann auch *ohne Beweisantrag* einer Partei von Amts wegen einen Sachverständigen zuziehen (§ 144 ZPO); andererseits kann er, bei hinreichender eigener Sachkunde, einen Antrag auf Sachverständigengutachten *unbeachtet* lassen. Der Sachverständige soll **unparteiisch** sein; er kann daher **wie ein Richter ausgeschlossen sein oder abgelehnt** werden (§ 406 ZPO).
Als Sachverständiger kann eine **natürliche Person,** ein **wissenschaftliches Institut** oder auch **eine Behörde** bestellt werden; gegebenenfalls wird dann die Person des Gutachters vom Instituts- oder Behördenleiter bestimmt.

226 2. Die **Auswahl** des Sachverständigen erfolgt **durch das Prozeßgericht,** ausnahmsweise durch den ersuchten oder beauftragten Richter (§ 405 ZPO), vornehmlich aus dem Kreis der öffentlich bestellten Sachverständigen (vgl. § 404 ZPO).

Die *Parteien* können aufgefordert werden, ihrerseits geeignete Sachverständige vorzuschlagen. Im Falle der Einigung der Parteien auf einen Sachverständigen ist dieser mit der Gutachtenerstattung zu beauftragen (§ 404 Abs. 4 ZPO).

Diese Einigung der Parteien ist kein Schiedsgutachtervertrag. Dieser wird üblicherweise außergerichtlich abgeschlossen und bindet die Parteien und das Gericht nicht nur an die Person des gemeinsam bestellten Gutachters, sondern auch an den Inhalt des erstatteten Gutachtens (vgl. oben Rn. 10), wogegen das im Prozeß von dem vereinbarten Gutachter (§ 404 Abs. 4 ZPO) erstattete Gutachten von jeder Partei noch angegriffen werden kann (vgl. § 285 ZPO) und auch der freien Beweiswürdigung durch das Gericht unterliegt.

3. Das Verfahren bei der Einholung eines Sachverständigengutachtens.

a) Die **Bestellung des Sachverständigen** erfolgt, gegebenenfalls auf Anregung einer Partei (vgl. § 403 ZPO), *durch das Gericht auf Grund eines Beweisbeschlusses* (§§ 358, 359 ZPO) oder ausnahmsweise, bei Vorladung nach § 273 Abs. 2 Nr. 4 ZPO, *durch einfache Beweisanordnung.* **227**

Wichtig ist es, schon aus Kostengründen, den Gutachterauftrag möglichst genau zu beschreiben und abzugrenzen.

Den zu begutachtenden Sachverhalt hat jedoch das Gericht selbst zu ermitteln, z. B. durch Vernehmung der Zeugen außer, wenn bereits die Sachverhaltsermittlung besondere Sachkunde voraussetzt z. B. Anhörung von Personen durch einen psychiatrischen Sachverständigen.

b) Das Gericht bestimmt auch die **Art der Gutachtenerstattung:**
Schriftliche Begutachtung (§ 411 ZPO): Der Sachverständige hat das Gutachten schriftlich abzufassen, zu unterschreiben und bei der Geschäftsstelle des Gerichts abzuliefern.
Mündliche Erläuterung des schriftlich erstatteten Gutachtens im Termin (§ 411 Abs. 3 ZPO): Diese empfiehlt sich bei verbleibenden Zweifeln oder Unklarheiten und ist oftmals geeignet, eine gütliche Einigung der im Termin persönlich anwesenden Parteien vorzubereiten.

c) *Säumige Gutachtenerstattung* ist häufig Ursache für lange Prozeßdauer. Dem kann das Gericht dadurch begegnen, daß es dem Sachverständigen für die Erstattung des Gutachtens eine Frist bestimmt und erforderlichenfalls die alsbaldige Vorlegung durch Ordnungsgeld erzwingt (§§ 411 Abs. 1, 2, 411 Abs. 2 ZPO).

d) Die **Beeidigung des Sachverständigen** steht im *Ermessen des Gerichts* und erfolgt vor oder nach Erstattung des Gutachtens. Die Eidesnorm ergibt sich aus § 410 ZPO.

Der **allgemein beeidigte Sachverständige** braucht nicht bei jedem Gutachten erneut beeidigt zu werden, sondern kann sich auf diesen Eid berufen
»Öffentlich bestellter und vereidigter Sachverständiger für...« (§§ 407 Abs. 1, 410 Abs. 2 ZPO).

Das Gutachten unterliegt der **freien Beweiswürdigung** durch das Gericht (286 ZPO). Erscheint das Gutachten dem Gericht als ungenügend, so kann es anordnen, daß das Gutachten ergänzt oder daß ein weiteres Gutachten eines anderen Sachverständigen eingeholt wird (§ 412 ZPO).

Zu dem Gutachten können die Parteien Stellung nehmen (§ 285 ZPO).

228 4. **Sachverständiger Zeuge** ist ein *Zeuge eines Vorganges oder einer Tatsache, der jedoch wegen seines besonderen Fachwissens zugleich in der Lage ist, das Beobachtete sachkundig zu werten.*

Z. B. Der Arzt, der den Unfall beobachtet und erste Hilfe geleistet hat, vermag den Unfallhergang zu schildern und zugleich sachkundige Angaben über die Art der Verletzungen zu machen.

Auf den sachverständigen Zeugen finden die Vorschriften über den Zeugenbeweis – auch hinsichtlich der Entschädigung – Anwendung (§ 414 ZPO).

5. Die Entschädigung des Sachverständigen

229 Der Sachverständige wird nicht wie der Zeuge für seinen Verdienstausfall, sondern für seine Leistung entschädigt (§ 3 ZuSEntschG).

Die **Vergütung** richtet sich
a) nach der für die Gutachtenerstattung *erforderlichen Zeitdauer,*

dazu gehört auch die Zeit für das Aktenstudium, Besichtigungen und erforderliche Rücksprachen; angefangene Stunden werden voll gerechnet,

b) nach dem *Grad der erforderlichen Fachkenntnisse* und *der Schwierigkeit der Leistung* unter Berücksichtigung etwaiger besonderer Umstände,

c) nach dem *Ausmaß der sonstigen Aufwendungen* (Nebenkosten vgl. § 8 ZuSEntschG).

Der Höchstsatz je Stunde beträgt 50,– DM; er kann jedoch bis auf 75,– DM erhöht werden, wenn das Gutachten eine Auseinandersetzung mit der wissenschaftlichen Lehre erforderlich machte oder wenn infolge des Umfangs des Gutachtenauftrags ein nicht zumutbarer Erwerbsverlust eintreten würde; desgleichen bei hauptberuflichen Sachverständigen (§ 3 Abs. 3 ZuSEntschG).

Für *typische Sachverständigenverrichtungen* z. B. Leichenöffnung, Blutgruppenbestimmung sind die Entschädigungssätze in einer besonderen Anlage zu § 5 ZuSEntschG pauschal festgelegt. Ersatz für *Reisekosten* erhält der Sachverständige gleichermaßen wie der Zeuge. Haben sich die Parteien dem Gericht gegenüber mit einer bestimmten Sachverständigenentschädigung einverstanden erklärt, so ist diese Vergütung zu gewähren (§ 7 ZuSEntschG). Die *Berechnung der Vergütung* erfolgt durch den **Urkundsbeamten,** der jedoch in der Praxis regelmäßig eine richterliche Festsetzung des angemessenen Stundensatzes und der angemessenen Stundenzahl anregt (§ 16 ZuSEntschG).

III. Der Beweis durch richterlichen Augenschein

1. Begriff

230 *Unmittelbare Wahrnehmung des Gerichts über körperliche Eigenschaften oder Zustände von Sachen oder Personen, um die Überzeugung von der Richtigkeit oder Unrichtigkeit streitiger Behauptungen zu erlangen.* Der Augenschein beschränkt sich nicht auf *optische Wahrnehmungen,* z. B. Betrachten einer Unfallstelle, sondern kann auch durch *Beriechen,* z. B. Feststellung von gasförmigen Immissionen, durch *Anhören,* z. B. Feststellung von Geräuschbelästigung, durch *Betasten* oder durch *Schmecken* eingenommen werden.

Häufig werden bei der Augenscheinseinnahme zugleich Sachverständige zugezogen (vgl. § 372 ZPO).

Augenscheinsobjekte sind auch Tonband und Schallplatte.
Wegen Verletzung des Persönlichkeitsrechts ist jedoch die heimlich hergestellte Tonbandaufnahme regelmäßig kein unzulässiges Beweismittel (vgl. § 201 StGB). Nur ausnahmsweise kann eine heimliche Tonbandaufnahme und ihre Verwertung zur Wahrheitsfindung im Zivilprozeß zulässig sein, wenn eine ›notwehrähnliche Lage‹ gegeben ist und auf Grund einer Güterabwägung das Interesse an der Wahrheitsfindung das Schutzanliegen des gesprochenen Worts deutlich übersteigt (BGH NJW 1982, 277).

2. Die **Anordnung** des richterlichen Augenscheins erfolgt auf *Grund des Beweisantrages einer Partei* (§ 371 ZPO) oder von *Amts wegen* (§ 144 ZPO).
Die Augenscheinseinnahme kann auch schon zur Vorbereitung des Verhandlungstermins angeordnet und eingeholt werden (sog. vorterminlicher Beweisbeschluß: § 358 a Nr. 5 ZPO).

3. Eine **Pflicht zur Duldung** der Augenscheinseinnahme besteht grundsätzlich für **231** niemand.
Bei Weigerung des Beweisführers, den Augenschein zu dulden, z. B. das Grundstück besichtigen zu lassen, ist der Beweis nicht geführt.
Bei *Weigerung des Gegners* kann § 444 ZPO entsprechend angewendet werden, d. h. *die mit dem Augenschein zu beweisende Tatsache kann als bewiesen angesehen werden.*
Eine **Ausnahme** besteht für die Rechtsstreitigkeiten, in denen die *Feststellung der Abstammung* erforderlich ist (§ 372 a ZPO).

Jede Person, also nicht nur die Parteien, **hat Untersuchungen,** insbesondere die Blutentnahme zur Blutgruppenuntersuchung, **zu dulden, soweit** die Untersuchung nach den anerkannten Grundsätzen der Wissenschaft eine Aufklärung des Sachverhalts verspricht und soweit die Untersuchung zugemutet werden kann (etwa im Hinblick auf gesundheitliche Nachteile).

Als **wissenschaftliche Untersuchungsmethoden** kommen in Frage: **232**

a) Blutgruppenuntersuchung

Durch Feststellung und Vergleich der Blutgruppen (z. B. A, B, AB, 0; M, N, MN; Rhesusgruppe Cc) kann die Unmöglichkeit einer Abstammung mit Sicherheit bewiesen werden.
Bei der Entdeckung neuer unterscheidungskräftiger Gruppen sind in den vergangenen Jahrzehnten erhebliche wissenschaftliche Fortschritte gemacht worden. Die Entdeckung neuer beweiskräftiger Blutgruppen rechtfertigt aber nicht die Wiederaufnahme des Verfahrens gemäß § 580 Nr. 7 b ZPO.

b) Erbbiologisches Gutachten

Vergleich von Körpermerkmalen der Beteiligten zur Ermittlung eines Wahrscheinlichkeitsfaktors für oder gegen eine Abstammung . Dabei werden auch die Ergebnisse einer Blutgruppenuntersuchung einbezogen.
Weitere Untersuchungsmethoden, z. B. Wirbelsäulenmethode nach Kühne und Löhnsmethode, sind, jedenfalls für sich allein, nicht als beweiskräftig anerkannt.

Im Falle widersprechender Beweisergebnisse hat das Ergebnis der Blutgruppenuntersuchung Vorrang vor dem Ergebnis des erbbiologischen Gutachtens. Z. B. erbbiologisches Gutachten spricht für Vaterschaft, Blutgruppengutachten schließt sie aus, dann ist die Vaterschaft nicht festzustellen.

IV. Die Parteivernehmung

233 1. Häufig können die Parteien selbst über prozeßerhebliche Vorgänge aus eigenem Erleben und aus eigener Wahrnehmung Angaben machen. Dieses eigene Wissen der Partei wird regelmäßig in den Schriftsätzen und im mündlichen Vortrag im Termin zum Ausdruck kommen (**Parteivortrag**).
Es kann darüber hinaus aber auch als Beweismittel Beachtung finden (**Parteivernehmung**).

a) Der **Parteivortrag** ist *durch den Verhandlungsgrundsatz veranlaßt.* Nur was eine Partei vorträgt, darf Entscheidungsgrundlage werden.
Um einen vollständigen Sachvortrag herbeizuführen, muß das Gericht seiner Aufklärungspflicht nach § 139 ZPO nachkommen und kann es das persönliche Erscheinen der Parteien gemäß § 141 ZPO anordnen.

Die Anhörung der gemäß § 141 ZPO geladenen Partei ist keine Beweisaufnahme, sondern dient der Klarstellung des Sachvortrags. Sie erfolgt auch stets nur durch das Prozeßgericht, nicht durch einen beauftragten oder ersuchten Richter.

b) Die **Parteivernehmung** ist demgegenüber eine **echte Beweisaufnahme.** Sie erfordert stets einen *förmlichen Beweisbeschluß* gemäß §§ 358, 359 ZPO, auch wenn die Vernehmung einer im Termin anwesenden Partei beschlossen wird (vgl. Wortlaut des § 450 ZPO); eine *vereinfachte Beweisanordnung* ist also *nicht* möglich.
Die Parteivernehmung ist jedoch nur ein subsidiäres Beweismittel: Sie ist *nur zulässig, wenn* andere Beweismittel nicht ausreichen oder nicht vorgebracht sind (bei der Parteivernehmung auf Antrag nach § 445 ZPO), oder wenn eine gewisse Wahrscheinlichkeit für die Richtigkeit der zu beweisenden Tatsachen vorhanden erscheint (bei der Parteivernehmung von Amts wegen gem. § 448 ZPO).
Als Partei kann vernommen werden: die **prozeßfähige Partei** und die **prozeßunfähige Partei** im Rahmen des § 455 Abs. 2 ZPO.

Anstelle der nicht zu vernehmenden prozeßunfähigen Partei ist deren gesetzlicher Vertreter zu vernehmen.

Wer nicht als Partei vernommen werden kann, kommt als Zeuge in Betracht.

2. Die Parteivernehmung wird angeordnet

234 a) *auf Antrag:* Die beweisbelastete Partei kann zum Beweis der bestrittenen Tatsache die Parteivernehmung des Gegners beantragen (§ 445 ZPO);

das Gericht hat also vor der Anordnung der Parteivernehmung die Beweislast zu prüfen.
Eine Vernehmung der beweisbelasteten Partei selbst ist auf Antrag nur möglich, wenn die andere Partei damit einverstanden ist (§ 447 ZPO), was in der Praxis kaum einmal der Fall sein wird;

b) *von Amts wegen:* Das Gericht kann, wenn das Ergebnis der Verhandlungen und einer etwaigen Beweisaufnahme nicht ausreicht, um das Gericht von der Wahrheit oder Unwahrheit einer zu erweisenden Tatsache zu überzeugen, jedoch eine gewisse Wahrscheinlichkeit dafür oder dagegen spricht, von Amts wegen Parteivernehmung anordnen (§ 448 ZPO);

die Anordnung erfolgt durch das Gericht ohne Rücksicht auf die Beweislast; es kann eine oder beide Parteien vernehmen; hinsichtlich ein und derselben Tatsache darf dann allerdings nur eine Partei beeidigt werden (§ 452 Abs. 1, Satz 2 ZPO).

3. Die **Durchführung** der Parteivernehmung erfolgt *nach den Bestimmungen über die* **235** *Zeugenvernehmung* (§ 451 ZPO).

Wahrheitsermahnung und Hinweis auf mögliche Beeidigung, Vernehmung zur Person, Vernehmung zur Sache.

Die Vernehmung kann auch dem ersuchten oder beauftragten Richter übertragen werden. Die Beeidigung der vernommenen Partei steht im pflichtgemäßen Ermessen des Gerichts (§ 452 ZPO).
Eine *Verpflichtung besteht für die Partei* nach Anordnung der Parteivernehmung *weder zum Erscheinen* (§ 454 ZPO – vgl. dagegen § 141 Abs. 3 ZPO) noch zur Aussage, *noch zur Eidesleistung* (§ 453 Abs. 2 ZPO). Die *Ablehnung,* sich vernehmen zu lassen, das *Ausbleiben im Termin,* die *Aussageverweigerung* und die *Eidesverweigerung* unterliegen jedoch **der freien Würdigung durch das Gericht** (§§ 453 Abs. 2, 446 ZPO). Frei zu würdigen ist auch der Inhalt der Aussage nach Durchführung der Parteivernehmung (§ 453 Abs. 1 ZPO).

V. Der Urkundenbeweis

1. Begriff und Bedeutung

Urkunde im Sinne der Zivilprozeßordnung ist jede schriftliche Erklärung eines Gedan- **236** *kens.* Der Urkunde kommt im Rechtsverkehr überragende Bedeutung zu. Sie liefert für gewöhnlich zuverlässigen Nachweis für rechtserhebliche Vorgänge und ist dem Zeugenbeweis weit vorzuziehen.
Meist werden die vorhandenen einschlägigen Urkunden von den Parteien bereits mit der Klageschrift, der Klageerwiderung oder einem sonstigen Schriftsatz zur Unterstützung des Sachvortrages vorgelegt und inhaltlich dann von der Gegenseite nicht bestritten. Diese Vorlegung einer Urkunde ist noch **kein** Urkundenbeweis. Zu einem Urkunden**beweis** (d. h. Verfahren zur Überzeugung des Gerichts von der Richtigkeit einer vom Gegner bestrittenen Behauptung durch Vorlage einer Urkunde) kommt es in der Praxis verhältnismäßig selten.

2. Arten von Urkunden und ihre Beweiskraft

237 a) **Öffentliche Urkunden** begründen vollen Beweis für den beurkundeten Vorgang (Begriff der öffentlichen Urkunde vgl. § 415 ZPO).

b) **Privaturkunden** (d. h. alle Urkunden, die nicht öffentliche Urkunden sind) begründen, wenn sie unterschrieben oder beglaubigt sind, vollen Beweis dafür, daß die in ihm enthaltenen Erklärungen von den Ausstellern abgegeben sind (§ 416 ZPO).

Diese gesetzlichen Beweisregeln der §§ 415 und 416 ZPO schließen die sonst gebotene ›freie richterliche Beweiswürdigung‹ (vgl. § 286 ZPO) aus.

Dagegen ist das Gericht frei in der Würdigung, welche Bedeutung Durchstreichungen, Radierungen, Einschaltungen oder sonstige äußere Mängel im Hinblick auf die Beweiskraft der Urkunde zukommen.

Bei Streit über die Echtheit einer Urkunde gelten verschiedene Bestimmungen, je nachdem, ob es sich um eine öffentliche oder um eine Privaturkunde handelt. Vgl. im einzelnen §§ 437 ff. ZPO.

3. Beweisführung durch Urkunden

238 Der Beweisantritt erfolgt durch Vorlegung der Urkunde, wobei sich das Verfahren unterschiedlich gestaltet, je nachdem, in wessen Besitz sich die Urkunde befindet:

a) Ist die Urkunde *im Besitz des Beweisführers,* so legt er sie vor (§ 420 ZPO).

b) Ist die Urkunde *im Besitz des Gegners,* so hat der Beweisführer zu beantragen, dem Gegner die Vorlegung aufzugeben,

vgl. im einzelnen §§ 421–427 ZPO.

c) Ist die Urkunde *im Besitz eines Dritten,* so muß der Beweisführer erforderlichenfalls die Vorlegung durch einen besonderen Prozeß gegen den Dritten erzwingen, wobei entscheidend ist, ob dieser materiellrechtlich überhaupt zur Vorlegung verpflichtet ist. Zu diesem Zweck kann der Beweisführer die Einräumung einer Frist verlangen (§§ 428–431 ZPO).

4. Vereitelung des Urkundenbeweises (§ 444 ZPO)

239 Beseitigt eine Partei absichtlich die Möglichkeit, eine Urkunde zu benützen, so können die Behauptungen des Gegners über die Beschaffenheit und den Inhalt der Urkunde als bewiesen angesehen werden.

Der in dieser Bestimmung enthaltene Rechtsgedanke findet auch über den Urkundenbeweis hinaus im Rahmen der freien Beweiswürdigung nach § 286 ZPO allgemeine Anwendung: ›*Der vom Beweisgegner vereitelte Beweis kann als geführt angesehen werden*‹ (vgl. Rn. 199).

Beispiele: Verweigerung des Zugangs zum Augenscheinsobjekt oder dessen Vernichtung, Ablehnung der Namhaftmachung von Unfallzeugen, die nur dem Beweisgegner bekannt sind.

17. Kapitel

Das Beweissicherungsverfahren

I. Zweck

In einem Rechtsstreit muß jede Partei die ihr günstigen Tatsachen vortragen und – sofern **240** sie vom Gegner bestritten werden – auch beweisen.

Z. B. das verkehrswidrige Verhalten des Gegners: durch den Unfallzeugen; den Umfang der Beschädigung am Fahrzeuge: durch den Sachverständigen; die Art der Beschilderung an der Unfallstelle: durch richterlichen Augenschein.

Es besteht nun oftmals die Gefahr, daß geeignete Beweismittel im Verlaufe der Zeit, ehe sie im Prozeß benutzt werden konnten, verloren gehen.

Z. B. der Unfallzeuge befindet sich in Lebensgefahr, das beschädigte Fahrzeug wird instandgesetzt, die Verkehrsregelung an der Unfallstelle wird geändert.

Bei solcher Gefahr des Verlustes oder erschwerter Benutzbarkeit eines Beweismittels oder auch, wenn der Gegner zustimmt, kann eine Partei, auch schon ehe ein Rechtsstreit überhaupt anhängig ist, die *geeigneten Maßnahmen zur Sicherung des Beweises beantragen* (§ 485 ff. ZPO), nämlich
Einnahme eines richterlichen Augenscheins oder **Vernehmung von Zeugen und Sachverständigen.**

II. Verfahren

Zuständig für das Beweissicherungsverfahren ist **241**
bei anhängigem Rechtsstreit: das **Prozeßgericht** – in dringenden Fällen das Amtsgericht (§ 486 Abs. 1 und Abs. 2 ZPO),
vor Rechtshängigkeit: das **Amtsgericht** (§ 486 Abs. 3 ZPO).

Für den Antrag auf Beweissicherung besteht kein Anwaltszwang (vgl. §§ 486 Abs. 1, 78 Abs. 2 ZPO).
Der Inhalt des Gesuchs ergibt sich aus § 487 ZPO.
Die Entscheidung (**Beschluß**) erfordert nicht notwendig eine mündliche Verhandlung. Sie ergeht als Beweisbeschluß (§ 490 Abs. 2 ZPO) und ist dem Gegner zuzustellen (§ 491 ZPO):

Beispiel:
»In der Beweissicherungssache A./.B
wird dem Antrag des A stattgegeben:
Zum Zwecke der Beweissicherung ist Beweis zu erheben über die Behauptung des A bei den von B erbrachten Dachdeckerarbeiten am Neubau des A in ... seien folgende Mängel festzustellen.
1.....
2.....
3.....
durch Sachverständigengutachten des Innungsobermeisters der Dachdeckerinnung X. Dem Sachverständigen wird aufgegeben, umgehend das Dach am Neubau des A in ... nach vorherigen Benachrichtung beider Parteien zu besichtigen und ein Gutachten zu erstatten.

Termin zur Vernehmung des Sachverständigen wird bestimmt auf....
Die Auftragserteilung an den Sachverständigen wird davon abhängig gemacht, daß der Antragsteller bis spätestens... einen Auslagenvorschuß von... DM bei der Gerichtskasse einbezahlt.«

Der Beschluß enthält außer der Einforderung des erforderlichen Auslagenvorschusses keine Kostenregelung. Für das Verfahren entsteht $^1/_2$ Gerichtsgebühr (§ 11 anl. Nr. 1140 GKG), die vom Antragsteller zu bezahlen ist (§ 49 GKG).

Ist der Prozeß bereits anhängig oder kommt es noch zum Rechtsstreit in der Hauptsache, so sind die *Kosten der Beweissicherung Prozeßkosten,* soweit sie notwendig waren (§ 91 ZPO). Andernfalls hängt es davon ab, ob der Gegner dem Antragsteller nach materiellrechtlichen Gesichtspunkten zum Kostenersatz verpflichtet ist (etwa aus positiver Vertragsverletzung). Gegebenenfalls muß er diesen Anspruch durch Klage geltend machen.

Gegen den stattgebenden Beschluß gibt es *kein Rechtsmittel;* der ablehnende Beschluß ist mit der Beschwerde anfechtbar.

Die Durchführung der Beweisaufnahme erfolgt nach den allgemeinen Regeln: Zeugenvernehmung §§ 373–401 ZPO; Sachverständigengutachten §§ 402–414 ZPO; Augenscheinseinnahme.

Das Beweisergebnis steht jeder Partei zur Benützung im Prozeß zur Verfügung (§ 493 ZPO).

Wegen der Besonderheiten bei unbekanntem Gegner vgl. § 494 ZPO.

18. Kapitel

Das Beweisergebnis

I. Die freie Beweiswürdigung

Die Ergebnisse der Beweiserhebung haben nicht unmittelbaren Einfluß auf das Prozeß- **242** geschehen.

Im modernen Prozeßrecht gelten nicht förmliche Beweisregeln, die vorschreiben, unter welchen Voraussetzungen eine Tatsache der Urteilsfindung zugrundegelegt werden muß. Vielmehr gilt der Grundsatz der freien Beweiswürdigung:

Eine *Behauptung* ist *bewiesen, wenn das Gericht unter Würdigung* des gesamten Inhalts der Verhandlungen und der Beweisergebnisse *von ihrer Wahrheit überzeugt ist* (§ 286 ZPO). Dafür genügt ein für das praktische Leben brauchbarer Grad von Gewißheit, der den Zweifeln Schweigen gebietet, ohne sie völlig auszuschließen (BGHZ 53, 256). Die vom Gesetz zugelassenen Beweismittel sind von sehr unterschiedlicher Qualität. Das in der Praxis am häufigsten vorkommende Beweismittel, die Zeugenvernehmung, ist keineswegs auch das zuverlässigste – das Gegenteil ist der Fall. Der **Zeugenbeweis** wird an Überzeugungskraft von der Urkunde weit übertroffen und steht insoweit auch hinter Augenschein und Sachverständigengutachten. Er ist allenfalls der Parteivernehmung vorzuziehen. Es lohnt sich daher in besonderem Maße, sich mit dem Zustandekommen einer Zeugenaussage eingehend zu beschäftigen. Auf die gründlichen Untersuchungen von Bender/Röder/Nack: »Tatsachenfeststellung vor Gericht« (1981) ist hinzuweisen.

II. Die Verwertung des Zeugenbeweises

Es gibt kaum einen Rechtsstreit, bei dem nicht zum Beweis streitiger Tatsachen Zeugen **243** angeboten würden. An dieses Beweismittel werden große Erwartungen geknüpft. Dabei wird unbewußt gern davon ausgegangen, daß der Zeuge seine Aufmerksamkeit wie eine in Position gebrachte Filmkamera voll auf das interessierende Geschehen gerichtet hatte, seine Eindrücke unverrückbar wie auf einem belichteten Film im Gedächtnis gespeichert hat und jederzeit bei Bedarf originalgetreu wie mit einem Vorführgerät wieder abspielen kann.

Bei solchem Funktionieren wäre der Zeugenbeweis tatsächlich von beträchtlichem Nutzen für die Wahrheitsermittlung im Prozeß. In Wirklichkeit ist aber jede Phase beim Zeugenbeweis, *Wahrnehmung, Gedächtnisspeicherung* und *Wiedergabe* von erheblichen Fehlerquellen beeinflußt, die aus der Schwäche und Unvollkommenheit der menschlichen Natur herrühren und Qualität und Verwertbarkeit von Zeugenaussagen nachhaltig betreffen.

Daneben gibt es Fälle, in denen eine als Zeuge vernommene Person aus den verschiedensten Beweggründen bewußt unwahre Angaben macht.

Beide Möglichkeiten, Irrtum und Lüge, muß der Richter bei der Wertung einer Zeugenaussage in Rechnung stellen.

1. Unbewußte Fehlerquellen beim Zeugenbeweis (Irrtum)

244 a) Die **Wahrnehmung** ist das Ergebnis einer Wechselwirkung: Der Wahrnehmungs-gegenstand wirkt auf die wahrnehmende Person ein und deren Befindlichkeit wirkt auf das wahrgenommene Objekt zurück. Die Wahrnehmung betrifft auch stets nur Bruch-teile der den Menschen umgebenden Wirklichkeit. Welche das sind, hängt von vielerlei Umständen ab.

aa) Wahrnehmung kann nur erfolgen, wenn die eintreffenden Reize hinreichend intensiv wirken, insbesondere durch Veränderung, Kontrast oder Neuartigkeit der Empfindungen ansprechen. Bei der ständig aufleuchtenden Lichtreklame wie auch der Blinkampel wird diese Erkenntnis nutzbar gemacht.
Andererseits bleiben Vorgänge, die sich nicht oder kaum von der Umgebung abheben, häufig unbeachtet (»bei Nacht sind alle Katzen grau«).
Der Zeitbedarf bei den Wahrnehmungsvorgängen, insbesondere beim Sehen, bewirkt eine Unzuverlässigkeit der Zeugenbeobachtung, wenn es sich um schnell ablaufende Ereignisse handelt wie bei Verkehrsunfällen und Schlägereien.

bb) Jede Wahrnehmung ist subjektiv beeinflußt
Die Auswahl des Beobachtungsgegenstandes wird vom Interesse des wahrnehmenden Menschen gesteuert; die zwangsläufig bruchstückhaften Beobachtungen werden sub-jektiv interpretiert, entsprechend der vorhandenen Lebenserfahrung ergänzt und zu einem »sinnvollen Ganzen« ausgefüllt, unter Umständen auch durch Vorurteile ver-fälscht.
So werden oft naheliegende Schlußfolgerungen schon mitgedacht und als angebliche Wahrnehmungen empfunden. Unfallzeugen werden meist nur die Endstellung der Fahrzeuge gesehen haben, aber gleichwohl sich in der Lage fühlen, den Unfallhergang zu schildern.
Die Intensität der Beobachtung hängt von der ständig wechselnden Konzentration ab. Der Mensch kann von einem Vorgang »gefesselt« oder durch gedankliche Beschäfti-gung mit anderen Ereignissen abgelenkt sein.

Deshalb gilt: Wenn ein Zeuge, der ›dabei‹ war, nichts gesehen und nichts gehört hat, so beweist das noch lange nicht, daß der behauptete Vorgang nicht doch stattgefunden hat.

Weiterhin ist die Wahrnehmungsqualität abhängig von der körperlichen, geistigen und seelischen Verfassung.

b) Das Gedächtnis

aa) Die Speicherung im Gedächtnis
245 Die von den Sinnesorganen aufgenommenen Informationen werden, soweit sie nicht überhaupt nur zu unbewußten spontanen oder routinemäßigen Reaktionen führen, mit unterschiedlicher Nachhaltigkeit im Gedächtnis eingeprägt. Die meisten Wahrnehmun-gen verbleiben nur sehr kurze Zeit im Gedächtnis und gehen danach für immer verloren (»*Kurzzeitgedächtnis*«), weil sie danach nicht mehr gebraucht und somit auch nicht mehr aus dem Gedächtnis »abgefragt« werden. Dies gilt zum Beispiel für die ständige Beobachtung der augenblicklichen Verkehrsverhältnisse durch den Pkw-Fahrer.
Andere markante Informationen werden im Gedächtnis verfestigt und gespeichert (»*Langzeitgedächtnis*«), weil sie der betreffenden Person über den Augenblick hinaus

»bemerkenswert« erscheinen, ihr seelisches Empfinden betreffen oder unbewußt schon vorhandenen Gedächtnismustern angegliedert werden. Dies gilt beim Beispiel des Verkehrsteilnehmers für überstandene prekäre Verkehrssituationen, die er dann auch weitererzählt, für das gezielt wahrgenommene Kennzeichen am Pkw des Verkehrsrowdies, für den durch ersten Schneefall verursachten erheblich verspäteten Dienstantritt.

bb) Erinnerungsfehler

Die im Gedächtnis gespeicherten Eindrücke verblassen zunehmend mit dem Zeitablauf seit der Wahrnehmung. Dieses Vergessen ist aber kein Vorgang, der alle Informationen eines Wahrnehmungsbereiches gleichmäßig betrifft. Vielmehr können einzelne Details noch deutlich im Gedächtnis vorhanden sein, während andere stark abklingen oder ganz verloren gegangen sind. Andererseits wird die Erinnerung auch ›angereichert‹ durch Bruchstücke aus anderen ähnlichen Erlebnissen.

cc) Verfälschung des Gedächtnisinhalts

Der Mensch strebt stets nach seelischer Ausgeglichenheit und positiver Selbstbewertung. Dies bleibt nicht ohne Einfluß auf den Gedächtnisinhalt: Unangenehme und das Gemütsleben störende Eindrücke werden abgemildert oder ganz verdrängt, es wird »das Beste draus gemacht«. Die den Eigenwert steigernden Erlebnisse werden auf- und ausgebaut. Diese Korrekturen werden zwar vom Verstand her gesteuert, vollziehen sich aber doch ganz überwiegend im Unterbewußten und können daher bei einer späteren Wiedergabe des Erinnerungsbildes nicht mehr ausgeschieden werden.

c) Die Wiedergabe des Erinnerungsbildes (Aussage) und seine Niederschrift

aa) Bei der Aussage ist der Zeuge gehalten, das im Gedächtnis vorhandene Bild mit dem **246** Mittel der Sprache so wiederzugeben, daß die Vernehmenden den erfragten Vorgang zu erkennen vermögen. Es liegt auf der Hand, daß hierbei erneut die Gefahr der Verfälschung entsteht. Nicht alle Menschen beherrschen das Medium der Sprache gleich souverän. Viele denken in einfachen Kategorien und reden ebenso undifferenziert, ganz abgesehen von den Verständigungsschwierigkeiten ausländischer Zeugen, auch wenn diese die tägliche Umgangssprache leidlich beherrschen. Schließlich begrenzt auch die ungewohnte Atmosphäre des Gerichtssaales und die Anwesenheit der Prozeßbeteiligten, evtl. auch unbeteiligter Zuhörer in großer Zahl, die Fähigkeit zu konzentrierter Aussageleistung.

bb) Die Zeugenaussage wird dem Richter gegenüber erklärt, der sie regelmäßig durch Diktat auf Tonträger fixiert. Abgesehen von unbemerkten Hör- und Verständnisfehlern, die zuweilen in der unterschiedlichen Sprech- und Denkweise des Zeugen und der Vernehmungsperson begründet liegen, kommen Verfälschungen auch dadurch zustande, daß der Richter zu gedrängter Zusammenfassung genötigt ist, den vom Zeugen geschilderten Sachverhalt unbemerkt bereits in juristische Kategorien einzureihen und mit fachjuristischen Begriffen zu qualifizieren versucht ist. Auch das gebotene Vorlesen und Genehmigen der dann fixierten Aussage durch den Zeugen (vgl. §§ 160 Abs. 3 Nr. 4, 162 ZPO) ist selten geeignet, eingeschlichene Unrichtigkeiten noch aufzudecken, wenn der Zeuge es an der erforderlichen Aufmerksamkeit fehlen läßt oder sich der falsch verstandenen Autorität des Richters unterordnet und deshalb den erkannten Fehler im Aussageprotokoll ungerügt läßt.

199

2. Die bewußte Falschaussage (Lüge)

a) Beweggründe

247 Es gibt mancherlei Beweggründe für einen Zeugen, vor Gericht die Unwahrheit zu sagen: »Hilfe« für eine in Not befindliche Person, insbesondere, wenn die falsche Aussage niemandem oder lediglich anonymen Institutionen (Staat, Versicherungsgesellschaft, Bank) schadet und zu der hilfsbedürftigen Person enge Bindungen bestehen, eigener Vorteil (Provisionsvertreter als Zeuge über den Vertragsabschluß) oder Vermeidung von Peinlichkeiten für den Zeugen, Geltungsbedürfnis oder Vergeltungsbedürfnis gegenüber einer anderen Person. Besonders leicht geht die Lüge über den Mund, wenn der Zeuge nach Motiven oder eigenen subjektiven Empfindungen gefragt wird, die ja rückwirkend besonders schwer überprüfbar sind. Dazu gehört auch die Frage, ob man über einen bestimmten Vorgang überhaupt etwas wisse, sich an ein konkretes Ereignis erinnere. Hier werden die Gefahr, bei Verneinung der Unwahrheit überführt zu werden, und der Unrechtsgehalt der Lüge leicht gering erachtet.

b) Die Aufdeckung der Lüge

Der Richter ist der Lüge nicht hilflos ausgeliefert. Es ist vielmehr bei genauer Kenntnis der psychologischen Situation eines der Unwahrheit sagenden Zeugen durchaus möglich, ihn zu überführen. Innere Hemmungen und die Gefahr der Entdeckung der Lüge veranlassen den Zeugen zu besonderen Verhaltensweisen, die bei gewissenhafter und verständiger Analyse die Lügenhaftigkeit seiner Angaben signalisieren.
Die **wissentlich unwahre Aussage** ist häufig *unklar*, *blaß* und *strukturbrüchig* und insbesondere *im Aussagekern mager*, weil das fehlende Erlebnis durch Phantasie künstlich ersetzt oder ergänzt werden muß. Es erfordert eine vielfältige Begabung, eine selbst erfundene Geschichte genau so zu erzählen, wie über ein wirklich gehabtes Erlebnis berichtet wird. Deshalb ist es für den Lügner außerordentlich schwer, die unbefangene Natürlichkeit, Lebensnähe und Einfühlung darzustellen, die eine wahre Aussage gewöhnlich kennzeichnet. *Bender* (Tatsachenfeststellung vor Gericht S. 95 ff.) hat Kriterien erarbeitet, die erfahrungsgemäß die Wahrhaftigkeit einer Aussage indizieren (»**Realitätskriterien**«) und ebenso Umstände aufgezeigt, die eher für eine erlogene Sachverhaltsdarstellung sprechen (sog. »**Lügensignale**«). Eine differenzierte und gewissenhafte Anwendung solcher Erfahrungssätze (»Aussageanalyse«) vermag sicherlich manche unwahre Aussage zu demaskieren, insbesondere bei geschickter Vernehmungsführung. Charakter, guter Ruf und hohe soziale Stellung einer Person sind keine Garantie für unbedingte Glaubhaftigkeit ihrer Aussagen. Andererseits müssen charakterlich zweifelhafte Personen nicht von vornherein der Unwahrheit verdächtigt werden.
Oftmals werden von mehreren Zeugen weithin übereinstimmende Aussagen gemacht, was gemeinhin als Merkmal besonderer Zuverlässigkeit gewertet wird. Vor einer solcherart leichtfertigen Beweiswürdigung ist zu warnen. Es kann sich nämlich dabei auch um ein **Komplott** handeln, das mehr oder weniger perfekt einstudiert wird, um das gewünschte Prozeßergebnis herbeizuführen. Durch detaillierte Fragestellung bei der Einzelvernehmung (§ 394 ZPO) können leicht Unstimmigkeiten in den verschiedenen Aussagen provoziert und das Komplott aufgedeckt werden. Dabei ist es wichtig,

sog. ›Situationsfragen‹ zu stellen, auf die die Teilnehmer des Komplotts nicht vorbereitet sind. Das sind Fragen, die eigentlich nicht zum Beweisthema gehören, die der Zeuge aber wissen müßte, z. B. die Umgebung des behaupteten Tatorts, die sonstigen Ereignisse, die sich während der behaupteten Tat begeben haben.

c) ›Realitätskriterien‹ und ›Lügensignale‹ nach Bender

Bei einer **wahrheitsgemäßen Aussage** können erfahrungsgemäß folgende Merkmale (Realitätskriterien) beobachtet werden: **248**

aa) Die Aussage ist farbig, lebendig, wirklichkeitsnah, konkret *(Detailkriterium)*.

bb) Sie ist nach Inhalt und Sprachverwendung vom individuellen Charakter der Auskunftsperson bestimmt *(Individualitätskriterium)*.

cc) Sie läßt sich in anderweitig bewiesene begleitende Umstände zwanglos einpassen *(Verflechtungskriterium)*.

dd) Sie bleibt sich während der ganzen Vernehmung und auch im Verhältnis zu früheren Aussagen hinsichtlich Sprachfluß, Satzbau und Lebendigkeit der Schilderung treu *(Strukturgleichheitskriterium)*.

ee) Sie ist nicht auffallend auf ein Aussageziel hin gesteuert *(Nichtsteuerungskriterium)*.

ff) Sie stimmt in ihren Details insgesamt zusammen *(Homogenitätskriterium)*.

gg) Bei wiederholter Vernehmung bleibt der zentrale Handlungskern gleich, auch wenn Nebenumstände wegbleiben oder zusätzlich geboten werden *(Konstanzkriterium)*.

hh) Spätere Ergänzungen einer Aussage, die sich in das Gesamtbild homogen einfügen, sind kein Indiz für eine unwahre Aussage, sondern damit zu erklären, daß nicht alle im Gedächtnis gespeicherten Informationen zu jedem beliebigen Zeitpunkt abrufbar sind *(Lückenfüllungskriterium)*. Sie sind deshalb eher ein Glaubwürdigkeitsmerkmal.

Den Verdacht **unwahrer Aussagen** signalisieren demgegenüber folgende Beobachtungen (›Lügensignale‹):

aa) Angebliches Fehlen von Wahrnehmungen zur zentral interessanten Begebenheit, während belanglose Nebenpunkte detailliert geboten werden *(Zurückhaltungssignal)*.

bb) Übertrieben unterwürfiges Verhalten, um dem Richter zu schmeicheln und ihn dadurch gegenüber der dürftigen und unglaubwürdigen Aussage unkritischer zu machen *(Unterwürfigkeitssignal)*.

cc) Fehlleistungen bei der Wortwahl, unangemessene Wendungen, Versprecher, die davon herrühren, daß das reale Wissen um die Begebenheit und die Aussage divergieren *(Freud'sches Signal)*.

dd) Überbetonte Beteuerung der Wahrheit und der Sicherheit der Erinnerung mit oft übertriebener Genauigkeit bei Mitteilung von Daten, Zahlen, Namen u. dgl. *(Bestimmtheitssignal)*.

ee) Freches oder überhebliches Benehmen mit Gegenangriffen und Vorwegverteidigung gegen noch gar nicht erhobene Vorwürfe *(Dreistigkeitssignal)*.

ff) Weitschweifige und wenig plausible Begründungen für Vorgänge, anstatt über die Fakten selbst klar und direkt auszusagen *(Begründungssignal)*.

gg) Verengung und Verarmung der Aussage im Kern der Sache durch farblose und allgemein gehaltene Schilderung *(Kargheitssignal)*.

hh) Konsequente Ausrichtung und Beschränkung der Aussage auf das Beweisthema *(Zielsignal)*.

Natürlich garantieren diese Kriterien kein absolut zuverlässiges Ergebnis über den Wahrheitsgehalt einer Zeugenaussage, aber sie können insgesamt eine wirksame Hilfe bei der gewissenhaften Würdigung von Zeugenaussagen sein, insbesondere bei voneinander abweichenden Aussagen.

Ein besonderes Problem bietet das Erkennen objektiv unwahrer Angaben, wenn ein Zeuge infolge ständiger gedanklicher Wiederholung schließlich selbst an seine ›Lüge‹ glaubt oder vermeintlich zwingende Folgerungen auf Grund eigener Überzeugung als Fakten darbietet. Es handelt sich dabei für die Glaubwürdigkeitslehre um einen Bereich, der zwischen Irrtum und Lüge anzusiedeln ist.

III. Beweiswürdigung im Urteil

249 Die Beweiswürdigung ist eine der schwierigsten Aufgaben des Richters. Er muß sich *aus dem gesamten Inhalt der Verhandlung und dem Ergebnis der Beweisaufnahme eine persönliche Überzeugung von der Wahrheit oder Unwahrheit der behaupteten Tatsache verschaffen.* Der Vorgang der Überzeugungsbildung vollzieht sich weithin in verborgenen Bereichen der menschlichen Persönlichkeit des Richters unter Einbeziehung von Verstand, Lebenserfahrung, vielfältigen Wertungen und Empfindungen.

Der Richter darf sich aber nicht damit begnügen, das schlichte Ergebnis seiner Abwägungen mitzuteilen. Vielmehr ist er gehalten, *im Urteil die Gründe anzugeben, die für seine Überzeugung leitend gewesen sind* (§ 286 Abs. 1 ZPO). Er muß sich also seine Gedankenabläufe zur Wahrheitsfindung bewußt machen und diese offenbaren. Dabei genügen nicht etwa allgemeine Redensarten (›nach den glaubhaften Aussagen des Zeugen X steht fest, daß …‹) – vgl. BAG NJW 1970, 880. Er muß insbesondere bei sich widersprechenden Zeugenaussagen angeben, weshalb er dem einen Zeugen glaubt und dem anderen nicht. Hierbei können die von *Bender* erarbeiteten Kriterien zur Bewertung einer Zeugenaussage hilfreich sein.

In gleichem Sinne ist auch eine kritische und wertende Auseinandersetzung mit den im Urteil verwendeten *Sachverständigengutachten* in den Entscheidungsgründen erforderlich.

Für die *Tatsachenfeststellung* ist auch das Verhalten der Parteien selbst nicht ohne Bedeutung. Es muß aber davor gewarnt werden, bei streitigen Tatsachen, für deren Nachweis Beweismittel nicht zur Verfügung stehen, allein nach dem ›persönlichen Eindruck‹, den die Parteien machen, zu einer Überzeugung gelangen zu wollen. Auf solche Weise ist es in aller Regel nicht möglich, die Überzeugung für die Wahrheit oder Unwahrheit einer bestrittenen Behauptung zu erlangen (BGH NJW 1960, 100 und BGH NJW 1974, 1248), falls nicht eine förmliche Parteivernehmung (§§ 445 ff. ZPO) und deren Würdigung entsprechende Erkenntnisse vermittelt hat.

19. Kapitel

Die gerichtlichen Entscheidungen

I. Ziel des gerichtlichen Verfahrens ist die verbindliche Äußerung des Gerichts über die **250** umstrittene Rechtslage. Sie ergeht regelmäßig am Ende der Instanz als **Urteil** *auf Grund einer mündlichen Verhandlung.*

In besonderen Fällen werden *prozeßabschließende Entscheidungen* (z. B. Kostenentscheidungen gem. §§ 91 a oder 269 Abs. 3 ZPO) durch **Beschluß** erlassen. Ebenso ergehen die durch das Prozeßgericht zu erlassenden *prozeßleitenden Anordnungen* (z. B. Beweisbeschluß § 358 ZPO, Bewilligung von Prozeßkostenhilfe § 119 ZPO; Entscheidung über Richterablehnungsgesuch § 45 ZPO) in Beschlußform.

Schließlich werden die *Anordnungen des Vorsitzenden* oder *eines verordneten Richters* (Terminbestimmung § 216 Abs. 2, Änderung von Zwischenfristen § 226 ZPO) als **Verfügungen** erlassen.

Urteile und Beschlüsse können meist mit Rechtsmitteln angegriffen werden, während Verfügungen regelmäßig unanfechtbar sind.

II. Das Urteil

1. Der **Urteilsentschluß** wird – beim Kollegialgericht nach Beratung und Abstimmung **251** (§§ 192 ff. GVG) – gefaßt und als Entwurf fixiert. Der *Grundsatz der Mündlichkeit* gebietet, daß nur *diejenigen Richter zur Entscheidung berufen sind, die an der Schlußverhandlung teilgenommen haben* (§ 309 ZPO). Hergang der Beratung und Abstimmungsergebnis dürfen nach außen nicht ersichtlich werden (Beratungsgeheimnis).

2. Das **Urteil muß verlautbart werden;** erst dadurch wird es existent. Dies geschieht durch *Verkündung* (§ 310 ZPO) entweder *sogleich am Ende des Verhandlungstermins* oder *in einem besonders anzusetzenden Verkündungstermin. Urteile,* die *im schriftlichen Vorverfahren* erlassen werden, *werden* anstelle der Verkündung *zugestellt* (§ 310 Abs. 3 ZPO).

3. Das **Gericht ist an seine Entscheidung gebunden** (§ 318 ZPO). Auch bei nachfolgender besserer Einsicht darf es seine eigene Entscheidung selbst nicht mehr aufheben oder abändern. Ein über eine Zulässigkeitsfrage ergangenes Zwischenurteil (§ 280 Abs. 2 ZPO) ist auch im nachfolgenden Endurteil zu beachten.

4. Die **Zustellung** des verkündeten Urteils an die Parteien, im Falle des Versäumnisurteils nur an die unterliegende Partei, erfolgt **von Amts wegen** (§ 317 ZPO). Mit der Zustellung beginnt die Rechtsmittelfrist zu laufen (§§ 516, 552 ZPO). Sie ist auch eine Voraussetzung für den Beginn der Zwangsvollstreckung (§ 750 ZPO). Da sich die Zustellungsurkunde in den Akten des Gerichts befindet, wird als Nachweis auf Antrag eine Bescheinigung ausgestellt (§ 213 a ZPO).

5. **Form** und **Inhalt** des Urteils sind in § 313 ZPO vorgeschrieben. Es *ergeht »Im Namen des Volkes«* (§ 311 ZPO) und enthält im *Rubrum* Parteien, Gericht, mitwirkende Richter und Tag der letzten mündlichen Verhandlung. Die *Urteilsformel (Tenor)*

spricht die eigentliche Entscheidung aus, der *Tatbestand* beurkundet das Parteivorbringen (§ 314 ZPO) und die *Entscheidungsgründe* enthalten in kurzer Zusammenfassung die entscheidungserheblichen Erwägungen des Gerichts. *Unterschrieben* wird das Urteil von den Richtern, die bei der Entscheidung mitgewirkt haben.

6. Eine **Berichtigung des Urteils** ist bei *Schreibfehlern, Rechnungsfehlern* oder *ähnlichen offenbaren Unrichtigkeiten* auf Antrag oder von Amts wegen möglich (§ 319 ZPO).

Beispiel: Ein in den Gründen entschiedener Anspruch ist im Tenor nicht zum Ausdruck gebracht, die mitwirkenden Richter sind falsch bezeichnet worden.

Im Interesse der Prozeßwirtschaftlichkeit ist § 319 ZPO weit auszulegen. Die *Berichtigung* erfolgt *durch Beschluß* – Rechtsmittel: § 319 Abs. 3 ZPO.
Auch der *Tatbestand* kann in einem besonderen Verfahren auf (fristgebundenen) Antrag berichtigt werden (§ 320 ZPO). Die Bedeutung dieser Möglichkeit ergibt sich insbesondere aus § 561 ZPO.
Schließlich kann eine *Entscheidungslücke* im Tenor des Urteils nach § 321 ZPO ergänzt werden.

III. Urteilswirkungen

252 1. **Formelle Rechtskraft** tritt ein, wenn ein *Urteil nicht oder nicht mehr anfechtbar* ist, also sofort mit Urteilserlaß, wenn ein Rechtsmittel im Gesetz nicht vorgesehen (nicht statthaft), z. B. gegen Berufungsurteile des Landgerichts, oder die Rechtsmittelfrist (beim Versäumnisurteil die Einspruchsfrist) abgelaufen ist (§ 705 ZPO).

2. **Materielle Rechtskraft** bedeutet, daß der *Streit endgültig abgeschlossen* ist und nicht in einem zweiten Prozeß über denselben Streitgegenstand anders entschieden werden kann, das *Urteil* also *endgültig Bestand* hat.
Diese Wirkung der Rechtskraft steht fest. Umstritten ist jedoch, wie sie erreicht wird. Nach der heute nicht mehr vertretenen *materiellrechtlichen Theorie* (Kohler, Pagenstecher) soll das Urteil direkt auf die materielle Rechtslage einwirken: Das richtige Urteil entspricht der Rechtslage, das unrichtige gestaltet sie nach seinem Ausspruch um, so daß wiederum Urteil und materielle Rechtslage übereinstimmen.
Die herrschende **prozessuale Theorie** läßt bei richtigem oder falschem Urteil die Rechtslage unberührt. Es kann jedoch kein künftiger Richter mehr anders entscheiden, als es das rechtskräftige Urteil ausgesprochen hat.
Innerhalb dieser prozessualen Theorie gibt es zwei Meinungen, wie dieses Ergebnis zu erreichen ist.
a) **»ne bis in idem«-Lehre:** Die Rechtskraft verbietet, daß der schon rechtskräftig entschiedene Streitgegenstand wieder vor ein Gericht gebracht wird. Die erneute Klage ist als unzulässig abzuweisen *(Einrede der Rechtskraft)*.
b) **Bindungslehre:** Der Richter eines neuen Prozesses über denselben Streitgegenstand ist an die rechtskräftige Feststellung des schon ergangenen Urteils gebunden, darf also nur gleich entscheiden.
Da einem Rechtsstreit, dessen Ergebnis wegen der Bindung des Richters an ein Vorurteil schon feststeht, kein rechtliches Interesse beigemessen werden kann, ist die prozessuale Behandlung im Regelfall nicht anders als nach dem Grundsatz ›ne bis in

idem«: *Die Klage ist (wegen fehlenden Rechtsschutzinteresses) als unzulässig abzu-weisen.*

Bedeutung hat die Bindungslehre jedoch, wenn die Feststellung im rechtskräftigen Urteil für einen späteren Prozeß als Vorfrage eine Rolle spielt.

Beispiel: Ist rechtskräftig festgestellt, daß zwischen A und B ein Mietrechtsverhältnis besteht, so kann in einem nachfolgenden Mietzinsprozeß die Gültigkeit des Mietvertrages nicht noch einmal in Frage gestellt werden. Der Richter ist an die rechtskräftige Feststellung gebunden.

Die *Rechtskraft umfaßt* aber *nur die Entscheidung über den »erhobenen Anspruch«* (§ 322 ZPO), d. h. *den Streitgegenstand, über den im Tenor entschieden worden ist,* nicht auch die Urteilsgründe.

Beispiel: Mieter M hat den auf 10 Jahre unkündbar geschlossenen Mietvertrag wegen des zunehmenden Verkehrslärms vorzeitig »aus wichtigem Grund« gekündigt und ist am 31. 12 ausgezogen.
Vermieter V stellt die Wirksamkeit der Kündigung in Abrede und verlangt mit der Klage die Miete für Januar. Das Gericht verneint einen wichtigen Grund, stellt also in den Entschei-dungsgründen das Fortbestehen des Mietverhältnisses fest und verurteilt den M zur Zahlung der Miete für Januar.
Klagt V später auch noch die Februarmiete ein, so steht in diesem Prozeß nicht der Fortbestand des Mietverhältnisses rechtskräftig fest, weil darüber nicht im Tenor des früheren Urteils entschieden worden ist. Es könnte also in dem zweiten Prozeß die Rechtslage hinsichtlich des Mietverhältnisses anders gesehen werden und ein abweisendes Urteil ergehen. Die nur in den Gründen enthaltene Erkenntnis über den Fortbestand des Mietverhältnisses bindet den späteren Richter nicht.

Eine der Rechtskraft fähige Entscheidung könnte der Kläger insoweit aber erreichen, durch Erhebung einer Zwischenfeststellungsklage, der Beklagte durch Zwischenfest-stellungswiderklage (§ 256 Abs. 2 ZPO):

Es wird festgestellt, daß das Mietverhältnis zwischen den Parteien (nicht) fortbesteht.

Es muß dann die in den Gründen ohnedies zu treffende vorgreifliche Entscheidung neben der Hauptentscheidung (Zahlung der Miete) ebenfalls im Tenor ausgesprochen werden und wird damit rechtskraftfähig. Da das Gericht hierbei keine zusätzliche Entscheidung fällen muß, wird diesbezüglich auch kein besonderes Rechtsschutzinter-esse verlangt (vgl. § 256 Abs. 1 mit § 256 Abs. 2 ZPO!).

Durch das Zwischenfeststellungsurteil wird dann erreicht, daß diesbezüglich in künftigen Rechtsstreitigkeiten nicht mehr anderes entschieden werden darf. – Vgl. Rn. 292.

3. Der subjektive Bereich der Rechtskraft

Das rechtskräftige Urteil wirkt **zwischen den Parteien,** die am Rechtsstreit beteiligt waren. Nur ausnahmsweise erstreckt es sich auch auf andere Personen, nämlich auf Rechtsnachfolger der Parteien, die nach Rechtshängigkeit diese Position erlangt haben (§ 325 ZPO).

Z. B. Erben, neuer Gläubiger nach Abtretung, neuer Eigentümer.

IV. Durchbrechung der Rechtskraft

253 Die Einrichtung der Rechtskraft dient der Rechtssicherheit. Der Streit soll einem verläßlichen Ende zugeführt werden.

Deshalb darf ein rechtskräftig erledigter Prozeß nicht erneut vor Gericht gebracht werden, auch wenn er falsch entschieden worden sein sollte.

Eine Durchbrechung dieses Grundsatzes wird vom Gesetz nur in sehr engen Grenzen gestattet.

254 1. **Abänderungsklage** (§ 323 ZPO)

Bei Verurteilung *zu wiederkehrenden Leistungen* (z. B. Unterhalt) können regelmäßig nur die gegenwärtigen Umstände, von denen der Anspruch abhängt, zu Grunde gelegt werden. Künftige Entwicklungen können aber dazu führen, daß eine andere Entscheidung geboten erscheint: Der Unterhaltsbedarf oder die Leistungsfähigkeit des Verpflichteten ändern sich oder fallen ganz weg.

In solchen Fällen könnte die Berufung auf die früher getroffene rechtskräftige Entscheidung ungerecht sein.

Deshalb läßt das Gesetz bei nachträglicher wesentlicher Änderung der für die Verurteilung maßgebenden Umstände eine Durchbrechung der Rechtskraft im Wege der Abänderungsklage zu.

Voraussetzungen der Abänderungsklage:
a) Verurteilung auf wiederkehrende Leistung (§ 258 ZPO).
b) Wesentliche Änderung der für die Verurteilung maßgeblichen Umstände (Erhöhung der Lebenshaltungskosten, des Einkommens, des Lebensbedarfs).
c) Die Veränderung muß nach dem Schluß der mündlichen Verhandlung eingetreten sein.
d) Die Änderung des Urteils darf nur für die Zeit nach Klageerhebung erfolgen; auch wenn dem Rechtsstreit ein Prozeßkostenhilfeverfahren vorausgeht, ist der Zeitpunkt der Klagezustellung maßgeblich.

§ 323 ZPO gilt entsprechend auch für andere Schuldtitel (Prozeßvergleich, vollstreckbare Urkunde, Änderungsbeschluß nach § 641 p ZPO). In diesen Fällen steht jedoch keine Rechtskraftdurchbrechung in Frage. Daher ist Abänderung nicht erst ab Klageerhebung zulässig (BGH FamRZ 1979, 211).

255 2. **Wiederaufnahme des Verfahrens** (§ 578 ff ZPO)

Beseitigung eines rechtskräftigen Urteils in einem neuen Verfahren.
a) **Nichtigkeitsklage** (§ 579 ZPO) bei schweren Verfahrensmängeln.
b) **Restitutionsklage** (§ 580 ZPO) bei Verfälschung des Urteils und seiner Grundlagen durch eine strafbare Handlung oder Auffinden eines früheren rechtskräftigen Urteils oder einer das Ergebnis des früheren Verfahrens betreffenden Urkunde.

256 3. **Wiedereinsetzung in den vorigen Stand** (§ 233 ZPO)

Die mit Ablauf der Rechtsmittelfrist oder der Einspruchsfrist eingetretene Rechtskraft kann durch Gewährung von Wiedereinsetzung in den vorigen Stand überwunden werden, wenn die Fristversäumnis unverschuldet erfolgt ist. Das Rechtsmittel bzw. der Einspruch werden dann wieder als zulässig behandelt.

4. Durchbrechung der Rechtskraft mit Hilfe des § 826 BGB

Die Rechtsprechung läßt in engen Grenzen eine Klage aus § 826 BGB zu, wenn das rechtskräftig gewordene Urteil durch unlautere Mittel erlangt worden ist und der wahren Rechtslage widerspricht (Täuschung oder Nötigung des Gegners, Ausnutzung einer wirtschaftlichen Zwangslage) oder wenn ein falsches Urteil in sittenwidriger Weise ausgenutzt wird (BGHZ 50, 115). Die Klage geht auf Unterlassung der Zwangs-vollstreckung und Herausgabe des Titels, evtl. Ersatz des verursachten Schadens, stellt also den Bestand des Urteils eigentlich nicht in Frage.

Im Schrifttum wird dieser Weg der Rechtskraftdurchbrechung ganz überwiegend abgelehnt, weil gegen die Rechtskraft nur mit den Möglichkeiten des Prozeßrechts, nicht aber über einen materiellrechtlichen Anspruch aus § 826 BGB angegangen werden könne (vgl. Gaul JuS 1962, 1 ff.). Die Rechtsprechung umgehe die Sondervorschriften der §§ 578 ff. ZPO, die bei richtiger und weiterziger Auslegung in Fällen unerträgli-cher Ungerechtigkeit hinreichende Hilfe bieten könnten.

20. Kapitel

Prozeßbeendigung ohne Urteil

Im Rahmen der Dispositionsfreiheit haben es die Parteien in der Hand, den Rechtsstreit vorzeitig, ohne daß es noch zu einer Entscheidung in der Hauptsache käme, zu beenden. Dies geschieht durch *Prozeßvergleich, Klagerücknahme, Erledigungserklärung.* Wird ein zum Ruhen gekommener Rechtstreit nicht weiterbetrieben, so erfolgt das *Weglegen der Akten*.

I. Der Prozeßvergleich

1. Begriff und Rechtsnatur

258 Der **Vergleich** ist ein Rechtsgeschäft des bürgerlichen Rechts (§ 779 BGB): *Er ist ein Vertrag, durch den der Streit oder die Ungewißheit über ein Rechtsverhältnis unter den Parteien im Wege gegenseitigen Nachgebens beseitigt wird* (**materielle Rechtsnatur** des Vergleiches).
Der **Prozeßvergleich** ist ein *Vergleich, der während eines gerichtlichen Verfahrens zu dessen Beendigung vor Gericht abgeschlossen wird* (**prozessuale Rechtsnatur** des Prozeßvergleiches).
Der Prozeßvergleich hat somit nach herrschender Meinung eine **Doppelnatur**.

2. Voraussetzungen und Wirkungen des Prozeßvergleiches

259 a) Für das **Zustandekommen** des Prozeßvergleich gelten die Vorschriften des Bürgerlichen Gesetzbuches über den Vertragsabschluß (§§ 145 ff. BGB). Er kann daher auch *unter einer Bedingung* abgeschlossen werden (vgl. unten Rn. 249: Widerruflicher Vergleich).
Als Prozeßvergleich muß er darüber hinaus noch *weitere Voraussetzungen* erfüllen:

aa) Abschluß in einem gerichtlichen Verfahren

Nicht notwendig ist der Abschluß in einem Urteilsverfahren. Der Prozeßvergleich kann auch in anderen gerichtlichen Verfahren

z.B. Arrest-, Prozeßkostenhilfe-, Beweissicherungs-, Kostenfestsetzungsverfahren, Verfahren der Zwangsvollstreckung,

geschlossen werden. Dies kann vor dem erkennenden (Prozeß-)Gericht oder auch vor dem ersuchten oder beauftragten Richter geschehen (vgl. § 279 ZPO).

Nicht erforderlich ist für einen wirksamen Vergleichsabschluß, daß der Rechtsweg zulässig und das Gericht zuständig ist. Diese Prozeßvoraussetzungen müssen nur im Falle einer **Sachentscheidung** vorliegen. Ein Verhandlungstermin mit der Notwendigkeit, den Gang der Verhandlung einschließlich der hierbei abgegebenen Parteierklärungen in einem Protokoll niederzuschreiben (vgl. §§ 159, 160 ZPO), findet ja auch vor dem unzuständigen Gericht statt. Das Gericht kann also die Protokollierung eines Prozeßvergleiches nicht ablehnen, sondern ist durch das Gesetz sogar dazu verpflichtet (§ 160 Abs. 3 Nr. 1 ZPO).

bb) Abschluß zwischen den Prozeßparteien

Einen Prozeß können nur die daran beteiligten Parteien einverständlich erledigen. Wenn die Parteien den Vergleich abschließen, kann darüber hinaus aber auch ein am Verfahren nicht beteiligter Dritter (z. B. Zeuge) den Vergleich mit abschließen. Der Vergleich wirkt dann (z. B. als Vollstreckungstitel) auch für und gegen den Dritten, wenn dieser dem Rechtsstreit zum Zwecke des Vergleichsabschlusses beitritt. Vor dem Landgericht muß allerdings auch der Dritte anwaltlich vertreten sein.

cc) Formerfordernisse des Prozeßvergleichs

Der Prozeßvergleich muß in das Sitzungsprotokoll über die Verhandlung (§§ 159, 160 ZPO) oder in eine Protokollanlage (§ 160 Abs. 5 ZPO) aufgenommen und den am Vergleich Beteiligten vorgelesen oder zur Durchsicht vorgelegt und genehmigt werden. Daß dies geschehen ist, ist im Protokoll zu vermerken:

> v. u. g. (= vorgelesen und genehmigt, siehe § 162 ZPO).

Das Vorspielen eines Tonträgers erfüllt das Erfordernis des Vorlesens, wenn der Inhalt des Protokolls nur vorläufig aufgezeichnet worden ist.

Eine *Unterschrift* der Beteiligten ist nicht erforderlich. Dagegen muß das Protokoll vom Vorsitzenden und vom Urkundsbeamten unterschrieben sein (§ 163 ZPO).

Der ordnungsgemäß protokollierte Prozeßvergleich erfüllt das Formerfordernis der notariellen Beurkundung des materiellen Rechts (§ 127 a BGB).

dd) Gegenseitiges Nachgeben

Das Wesen eines Vergleichs ist die Streitbeendigung durch gegenseitiges Nachgeben. Dieses Erfordernis besteht an sich auch für den Prozeßvergleich. Es genügt jedoch auch ein geringfügiges Nachgeben,

z. B. hinsichtlich der Zinsen oder Kosten, Einräumung von Ratenzahlungen.
Ein gegenseitiges Nachgeben dürfte dagegen bei folgendem Vergleich nicht vorliegen (streitig):
1. Der Kläger nimmt die Klage zurück.
2. Der Beklagte stimmt der Klagerücknahme zu.
3. Der Kläger trägt die Kosten des Rechtsstreits.

b) Die Wirkungen des Prozeßvergleiches

aa) materiellrechtliche Wirkungen

Der Prozeßvergleich ersetzt das ursprüngliche, streitig gewordene Rechtsverhältnis zwischen den Parteien durch ein neues, nämlich den Vergleich (§ 779 BGB). In einem späteren Rechtsstreit könnten, sofern überhaupt ein Rechtsschutzinteresse anzunehmen wäre, nur noch die Ansprüche aus diesem Vergleich, nicht mehr aber aus dem ursprünglichen Rechtsverhältnis geltend gemacht werden.

260

bb) Prozeßrechtliche Wirkungen

Der Rechtsstreit und damit die Rechtshängigkeit werden beendet. Außerdem wird hinsichtlich des vollstreckungsfähigen Inhalts des Prozeßvergleiches ein *Vollstreckungstitel* geschaffen (vgl. § 794 Abs. 1 Nr. 1 ZPO).

3. Die Aufgaben des Gerichts beim Prozeßvergleich

261 **a)** Der Richter soll in jedem Stadium des Verfahrens um eine vergleichsweise Erledigung des Rechtsstreits bemüht sein (vgl. § 279, ZPO). Sinnvoll sind solche Bemühungen jedoch nur bei Vorliegen einer gewissen ›Vergleichsreife‹ des Rechtsstreits, nämlich nach hinreichender Erörterung des Sach- und Streitgegenstandes, eventuell auch erst nach durchgeführter Beweisaufnahme.

Bei der Empfehlung eines Vergleiches kann auf folgende Vorteile hingewiesen werden: Möglichkeit der Kostenersparnis (nur eine Gerichtsgebühr, keine weitere Instanz), rasche Prozeßerledigung (Zeitersparnis, keine weiteren Termine), Möglichkeit, eine durch den Prozeß unterbrochene Geschäftsverbindung fortzusetzen, Erhaltung des Nachbarschaftsfriedens.

Das Gericht sollte jedoch nicht um jeden Preis auf einen Vergleich drängen, sondern bei den Vergleichsversuchen Takt und Vorsicht walten lassen: Kein Feilschen um einen Vergleich, keine Drohungen für den Fall der Vergleichsablehnung.

(Vgl. dazu den Fall BGH NJW 66, 2399: Ankündigung eines zuungunsten des Beklagten schon beschlossenen Urteils, falls er sich nicht vergleiche).

b) Prozessuale Möglichkeiten zur Förderung einer gütlichen Einigung

262 Das Gericht kann durch folgende Maßnahmen eine gütliche Einigung zwischen den Parteien fördern:

aa) Anordnung des persönlichen Erscheinens

Außer zum Zwecke der Sachaufklärung (§ 141 ZPO) kann das Gericht auch zum Zwecke eines Sühneversuchs das persönliche Erscheinen der Parteien anordnen (§ 279 Abs. 2 ZPO), da offenkundig ist, daß es viel häufiger zu einem Vergleichsabschluß kommt, wenn die Parteien selbst im Termin anwesend sind, als wenn sie nur vertreten sind.

Das Erscheinen dazu kann jedoch *nicht* durch Ordnungsgeld *erzwungen werden:* § 279 Abs. 2 verweist nicht auf § 141 Abs. 3 ZPO.

bb) Gerichtlicher Vergleichsvorschlag

Das Gericht kann außer in der mündlichen Verhandlung auch durch schriftlichen Vergleichsvorschlag auf eine gütliche Beilegung des Rechtsstreits hinwirken. Er wird meist zusammen mit einem Aufklärungsbeschluß unterbreitet, kann jedoch auch gesondert gemacht werden oder auch in einem Beweisbeschluß enthalten sein.

Häufig wird den Parteien vom Gericht auch ein ›begründeter Vergleichsvorschlag‹ vorgelegt. Dabei führt das Gericht erläuternd aus, auf Grund welcher tatsächlicher und rechtlicher Erwägungen es zu diesem Vorschlag kommt. Daß das Gericht dabei seine Ansicht über die Prozeßchancen für den Zeitpunkt des Vergleichsvorschlags offenlegt, kann im Hinblick auf § 139 ZPO nur erwünscht sein.

c) Formulierung des Vergleichstextes

Der Richter hat nicht nur für die Beachtung der prozessualen Formvorschriften (Protokoll §§ 160 Abs. 3 Nr. 1, 162 ZPO) zu sorgen, sondern ist auch für den Inhalt des Vergleiches verantwortlich, **263**

z. B. daß der Vergleich nicht gegen ein gesetzliches Verbot verstößt, insbesondere künftige Auslegungsstreitigkeiten vermieden werden und daß er gegebenenfalls einen vollstreckungsfähigen Inhalt hat.

Ist es in dem Rechtsstreit *vor* dem *Vergleichsabschluß* zu einem **Versäumnisurteil** gekommen, so empfiehlt es sich zur Klarstellung der Rechtslage, daß die durch das Versäumnisurteil begünstigte Partei im Vergleich auf ihre Rechte aus dem Versäumnisurteil verzichtet.

Andernfalls wird jedoch § 269 Abs. 3 ZPO entsprechend anzuwenden sein, wonach ein bereits ergangenes, noch nicht rechtskräftiges Urteil bei Klagerücknahme ohne weiteres unwirksam wird.

4. Besondere Formen des Prozeßvergleiches

a) Der Ratenzahlungsvergleich

Häufig bestreitet der Beklagte die gegen ihn erhobene Forderung gar nicht, erklärt sich aber zur sofortigen Bezahlung der ganzen Schuld außerstande. Der Gläubiger wird oftmals geneigt sein, dem Schuldner Ratenzahlungen einzuräumen in der Erwartung, dieses Entgegenkommen vom Schuldner dadurch honoriert zu bekommen, daß dieser die für ihn erträglich gestalteten Raten auch einhält, wogegen eine Zwangsvollstreckung aus einem Urteil wegen des ganzen Betrages oft vergeblich durchgeführt wird. Bleiben jedoch die Raten aus, so wäre es für den Gläubiger lästig, wegen jeder nicht pünktlich bezahlten Rate einzeln die Zwangsvollstreckung einleiten zu müssen. Es empfiehlt sich daher die Vereinbarung einer *Verfallklausel* für den Fall des Zahlungsrückstandes. **264**

Ratenzahlungsvergleiche haben daher meist folgenden Inhalt:

1. Der Beklagte verpflichtet sich, an den Kläger ... DM in monatlichen Raten von ... DM, zahlbar jeweils am ... jeden Monats, erstmals am ... zu bezahlen.
2. Kommt der Beklagte mit einer Rate ganz oder teilweise länger als ... Tage in Rückstand, so ist der gesamte Restbetrag sofort zur Zahlung fällig.
3. Der Beklagte trägt die Kosten des Rechtsstreits.

v. u. g.

Kommt es aus einem solchen Prozeßvergleich zur Zwangsvollstreckung, so hat, wenn der Gläubiger einen Vollstreckungsauftrag über den gesamten Restbetrag erteilt, der Schuldner demgegenüber die rechtzeitige Zahlung der bisherigen Raten zu beweisen und sein Recht nach § 775 Nr. 4, 5 ZPO oder im Wege der Vollstreckungsgegenklage nach § 776 ZPO geltend zu machen (BGH DNotZ 65,544).

b) widerruflicher Vergleich

265 Wollen sich die Parteien noch eine Überlegungsfrist ausbedingen oder muß der ohne Partei zum Termin erschienene Anwalt noch Rücksprache mit seiner Partei halten, so kann die Wirksamkeit des gleichwohl abgeschlossenen Prozeßvergleiches davon abhängig gemacht werden, daß innerhalb eines im Vergleich zu bestimmenden Zeitraumes kein Widerruf erfolgt *(Unterbleiben eines Widerrufs innerhalb der vereinbarten Frist als aufschiebende Bedingung).*

Der Widerruf ist auch wirksam, wenn er fristgemäß dem Gegner zugeht, es sei denn, daß ausdrücklich ›Widerruf gegenüber dem Gericht‹ vereinbart wird.

Kann sich eine widerrufsberechtigte Partei innerhalb der Frist nicht schlüssig werden, ob sie es bei dem Vergleich belassen will, oder kann der Anwalt seine Partei nicht innerhalb der Widerrufsfrist erreichen, so muß der Vergleich widerrufen oder mit dem Gegner eine Fristverlängerung für den Widerruf vereinbart werden. Das Gericht kann die im Vergleich vereinbarte Frist nicht verlängern. Auch gibt es gegen die Versäumung der Widerrufsfrist keine Wiedereinsetzung in den vorigen Stand.

Erfolgt fristgemäß ein *Widerruf,* so gilt der Vergleich als nicht geschlossen. Er darf auch im Tatbestand des Urteils nicht erwähnt werden. Es entsteht auch keine Vergleichsgebühr.

Zur Vermeidung eines weiteren Verhandlungstermins nach etwaigem Vergleichswiderruf wird häufig bereits bei Vergleichsabschluß für den Fall des Widerrufs beiderseitiges Einverständnis mit Entscheidung im schriftlichen Verfahren erklärt (vgl. oben Rn. 182).

Beispiel für **widerruflichen Vergleich:**

1. Der Beklagte verpflichtet sich, an den Kläger ... zu bezahlen.
2. ... Kosten ...
3. Der Kläger (der Beklagte) ist berechtigt, den Vergleich durch Schriftsatz gegenüber dem Amtsgericht ... bis spätestens ... zu widerrufen.

Für die Fristberechnung gelten die Bestimmungen des BGB (§§ 187 ff.).

5. Die Kostenregelung im Prozeßvergleich

a) Vereinbarung im Vergleich

266 Über die Verpflichtung zur Kostenantragung kann ebenso wie über die Hauptsache eine Regelung zwischen den Parteien ausgehandelt und zum Vergleichsinhalt gemacht werden.

b) Gesetzliche Regelung

Fehlt es an einer Parteivereinbarung über die Tragung der Prozeßkosten, so gilt § 98 ZPO: Die Kosten des Rechtsstreits sind als *gegeneinander aufgehoben* anzusehen, d. h. jede Partei trägt ihre eigenen Kosten (z. B. die Kosten ihres Anwalts) und die Hälfte der Gerichtskosten.

c) Gerichtliche Kostenentscheidung

Schließen die Parteien den Vergleich ausdrücklich unter Außerachtlassung der Kosten nur über die Hauptsache, so läßt es die Rechtsprechung (BGH NJW 1965, 103) zu, gemäß § 91 a ZPO durch *Beschluß über die Kosten* zu entscheiden. Die Parteien erklären dabei die Hauptsache als durch den Prozeßvergleich erledigt. Die gerichtliche Kostenentscheidung ergeht dann unter Berücksichtigung des bisherigen Sach- und Streitstandes nach billigem Ermessen. Sie unterliegt der sofortigen Beschwerde.

6. Die Unwirksamkeit des Prozeßvergleiches und ihre Geltendmachung

a) Ist ein Prozeß aus **prozessualen Gründen** unwirksam,

z. B. wegen Formmangels: Verstoß gegen die Protokollierungspflicht, Unterbleiben des Vorlesens und der Genehmigung durch die Parteien oder wegen fehlender Mitwirkung eines zugelassenen Rechtsanwalts beim Landgericht,

so entfällt die prozeßbeendigende Wirkung ohne weiteres, und der Rechtsstreit ist fortzusetzen. Dabei ist jedoch zu beachten, daß der Vergleich in der Regel trotz des Formmangels **materiellrechtlich gültig** sein wird, so daß er im weiteren Verfahren als *neue Rechtsgrundlage* im Verhältnis zwischen den Parteien zu berücksichtigen sein wird.

b) Ist der Prozeßvergleich aus **Gründen des materiellen Rechts** nichtig oder angefochten,

z. B. wegen Verstoßes gegen die guten Sitten oder ein Gesetz, Anfechtung wegen eines Willensmangels oder Fehlen der Vollmacht,

so hat diese materiellrechtliche Nichtigkeit ohne weiteres auch die *Unwirksamkeit des prozessualen Teils des Vergleichs* zur Folge (BGH NJW 1958, 1970). Der demnach nicht beendete alte Prozeß ist durch Terminsbestimmung fortzuführen und zu entscheiden.

aa) Besteht zwischen den Parteien **Streit über die Wirksamkeit des Prozeßvergleichs,** so ist auch darüber in Fortsetzung des alten Rechtsstreits zu verhandeln und zu entscheiden, sofern die behauptete Nichtigkeit von Anfang an (ex tunc) wirkt (BGH NJW 1958, 1970).

Beispiel:
Der Rechtsstreit A ./. B wird durch Prozeßvergleich abgeschlossen. Eine der Parteien ist nachträglich der Ansicht, sie sei bei Vergleichsabschluß von der Gegenseite arglistig getäuscht worden.
Es sind folgende Maßnahmen erforderlich:
1. Anfechtungserklärung gegenüber dem Vergleichsgegner. Diese kann auch in einem Schriftsatz an das Gericht enthalten sein, der ja in Abschrift dem Gegner zugehen muß (§ 270 ZPO).
   Damit ist das materiellrechtliche Rechtsgeschäft (Vergleich nach § 779 BGB) rückwirkend vernichtet, falls der Anfechtungsgrund tatsächlich vorlag.
2. Antrag an das Gericht auf Terminsbestimmung zur Fortsetzung des alten Rechtsstreits,
   denn durch die wirksame Vergleichsanfechtung ist zugleich auch die prozeßbeendende Wirkung entfallen.
3. Der Rechtsstreit wird mit den früheren Anträgen weitergeführt.

Besteht zwischen den Parteien Streit darüber, ob ein **Anfechtungsgrund tatsächlich vorgelegen habe,** so ist zu unterscheiden:

Hat der *Kläger angefochten,* so stellt er im Termin seinen ursprünglichen Klageantrag, der Beklagte braucht eigentlich keinen Antrag zu stellen (weil ja nach seiner Meinung der Prozeß beendet ist); nur vorsorglich – falls der Vergleich doch unwirksam sein sollte – beantragt er hilfsweise Klageabweisung.

Das Gericht hat zuerst die Wirksamkeit des Prozeßvergleichs zu prüfen und in den Entscheidungsgründen darüber zu befinden:
Erkennt es die Unwirksamkeit des Prozeßvergleichs, so entscheidet es über die ursprüngliche Klage.
Wird dagegen der Prozeßvergleich mangels Anfechtungsgrundes für wirksam angesehen, so ist der Prozeß beendet worden.
Die dann (fälschlich) weitergeführte Klage ist als unzulässig abzuweisen.

Hat der *Beklagte angefochten,* so braucht der Kläger, der den Anfechtungsgrund in Abrede stellt, von seinem Standpunkt aus (der Prozeß sei beendet) eigentlich keinen Antrag mehr zu stellen. Er kann auch beantragen, festzustellen, daß der Rechtsstreit beendet sei. Ihm ist jedoch anzuraten (§ 139 ZPO) für den Fall, daß entgegen seiner Meinung der Prozeßvergleich doch zu Recht angefochten und Prozeßbeendigung nicht eingetreten sein sollte, hilfsweise den ursprünglichen Klageantrag noch zu stellen.
Je nach seiner Erkenntnis zur Frage der Wirksamkeit des Prozeßvergleichs wird das Gericht im Urteil die Beendigung des Rechtsstreits feststellen oder über die ursprüngliche Klage entscheiden.

Da das Gericht in den genannten Streitfällen stets praejudiziell die umstrittene Frage der Wirksamkeit des Prozeßvergleichs prüfen muß, ist es jeder Partei gestattet, diese Frage auch zum Gegenstand einer Zwischenfeststellungsklage (seitens des Beklagten: Zwischenfeststellungswiderklage) gemäß § 256 Abs. 2 ZPO zu machen.

Während der Weiterführung des Rechtsstreits kann zwar aus dem Prozeßvergleich noch weiterhin die Zwangsvollstreckung betrieben werden. Es kommt jedoch in analoger Anwendung der §§ 707, 719, 769 ZPO die einstweilige Einstellung der Zwangsvollstreckung in Betracht.

c) Die Geltendmachung der **Unwirksamkeit wegen Rücktritts** vom Vergleich wegen nachträglicher Aufhebung durch die Parteien oder wegen Wegfalls der Geschäftsgrundlage erfordert dagegen *einen neuen Prozeß* (Fälle der ex-nunc-Unwirksamkeit, BGH NJW 1955, 705).

7. Der außergerichtliche Vergleich

268 Ein *außergerichtlicher* Vergleich hat auf den Rechtsstreit *keinen unmittelbaren Einfluß.* Jedoch können die Parteien dann ihre Anträge im Rechtsstreit gemäß ihren Rechten aus dem Vergleich stellen.
Die hierdurch veranlaßten geänderten Anträge gelten gemäß § 264 Nr. 3 ZPO nicht als Klageänderung.

Die Parteien haben auch die Möglichkeit, den außergerichtlichen Vergleich noch zu gerichtlichem Protokoll zu erklären und ihn so zum gerichtlichen Vergleich zu machen oder den Rechtsstreit in der Hauptsache für erledigt zu erklären und Kostenentscheidung nach § 91 a ZPO zu beantragen.
Nur im ersten Fall entsteht hinsichtlich des Vergleichsinhalts ein Vollstreckungstitel.

II. Die Klagerücknahme

1. Begriff und Bedeutung

Die Klagerücknahme ist das Gegenstück zur Klageerhebung. Sie ist der *Widerruf des* **269**
Rechtsschutzbegehrens und bedeutet Verzicht auf Verhandlung und Entscheidung im gegenwärtigen Rechtsstreit, nicht aber Verzicht auf den etwa bestehenden materiellrechtlichen Anspruch.
Deshalb ist eine *erneute* Klageerhebung *jederzeit möglich.*

Anders ist es beim **Klageverzicht** (§ 306 ZPO): Er führt auf Antrag zur Abweisung der Klage als unbegründet. Einer erneuten Klage stünde dann die materielle Rechtskraft entgegen.

2. Klagerücknahmeerklärung

a) Die **Klagerücknahmeerklärung** ist *eine einseitige Erklärung gegenüber dem Prozeß-* **270**
gericht, die als Prozeßerklärung *bedingungsfeindlich, unwiderruflich* und *nicht anfechtbar* ist. Sie unterliegt im Anwaltsprozeß dem Anwaltszwang.

b) Die *Einwilligung des Beklagten* ist erforderlich, sobald dieser zur Hauptsache verhandelt hat.

Die Rüge fehlender Sachurteilsvoraussetzungen und der demgemäß gestellte Antrag auf Klageabweisung als unzulässig ist jedoch kein Verhandeln zur Hauptsache. Auch ein bloßer Antrag nach § 330 ZPO (Versäumnisanteil gegen dem Kläger) macht nach eingelegtem Einspruch wegen § 342 ZPO nicht eine Einwilligung des Beklagten zur Klagerücknahme erforderlich (BGHZ 4, 339).

Streitig ist es, ob es zur **Ermäßigung eines Klageantrags** nach Einlassung des Beklagten zur Hauptsache dessen Einwilligung bedarf: Wird die *Ermäßigung* wohl zutreffend als *teilweise Klagerücknahme* verstanden, so bedarf es der *Einwilligung des Beklagten* (§ 269 ZPO). Findet dagegen § 264 Nr. 2 ZPO Anwendung, so wäre eine Einwilligung nicht erforderlich.

c) Eine **Verpflichtung zur Klagerücknahme** kann durch Vertrag übernommen werden. Durch das Klagerücknahmeversprechen allein wird der Prozeß noch nicht beendet. Der Beklagte kann sich jedoch einredeweise darauf berufen; die gleichwohl vom Kläger fortgeführte Klage wird dann unzulässig, d. h. sie ist durch Prozeßurteil (als unzulässig) abzuweisen. (BGH NWJ 61, 460; 64, 594). Möglich ist auch, daß der Beklagte gegen den Kläger auf Abgabe der Rücknahmeerklärung klagt (§ 894 ZPO).

3. Folgen der Klagerücknahme (§ 269 Abs. 3 ZPO)

a) Der Rechtsstreit ist als nicht anhängig geworden anzusehen, kann also jederzeit neu **271**
anhängig gemacht werden.

b) Ein bereits ergangenes, aber noch nicht rechtskräftig gewordenes Urteil wird ohne weiteres wirkungslos; nach Eintritt der Rechtskraft des Urteils ist Klagerücknahme nicht mehr möglich.

c) Der Kläger hat die gesamten Kosten des Rechtsstreits zu tragen; auch die eines zuvor etwa gegen den Beklagten ergangenen Versäumnisurteils (§ 344 ZPO ist also nicht anzuwenden).

aa) Ist die Klagerücknahme in einem Vergleich enthalten, so gilt nicht § 269 Abs. 3 ZPO, sondern die Regelung im Vergleich, gegebenenfalls § 98 ZPO.

bb) Bei teilweiser Klagerücknahme ist § 269 Abs. 3 ZPO entsprechend anzuwenden; also quotenmäßige Kostenteilung. **Jedoch** wird über die Kosten dann nicht vorab durch Beschluß, sondern erst im Endurteil entschieden (Grundsatz der Einheitlichkeit der Kostenentscheidung).

272 d) **Gerichtliche Entscheidung** nach Klagerücknahme:
Die Wirkungen der Klagerücknahme treten kraft Gesetzes ein, ohne daß es darüber eines gerichtlichen Ausspruchs bedürfte. Auf Antrag des Beklagten sind jedoch die Rechtsfolgen der Klagerücknahme durch Beschluß noch besonders anzusprechen.

> 1. Der Rechtsstreit ist als nicht anhängig gewesen anzusehen.
> 2. Die Kosten des Rechtsstreits trägt der Kläger.
> 3. Das Urteil des AG … ist wirkungslos.

Rechtsmittel dagegen: sofortige Beschwerde (§ 269 Abs. 3, 5 ZPO).

e) Erhebt der Kläger die zurückgenommene Klage erneut, so hat der Beklagte der neuen Klage gegenüber gegebenenfalls die prozeßbehindernde ›Einrede der mangelnden Erstattung der Kosten des Vorprozesses‹ (§ 269 Abs. 4 ZPO).

f) Wird die Klage in einem frühzeitigen Stadium des Rechtsstreits wieder zurückgenommen, so entstehen keine Gerichtsgebühren (wegen der Einzelheiten vgl. Anlage 1 zu § 11 GKG Nr. 1012).

III. Erledigung des Rechtsstreits in der Hauptsache

1. Bedeutung

273 Findet ein Rechtsstreit dadurch seine Erledigung, daß im Verlaufe des Prozesses das klägerische Begehren durch irgendein Ereignis gegenstandlos wird,

Beklagter bezahlt die Forderung oder rechnet auf; ein Dritter erbringt den herausverlangten Gegenstand; Kläger verzichtet auf das geltend gemachte Recht; die Parteien vergleichen sich außergerichtlich über den Streitgegenstand oder der beklagte Mieter zieht freiwillig aus,

oder daß das Begehren endgültig nicht mehr erreichbar wird,

die herausverlangte Sache geht unter,

so müßte die vom Kläger gleichwohl fortgeführte Klage abgewiesen werden oder er wäre gehalten, die Klage zurückzunehmen.
In beiden Fällen wäre eine dem Kläger nachteilige Kostenentscheidung zwingend (§§ 91, 269 Abs. 3 ZPO). Dieses häufig nicht gerechtfertigte Ergebnis soll durch die Regelung des § 91 a ZPO vermieden werden.

Beispiel:
Der Gastwirt G klagt gegen den Handelsvertreter H auf Herausgabe eines diesem angeblich während eines Aufenthalts in seiner Gaststätte leihweise überlassenen Adreßbuches von Stuttgart. Im Beweisaufnahmetermin übergibt unvermittelt der als Zeuge geladene Handelsvertreter Z, der damals zur Vertreterkolonne des H gehört hatte, das umstrittene Adreßbuch dem Kläger G. Dieser erklärt daraufhin den Rechtsstreit in der Hauptsache für erledigt.

Wenn der Beklagte H ebenfalls den Rechtsstreit in der Hauptsache für erledigt erklärt, so hat das Gericht nur noch gemäß § 91 a ZPO über die Kosten zu entscheiden, selbst wenn es der Meinung sein sollte, daß eine Erledigung des Rechtsstreit gar nicht eingetreten sei, weil möglicherweise Z und nicht H der Entleiher des Buches war.

2. Begriff der Hauptsachenerledigung

Ein Rechtsstreit (d. h. das gegen den Beklagten gerichtete Klagebegehren) kann durch **274** ein tatsächliches Ereignis in der Hauptsache nur erledigt werden,

a) wenn der *Rechtsstreit im Zeitpunkt des Erledigungsereignisses schon vorhanden*, die Klage also zugestellt war (§§ 263 Abs. 1, 253 Abs. 1 ZPO),

eine bereits vor Klagezustellung beim Kläger eingegangene Zahlung kann den **danach** erst noch existent werdenden Rechtsstreit über diese Zahlung begrifflich nicht erledigen,

b) und *wenn das gegen den Beklagten gerichtete Begehren bis zum Erledigungsereignis begründet war*,

also der zunächst gegen den Beklagten begründet gewesene Anspruch nur deshalb nicht weiterverfolgt werden kann, weil das Erledigungsereignis ihn beseitigt hat.

Diese Voraussetzungen der Hauptsachenerledigung braucht aber das Gericht gar nicht zu untersuchen, wenn beide Parteien übereinstimmend die Erledigungserklärung abgegeben haben.

Es ist daher notwendig, zwischen der Tatsache der **Hauptsachenerledigung** und der **Erledigungserklärung** zu unterscheiden.

3. Die beiderseitige Erledigungserklärung (§ 91 a ZPO)

a) Bedeutung

Die beiderseitige Erledigungserklärung bindet als vom Gesetz zugelassener Disposi- **275** tionsakt der Parteien das Gericht und beendet den Rechtsstreit in der Hauptsache selbst dann, wenn im Sinne der obigen Ausführungen eine Hauptsacheerledigung gar nicht eingetreten ist (Folge des Dispositionsgrundsatzes). Vgl. BGH NJW 1956, 1517.

Z. B. wenn der eingeklagte Geldbetrag bereits vor Klagezustellung dem Kläger schon zugegangen war oder wenn das zurückverlangte Adreßbuch gar nicht dem Beklagten, sondern einem Dritten, der es dann zurückgab, ausgeliehen worden war.

b) Form der Erledigungserklärung

Die Erledigungserklärungen müssen *in der mündlichen Verhandlung abgegeben* werden. **276** Eine übereinstimmende Erledigungserklärung kann auch darin gesehen werden, wenn beide Parteien nur noch Kostenanträge stellen. Es muß jedoch eine positive – mindestens im Wege der Auslegung erkennbare Erklärung – vorliegen.

Erscheint im Termin **nur** der Kläger und erklärt er den Rechtsstreit in der Hauptsache für erledigt, so kann nicht etwa § 331 ZPO in dem Sinne angewendet werden, daß der Beklagte so behandelt wird, als habe er gleichfalls für erledigt erklärt. Es kann dann also kein Beschluß nach § 91 a ZPO ergehen. Wegen der prozessualen Behandlung dieses Falles (vgl. oben Rn. 150, 2. Fall).

c) Folgen der beiderseitigen Erledigungserklärung

277 aa) Beendigung der Rechtshängigkeit der Hauptsache.
Etwa schon ergangene Entscheidungen können nicht mehr rechtskräftig werden, sondern werden wirkungslos (z. B. ein Versäumnisurteil, gegen das Einspruch eingelegt worden war) – entspr. § 269 Abs. 3 ZPO.

bb) Kostenentscheidung durch Beschluß.
Diese Kostenentscheidung ergeht auch ohne ausdrücklichen Antrag (vgl. § 308 ZPO) auf Grund mündlicher Verhandlung nach billigem Ermessen unter Berücksichtigung des bisherigen Sach- und Streitstandes, also ohne Beweisaufnahme.

Es ist streitig, ob nach Erledigterklärung eine Beweisaufnahme noch zulässig ist; jedenfalls ist sie überflüssig (vgl. BGHZ 13, 145).

Die Kostenentscheidung hat auf den voraussichtlichen Prozeßausgang abzustellen, wenn die Hauptsache nicht erledigt worden wäre. Ist der Streitstand noch völlig ungeklärt, so wird es zweckmäßig sein, die Kosten gegeneinander aufzuheben. Die Kostenentscheidung unterliegt der sofortigen Beschwerde (§ 91 a ZPO). Ein Rechtsmittel ist jedoch, abgesehen von § 567 Abs. 2 ZPO, nach h.M. auch dann nicht zulässig, wenn gegen die Entscheidung in der Hauptsache ein Rechtsmittel nicht zulässig gewesen wäre (wegen Nichterreichen der Berufungssumme – § 511 a ZPO).

Bei übereinstimmender *Teil*erledigterklärung kann insoweit kein gesonderter Beschluß ergehen, weil über die Kosten eines Rechtsstreits nur einheitlich entschieden werden kann. In der Endentscheidung ist jedoch bezüglich des erledigten Teils die Kostenentscheidung unter Anwendung des § 91 a ZPO zu treffen. Die Kostenentscheidung über den erledigten Teil unterliegt auch in diesem Fall der sofortigen Beschwerde, also auch, wenn sie in einem Endurteil mitenthalten ist.

4. Die einseitige Erledigungserklärung des Klägers

278 Widerspricht der Beklagte einer vom Kläger vorgebrachten Erledigungserklärung (›einseitige Erledigungserklärung‹), so kann § 91 a ZPO keine Anwendung finden. Durch seinen Widerspruch wehrt sich der Beklagte dagegen, daß das vom Kläger genannte Ereignis das Klägerbegehren und damit den Rechtsstreit erledigt habe; er hält vielmehr die Klage von Anfang an und auch jetzt noch für unbegründet.

Beispiel:
Im obigen Adreßbuchfall widerspricht der Beklagte der Erledigungserklärung des Klägers und beantragt weiterhin Klageabweisung, weil der Kläger G das Adreßbuch nicht ihm, sondern dem Zeugen Z ausgeliehen habe, gegen ihn, den Beklagten somit zu keinem Zeitpunkt einen Herausgabeanspruch gehabt habe.
Besteht der Kläger weiterhin darauf, daß er dem Beklagten und nicht dem Zeugen das Buch geliehen, die Rückgabe des Adreßbuches also seinen im Prozeß gegen den Beklagten anhängigen Herausgabeanspruch erledigt habe und beantragt er, demgemäß zu entscheiden, so bedeutet unter diesen Umständen die einseitige Erledigungserklärung des Klägers einen **Feststellungsantrag** (Fall des § 264 Nr. 2 ZPO), über den das Gericht zu entscheiden hat:
Es wird festgestellt, daß der Rechtsstreit in der Hauptsache erledigt ist.

Die **Entscheidung des Gerichts** über diesen **Feststellungsantrag** erfolgt durch Urteil, wobei die Beweise selbstverständlich noch zu erheben sind:

Fehlt es an einer Prozeßvoraussetzung, so wird die Klage abgewiesen, ohne daß über die Erledigung selbst zu entscheiden wäre.

Ist die Hauptsache – bei Vorliegen der Prozeßvoraussetzungen – tatsächlich nicht erledigt,

etwa weil der Beklagte dem Kläger nie ein Adreßbuch schuldig gewesen war oder weil sich nachträglich herausstellt, daß das zurückgegebene Adreßbuch dem Kläger gar nicht gehört, sein eigenes aber vom Beklagten noch geschuldet wird,

so ist die Klage, weil ja dem Feststellungsantrag nicht stattgegeben werden kann, als unbegründet abzuweisen.

Im Hinblick auf den zweiten hier erwähnten Beispielsfall sollte deshalb der Kläger hilfsweise auch noch seinen ursprünglichen Antrag auf Verurteilung zur Herausgabe stellen (Hinweis des Gerichts nach § 139 ZPO ist angezeigt).

Ist die Hauptsache tatsächlich durch ein nach Rechtshängigkeit eingetretenes Ereignis erledigt worden und ergibt sich, daß die für erledigt erklärte Klage bis zu dem erledigenden Ereignis zulässig und begründet war, dann ist antragsgemäß die Erledigung des Rechtsstreits in der Hauptsache festzustellen. Der Tenor lautet dann:

1. Der Rechtsstreit ist in der Hauptsache erledigt.
2. Der Beklagte trägt die Kosten des Rechtsstreits.
3. Das Urteil ist... vorläufig vollstreckbar.

Die *Kostenentscheidung* beruht in diesem Fall auf *§ 91 ZPO*, nicht auf § 91a ZPO.

Ist die ›Erledigung‹ **vor Rechtshängigkeit,** also vor Klagezustellung, eingetreten, **279**

z. B. der eingeklagte Geldbetrag geht zwischen Klageeinrichtung und Klagezustellung seitens des Beklagten beim Kläger ein,

und widerspricht der Beklagte der Erledigungserklärung des Klägers, so ist die Klage abzuweisen, sofern sich nicht der Kläger zur Klagerücknahme entschließt (so BGH NJW 1982, 1598 u. überw. Meinung).

Befand sich jedoch der *Beklagte* bei Klageeinreichung *in Verzug,* so treffen ihn die durch die Einreichung der Klage beim Kläger entstandenen Kosten als Verzugsschaden (§ 286 BGB). Es wird daher für möglich gehalten, daß der Kläger in diesem Fall durch zulässige Klageänderung die Verfahrenskosten zum Gegenstand des Rechtsstreits macht und demgemäß nur noch die Verurteilung des Beklagten zur Tragung der Kosten beantragt. (Vgl. Reinelt NJW 1974, 344).

Andernfalls bietet sich nur als Lösung an, die Klage zurückzunehmen und die nach § 269 Abs. 3 ZPO auferlegten Kosten in einem neuen Prozeß als Schadensersatz (§ 286 BGB) einzuklagen (vgl. Thomas-Putzo § 91a Anm. 7a bb u. Mohr NJW 1974, 935).

IV. Ruhen des Verfahrens und Weglegen der Akten

Ein Rechtsstreit kann auch dadurch zu einem tatsächlichen Ende kommen, daß der Prozeß nicht mehr weiterbetrieben und die Akten dann abgelegt werden.

1. Ruhen des Verfahrens

280 Das Ruhen des Verfahrens ist *ein durch Nichtbetreiben seitens der Parteien bedingter tatsächlicher Stillstand des Verfahrens.*

a) Die **Anordnung des Ruhens** erfolgt

aa) *auf Antrag der Parteien* (§ 251 ZPO):
Wenn beide Parteien es beantragen und die Anordnung zweckmäßig erscheint, etwa weil Vergleichsverhandlungen schweben, dann hat das Gericht durch Beschluß ›Ruhen des Verfahrens‹ anzuordnen.
bb) *Bei Säumnis beider Parteien* (§ 251 a Abs. 3 ZPO) kann *das Gericht* von Amts wegen *das Ruhen des Verfahrens anordnen.*
Beachte: Möglich ist in diesem Fall auch, neuen Termin zu bestimmen oder in geeigneten Fällen ›Entscheidung nach Lage der Akten‹ zu erlassen (§ 251 a ZPO).

b) Beendigung des Ruhens des Verfahrens

aa) *Das Gericht kann* das Verfahren zu gegebener Zeit *fortführen,*

etwa bei Ruhen des Verfahrens, um eine in anderer Sache bevorstehende einschlägige Beweisaufnahme abzuwarten, nach Durchführung dieser Beweisaufnahme.

bb) *Jede Partei kann* den Rechtsstreit *wieder aufnehmen,*
allerdings vor Ablauf von 3 Monaten **nur** mit Zustimmung des Gerichts (§ 251 ZPO) – sogenannte Sperrfrist – vgl. oben Rn. 143.

2. Weglegen der Akten nach § 7 Aktenordnung

281 Kommt es nach Anordnung des Ruhens des Verfahrens nicht mehr zu einer Fortführung des Verfahrens,

etwa weil die Parteien daran kein Interesse mehr haben,

so gilt die Angelegenheit nach Ablauf von 6 Monaten als erledigt.

Nach Abrechnung über die Gerichtskosten (die meist durch die erbrachten Vorschüsse beglichen sind) werden die Akten weggelegt (§ 7 Abs. 2 Akt.O.).

Wird danach doch noch der Rechtsstreit wieder aufgenommen, so werden die Akten mit neuem Aktenzeichen wieder dem zuständigen Referat oder der zuständigen Kammer zugeleitet.

21. Kapitel

Praktische Hinweise für die Prozeßführung

I. Vorbereitung und Durchführung eines Haupttermins mit Beweisaufnahme durch das Gericht

Nach dem Anliegen des Gesetzes soll der Rechtsstreit in **einem einzigen Haupttermin** zur Entscheidungsreife gebracht werden (§ 272 Abs. 1 ZPO).

1. Vorbereitung des Haupttermins

a) **Abklärung des Streitfalles**
im *vorausgegangenen frühen ersten Termin* (§§ 272 Abs. 2, 275 ZPO) oder durch   **282**
schriftliches Vorverfahren (§§ 272 Abs. 2, 276 ZPO).
b) **Bereitstellen der Erkenntnisquellen**
aa) Anordnung des *persönlichen Erscheinens der Parteien* (§§ 141, 273 Abs. 2 Nr. 3 ZPO).
bb) *Ladung von Zeugen* und *Sachverständigen* auf Grund eines *bereits ergangenen Beweisbeschlusses* (§§ 358, 359, 358a ZPO) oder als *vorbereitende Maßnahme* (§ 273 Abs. 2 Nr. 4 ZPO).
cc) *vorterminliche Ausführung eines Beweisbeschlusses* (§ 358a ZPO).

2. Verhandlungsführung und Befugnisse des Vorsitzenden

a) **Der Vorsitzende leitet die mündliche Verhandlung** (§ 136 ZPO).
Sitzungseröffnung, Worterteilung und -entziehung, Beendigung der mündlichen Verhandlung.

b) **Sitzungspolizei**
Dem Vorsitzenden obliegt die Aufrechterhaltung der Ordnung in der Sitzung (§ 176 GVG).
Beachtung der Bestimmungen über die Öffentlichkeit (§ 169 GVG), Anordnungen zur Aufrechterhaltung der Ordnung nach § 177 GVG, Festsetzung von Ordnungsmitteln gegen Nichtbeteiligte (§ 178 GVG).

3. Terminablauf bis zur Beweisaufnahme

a) **Aufruf der Sache** (§ 220 ZPO)   **283**

b) **Feststellung der Erschienenen** (§ 160 Abs. 1 Nr. 4 ZPO)
Die Verhängung von Ordnungsgeld gegen unentschuldigt ausgebliebene Parteien (§ 141 Abs. 3 ZPO), Zeugen (§ 380 ZPO) oder Sachverständige (§ 409 ZPO) wird zweckmäßigerweise zurückgestellt, wenn mit ihrem späteren Erscheinen noch gerechnet werden kann.
Die erschienenen Zeugen werden zunächst in das Zeugenzimmer verwiesen, Sachverständige bleiben im Saal anwesend.

c) Das streitige Verhandeln

Das streitige Verhandeln besteht aus dem *Stellen der Anträge* (§ 297 ZPO) und den *sie tragenden Parteiausführungen.* Diese sind, soweit nicht zulässigerweise auf Schriftstücke bezuggenommen wird, in freier Rede zu halten (§ 137 Abs. 2 u. 3 ZPO).

Obwohl nach dem Wortlaut des Gesetzes die mündliche Verhandlung durch die Antragsstellung eingeleitet werden soll (§ 137 Abs. 1 ZPO), besteht bei den Gerichten mit gutem Grund vielfach die Praxis, das Stellen der Anträge im Verhandlungsablauf aufzuschieben, bis über das Ausmaß des Streites durch Erörterung mit Parteien und Parteivertretern Klarheit gewonnen ist.

d) Einführung in den Sach- und Streitstand (§ 278 Abs. 1 ZPO).

Der Vorsitzende soll den Streit kurz kennzeichnen und auf die klärungsbedürftigen Sach- und Rechtsfragen hinweisen. Dies soll geschehen, um die nachfolgenden Erörterungen auf das Wesentliche zu konzentrieren. Ein eingehender Sachbericht ist an dieser Stelle des Verhandlungsablaufes weder notwendig noch sinnvoll.

e) Anhörung der erschienenen Parteien (§ 278 Abs. 1 ZPO)

Es handelt sich hierbei nicht um eine Parteivernehmung i. S. §§ 445 ff. ZPO, sondern um eine klärende mündliche Ergänzung des Parteivortrags in den Schriftsätzen.

Unergiebig ist es regelmäßig, die Parteien »ihre ganze Geschichte« erzählen zu lassen. Vielmehr sollte durch gezielte Befragung lediglich eine Schilderung der streitig gebliebenen Sachverhaltsteile herbeigeführt werden.

4. Beweisaufnahme

a) Beweisanordnung

284 Falls die Anordnung der Beweiserhebung nicht bereits in einem Beweisbeschluß (§§ 358, 358a, 359 ZPO) erfolgt ist, muß dies durch einen im Termin zu verkündenden Beschluß geschehen. Der Beschluß braucht in diesem Falle nicht die Anforderungen des § 359 ZPO zu erfüllen (Ausnahme: Parteivernehmung, § 450 ZPO).

Beispiel:
> b. u. v.: Die vom Kläger in die Sitzung gestellte Zeugin Z ist zu vernehmen.

b) Aufruf des zu vernehmenden Zeugen

Die *später zu vernehmenden Zeugen* verbleiben einstweilen in Abstand (§ 394 ZPO). *Sachverständige* sind dagegen während der gesamten Dauer der Verhandlung im Saal anwesend.

c) Zeugenbelehrung

a) Ermahnung zur Wahrheit (§ 395 Abs. 1 ZPO),
b) Hinweis auf die Möglichkeit einer Beeidigung (§§ 395 Abs. 1, 391 ZPO),
c) Belehrung über die Strafbarkeit einer falschen Aussage (§§ 153, 154 StGB).

Diese Belehrung ist in der ZPO nicht vorgeschrieben, aber üblich und zweckmäßig.

d) Vernehmung des Zeugen über seine persönlichen Verhältnisse

aa) *Vernehmung zur Person:* Vorname, Alter, Stand oder Gewerbe, Wohnort; Verwandtschafts- oder Schwägerschaftsverhältnis zu den Parteien.

bb) Belehrung über ein *Zeugnisverweigerungsrecht bei nahen Angehörigen* gemäß § 383 Abs. 1 Nr. 1–3 i. Verb. mit § 383 Abs. 2 ZPO.

cc) *Fragen zur Glaubwürdigkeit* des Zeugen, soweit dazu Anlaß besteht (»erforderlichenfalls« § 395 Abs. 2 ZPO):

Besondere Beziehungen zu den Parteien (z. B. Angestellter, Nachbar, verfeindeter früherer Arbeitnehmer einer Partei). Die Quelle seines Wissens (z. B. Zufallszeuge, zu den Verhandlungen zugezogener Vertrauter einer Partei). Fragen nach Vorstrafen wegen Meineids sollten nicht stereotyp gestellt werden.

e) Vernehmung des Zeugen zur Sache

a) Der Zeuge ist zu veranlassen, dasjenige, was ihm von dem Gegenstand seiner Vernehmung bekannt ist, *im Zusammenhang* anzugeben (§ 396 Abs. 1 ZPO), also nicht die Vernehmung sogleich mit Fragen beginnen.

b) Fragen des Gerichts (auch der Beisitzer), die zur Aufklärung und zur Vervollständigung der Aussage dienen (§ 396 Abs. 2 ZPO).

f) Befragung des Zeugen durch die Parteien (§ 397 ZPO)

Obwohl das Gesetz in erster Linie vorsieht, daß das Gericht dem Zeugen die Fragen der Parteien vorlegt (§ 397 Abs. 1 ZPO), wird in der Praxis meist die direkte Befragung gestattet (§ 397 Abs. 2 ZPO).

Das Gericht muß jedoch die Befragung überwachen und unsachliche, insbesondere Suggestiv- oder Ausforschungsfragen zurückweisen. Nicht gestattet ist nach der Zivilprozeßordnung auch die wechselseitige Fragestellung (Kreuzverhör). Bei Streit über die Zulässigkeit einer Frage unter den Parteien entscheidet das Gericht durch nicht anfechtbaren Beschluß.
Dem oftmals gestellten Verlangen der Partei, die nicht zugelassenen Fragen wörtlich ins Protokoll aufzunehmen, **kann**, muß aber nicht entsprochen werden.

g) Die Aufnahme der Zeugenaussage ins Protokoll (§ 160 Abs. 3 Nr. 4 ZPO)

erfolgt üblicherweise auf Diktat des Vorsitzenden in zusammenhängenden Abschnitten bereits während der Vernehmung.

Es sollten möglichst die eigenen Worte des Zeugen protokolliert werden. Streng ist darauf zu achten, daß durch die Protokollierung nicht der Sinn der Zeugenaussage entstellt oder verdreht wird. Von der Möglichkeit, die Aussagen unmittelbar mit einem Tonaufnahmegerät aufzuzeichnen (§ 160 a Abs. 2 ZPO) wird man nur ausnahmsweise, bei besonders formulierungsgewandten Zeugen, Gebrauch machen können.

h) Verlesen des Vernehmungsprotokolls

Das Protokoll über die Zeugenaussage ist dem Zeugen vorzulesen, zur Durchsicht vorzulegen oder, im Falle vorläufiger Aufzeichnung, abzuspielen (§ 162 ZPO). Das *laute Diktieren* ersetzt das Verlesen, wenn die Beteiligten darauf verzichten (§ 162 Abs. 2, 2 ZPO).

i) Die Genehmigung des Protokollinhalts durch die Beteiligten (§ 162 ZPO)

ist im Protokoll ebenso zu vermerken wie die Feststellung, daß vorgelesen oder vorgespielt worden ist.

Dies geschieht üblicherweise durch die Abkürzung
v. u. g.: vorgelesen und genehmigt

Werden Einwendungen erhoben, so sind auch diese im Protokoll zu vermerken.

j) Entscheidung über die Beeidigung des Zeugen (§ 391 ZPO)

Die Beeidigung steht im freien Ermessen des Gerichts. Sie soll erfolgen, wenn das Gericht diese mit Rücksicht auf die Bedeutung der Aussage oder zur Herbeiführung einer wahrheitsgemäßen Aussage für geboten erachtet (vgl. § 391 ZPO). Die Anordnung der Beeidigung erfolgt durch *Beschluß,* nachdem den Parteien Gelegenheit gegeben worden ist, sich zur Frage der Beeidigung zu äußern. Sie muß unterbleiben, wenn die Parteien auf Beeidigung verzichten. Grundsätzlich sollte die Beeidigung im Zivilprozeß die Ausnahme bleiben.

k) Beeidigung des Zeugen

aa) *Eidesbelehrung:* Die Hinweise auf die Bedeutung des Eides und die strafrechtlichen Folgen von Eidesdelikten (§ 480 ZPO) sollen auf den Bildungsstand des Zeugen Rücksicht nehmen.

Ein Zeuge, der bei der Aussage von seinem Zeugnisverweigerungsrecht keinen Gebrauch gemacht hat, kann dann noch immer den Eid verweigern, worauf er hinzuweisen ist.

bb) Vorgang der *Eidesleistung:*
Der *Richter* spricht dem Zeugen folgende Eidesformel vor:
    »Sie schwören bei Gott dem Allmächtigen und Allwissenden.«
Der *Zeuge* spricht daraufhin, während er die rechte Hand erhebt, die Worte:
    »Ich schwöre es, so wahr mir Gott helfe!«
Der Eid kann auch *ohne religiöse Beteuerungsformel* geleistet werden, worüber der Zeuge belehrt werden muß (§ 480 ZPO).
Die Vereidigung eines Zeugen wird meist zurückgestellt, bis alle zu diesem Beweisthema geladenen Zeugen vernommen sind.
Mehrere Zeugen werden dann gleichzeitig vereidigt, indem sie nacheinander die Eidesformel nachsprechen.

5. Erneute Erörterung des Sach- und Streitstandes

285 Nach durchgeführter Beweisaufnahme verlangt das Gesetz (§ 278 Abs. 2 S. 2 ZPO) erneut die Erörterung des Sach- und Streitstandes mit den Parteien.

6. Fortsetzung der mündlichen Verhandlung (§ 370 ZPO)

286 Meist empfiehlt sich nach erfolgter Beweisaufnahme die Anregung einer gütlichen Beilegung des Rechtsstreits (vgl. dazu § 279 ZPO). Falls es nicht zu einem Vergleich kommt, wird die mündliche Verhandlung dadurch fortgesetzt, daß die Parteien über das Ergebnis der Beweisaufnahme verhandeln und die streitigen Anträge wiederholen (§ 285 ZPO).

Der Kläger stellt den Antrag wie in der Klageschrift.
Der Beklagte beantragt Klageabweisung.

Sie begründen ihre Anträge zusammenfassend nach dem nun vorliegenden Sach- und Streitstand (›Plädoyer‹).

7. Bestimmung eines Verkündungstermins

Dieser soll nicht über drei Wochen hinaus angesetzt werden (§ 310 ZPO).   **287**

8. Ablauf des Verhandlungstermins in Stichworten

(Haupttermin mit Beweisaufnahme)   **288**

Aufruf der Sache (§ 220 Abs. 1 ZPO)
Feststellung der Erschienenen (§ 160 Abs 1 Nr. 4 ZPO)
Stellen der Anträge (§ 297 ZPO)
Einführung in den Sach- und Streitstand (§ 278 Abs. 1 ZPO)
Anhörung der erschienenen Parteien (§ 278 Abs. 1 ZPO)
Versuch einer gütlichen Beilegung des Rechtsstreits (§ 279 ZPO)
Beweiserhebung (§§ 355, 358, 359) *Erledigung eines schon ergangenen Beweisbeschlusses, bzw. Anordnung der Beweiserhebung hinsichtlich praesenter Beweismittel (anwesende Zeugen, Sachverständige)* --- *Aufruf und Belehrung des zu vernehmenden Zeugen* *Vernehmung zur Person* *Vernehmung zur Sache* *Befragung durch die Parteien* *Aufnahme der Aussage ins Protokoll* *Verlesung und Genehmigung des Protokolls* *Entscheidung über die Beeidigung* *Beeidigung des Zeugen*
Erneute Erörterung des Sach- und Streitstandes mit den Parteien (§ 278 Abs. 2 ZPO) und Versuch einer gütlichen Beilegung des Rechtsstreits (§ 279 ZPO)
Verhandeln der Parteien über das Ergebnis der Beweisaufnahme unter Darlegung des Streitverhältnisses (Plädoyers der Parteien [§ 285 ZPO] mit anschließender Antragsstellung [§ 370 ZPO])
Schließung der Verhandlung durch den Vorsitzenden (§ 136 Abs. 4 ZPO)
Verkündung der Entscheidung (§ 310 Abs. 1 ZPO) oder Bekanntgabe des Verkündungstermins (§ 310 Abs. 2 ZPO)
Verkündungstermin (§ 310 Abs. 1 u. 2 ZPO)

II. Vernehmungslehre

289 Vor der Rechtsanwendung steht für den Richter die **Tatsachenfeststellung** (›Wahrheitsfindung‹). Beide Aufgaben haben für die Rechtsprechung gleichen Rang.

Die Wahrheit ergibt sich im Zivilprozeß entweder *auf Grund übereinstimmenden Parteivortrags* (Geständnis, Nichtbestreiten) als Auswirkung des Verhandlungsgrundsatzes oder *als Ergebnis einer Beweisaufnahme.* Diese wiederum besteht regelmäßig in der Vernehmung von Zeugen, Sachverständigen und Parteien. Ob hierbei die Wahrheit zutage tritt, hängt entscheidend von der Vernehmungskunst des Richters ab. Folgende Grundregeln dienen dem Ziel der Gewinnung einer brauchbaren Aussage:

1. Anpassung

Der Richter soll den Kontakt zur Aussageperson suchen. Er muß sich auf dessen geistiges Niveau einstellen und auch seine Sprachgewohnheiten akzeptieren.

Dazu gehört, daß sich der Richter von seiner berufsbedingten aber für Laien schwer verständlichen Juristensprache löst, erforderlichenfalls das Tempo seiner Sprechweise verlangsamt, einfache Fragesätze formuliert und auch Verständnis für den Zeugen in seiner ungewohnten Situation vor Gericht zeigt.

Er muß Geduld haben, den Zeugen reden lassen sowie Freundlichkeit und Rücksichtnahme üben. Besonderes ›Entgegenkommen‹ brauchen Kinder, die vernommen werden, und einfache erwachsene Menschen.

2. Selbstbeherrschung und Geistesgegenwart

Der Richter soll sich nicht durch eine gereizte Prozeßatmosphäre einfangen lassen und selbst unkontrolliert reagieren, sondern möglichst gelassen, ruhig und ausgleichend wirken. Er muß insbesondere auch, sofern notwendig, den Zeugen vor unangemessenen Angriffen der Parteien schützen.

3. Besonnene Fragetechnik

Der Zeuge soll zwar zunächst sein Wissen zum Gegenstand der Vernehmung in Zusammenhang angeben (§ 396 Abs. 1 ZPO), regelmäßig aber erfolgt die notwendige Vervollständigung der Aussage erst auf Grund weiterer Fragen (§ 396 Abs. 2 ZPO). Die Fragestellung muß offen sein.

Sie soll nicht bereits die Erwartung einer bestimmten Antwort erkennbar machen. Auch soll niemals mehr als eine Frage gleichzeitig gestellt werden.

Durch Sondierungsfragen soll dann die Vernehmungsthematik konkretisiert werden.

Suggestivfragen können nur ausnahmsweise zur Wahrheitsermittlung eingesetzt werden, etwa wenn ein Richter begleitende Tatumstände schon kennt und der Zeuge so auf den Weg der Wahrheit zurückgeholt werden soll. Dem gleichen Zweck dient auch der Vorhalt.

4. Gewissenhafte Niederschrift

Die Aussagen der Zeugen, Sachverständigen und auf Grund eines Beweisbeschlusses vernommenen Parteien (§ 450 Abs. 1 ZPO) müssen protokolliert werden (§ 160 Abs. 3 Nr. 4 ZPO). Dies geschieht zwangsläufig verkürzt und komprimiert.

Durch den Zwang zur Konzentration der Aussageniederschrift gehen oft wichtige Momente für die gewissenhafte Beweiswürdigung verloren, insbesondere wenn die Beweisaufnahme nicht vor dem Prozeßrichter selbst, sondern vor dem ersuchten oder beauftragten Richter stattgefunden hat. Dieser Nachteil sollte dadurch verringert werden, daß die Niederschrift möglichst nahe am Wortlaut der Aussage bleibt, auch sprachliche Eigenheiten und erkennbare Gefühlsregungen der Auskunftsperson wiedergibt und so deren Individualität wahrt.

Der vernehmende Richter sollte insbesondere vermeiden, die Aussage zu sehr in seinen eigenen Denk- und Sprachbereich oder gar ins ›Juristische‹ zu übersetzen.

Bender (Tatsachenfeststellung vor Gericht, Band II Rn. 825) schlägt mit beachtlichen Gründen die Originaltonaufnahme für die Fixierung der Aussage vor, die neben dem herkömmlichen verkürzten Diktatprotokoll gemacht werden sollte.

III. Sachgemäße Antragstellung im Prozeß
(Prozeßtaktik)

1. Prozeßgestaltung durch Parteianträge

a) *Die Parteien bestimmen durch ihre Anträge den Umfang und die Art der gerichtlichen* **290** *Entscheidung (§ 308 ZPO).* Um erstrebte Vorteile zu wahren, ist es daher notwendig, sich auf prozessuale und außerprozessuale Ereignisse sachgemäß einzustellen und Bedeutung und Folgen der möglichen prozessualen Verhaltensweisen abzuschätzen. Hierbei kommt es darauf an, daß sich die Parteien prozeßtaktisch richtig verhalten. Dies soll am folgenden Beispielsfall veranschaulicht werden:

Beispiel:
Der Tapeziermeister T hat für den Besteller B zu dem vorher schriftlich fest vereinbarten Gesamtpreis von 500,– DM dessen Wohnung instandgesetzt.
6 Wochen nach Fertigstellung der Arbeiten erhebt T Klage gegen B auf Zahlung von 500,– DM beim zuständigen Amtsgericht.
Es wird Termin bestimmt und Klageschrift nebst Ladung dem B zugestellt.

Im **Verhandlungstermin** ergibt sich aus den Stellungnahmen der Parteien folgendes:
Beklagter trägt vor: Er sei von dem Vorgehen des Klägers völlig überrascht, denn er habe seine Zahlungspflicht nie bestritten und werden morgen den Betrag von 500,– DM an T überweisen. Er habe bis zum heutigen Tag vergebens auf eine Rechnung gewartet. Für eine derart übereilte Klage fehle doch jegliches Rechtsschutzinteresse.
Kläger trägt vor: Wenn wie hier ein Festpreis schriftlich vereinbart worden sei, sei doch eine Rechnung überflüssig. Denn in einer Rechnung könne auch nichts anderes stehen als in der Vereinbarung. Nach mehrwöchigem vergeblichem Warten auf die Zahlung sei es doch sein Recht gewesen, mit einer Klage klare Verhältnisse zu schaffen. Ihm sei über die Zahlungsfähigkeit des Beklagten B nichts bekannt, mindestens aber müsse ihn die bisherige Nichtzahlung einer eindeutigen Werklohnforderung bedenklich stimmen.

b) Möglichkeiten des **prozessualen Verhaltens** der Parteien

Der **Kläger** kann:
aa) Verurteilung des Beklagten beantragen,
bb) seine Klage zurücknehmen,
cc) den Rechtsstreit in der Hauptsache für erledigt erklären,
dd) gar keinen Antrag stellen.

Der **Beklagte** kann:
aa) Klageabweisung (als unzulässig) beantragen,
bb) den Anspruch anerkennen und sich gegen Kosten verwahren,
cc) einer Erledigungserklärung des Klägers zustimmen,
dd) gar keinen Antrag stellen.

Es können auch **beide Parteien** das Ruhen des Verfahrens beantragen (§ 251 ZPO).

Die Parteien müssen die prozessualen Konsequenzen ihrer möglichen Verhaltensweisen abwägen.

c) Gerichtliche Entscheidung bei folgendem Prozeßverhalten der Parteien:

aa) Kläger stellt Antrag wie in der Klageschrift. Beklagter anerkennt (beachte: §§ 160 Abs. 3 Nr. 1, 162 ZPO), daraufhin beantragt Kläger Anerkenntnisurteil.
Es ergeht Anerkenntnisurteil nach Klageantrag (§ 307 ZPO); Kosten trägt der Kläger (§ 93 ZPO – keine Klageveranlassung); das Urteil ist vorläufig vollstreckbar (§ 708 Nr. 1 ZPO).

bb) Kläger stellt Antrag wie in der Klageschrift. Beklagter beantragt Klageabweisung (wegen angeblich fehlenden Rechtsschutzinteresses).
Wenn die Klage begründet ist, erfolgt Verurteilung des Bekl. gemäß Klageschrift (streitiges Urteil); Beklagter trägt Kosten (§ 91 ZPO); das Urteil ist (ohne Sicherheitsleistung) vorl. vollstreckbar (§ 708 Nr. 11 ZPO).

Da der klägerische Anspruch besteht, ist ein Rechtsschutzinteresse für die Klage nicht zu verneinen; durch den Klageabweisungsantrag ist die Chance für die dem Bekl. günstige Kostenfolge aus § 93 ZPO vertan.

cc) Beklagter stellt gar keinen Antrag. Kläger stellt Antrag auf Versäumnisurteil gemäß Klageschrift.
Es ergeht Versäumnisurteil gegen den Beklagten (§§ 331, 333 ZPO).
Kosten trägt der Beklagte (§ 91 ZPO).
Das Urteil ist vorläufig vollstreckbar (§ 708 Nr. 2 ZPO).

Im umgekehrten Fall (Kl. stellt keinen Antrag) müßte *Versäumnisurteil gegen den Kläger* ergehen (§§ 330, 333 ZPO).

Stellen beide Parteien keinen Antrag, so ordnet das Gericht *Ruhen des Verfahrens an* oder *bestimmt neuen Termin (§ 251 a Abs. 3).*

dd) Kläger nimmt die Klage zurück (§ 269 ZPO). Dies ist vor Antragstellung ohne Einwilligung des Beklagten möglich, jedoch nicht zweckmäßig, da der Kläger dann bei Ausbleiben der versprochenen Zahlung zur Titelbeschaffung erneut erst klagen müßte; wegen der dem Kläger nachteiligen Kostenfolge vgl. § 269 Abs. 3 ZPO.

ee) Der Rechtsstreit wird in der Hauptsache für erledigt erklärt.

Die Erledigungserklärung wäre nicht sinnvoll, da die Hauptsacheerledigung ja erst mit der noch ausstehenden Zahlung, nicht bereits mit der Zahlungszusage eintreten würde. Falls jedoch diese Erklärung von beiden Parteien übereinstimmend abgegeben würde, wäre das Gericht daran gebunden (Dispositionsgrundsatz). Das Gericht hätte dann nach § 91 a ZPO durch Beschluß über die Kosten zu entscheiden.

ff) Die Parteien können schließlich ein sachgemäßes Prozeßergebnis aushandeln und den Rechtsstreit durch Prozeßvergleich erledigen.

2. Die Teilklage

Glaubt jemand zwar an den Bestand einer größeren Forderung, ohne aber die Bedenken **291**
zu übersehen, ob sich der Anspruch auch im Prozeß bewähren wird,

etwa weil die Rechtslage nicht eindeutig geklärt ist oder weil die sichere Beweisbarkeit in Frage steht,

so kann es ein Gebot wirtschaftlicher Vernunft sein, zunächst nur einen Teil der Forderung einzuklagen.

Vorteil: Im Falle des Prozeßverlustes wird der Kostennachteil wegen des geringeren Streitwertes in Grenzen gehalten.

Nachteil: Im Falle erfolgreicher Prozeßbeendigung entsteht nur über den eingeklagten Betrag ein Vollstreckungstitel. Es wird auch nur über den Teilbetrag rechtskräftig entschieden. Der gegebenenfalls dann noch notwendig werdende weitere Rechtsstreit über den Restbetrag wird durch das erste Urteil nicht präjudiziert.

Der Prozeßgegner kann jedoch dadurch eine Entscheidung über den gesamten Forderungsbetrag, dessen sich der Kläger (außergerichtlich) bemüht, herbeiführen, daß er über seinen Klageabweisungsantrag (gegen die erhobene Teilklage) hinaus auf dem Wege der Widerklage die Feststellung begehrt, daß dem Kläger auch der weitergehende (Rest-)Anspruch nicht zustehe (sogenannte negative Feststellungswiderklage gem. § 256 ZPO).

3. Rechtskrafterweiterung durch Zwischenfeststellungsklage

Die Rechtskraftwirkung eines Urteils erstreckt sich nur auf die Urteilsformel (Leistungs- **292**
befehl), nicht auch auf vorgreifliche Rechtsverhältnisse. Diese können in einem späteren Prozeß aus anderem Anlaß abweichend beurteilt werden.

Beispiel: Käufer klagt auf Lieferung. Umstritten ist in dem Prozeß, ob der Kaufvertrag zwischen den Parteien zustandegekommen ist und somit ein Kaufrechtsverhältnis besteht. Wird dies vom Gericht bejaht und demgemäß der Verkäufer zur Lieferung verurteilt, so kann das Kaufrechtsverhältnis in einem späteren Rechtsstreit um Schadensersatz wegen Nichterfüllung zwischen denselben Parteien doch wieder in Frage gestellt und vom Gericht anders beurteilt werden, weil diese vorgreifliche Rechtsfrage im ersten Rechtsstreit nicht rechtskräftig entschieden worden ist. Die dortige Rechtskraft betrifft nur die Lieferungsverpflichtung.
Es ist also möglich, daß im zweiten Prozeß die Klage abgewiesen wird, weil das Gericht nunmehr –
vielleicht auf Grund neuer zwingender Beweise – zu der Überzeugung gelangt, ein Kaufvertrag sei gar nicht zustande gekommen.

Dem kann der Kläger dadurch begegnen, daß er durch Erhebung einer *Zwischenfeststellungsklage* (§ 256 Abs. 2 ZPO) auch einen rechtskräftig werdenden Ausspruch über ein vorgreifliches Rechtsverhältnis herbeiführt, der gegebenenfalls auch in einem späteren Rechtsstreit wirkt.

   Zwischenfeststellungsantrag:
   ›Es wird festgestellt, daß am ... zwischen den Parteien ein Kaufvertrag über eine Schwenkarmschleifmaschine S 73 zum Preis von 4700,– DM zustande gekommen ist‹.

Die gleiche Möglichkeit hat auch der Beklagte (Zwischenfeststellungswiderklage, daß ein Rechtsverhältnis **nicht** bestehe).

Für die Zwischenfeststellungsklage bedarf es keines besonderen rechtlichen Interesses an alsbaldiger Feststellung wie bei der Feststellungsklage des § 256 ZPO.

22. Kapitel

Arrest und einstweilige Verfügung

Im Zivilprozeß verfolgt der Kläger das Ziel, eine Verurteilung des Beklagten zu erlangen, um dann erforderlichenfalls den titulierten Anspruch im Wege der Zwangsvollstreckung durchzusetzen. Dieser Weg verschafft dem Kläger endgültigen Rechtsschutz. Er ist oft langwierig und zeitaufwendig. In dringenden Fällen ist er nicht ausreichend, weil zwischenzeitlich Umstände eintreten können, die eine Realisierung des Anspruchs verhindern oder erschweren (Vermögensverfall des Schuldners, Schaffung eines rechtswidrigen Zustandes). Das Gesetz bietet deshalb auch einen Weg für einen vorläufigen Rechtsschutz zur Sicherung künftiger Zwangsvollstreckung: **Arrest** und **einstweilige Verfügung.**

Diese Verfahren begnügen sich im Interesse der beschleunigten Durchführung mit einer *summarischen Prüfung des Sachverhalts* (Glaubhaftmachung statt voller Beweisführung), ermöglichen aber andererseits regelmäßig in der Zwangsvollstreckung auch nur die *vorläufige Sicherstellung des Gläubigers*, nicht seine volle Befriedigung (bei Geldanspruch: Pfändung, nicht aber auch Verwertung; bei Herausgabeanspruch: Wegnahme durch den Gerichtsvollzieher, nicht aber auch Aushändigung an den Gläubiger).

Obwohl Arrest und einstweilige Verfügung im 8. Buch der Zivilprozeßordnung (Zwangsvollstreckung) geregelt sind, handelt es sich dabei zunächst um reine Erkenntnisverfahren: Der beantragte einstweilige Rechtsschutz wird angeordnet oder abgelehnt. Lediglich die sich erforderlichenfalls anschließende Vollziehung von Arrest und einstweiliger Verfügung ist dann ein Vorgang der Zwangsvollstreckung.

I. Arrest

293 ### 1. Gegenstand des Arrests

Arrest ist vorgesehen, wenn die künftige Zwangsvollstreckung wegen einer Geldforderung oder wegen eines Anspruchs, der in eine Geldforderung übergehen kann, gesichert werden soll (§ 916 ZPO).

Die Sicherung anderer als Geldansprüche (Herausgabe-, Unterlassungsanspruch, Anspruch auf Vornahme einer Handlung) erfolgt durch einstweilige Verfügung (§§ 935, 940 ZPO).

Streitgegenstand ist beim Arrest nicht die zu sichernde Forderung, sondern **der Anspruch auf vorläufige Sicherung des gefährdeten Rechts.** Hierauf erstreckt sich auch nur die Rechtskraft der Entscheidung. Der Rechtsstreit über die Hauptsache selbst wird also durch die Arrestentscheidung nicht praejudiziert; er wird weder überflüssig (wenn der Arrest angeordnet worden ist), noch wird er verhindert (wenn der Arrest abgelehnt worden ist).

294 ### 2. Arten des Arrests

Je nach der Zielrichtung der Sicherungsmaßnahme unterscheidet man:

a) Dinglicher Arrest

Die Anordnung des dinglichen Arrests ermöglicht eine *(sichernde) Zwangsvollstreckung in das bewegliche und unbewegliche Vermögen des Schuldners.*

230

Der beschleunigten Durchführung der Sicherung dient die Möglichkeit, den Antrag bei jedem Amtsgericht zu stellen, in dessen Bereich sich vollstreckungsgeeignete Gegenstände des Schuldners befinden (§ 919 ZPO).

b) Persönlicher Arrest

Er wird angeordnet, um *gegen die Person des Schuldners vorzugehen*, wenn gegenständliche Zugriffsmöglichkeiten nicht bekannt sind oder nur dadurch realisiert werden können, daß der Schuldner festgesetzt wird (Schuldner hat sein Vermögen versteckt oder will sich mit seinem Vermögen absetzen).

Diese Möglichkeit des Zugriffs gegen die Person des Schuldners ist nur subsidiär als letzte Möglichkeit der Anspruchssicherung vorgesehen (§ 918 ZPO). Sie führt zur Verhaftung des Schuldners oder zu sonstigen Beschränkungen der persönlichen Freiheit (Wegnahme des Passes, Meldepflicht).

3. Voraussetzungen für die Arrestanordnung

295

Es müssen vorliegen:

a) **Arrestanspruch**: eine *Geldforderung* oder ein *Anspruch, der in eine Geldforderung übergehen kann* (z. B. bei Schlecht- oder Nichterfüllung) – § 916 ZPO.

b) **Arrestgrund**: *Umstände, die die Besorgnis begründet erscheinen lassen, daß ohne Verhängung des Arrests die Vollstreckung des (späteren) Urteils vereitelt oder wesentlich erschwert werden würde (§ 917 ZPO).*

Als *Beispiel für die Besorgnis* nennt das Gesetz die Notwendigkeit, ein Urteil im Ausland vollstrecken zu müssen.
Weitere **Beispiele:** Beiseiteschaffen oder Verschleudern von Vermögensgegenständen, nachlässige und leichtfertige Geschäftsführung, häufiger Wohnungswechsel, Aufgabe des Wohnsitzes.
Kein Arrestgrund ist allein die schlechte Vermögenslage des Schuldners oder die Konkurrenz anderer Gläubiger.

Für den persönlichen Arrest ist ein Arrestgrund nur gegeben, wenn die Sicherung auf andere Weise nicht zu erreichen ist.
Ist der Gläubiger bereits hinreichend gesichert, z. B. durch einen ihm bereits vorliegenden Vollstreckungstitel, so fehlt es an einem Arrestgrund.
Das Vorliegen eines Arrestgrundes ist für dieses Verfahren eine Zulässigkeitsvoraussetzung (Thomas-Putzo § 916 Anm. 1 u. h. M.). Fehlt ein Arrestgrund, so ist der Antrag als unzulässig abzuweisen. Das Fehlen des Arrestanspruchs führt dagegen zur Abweisung als unbegründet.

4. Der Arrestprozeß (Erkenntnisverfahren)

296

a) **Zuständigkeit** (§ 919 ZPO):
Arrestgericht ist das **Gericht der Hauptsache**, d. h. das Gericht bei dem die Hauptsache schon anhängig ist oder anhängig gemacht werden könnte,
oder das **Amtsgericht,** *in dessen Bezirk* sich der mit Arrest zu belegende Gegenstand oder die betreffende Person *befinden* und zwar *ohne Rücksicht auf den Streitwert.*

Der mit Arrest zu belegende Gegenstand kann auch eine Forderung des Arrestgegners gegen einen Dritten sein. In diesem Fall kann der Arrest bei dem Amtsgericht am Wohnsitz des Drittschuldners beantragt werden (vgl. § 23 S. 2 ZPO).

Wird der Arrest von dem Amtsgericht erlassen, in dessen Bezirk sich ein mit Arrest zu belegender Gegenstand befindet, so ist die Vollziehung dieses Arrests aber nicht nur auf diesen Gegenstand beschränkt. Vielmehr kann aus diesem Arrest auch in andere und an anderen Orten befindliche Vermögenswerte des Arrestgegners vollstreckt werden.

b) Der Verfahrensgang

Das **Arrestgesuch** geht auf Anordnung des dinglichen Arrests über das Vermögen oder des persönlichen Arrests gegen den Schuldner. *Es muß den Geldanspruch nach Grund und Höhe bezeichnen.*

Die Höhe der verlangten Geldsumme gibt dem Gericht einen Anhaltspunkt für den Betrag bei der von Amts wegen anzuordnenden Abwendungsbefugnis (§ 923 ZPO).

Für das Gesuch selbst besteht auch beim Landgericht *kein Anwaltszwang* (vgl. §§ 920 Abs. 3, 78 Abs. 2 ZPO). Falls es jedoch im weiteren Verfahren zu einer mündlichen Verhandlung kommt, ist beim Landgericht Anwaltsmitwirkung erforderlich.

Im Gesuch müssen Arrestanspruch und Arrestgesuch bewiesen werden. Es genügt jedoch **Glaubhaftmachung,** eine Beweisführung, die sich mit einem geringeren Grad von Wahrscheinlichkeit begnügt und alle Beweismittel zuläßt, auch soweit sie für den Zivilprozeß nicht vorgesehen sind – §§ 920, 294 ZPO.

Das übliche Beweismittel im Rahmen der Glaubhaftmachung ist die *eidesstattliche Versicherung.* Zu beachten ist, daß ein Beweismittel, das nicht sofort zur Verfügung steht, für die Glaubhaftmachung untauglich ist (§ 294 Abs. 2 ZPO). Es kommen nur sog. ›präsente Beweismittel‹ in Frage. Deshalb ist die Benennung eines Zeugen im Arrestgesuch kein geeignetes Beweismittel.

Nach seinem Ermessen kann das Gericht unter Anordnung einer Sicherheitsleistung auch ohne Glaubhaftmachung den Arrest erlassen (§ 921 Abs. 2 ZPO).

Die **Entscheidung** über das Arrestgesuch ergeht nach Ermessen des Gerichts entweder ohne mündliche Verhandlung durch Beschluß oder auf Grund einer mündlichen Verhandlung durch Urteil (§§ 921, 922 ZPO).

Bei klarer Sach- und Rechtslage wird das Gericht sogleich **ohne mündliche Verhandlung** über den Antrag entscheiden:

Anordnung des Arrests. Eine vorherige Anhörung des Gegners ist in diesem Fall nicht vorgesehen. Dieser kann sich mit dem Rechtsbehelf des Widerspruchs gegen die Arrestanordnung wehren und rechtliches Gehör verschaffen (§ 924 ZPO). Das Gericht hat dann Termin zur mündlichen Verhandlung zu bestimmen und durch Endurteil zu entscheiden (§§ 924 Abs. 2, 925 ZPO).

Ablehnung des Arrests. Dieser Beschluß wird dem Gegner nicht mitgeteilt (§ 922 Abs. 3 ZPO). Der Antragsteller kann dagegen einfache Beschwerde einlegen (§ 567 Abs. 1 ZPO).

Eine **mündliche Verhandlung** wird das Gericht durchführen, wenn eine Anhörung des Gegners zu dem Gesuch erforderlich erscheint, um die nötige Klarheit über die Sach- und Rechtslage zu erlangen oder nach Erlaß der Arrestanordnung auf den Widerspruch des Antragsgegners hin.

Eine Einlassungsfrist braucht im Arrestverfahren nicht eingehalten zu werden, weil das Arrestgesuch keine Klageschrift ist (§ 274 Abs. 3 ZPO), lediglich die Ladungsfrist (§ 217 ZPO), diese kann aber auf Antrag abgekürzt werden (§ 226 ZPO).

Die Entscheidung nach mündlicher Verhandlung ergeht durch Endurteil (§ 922 Abs. 1 ZPO), möglich ist auch ein Versäumnisurteil. Oftmals gelingt es im Termin, die Angelegenheit, meist auch die Hauptsache, durch Prozeßvergleich zu erledigen.

5. Inhalt der Arrestanordnung (›Arrestbefehl‹) – §§ 922, 923, 91 ZPO — **297**

Die Arrestanordnung bedeutet eine Verurteilung des Gegners zwar nicht zur Leistung, wohl aber zur Sicherstellung des Antragstellers. Die daraus mögliche Zwangsvollstreckung führt nicht zur Befriedigung, sondern nur zur Sicherung des Antragsstellers.

Muster: 1. Zur Sicherung der Zwangsvollstreckung wegen einer dem Antragsteller gegen den Antragsgegner zustehenden Forderung von 1620,– DM sowie der auf 300,– DM veranschlagten Kosten wird der dingliche Arrest in das Vermögen des Schuldners angeordnet.
2. Durch Hinterlegung von 1920,– DM wird die Vollziehung des Arrests gehemmt und der Schuldner zu dem Antrag auf Aufhebung des vollzogenen Arrests berechtigt.
3. Der Antragsgegner hat die Kosten des Verfahrens zu tragen.

Der Arrestbefehl ist **ohne weiteres vollstreckbar** und bedarf weder einer Vollstreckbarerklärung noch einer Vollstreckungsklausel.

Möglich ist auch, daß die Arrestanordnung von einer Sicherheitsleistung abhängig gemacht wird (§ 921 Abs. 2 ZPO) und daß der Arrest in bestimmte Gegenstände angeordnet wird (vgl. § 919 ZPO). Die Anordnung des Arrests in bestimmte Gegenstände schließt jedoch die Vollziehung in andere Vermögenswerte des Schuldners nicht aus.

6. Behelfe des Antragsgegners gegen die Arrestanordnung — **298**

a) **Widerspruch** *gegen den ohne mündliche Verhandlung durch Beschluß angeordneten Arrest.* Es wird dann Termin zur mündlichen Verhandlung bestimmt und durch Endurteil entschieden:

»Der Arrestbefehl des … gerichts … wird bestätigt (oder: ›aufrechterhalten‹).
Der Antragsgegner trägt die weiteren Kosten des Verfahrens.«

oder

»Der Arrestbefehl wird aufgehoben und der Arrestantrag zurückgewiesen.
Der Antragsteller trägt die Kosten des Verfahrens.
Das Urteil ist vorläufig vollstreckbar.« (vgl. § 708 Ziff. 5 ZPO).

b) **Antrag an das Arrestgericht,** *anzuordnen, daß der Antragsteller binnen einer zu bestimmenden Frist Klage in der Hauptsache zu erheben habe* (falls diese noch nicht anhängig ist) – § 926 ZPO.

Die Anordnung ergeht ohne mündliche Verhandlung (Beschluß) zuständig ist der Rechtspfleger (§ 20 Nr. 14 RPflG).

Leistet der Antragsteller dieser Anordnung keine Folge, so ist auf Antrag des Antragsgegners Termin zur mündlichen Verhandlung zu bestimmen und durch Endurteil die Aufhebung des Arrests auszusprechen.

c) **Antrag,** *den Arrest wegen veränderter Umstände aufzuheben* (§ 927 ZPO).

Z. B. Arrestanspruch ist erloschen oder im Hauptprozeß als unbegründet abgewiesen; Arrestgrund ist weggefallen; Antragsgegner erbietet sich zur Sicherheitsleistung.

Auch in diesem Fall ergeht die Entscheidung auf Grund einer mündlichen Verhandlung durch Endurteil.

299 **7. Die Arrestvollziehung** (Zwangsvollstreckung aus dem Arrestbefehl)

Es gelten die allgemeinen Vorschriften über die Zwangsvollstreckung jedoch mit folgenden Besonderheiten:

a) Der Arrestbefehl ist **ohne weiteres vollziehbar.** Nicht erforderlich sind
vorläufige Vollstreckbarerklärung,
– anders bei Aufhebung eines Arrestbefehls durch Urteil (§ 708, Nr. 5 ZPO),
Vollstreckungsklausel (§ 929 I ZPO)
– Ausnahme bei Vollziehung für oder gegen Rechtsnachfolger (§ 929 I ZPO).

b) Entsprechend dem Zweck des Arrests darf die **Vollziehung nur zur Sicherung,** nicht zur Befriedigung führen;

also: *Pfändung einer beweglichen Sache* (§ 930), nicht aber deren Versteigerung (Ausnahme: § 930 Abs. 3);
Pfändung einer Forderung, nicht aber deren Überweisung (Zuständig ist hierfür in Abweichung von § 828 ZPO das Arrestgericht § 930 Abs. 1 S. 2 ZPO);
> *beachte dazu:* Da das Arrestgericht für die Forderungspfändung auch Vollstreckungsgericht ist (§ 930 Abs. 1 S. 2), kann auf Antrag mit dem Arrestbefehl auch zugleich ein Pfändungsbeschluß ergehen (wegen des Inhalts des Pfändungsbeschlusses: § 829)
Eintragung einer Sicherungshypothek bei Grundstücken (§ 932 ZPO).

Erlangt der Antragssteller wegen des durch Arrest gesicherten Geldanspruchs später einen Vollstreckungstitel (Urteil, Vollstreckungsbefehl), so verwandelt sich das Arrestpfandrecht in ein Vollstreckungspfandrecht, das dann auch die Verwertung ermöglicht.

c) **Vollziehungsfrist** (§ 929 Abs. 2 u. 3)
Die Vollziehung muß *binnen einer Frist von 1 Monat ab Verkündung oder Zustellung* an den Antragssteller erfolgen (d. h. begonnen haben). Diese Frist ist unverzichtbar und vom Vollstreckungsorgan von Amts wegen zu beachten.
Bei Vollziehung *vor* Zustellung an den Schuldner muß diese binnen einer Woche nachfolgen (§ 929 Abs. 3 ZPO).

300 **8. Aufhebung der Arrestvollziehung und Schadensersatzpflicht**

Bei Hinterlegung der im Arrestbefehl genannten Lösungssumme (§ 932 ZPO) erfolgt durch das **Vollstreckungsgericht** die **Aufhebung des Arrestvollzuges** (§ 934 ZPO).
Bei unberechtigtem Arrest oder fruchtlosem Verstreichen der zur Klageerhebung gesetzten Frist (§§ 945, 926 ZPO) steht dem Schuldner ein Ersatzanspruch zu wegen des ihm entstandenen Schadens.

Der Ersatzanspruch besteht wie bei § 717 Abs. 2 ZPO ohne *Rücksicht auf Verschulden (Gefährdungshaftung).* Er ist ggf. in einem besonderen Prozeß geltend zu machen.

II. Einstweilige Verfügung

301 1. Die einstweilige Verfügung dient **der Sicherung der Zwangsvollstreckung wegen anderer als Geldforderungen** (sog. Individualansprüche).
Im Hinblick auf denselben Anspruch schließen sich Arrest und einstweilige Verfügung aus. Entweder ist ein Anspruch auf Geld gerichtet, dann ist er durch Arrest zu sichern oder es ist ein andersartiger Anspruch, dann ist das Verfahren der einstweiligen Verfügung der richtige Weg.

Auch wenn der Gläubiger einer Geldforderung auf einen bestimmten Gegenstand (wertvolles Möbelstück, Guthaben auf einem Bankkonto) ›abzielt‹, so muß er einen Arrest beantragen, um dann diesen Gegenstand zu pfänden; er kann nicht mittels einer einstweiligen Verfügung dem Schuldner verbieten lassen, den Gegenstand fortzuschaffen oder vom Konto Geld abzuheben.

2. Arten der einstweiligen Verfügung

302

a) Einstweilige Verfügung zur Sicherung eines Individualanspruchs (§ 935 ZPO).

Z. B. auf Herausgabe, Vornahme einer Handlung, Unterlassung, Abgabe einer Willenserklärung.

Dieser Anspruch ist *glaubhaft zu machen* (**Verfügungsanspruch**).

Verfügungsgrund ist die Gefahr, daß durch eine Veränderung des bestehenden Zustandes die Verwirklichung des Rechts einer Partei vereitelt oder wesentlich erschwert werden könnte (§ 935 ZPO).

In den vom Gesetz besonders genannten Fällen braucht die Gefährdung nicht glaubhaft gemacht zu werden:

§ 885 BGB: Eintragung einer Vormerkung,

899 BGB: Eintragung eines Widerspruchs.

b) Einstweilige Verfügung zur Regelung eines einstweiligen Zustandes zur vorläufigen Sicherung des Rechtsfriedens (§ 940 ZPO).

Hierunter fällt nicht in erster Linie ein einzelner Anspruch sondern eine streitige Rechtsbeziehung, insbesondere bei länger dauernden Rechtsverhältnissen aus absoluten Rechten,

Regelung von Streitfällen im Nachbarschaftsverhältnis, bei Miteigentum, Wohnungseigentum, innerhalb einer Erbengemeinschaft oder einer Gesellschaft.

Verfügungsgrund ist die Notwendigkeit einer Regelung zur Abwendung wesentlicher Nachteile oder Verhinderung drohender Gewalt.

Die Abgrenzung zu den Fällen der Sicherungsverfügung des § 935 ZPO ist nicht immer einfach, aber praktisch kaum bedeutsam.

c) Einstweilige Verfügung zur vorläufigen Befriedigung des Gläubigers.

Der auch für die einstweilige Verfügung geltende Grundsatz, daß hierdurch nur eine Sicherung, nicht aber eine Befriedigung erreicht werden darf, ist für folgende gesetzlich geregelte Ansprüche durchbrochen:

Zahlung von Unterhalt für das nichteheliche Kind nach § 1615o Abs. 1 BGB,

Zahlung von Entbindungs- und Sechswochenkosten für die Mutter des nichtehelichen Kindes §§ 1615o Abs. 2, 1615k, 1615l BGB.

In Anlehnung an diese gesetzliche Regelung läßt die Rechtsprechung auch sonst ausnahmsweise eine vorläufige Verurteilung zur Zahlung eines Geldanspruchs zur Abwendung von Dauerschäden zu,

z. B. Unterhalt, Schadensrente, Gehaltsansprüche.

In besonderen Fällen wird auch eine einstweilige Verfügung zur Zahlung von einmaligen Geldleistungen zugelassen, um eine dringende Notlage zu beseitigen,

z. B. Prozeßkostenvorschuß (§ 1360a Abs. 4 BGB),

Kosten ärztlicher Behandlung, Kosten für Heilmittel,

Kurkosten.

303 **3. Das Verfahren der einstweiligen Verfügung**

Grundsätzlich finden die Bestimmungen für das Arrestverfahren Anwendung (§ 936 ZPO):

Gesuch mit Glaubhaftmachung von Verfügungsanspruch und Verfügungsgrund.

Im übrigen gelten folgende Besonderheiten:

a) **Zuständig** ist regelmäßig:

das **Gericht der Hauptsache** (§ 937 ZPO).

Beim Kollegialgericht kann in dringenden Fällen der Vorsitzende allein entscheiden (§ 944 ZPO).

Nur in dringenden Fällen ist **zuständig**

das **Amtsgericht**, in dessen Bezirk sich der Streitgegenstand befindet (§ 942 ZPO).

Beachte: Das Amtsgericht hat dann eine Frist zu bestimmen, innerhalb der die Ladung des Gegners zur mündlichen Verhandlung über die Rechtmäßigkeit der einstweiligen Verfügung beim Gericht der Hauptsache zu beantragen ist (§ 942 Abs. 1 ZPO).

Für eine einstweilige Verfügung wegen einer *Vormerkung* oder eines *Widerspruchs* ist zuständig das *Amtsgericht* der *belegenen Sache* (§ 942 Abs. 2 ZPO).

In diesem Fall erfolgt Fristbestimmung für die Ladung zur mündlichen Verhandlung über die Rechtmäßigkeit der einstweiligen Verfügung beim Gericht der Hauptsache nur auf Antrag des Schuldners (§ 942 Abs. 2 ZPO).

b) **Mündliche Verhandlung** ist *regelmäßig erforderlich* (§ 937 Abs. 2).

Nur in *dringenden Fällen* – wenn sonst der Zweck der einstweiligen Verfügung gefährdet würde – kann ohne mündliche Verhandlung entschieden werden.

Die Dringlichkeit ist dann gleichfalls glaubhaft zu machen und im Beschluß festzustellen.

Beachte: Bei der Zuständigkeit des Amtsgerichts nach § 942 ist die mündliche Verhandlung freigestellt.

Die Entscheidung dieses Gerichts ergeht aber stets – auch nach mündlicher Verhandlung – durch Beschluß (also kein Versäumnisurteil möglich).

Im übrigen ergeht die Entscheidung des Gerichts der Hauptsache:

ohne mündliche Verhandlung: durch Beschluß – (dagegen Widerspr. § 924/925),

auf Grund mündlicher Verhandlung: durch Urteil.

304 **4. Inhalt der einstweiligen Verfügung**

a) **Das Gericht bestimmt nach** *freiem Ermessen*, welche Anordnungen zur Erreichung des Zwecks erforderlich sind (§ 938 ZPO).

Dieses Ermessen darf aber nur im Rahmen des Antrags ausgeübt werden (§ 308 ZPO).

In Frage kommen insbesondere (§ 938 Abs. 2 ZPO):

Sequestration: Verwahrung und Verwaltung von Sachen durch einen Dritten (Gerichtsvollzieher),

Gebot und Verbot von Handlungen, z. B. Verbot der Veräußerung, des Erwerbs oder der Belastung von Sachen, einstweiliges Verbot von Wettbewerbshandlungen,

Eintragung von Vormerkung und Widerspruch,

einstweilige Regelung der Benutzung von Sachen, der Geschäftsführungsbefugnis.

b) Die einstweilige Verfügung dient wie der Arrest grundsätzlich nur der *Sicherung*, nicht der Befriedigung; sie soll daher möglichst nicht endgültige Verhältnisse schaffen.

Ausnahme: die zulässige einstweilige Verfügung auf Verurteilung zur einer Geldzahlung.

c) Eine Lösungssumme (entsprechend § 923 ZPO) wird in der einstweiligen Verfügung nicht festgesetzt (§ 939 ZPO).

5. Die **Aufhebung** der einstweiligen Verfügung erfolgt auf Antrag   **305**

   a) durch Urteil
     nach Widerspruch, wenn Verfügungsgrund oder Verfügungsanspruch nicht bestehen (§§ 925, 936 ZPO),
     wegen Versäumung der Frist zur Klageerhebung (§§ 926, 936 ZPO),
     wegen veränderter Umstände, wenn Verfügungsanspruch oder Verfügungsgrund nachträglich entfallen (§§ 927, 936 ZPO),

   b) durch Beschluß des Amtsgerichts
     wegen Versäumung der Frist zur Ladung des Antragsgegners vor das Gericht der Hauptsache zur Durchführung des Rechtsfertigungsverfahrens (§ 942 ZPO)

6. Die Vollziehung der einstweiligen Verfügung erfolgt im wesentlichen nach den **306** Bestimmungen über den Arrestvollzug.
Die **Vollziehungsfristen** gelten wie beim Arrest (§ 929 Abs. 2 u. 3 ZPO).
Eine Schadensersatzpflicht ergibt sich aus § 945 ZPO, wenn sich die einstweilige Verfügung als von vornherein als ungerechtfertigt herausstellt.

7. **Die Schutzschrift**   **307**
Die Schutzschrift ist ein *vorbeugendes Verteidigungsmittel gegen einen erwarteten Antrag auf Erlaß einer einstweiligen Verfügung.* Sie ist im Gesetz nicht geregelt, aber von erheblicher praktischer Bedeutung.
Die Schutzschrift ist eine ›Erfindung‹ der in Wettbewerbssachen tätigen Rechtsanwälte. Sie ist aber in ihrer Bedeutung nicht auf diesen Rechtsbereich beschränkt.
Wer aufgrund von Aufforderungen, Abmahnungsschreiben oder sonstiger außergerichtlicher Auseinandersetzungen den Antrag auf Erlaß einer gegen ihn gerichteten einstweiligen Verfügung befürchten muß, braucht dem nicht tatenlos entgegenzusehen, sondern kann an das voraussichtlich mit dem Antrag befaßte Gericht einen Schriftsatz einreichen, durch den er unter Kennzeichnung der Parteien und des Streitverhältnisses bereits vorweg eine Stellungnahme zu dem erwarteten Antrag abgibt. Er kann auch seine eigene Sachverhaltsdarstellung bereits glaubhaft machen und dadurch die Entscheidung beeinflussen, insbesondere erreichen, daß das Gericht möglicherweise von einer sofortigen Anordnung der einstweiligen Verfügung absieht (§§ 936, 921 Abs. 1 ZPO) und statt dessen Termin zur mündlichen Verhandlung bestimmt (§§ 936, 922 Abs. 1, 937 Abs. 2 ZPO).
Durch die Schutzschrift verbessert der Antragsgegner seine prozessuale Position im vorhinein, weil er so das ihm sonst möglicherweise erst nachträglich gewährte rechtliche Gehör bereits vorsorglich wahrnehmen kann (vgl. Teplitzky NJW 1980, 1667).

23. Kapitel

Rechtsmittel und Rechtsbehelfe im Zivilprozeß

I. Die Rechtsmittel im allgemeinen

1. Bedeutung der Rechtsmittel; Umfang der Nachprüfung

308 Durch die Einlegung eines Rechtsmittels wird die Entscheidung angefochten. Dies führt

a) zur *Nachprüfung durch ein höheres Gericht (Devolutiveffekt);*

führt die Anfechtung nicht zur Nachprüfung in höherer Instanz (z. B. beim Einspruch gegen ein Versäumnisurteil), so spricht man von ›Rechtsbehelf‹;

b) *zur Aufschiebung des Eintritts der formellen Rechtskraft infolge Fortsetzung des Rechtsstreits (Suspensiveffekt).*

Die Nachprüfung kann sich erstrecken
a) auf die gesamte Entscheidung in *tatsächlicher und rechtlicher Hinsicht* (Sachverhalt und anzuwendendes Recht),

z. B. Berufung (§ 525 ZPO), Beschwerde (§ 570 ZPO),

b) *ausschließlich auf die Rechtsanwendung,* ohne erneute Überprüfung des Sachverhalts,

z. B. Revision (§§ 559, 561 ZPO).
In der Revisionsinstanz bilden **das im Tatbestand des Berufungsurteils beurkundete Parteivorbringen** (§§ 561 Abs. 1, 314 ZPO), sowie **die Feststellungen des Berufungsgerichts** (§ 561 Abs. 2 ZPO) die Grundlage für die überprüfende Rechtsanwendung des Revisionsgerichts;
vgl. Möglichkeit der Tatbestandsberichtigung gemäß § 320 ZPO, wenn der Tatbestand Unrichtigkeiten enthält.
Neues Vorbringen darf grundsätzlich in der Revisionsinstanz **nicht berücksichtigt** werden.

2. Die Zulässigkeitsvoraussetzungen

309 Das Rechtsmittelgericht darf in der Sache selbst nur entscheiden, wenn die Zulässigkeit des Rechtsmittels gegeben ist. Andernfalls ist das Rechtsmittel als unzulässig zu verwerfen.

a) **Statthaft** ist ein Rechtsmittel, wenn es gegen eine Entscheidung dieser Art überhaupt vorgesehen ist (d. h. stattfindet, vgl. § 511 ZPO).

Gegen eine die beantragte Prozeßkostenhilfe versagende Entscheidung findet Beschwerde statt (§ 127 Abs. 2 ZPO), Berufung ist unstatthaft.

b) **Beschwer:** Nur wer durch die angegriffene Entscheidung beschwert (d. h. gegenüber seinem Antrag durch die Entscheidung benachteiligt) ist, kann ein Rechtsmittel einlegen. *Beschwer = Besonderes Rechtsschutzinteresse für Rechtsmittel.*
Der *Kläger* ist beschwert, wenn er mit der Klage abgewiesen worden ist. Der *Beklagte* ist beschwert im Falle seiner Verurteilung. Bei teilweisem Obsiegen und Unterliegen sind *beide Parteien* beschwert.

Einzelfragen zur Beschwer:
Kl. ist beschwert, wenn entgegen seinem Antrag der Beklagte nur Zug-um-Zug verurteilt worden ist,
Bekl. ist beschwert, wenn die Klage als unzulässig, statt als unbegründet abgewiesen worden ist (nicht aber umgekehrt).
Keine Beschwer, wenn eine der Partei günstige Entscheidung anders begründet worden ist, als diese es erstrebt hatte (Koblenz, Fam RZ 1960, 498).
Beschwer beim unbezifferten Klageantrag (z. B. Schmerzensgeld): Der Kläger ist im Falle eines unbezifferten Klageantrags dann beschwert, wenn die zugesprochene Summe seine im Prozeß erkennbar gewordenen Erwartungen enttäuscht (BGHZ 45, 91).

Beschwerdewert:

Bei vermögensrechtlichen Streitigkeiten sind Rechtsmittel nur zulässig, wenn der Wert **310** des Beschwerdegegenstandes (sog. Erwachsenheitssumme) eine bestimmte Summe übersteigt:

Berufung (§ 511a ZPO)	=	700,– DM
Revision (§ 546 Abs. 1 ZPO)	=	40 000,– DM
Beschwerde gegen Entscheidungen über Kosten, Gebühren und Auslagen (§ 567 Abs. 2 ZPO)	=	100,– DM

Unabhängig von einem bestimmten Beschwerdewert findet Revision statt bei *Abweichung von einer BGH – Entscheidung* oder einer *Entscheidung des Gemeinsamen Senats der obersten Gerichtshöfe des Bundes* und wenn das *OLG sie im Urteil zugelassen* hat bei Rechtssachen von grundsätzlicher Bedeutung (§ 546 ZPO).

c) Formerfordernis bei Rechtsmitteln

Die Einlegung der Rechtsmittel hat in besonderer Form zu erfolgen: **311**
Durch *Einreichung einer Rechtsmittelschrift* (§§ 518, 553, 569 ZPO).

Erforderlich ist eigenhändige Unterschrift – ggf. durch zugelassenen Rechtsanwalt. Nach h. M. genügt telegraphische Rechtsmitteleinlegung, nicht jedoch fernmündliche Erklärung.

Berufung und Revision sind *beim Rechtsmittelgericht* einzulegen; wegen der Einlegung der Beschwerde vgl. §§ 569 Abs. 1, 577 Abs. 2 ZPO.

d) Rechtsmittelfrist

Das Rechtsmittel kann – außer bei der einfachen Beschwerde – nur innerhalb einer **312** bestimmten Frist eingelegt werden:
Berufungsfrist: 1 Monat ab Zustellung des Urteils (§ 561, 317 Abs. 1 ZPO),
Revisionsfrist: Regelung entsprechend der Berufungsfrist (§ 552 ZPO),
Beschwerdefrist bei *sofortiger* Beschwerde: 2 Wochen ab Zustellung (§ 577 Abs. 2 ZPO).

Die Rechtsmittelfristen sind sog. Notfristen; gegen ihre Versäumung gibt es u. U. die Wiedereinsetzung in den vorigen Stand (§§ 223 Abs. 3, 233, 516, 552, 577 ZPO).

e) Anschluß-Berufung, – Revision, – Beschwerde

313 Sind durch eine Entscheidung beide Parteien benachteiligt, so kann auch jede für sich das entsprechende Rechtsmittel einlegen. Jede kann aber auch das Verhalten des Gegners abwarten und sich gegebenenfalls einem von diesem eingelegten Rechtsmittel anschließen (§§ 521, 556 ZPO; entsprechende Anwendung für Beschwerde).

Dies ist auch noch möglich nach Ablauf der Berufungsfrist (Revisionsfrist) für den Anschließenden oder nach Verzicht auf das Rechtsmittel.

Über die Bedeutung von unselbständiger und selbständiger Anschließung vgl. § 522 ZPO.

3. Verzicht und Rücknahme bei Rechtsmitteln (§§ 514, 515, 566 ZPO)

314 Durch Verzicht – vor oder nach Einlegung des Rechtsmittels – wird das Rechtsmittel unzulässig; es ist als unzulässig zu verwerfen falls es trotz erklärtem Verzicht noch eingelegt wird.
Die Rücknahme eines eingelegten Rechtsmittels ist entsprechend der Klagerücknahme gestaltet:

Nach Beginn der mündlichen Verhandlung ist die Einwilligung des Gegners erforderlich; Kosten gehen zu Lasten des Zurücknehmenden; erneute Einlegung des Rechtsmittels (solange die Frist noch nicht abgelaufen ist) ist möglich.

4. Begründetheit des Rechtsmittels und Grenzen der Abänderung

315 Erst nach Feststellung der Zulässigkeit darf im Rechtsmittelverfahren geprüft werden, ob die angefochtene Entscheidung richtig oder unrichtig ist. Dabei muß das Rechtsmittelgericht im Rahmen des Antrags des Rechtsmittelklägers entscheiden. Es darf nicht mehr und nichts anderes zusprechen als der Rechtsmittelkläger beantragt hat. Das Rechtsmittelgericht darf aber insbesondere auch die angefochtene Entscheidung nicht zum Nachteil des Rechtsmittelklägers abändern, außer wenn auch der Gegner ein Rechtsmittel eingelegt hat. (*Verbot der reformatio in peius – Verbot der Schlechterstellung*, vgl. §§ 536, 559 Abs. 1 ZPO).

5. Gestaltung des Instanzenzugs bei Anfechtung von Urteilen

316

Urteil erlassen *von*	Berufung *an*	Revision *an*
Amtsgericht	Landgericht falls über 700,– DM (§ 72 GVG)	–
Amtsgericht in Familiensachen	OLG (§ 119 Nr. 1 GVG)	BGH (§ 133 Nr. 1 GVG)
Landgericht	OLG (§ 119 Nr. 3 GVG)	BGH (§ 133 Nr. 1 GVG)
Landgericht im Falle des § 566 a ZPO	–	BGH (Sprungrevision)

6. Würdigung der Rechtsmittelmöglichkeit

Das Bestehen von Rechtsmitteln erhöht die Chance, zu richtigen Entscheidungen zu gelangen und **317** fördert die Ausbildung einer einheitlichen Rechtsprechung. Dies wird jedoch erkauft durch Verzögerung und Verteuerung der Rechtsschutzgewährung. Ein Ausgleich dieser widersprechenden Interessen wird dadurch gesucht, daß nicht jede Entscheidung einer Nachprüfung zugänglich gemacht wird (Beschwerdewert) und teilweise der Instanzenzug beschränkt ist (z. B. keine Revision gegen Berufungsurteile der Landgerichte).

II. Die einzelnen Rechtsmittel

1. Berufung

Rechtsmittel *gegen Endurteile erster Instanz* (§ 511 ZPO) mit Ausnahme der Versäum- **318** nisurteile (§ 513 ZPO). Gegen ein *sog. ›zweites‹ Versäumnisurteil* (§ 345 ZPO) ist Berufung zulässig, die jedoch nur darauf gestützt werden kann, es habe ein Fall der Versäumung nicht vorgelegen (§ 513 Abs. 2 ZPO). Gegebenenfalls ist dann das Versäumnisurteil aufzuheben und der Rechtsstreit zurückzuverweisen (§ 538 Abs. 1 Nr. 5 ZPO).

a) Die Berufung ist zu begründen (§ 519 ZPO) und ermöglicht eine Überprüfung in *tatsächlicher und rechtlicher* Hinsicht.
Neue Tatsachen und Beweismittel, die in der ersten Instanz noch nicht vorgebracht worden sind, dürfen nur eingeschränkt noch zugelassen werden (vgl. § 528 Abs. 1 und 2 ZPO). Angriffs- und Verteidigungsmittel, die im ersten Rechtszug zu Recht zurückgewiesen worden sind, bleiben ausgeschlossen (§ 528 Abs. 3 ZPO).

b) Die Entscheidung erfolgt, wenn sich die *Unzulässigkeit der Berufung* ergibt, entweder *durch Beschluß* (§ 519b ZPO) *oder durch Endurteil*, durch das die Berufung als unzulässig verworfen wird;
im übrigen durch Urteil:
Zurückweisung der Berufung, wenn sie nicht begründet ist, oder *Aufhebung des Urteils und neue Entscheidung;*
ausnahmsweise:
Aufhebung des Urteils und Zurückverweisung an die untere Instanz in den Fällen der §§ 538, 539 ZPO, sofern nicht eine eigene Entscheidung für sachdienlich erachtet wird (§ 540 ZPO).

2. Revision

Rechtsmittel *gegen die Berufungsurteile der Oberlandesgerichte* (§ 545 ZPO). **319**
Auf der Grundlage des Parteivorbringens gemäß dem Tatbestand des angefochtenen Urteils und dem Sitzungsprotokoll sowie den vom unteren Gericht getroffenen tatsächlichen Feststellungen (§ 561 ZPO) erfolgt lediglich eine *rechtliche Nachprüfung*, d. h. die Revision kann nur darauf gestützt werden, daß die Entscheidung auf einer Gesetzesverletzung beruhe (§§ 549, 550 ZPO). Bei bestimmten *schweren Verfahrensverstößen* (sog. absoluten Revisionsgründen) wird die Kausalität der Gesetzesverletzung für das Urteil unwiderleglich vermutet (§ 551 ZPO).

3. Beschwerde

320 Rechtsmittel *zur Anfechtung von Entscheidungen, gegen die sie besonders zugelassen ist* (meist Beschlüsse und Verfügungen),

z. B. §§ 46, 91 a, 104 Abs. 3, 127 ZPO,

oder *Entscheidungen in Verfahren ohne Mündlichkeitszwang durch die ein das Verfahren betreffendes Gesuch zurückgewiesen ist (§ 567 ZPO),*

z. B. Versagung der Bewilligung öffentl. Zustellung (§ 204 ZPO), Ablehnung oder Unterlassung einer beantragten Terminsbestimmung (§ 216 ZPO).

Ausnahmsweise kann auch die *Kostenentscheidung in einem Anerkenntnisurteil* gemäß § 99 Abs. 2 ZPO mit Beschwerde angefochten werden.

a) Eingelegt wird die Beschwerde regelmäßig beim *Gericht, das die angefochtene Entscheidung erlassen hat,* ausnahmsweise auch beim Beschwerdegericht (§§ 569, 577 ZPO). Für Beschwerden *im amtsgerichtlichen Verfahren,* im *Prozeßkostenhilfeverfahren* sowie *Beschwerden von Zeugen und Sachverständigen* besteht zur Einlegung *kein Anwaltszwang* (§§ 569 Abs. 2, 78 Abs. 2 ZPO).
Aufschiebende Wirkung hat die Beschwerde regelmäßig *nicht* (Ausnahmen: § 572 ZPO).

Es kann jedoch bis zur Vorlage (§ 571 ZPO) das Untergericht, danach das Beschwerdegericht durch Beschluß nach freiem Ermessen die Aussetzung des Vollzugs anordnen (§ 572 Abs. 2 und 3 ZPO).

b) Arten der Beschwerde

aa) Einfache Beschwerde:
Sie ist an *keine Frist* gebunden. Das Gericht, dessen Entscheidung angefochten wird, kann selbst abhelfen, wenn es die Beschwerde für begründet erachtet (§ 571 ZPO); andernfalls hat es die Beschwerde vor Ablauf einer Woche dem Beschwerdegericht vorzulegen.

bb) **Sofortige** Beschwerde:
Sie findet statt, wo dies im Gesetz ausdrücklich erwähnt ist,

z. B. §§ 91 a, 104 Abs. 3, 793 ZPO.

Die sofortige Beschwerde ist innerhalb einer *Notfrist* von 2 Wochen einzulegen (§ 577 ZPO); Fristbeginn mit Zustellung.

Das die Entscheidung erlassende Gericht darf, auch wenn es die Beschwerde für begründet hält, nicht selbst abhelfen, sondern *muß vorlegen* (§ 577 Abs. 3 ZPO).

cc) **Weitere** Beschwerde:
Gegen die Entscheidung des Beschwerdegerichts ist eine weitere (einfache oder sofortige) Beschwerde ausnahmsweise zulässig, wenn in ihr ein *neuer selbständiger Beschwerdegrund* enthalten ist (§ 568 Abs. 2 ZPO). Dies ist *nicht der Fall,* wenn angefochtene Entscheidung und Beschwerdeentscheidung übereinstimmen; dagegen *stets bei Verwerfung der Beschwerde als unzulässig* oder wenn *der Beschwerde stattgegeben wird,* nach h. M. auch, wenn *die Beschwerdeentscheidung auf wesentlichen Verfahrensverstößen beruht* (z. B. Versagung des rechtlichen Gehörs) – anders Bettermann ZZP 77,3.

Keine weitere Beschwerde gegen Entscheidung der Landgerichte über Prozeßkosten (§ 568 Abs. 3 ZPO).

4. Erinnerung

Die Erinnerung ist *ein Rechtsbehelf, der zur Nachprüfung einer Entscheidung durch das Gericht erster Instanz führt,* ihr **fehlt** also der **Devolutiveffekt.**

321

a) **Fälle** der Erinnerung:
gegen Entscheidungen des verordneten Richters: § 576 ZPO,
gegen Entscheidungen des Urkundsbeamten: § 576 ZPO,
gegen den Kostenfestsetzungsbeschluß: § 104 ZPO,
gegen Entscheidungen des Rechtspflegers (s. u.): § 11 RPflG,
im Zwangsvollstreckungsverfahren: § 766 ZPO.

b) **Anfechtung von Entscheidungen des Rechtspflegers**

Zulässig ist die Erinnerung an den Richter (§ 11 RPflG).
Wäre gegen die gleichartige Entscheidung des Richters die sofortige Beschwerde gegeben, so ist auch die Erinnerung gegen die Entscheidung des Rechtspflegers fristgebunden. Gleiches gilt, wenn gegen die Entscheidung des Richters kein Rechtsmittel stattfindet.

322

Der Rechtspfleger ist in diesen Fällen nicht selbst zur Abhilfe befugt.

Über die Erinnerung entscheidet der Richter selbst, wenn er die Erinnerung für zulässig und begründet hält oder wenn seine Entscheidung einem Rechtsmittel nicht unterliegt. Gegen die Entscheidung des Richters findet das dafür vorgesehene Rechtsmittel statt. Hält der Richter die Erinnerung für zulässig, aber nicht für begründet, so legt er die Erinnerung ohne weiteres dem Beschwerdegericht zur Entscheidung vor. In diesem Fall gilt die Erinnerung als Beschwerde (sogenannte ›Durchgriffserinnerung‹).

Abschnitt B

Anleitung zur Bearbeitung zivilrechtlicher Aktenstücke

1. Kapitel

Einführung in die richterliche Arbeitsmethode (Relationstechnik)

1. Richterliche Arbeitsmethode wird an der Universität nicht gelehrt. Der Student wird dort vornehmlich in der Anwendung des Rechts auf vorgegebene Sachverhalte unterwiesen, wobei er verschiedene naheliegende rechtliche Beurteilungen auf ihre Einschlägigkeit prüft (Rechtsgutachten). Wie diese Sachverhalte gefunden werden, braucht ihn nicht zu interessieren.

2. Demgegenüber ist in der Praxis die Aufgabe vorrangig, den Sachverhalt, auf den die Rechtsprüfung angesetzt werden soll, erst zu ermitteln. Hierfür stehen als Ausgangsmaterial die oft unklaren widersprüchlichen und einseitig gefärbten Vorträge beider Parteien und zuweilen fragwürdige Beweisergebnisse zur Verfügung. Um hieraus den schließlich für die Rechtsanwendung maßgeblichen Sachverhalt zu erarbeiten, bedarf es eines logisch-systematischen Vorgehens. Erst nach Feststellung dieses ermittelten End-Sachverhalts beginnt auch in der Rechtspraxis die materiellrechtliche Rechtsanwendung.

3. Die Rechtsanwendung in der richterlichen Praxis hat zwei verschiedene Erscheinungsformen:

a) Das **Gutachten** sucht, welche von mehreren denkbaren rechtlichen Konsequenzen letztlich auf den Sachverhalt als zutreffend erachtet werden kann. Es wird regelmäßig nicht schriftlich fixiert, sondern allenfalls mündlich in einer Beratung vorgetragen. Aber auch wo es nicht nach außen in Erscheinung tritt, z. B. bei den Erwägungen des Amtsrichters, wird es jedenfalls gedanklich erstattet.

b) Das **Urteil** spricht die durch gutachtliche Abwägung gefundene Entscheidung aus und liefert dafür die Begründung. Es wird stets schriftlich gestaltet und tritt durch Verkündung nach außen in Erscheinung.

4. Die Etappen der richterlichen Arbeitsweise treten beim Kollegialgericht besonders deutlich in Erscheinung. Die **Aktenbearbeitung** obliegt dort einem Mitglied des Spruchkörpers (Zivilkammer, Zivilsenat), dem sogenannten **Berichterstatter** (BE), der durch den Vorsitzenden bei Eingang der Klage bestimmt wird (§ 21 g GVG). Er hat in der Beratung, die auf die mündliche Verhandlung folgt, nach entsprechenden Vorarbeiten an Hand der Akten den übrigen richterlichen Mitgliedern des richterlichen Spruchkörpers

mündlich einen (Sach-)**Bericht** über den Akteninhalt zu geben. Daran schließt sich sein **Gutachten** an, das schließlich in einen Entscheidungsvorschlag mündet. Die im Gutachten geäußerten Rechtsansichten werden, soweit notwendig, diskutiert; danach wird über den Entscheidungsvorschlag **abgestimmt** (§§ 192–197 GVG). Das von der Mehrheit getragene Beratungs- und Abstimmungsergebnis ist die **Entscheidung des Gerichts.**

Die gerichtliche Entscheidung wird im **Urteilstenor** formuliert, im **Tatbestand** wird entsprechend dem Bericht das Parteivorbringen beurkundet und in den **Entscheidungsgründen** wird die Entscheidung rechtlich ausgeführt und begründet. Die Abfassung des Urteils obliegt gleichfalls dem Berichterstatter. Er wird von dieser Aufgabe auch dann nicht freigestellt, wenn er etwa in der Beratung überstimmt worden ist und nun gegen seine eigene Überzeugung begründen muß.

5. Es bestehen erkennbare Parallelen zwischen

Bericht	und	Tatbestand,
Gutachten	und	Entscheidungsgründen,
Entscheidungsvorschlag	und	Urteilstenor.

Begrifflich sind jedoch wichtige Unterschiede zu vermerken:

Bericht	Tatbestand
dient der Information der Kammer durch den Berichterstatter;	beurkundet das Parteivorbringen;
Gutachten	Entscheidungsgründe
sucht die Entscheidung durch die Erörterung aller denkbaren Anspruchsgrundlagen; bringt die persönliche Auffassung des Berichterstatters;	begründen die vom Gericht getroffene Entscheidung durch Darstellung der tragenden Gesichtspunkte;
Entscheidungsvorschlag	Urteilstenor
enthält die persönliche Ansicht des Berichterstatters und ist jederzeit noch abänderbar;	formuliert die Entscheidung des Gerichts mit verbindlichem Wortlaut.

2. Kapitel

Der Bericht
(Darstellung der vorgetragenen Tatsachen)

1. Erfassen des Sachverhalts

324 *Parteivortrag* findet sich regelmäßig in den *Schriftsätzen.* Außerdem können aber auch in *Verhandlungsprotokollen* Parteierklärungen zum Sachverhalt enthalten sein (›mündliche Verhandlung‹). Maßgeblich ist der *Vortrag am Schluß der mündlichen Verhandlung:* Soweit Parteierklärungen später ausdrücklich oder konkludent durch anderslautende neue Äußerungen zurückgenommen werden, sind sie nicht mehr zu berücksichtigen. *Erklärungen* (Schriftsätze), die *erst nach Schluß der mündlichen Verhandlung* eingehen, finden, sofern nicht der Fall des § 283 ZPO vorliegt oder eine Wiedereröffnung der mündlichen Verhandlung (§ 156 ZPO) geboten erscheint, keine Beachtung.

2. Stoffordnung

325 Der vom Bearbeiter erfaßte Sachverhalt muß geordnet werden, um sowohl den zeitlichen Ablauf des zu beurteilenden Geschehens richtig zu sehen, als insbesondere auch das Unstreitige vom Streitigen zu trennen. Diese *Trennung in streitigen und unstreitigen Sachvortrag* ist von großer Wichtigkeit, weil hierdurch deutlich werden muß, welche Teile des Sachverhalts schon festgestellt (weil unstreitig) sind und welcher Sachvortrag gegebenenfalls erst durch eine Beweiserhebung zur Überzeugung des Gerichts erwiesen sein muß.

Diese Aufgabe der Stoffordnung kann sich der Bearbeiter dadurch erleichtern, daß er einen schematischen Aktenauszug herstellt.

Es empfiehlt sich, breitformatiges Papier in 3 Spalten zu unterteilen. In die *erste Spalte* (›Klägervortrag‹) werden untereinander in gehörigem Abstand die *klägerischen Behauptungen* eingetragen. Gleiches geschieht in der *zweiten Spalte* mit dem *Beklagten-Vortrag,* wobei Darlegungen zum gleichen Thema in den Spalten auf gleiche Höhe nebeneinander zu stehen kommen.

Durch Unterstreichen mit grüner Farbe können *übereinstimmende Darstellungen beider Parteien* **als unstreitig** erkennbar gemacht werden. Denn die spätere, inhaltlich mit der ersten Behauptung des Gegners übereinstimmende Erklärung ist ein Geständnis (§§ 288 ff. ZPO). – Zugestandene Behauptungen brauchen nicht erst bewiesen zu werden, um sie der Entscheidung zu Grunde legen zu können. Grün (d. h. als unstreitig) zu unterstreichen sind auch *solche Erklärungen der einen Partei, zu denen die Gegenpartei gar keine eigene Darstellung abgegeben hat.* Auch sie gelten als zugestanden (§ 138 Abs. 3 ZPO) und bedürfen deshalb keines Beweises.

Wegen der Bedeutung einer ›**Erklärung mit Nichtwissen**‹ vgl. § 138 Abs. 4 ZPO.

Rot zu unterstreichen und damit als streitig zu kennzeichnen sind die *Behauptungen einer Partei, welche die Gegenpartei ausdrücklich oder konkludent durch andersartige Darstellung bestreitet.* Soweit es für die Entscheidung auf diese bestrittene Behauptung ankommt, muß sie bewiesen sein, um sie der Entscheidung zu Grunde legen zu können. Es empfiehlt sich daher auch bei den bestrittenen Behauptungen der Parteien, die hierzu angebotenen Beweismittel zu vermerken.

3. Vermerke zur Prozeßgeschichte

Außer dem von den Parteien gebotenen Sachverhalt ist es auch noch erforderlich, wesent- **326**
liche Ereignisse aus dem Prozeßverlauf festzuhalten, soweit diese auf die zu treffende
Entscheidung Einfluß haben. Sie werden in die *dritte Spalte* eingetragen.
Dies gilt vornehmlich für die *Beweiserhebung* und *deren Ergebnis,* das in der dritten
Spalte neben dem zu beweisenden Sachvortrag festgehalten werden sollte.

Bei allen Angaben im Aktenauszug sollte die Blattzahl aus den Akten vermerkt werden,
um sich die Bearbeitung und das Nachschlagen zu erleichtern.

4. Aufbau und Gestaltung des Berichts

Der **Bericht** des Berichterstatters zur Information der übrigen Mitglieder des Spruchkör- **327**
pers ist wie der später zu behandelnde Tatbestand zu gliedern in *streitigen* und *unstreiti-*
gen Sachverhalt.

Bei der Gestaltung ist die Aufnahmefähigkeit der Zuhörer zu berücksichtigen. Wichtiges ist
besonders, auch rhetorisch, hervorzuheben; eine ermüdende Aufzählung von Daten sollte vermieden werden.

3. Kapitel

Das Gutachten

328 In Anschluß an den Bericht erfolgt die rechtliche Würdigung des Sachverhalts im **Gutachten.**

Es sucht die richtige Entscheidung und zeigt die hierfür gebotenen Gedankengänge auf. Diese gehen aus von der Frage und führen über die Erörterung zur Antwort. Hierdurch ist auch der sogenannte *Gutachtenstil* bedingt:

Frage –	Der Anspruch könnte aus § 823 BGB begründet sein.
Erörterung –	Dazu wäre erforderlich, daß der Beklagte eines der dort genannten Rechte des Klägers verletzt hat. Als ein solches Recht kommt das Eigentum in Betracht. Die beschädigte Sache war zwar dem Kl. übereignet worden, jedoch ist die Eigentumsübertragung angefochten worden ...
Antwort –	Ein Anspruch aus unerlaubter Handlung kommt somit nicht in Betracht.

Das Gutachten wird oftmals nur *gedanklich* erarbeitet (Amtsrichter); in der Beratung beim Kollegialgericht wird es vom Berichterstatter *mündlich* vorgetragen. Die vom Referendar während der Zivilrechtsstation als förmliche Ausbildungsleistung verlangte Relation umfaßt auch ein *schriftliches* Gutachten.

Das Gutachten durchläuft verschiedene Bearbeitungsstadien, die in nachfolgender Reihenfolge abzuhandeln sind:

I. Prüfung der Sachurteilsvoraussetzungen und Prozeßhindernisse

329 *Fehlt* eine Sachurteilsvoraussetzung oder liegt ein vom Beklagten geltendgemachtes *Prozeßhindernis* vor, so besteht zwar gleichwohl zwischen den Parteien ein Rechtsstreit, das *Gericht* ist aber dann *nicht befugt*, über den vom Kläger erhobenen Anspruch *zu entscheiden:*

Die Klage ist als unzulässig abzuweisen (sog. Prozeßurteil).

Die Bezeichnung ›Prozeßvoraussetzung‹ ist daher unzutreffend.

Die *Rechtskraft* eines solchen, die Klage als unzulässig abweisenden Prozeßurteils steht der erneuten Klageerhebung bei Vorhandensein der bemängelten Sachurteilsvoraussetzung nicht im Wege.

Bei Klageabweisung wegen fehlender Zuständigkeit ist erneute Klageerhebung beim zuständigen Gericht möglich.

330 Die **wichtigsten Sachurteilsvoraussetzungen,** deren Vorliegen von Amts wegen zu beachten ist, sind

a) *Bestehen der deutschen Gerichtsbarkeit über den Beklagten* (§§ 18–20 GVG)

Sie fehlt z. B. bei diplomatischen Vertretern fremder Staaten (sog. Exterritoriale).

b) *Vorliegen einer ordnungsgemäßen Klage oder eines zulässigen Rechtsbehelfs*

Fehlt der notwendige Inhalt nach § 253 Abs. 2 ZPO, so liegt keine ordnungsgemäße Klage vor.

c) *Parteifähigkeit (§ 50 ZPO)*

d) *Prozeßfähigkeit (§§ 51, 52 ZPO)*

Es gibt keine ›beschränkte Prozeßfähigkeit‹ entsprechend der beschränkten Geschäftsfähigkeit; jedoch sind **Minderjährige** im Rahmen der §§ 112, 113 BGB auch prozeßfähig. Die Prozeßführung eines Prozeßunfähigen kann insgesamt nachträglich genehmigt werden durch den gesetzlichen Vertreter oder durch den prozeßfähig gewordenen früher Minderjährigen selbst.

e) *Ordnungsgemäße gesetzliche Vertretung*

f) *Vorhandensein einer behaupteten Prozeßführungsbefugnis*

Prozeßführungsbefugnis, d. h. Befugnis, über ein Recht im eigenen Namen zu prozessieren. Sie steht für gewöhnlich dem an dem Rechtsverhältnis *materiellrechtlich Beteiligten* (Käufer – Verkäufer, Eigentümer – Besitzer) zu. Ausnahmsweise gibt es jedoch Fälle, in denen ein *Dritter* das Recht hat, *im eigenen Namen über ein fremdes Recht zu prozessieren*: z. B. der verwaltende Ehegatte bei Gütergemeinschaft § 1422 BGB; Fall des § 265 Abs. 2 ZPO; Partei kraft Amtes; Ehegatte im Fall der §§ 1368, 1369 BGB; Fälle der sog. ›gewillkürten Prozeßstandschaft‹ (d. h. Ermächtigung zur Prozeßführung bei eigenem rechtlichem Interesse des Ermächtigten). Von der Prozeßführungsbefugnis zu unterscheiden ist die *Sachlegitimation d. h. das Beteiligtsein an einem materiellrechtlichen Rechtsverhältnis.*

g) *Örtliche und sachliche Zuständigkeit*

Durch einen Verweisungsantrag kann der Kläger die Prozeßabweisung wegen fehlender Zuständigkeit vermeiden (§ 281 ZPO); es kann auch durch Prorogation das zunächst unzuständige Gericht zuständig werden (§§ 38–40 ZPO).

h) *Zulässigkeit des Rechtswegs (§ 13 GVG)*

i) *Zulässigkeit der gewählten Verfahrensart*

Z. B. Urkunden- und Wechselprozeß, Abänderungsklage (§ 323 ZPO).

k) *Rechtsschutzinteresse*

Ist der Kläger bereits im Besitz einer Vollstreckungsmöglichkeit (z. B. einer vollstreckbaren Urkunde) oder gibt es einen einfacheren Weg, um das erstrebte Ziel zu erreichen (z. B. Unterhalt durch einstweilige Anordnung im Ehescheidungsverfahren, § 620 ZPO, statt durch Erhebung einer Unterhaltsklage; Kostenfestsetzungsantrag statt Klage auf Gebührenerstattung), so fehlt ein berechtigtes Interesse an der Durchführung des Prozesses.

l) *Fehlen anderweitiger Rechtshängigkeit*

Entscheidend ist, ob zwischen den gleichen Parteien derselbe Streitgegenstand bereits anhängig ist (Streitgegenstandsbegriff!).

Nur auf Rüge des Beklagten wird geprüft: **331**
a) *Bestehen einer Schiedsgerichtsklausel (§§ 1025 ff., 1027 a ZPO),*
b) *mangelnde Sicherheit für die entstehenden Prozeßkosten, wenn Angehörige fremder Staaten als Kläger auftreten (§ 110 ZPO),*
c) *mangelnde Erstattung früherer Prozeßkosten, wenn dieselbe Klage bereits erhoben war und wieder zurück genommen worden ist (§ 269 Abs. 4 ZPO).*

Es wäre falsch, in jedem Rechtsstreit sämtliche hier aufgezählten Sachurteilsvoraussetzungen gutachtlich abzuhandeln. Für gewöhnlich liegen bei einem Rechtsstreit die Sachurteilsvoraussetzungen vor. Deshalb sind sie im Gutachten nur zu erörtern, wenn besonderer Anlaß dazu besteht, etwa weil sie fehlen, weil diesbezüglich Bedenken obwalten können oder weil eine Partei ihr Fehlen, wenn auch zu Unrecht, gerügt hat.

Sind **zuständigkeits-und anspruchsbegründende Tatsachen identisch,** so ist die Zuständigkeit gegeben, wenn die anspruchsbegründenden Tatsachen schlüssig vorgetragen sind.

Beispiel:
K behauptet von B in Stuttgart körperlich verletzt worden zu sein und klagt Schadensersatz beim Amtsgericht Stuttgart ein (§ 32 ZPO). B bestreitet jegliche Körperverletzung des K in Stuttgart und auch sonst wo und rügt daher auch die Unzuständigkeit des angerufenen Gerichts, in dessen Bereich er nicht wohnt. Er trägt vor, mangels unerlaubter Handlung in Stuttgart bestehe hier auch kein Gerichtsstand der unerlaubten Handlung.
Wird im Rechtsstreit tatsächlich eine unerlaubte Handlung des B nicht erwiesen, so ist dann die Klage als *unbegründet,* nicht als unzulässig, abzuweisen.

II. Die Schlüssigkeitsprüfung

Kommt es nicht bereits wegen Fehlens einer Sachurteilsvoraussetzung zur Prozeßabweisung (– Klageabweisung als unzulässig), so ist die Schlüssigkeit des Parteivortrages zu prüfen.
Grundlage der Schlüssigkeitsprüfung ist stets nur der *reine Sachvortrag der Parteien* ohne Rücksicht darauf, wie der Gegner zu diesem Tatsachenvortrag Stellung nimmt, d. h. ob er zugesteht oder bestreitet und auch ohne Rücksicht darauf, ob die vorgetragenen Tatsachen bewiesen sind oder nicht (vgl. oben Rn. 20!).

1. Schlüssigkeitsprüfung des Klägervortrages

332 *Rechtfertigt der Klägervortrag (d. h. die Klagebegründung) für sich betrachtet das Klagebegehren (d. h. den Klageantrag)?*

Vgl. § 331 Abs. 2 ZPO: Schlüssigkeitsprüfung beim Versäumnisurteil.

Die Schlüssigkeitsprüfung vollzieht sich *in folgenden Stufen:*
a) *Auffinden eines für den Klageanspruch einschlägigen Rechtssatzes (d. h. einer Anspruchsgrundlage)*

Es können auch mehrere Rechtssätze in Frage kommen, z. B. Vertrag und unerlaubte Handlung.

b) *Untersuchung des Klägervortrages, ob er die Tatbestandsmerkmale des als einschlägig erkannten Rechtssatzes erfüllt.*

Beispiel: Der *Kläger trägt vor,* der Hund des Beklagten habe ihn gebissen, die Wunde habe ärztlich versorgt werden müssen, wofür er 100,– DM bezahlt habe; auch habe er heftige Schmerzen erlitten. Er *beantragt* Verurteilung des Beklagten zur Zahlung von 200,– DM.
Das *klägerische Begehren rechtfertigt sich* aus §§ 833, 847 BGB; der klägerische Vortrag erfüllt auch die Tatbestandsmerkmale dieser Bestimmungen.
Also ist der Klägervortrag schlüssig, dies selbst dann, wenn etwa der Beklagte dagegen vorbringen sollte, er habe gar keinen Hund.

Die Schlüssigkeitsprüfung des Klägervortrages läßt die Stellungnahme des Beklagten gänzlich außer Betracht.
Ob die schlüssig vorgetragene Klage darüber hinaus auch *begründet* ist, ergibt sich dann erst aus der weiteren gutachtlichen Bearbeitung des Aktenfalles.

Weiteres Beispiel:
Kläger trägt vor, er habe dem Beklagten einen Bildband zugesandt, mit der Aufforderung, ihn binnen 10 Tagen zurückzusenden oder andernfalls den Kaufpreis von 50,– DM zu bezahlen. Der Beklagte habe innerhalb der Frist den Band nicht zurückgesandt. *Kläger beantragt* Verurteilung des Beklagten zur Zahlung von 50,– DM.
Da es keine gesetzliche Bestimmung gibt, wonach der Empfänger eines unverlangt zugesandten Buches bei Unterlassen der erbetenen Rücksendung den Kaufpreis zu bezahlen hätte, ist der **Klägervortrag unschlüssig.**
Die **unschlüssige Klage** ist **als unbegründet abzuweisen,** wobei es gleichgültig ist, ob der Beklagte den vom Kläger vorgetragenen (unschlüssigen) Sachverhalt zugesteht oder nicht. Dies ist aber nicht der Fall, wenn der Beklagte den erhobenen **Anspruch anerkennt** – denn ein Anerkenntnisurteil ergeht ohne Schlüssigkeitsprüfung (§ 307 ZPO), vgl. oben Rn. 138.

Beachte:
1. Der Schlüssigkeitsprüfung unterliegt der **gesamte Klägervortrag,** auch soweit er ihm ungünstig ist.

Beispiel: Erwähnt der Kläger im obigen Fall auch noch, daß er den Hund, der ihn gebissen hat, zuvor gereizt hat, so ist das hieraus zu entnehmende Mitverschulden des Klägers (§ 254 BGB) zu seinem Nachteil zu berücksichtigen. Die Klage ist dann, wenn der Kläger sein eigenes Mitverschulden nicht bereits selbst bei der Höhe seines Klageantrags berücksichtigt hatte, teilweise unschlüssig.

2. Auch **Nebenansprüche** (z.B. Zinsen, außergerichtliche Mahnkosten) sind in die Schlüssigkeitsprüfung einzubeziehen.

Beispiel: Kläger verlangt im Antrag, daß der verlangte Betrag mit 10 % zu verzinsen sei, ohne jedoch im Sachverhalt mitzuteilen, daß dieser Zinssatz vereinbart sei oder daß er selbst zu solchem Zinssatz Bankkredit in Anspruch nehme, den er durch rechtzeitige Leistung seitens des Beklagten hätte abdecken können. Gemäß §§ 291, 288 BGB ist dann nur ein Zinssatz von 4 % schlüssig dargetan. Die Geltendmachung höherer Zinsen erfordert nach § 286 BGB die Darlegung besonders entstandenen Schadens.

2. Prüfung der Erheblichkeit (Schlüssigkeit) des Beklagtenvortrags

333 Nur wenn die Schlüssigkeit des klägerischen Vorbringens zu bejahen ist, besteht im Gutachten Anlaß, auf das Verteidigungsverhalten des Beklagten einzugehen.

Macht der Beklagte, ohne auf Tatsachen einzugehen, **reine Rechtsausführungen,** mit denen er den vom Kläger erhobenen Anspruch in Abrede stellt, so können diese dem Richter Anregungen für die ohnedies anzustellende Schlüssigkeitsprüfung des Kläger-Vortrags geben.

Im übrigen ist beim *Verteidigungsverhalten des Beklagten* zu unterscheiden:

a) Bloßes Bestreiten von Tatsachen

334 Das bloße Bestreiten von Tatsachen ist *beachtlich, wenn bei Fehlen der bestrittenen Klägerbehauptung dessen Vortrag unschlüssig würde.*

Beispiel: Der Kläger verlangt Schadensersatz, weil ihn der *Langhaardackel des Beklagten* gebissen habe.
Der *Beklagte bestreitet, einen Hund zu haben;* dies ist ein **beachtliches (schlüssiges) Bestreiten.**
Der Beklagte bestreitet, daß *sein Hund ein Langhaardackel sei;* dies ist ein **unbeachtliches (unschlüssiges) Bestreiten.**

b) Erheben von Einreden (im Sinne der ZPO)

335 Der Beklagte kann den Klägervortrag unbestritten lassen, *seinerseits aber Tatsachen vorbringen, die bei Anwendung einschlägiger Rechtssätze geeignet sind, den Anspruch des Klägers zu Fall zu bringen.* Es handelt sich hierbei um

aa) **Rechtshindernde Einwendungen:** *Tatsachen, die den an sich schlüssig dargelegten Anspruch des Klägers wegen besonderer Umstände schon gar nicht zur Entstehung kommen ließen.*

Der Kläger trägt z. B. vor, die Parteien hätten sich vertraglich dahingehend geeinigt, daß ... Der Beklagte wendet dagegen ein, trotz der tatsächlich getroffenen Einigung sei für den Kläger ein Anspruch nicht entstanden, weil er *geschäftsunfähig* gewesen sei oder weil der beabsichtigte Vertrag *gegen die guten Sitten verstoßen* habe.

bb) **Rechtsvernichtende Einwendungen:** *Tatsachen, die den ursprünglich entstandenen Anspruch des Klägers nachträglich wieder beseitigt haben,* z.B. Erfüllung, Erlaß, Aufrechnung.

Streitig, aber für die Praxis ohne Bedeutung ist, ob die **Anfechtung** als rechtshindernde (wegen der Wirkung ex tunc) oder als rechtsvernichtende (durch die spätere Erklärung sich auswirkende) Einwendung zu bezeichnen ist.

cc) **Einreden im Sinne des BGB (rechtshemmende Tatsachen):** *Tatsachen, die gegenüber dem schlüssig dargelegten Anspruch des Klägers, ohne diesen zu beseitigen, ein Leistungsverweigerungsrecht des Beklagten begründen.*

Z. B. Einrede der Verjährung, des nichterfüllten Vertrages, Einrede der (nachträglich gewährten) Stundung.

Die *Erheblichkeitsprüfung (Schlüssigkeitsprüfung)* des Beklagten-Vortrages erfolgt gleichermaßen wie beim klägerischen Vorbringen: *Rechtfertigen die vom Beklagten vorgetragenen Tatsachen gegenüber der schlüssigen Klägerbehauptung die Anwendung eines dem Beklagten günstigen Rechtssatzes?*

Für gewöhnlich wird sich der Beklagte nicht auf eine einzige Art möglichen Verteidigungsverhaltens beschränken, sondern je nach Sachlage sowohl Rechtsausführungen machen als auch bestreiten und auch Einwendungen erheben.

Sind die *Rechtsausführungen des Beklagten unzutreffend,* sein *Bestreiten unerheblich* und seine *Einwendungen nicht schlüssig,* so ist die **schlüssig dargelegte Klage des Klägers begründet.** Der Beklagte ist dann ohne weiteres gemäß dem Klageantrag zu verurteilen.

III. Die Tatsachenfeststellung

Nach Durchführung der Schlüssigkeitsprüfung hinsichtlich des Kläger- und Beklagtenvortrages ist nunmehr der Sachverhalt auf Grund des Akteninhalts daraufhin zu untersuchen, inwieweit die für die Beurteilung des Rechtsstreits bedeutsamen Tatsachen zur Überzeugung des Gerichts feststehen, das heißt, ob die Tatbestandsmerkmale der als einschlägig erkannten Rechtssätze nicht nur schlüssig vorgetragen, sondern auch tatsächlich erfüllt sind. Dieser Bereich des Gutachtens wird gelegentlich auch als **Beweisstation** bezeichnet. **336**

1. Ohne Beweiserhebung feststehende Tatsachen

Tatsachen stehen fest, wenn sie gemäß gesetzlicher Bestimmung keines Beweises bedürfen. **337**
Dies ist der Fall bei Tatsachen, die vom Gegner zugestanden sind (§ 288 ZPO), die als zugestanden gelten, weil sie nicht bestritten sind (§§ 138 Abs. 3, 288 ZPO), oder die offenkundig sind (§ 291 ZPO), vgl. oben Rn. 196.

a) Zugestehen und Nichtbestreiten

Während das Geständnis nur erschwert widerruflich ist (§ 290 ZPO), kann das zunächst unterlassene Bestreiten (›Nichtbestreiten‹) jederzeit noch nachgeholt werden.
Das Bestreiten muß sich konkret auf Tatsachen beziehen.

Die allgemeine Erklärung, etwa am Schluß eines Schriftsatzes: »im übrigen wird alles bestritten« ist unbeachtlich (sogenanntes ›unsubstantiiertes Bestreiten‹).

Die *›Erklärung mit Nichtwissen‹* (§ 138 Abs. 4 ZPO) bedeutet Bestreiten, wenn es sich um Tatsachen handelt, die weder eigene Handlungen noch Gegenstand eigener Wahrnehmung gewesen sind.
Erklärt sich eine Partei mit Nichtwissen zu Vorgängen, die eigene Handlungen oder Wahrnehmungen betreffen, so ist diese Erklärung mit Nichtwissen unzulässig, d. h. die entsprechenden Behauptungen gelten als nichtbestritten.

Beispiel: Darlehensklage A–B
a) Beklagter behauptet, dem Kläger persönlich den eingeklagten Darlehensbetrag übergeben zu haben. Kläger kann sich nicht mehr erinnern und erklärt sich deshalb mit Nichtwissen.
    Diese Erklärung mit Nichtwissen ist unzulässig. Die Behauptung des Beklagten gilt als zugestanden.
b) Beklagter behauptet, dem Prokuristen des Klägers den eingeklagten Darlehensbetrag übergeben zu haben. Kläger weiß davon nichts und erklärt sich mit Nichtwissen.
    Diese Erklärung mit Nichtwissen ist zulässig. Die Behauptung des Beklagten gilt als bestritten und bedarf des Beweises.

b) Offenkundige Tatsachen

Bei den **offenkundigen Tatsachen** ist zu unterscheiden zwischen
aa) **allgemeinkundigen Tatsachen,** die jedermann bekannt sind oder leicht zuverlässig in Erfahrung gebracht werden können,

253

z. B. historische Ereignisse (Datum von Kriegsende oder Währungsreform),
geographische Gegebenheiten (Entfernung zwischen zwei Orten),
allgemeine Vorgänge des Wirtschaftslebens (gegenwärtiger Börsenkurs einer Aktie),

bb) **Gerichtskundigen Tatsachen,** die dem Gericht amtlich bekannt sind,

z. B. Konkurseröffnung über ein Vermögen, Entmündigung oder Volljährigkeitserklärung einer Person, Zulassung als Rechtsanwalt, Eintragung in ein öffentliches Register.

Privates Wissen eines Richters gehört aber *nicht* zu den gerichtskundigen Tatsachen,

z. B. wenn der Richter den zu beurteilenden Verkehrsunfall selbst beobachtet hat; sein Wissen ist nur durch Zeugenaussage zu verwerten. Dann ist er aber als Richter ausgeschlossen (§ 41 Nr. 5 ZPO).

2. Tatsachenfeststellung durch Würdigung erhobener Beweise

a) Freie Beweiswürdigung

338 Beweisbedürftige (also zulässig und wirksam bestrittene) Tatsachen stehen fest, wenn die erhobenen Beweise das Gericht überzeugt haben (›erwiesene Tatsachen‹). Die Überzeugungsbildung erfolgt auf Grund eingehender Würdigung der erhobenen Beweise. Dabei ist für die Feststellung einer Tatsache als wahr nicht die Erfüllung bestimmter Formen, sondern allein die Erkenntnis des Richters maßgeblich (**Grundsatz der freien Beweiswürdigung**).

Strenge Beweisregeln gab es im gemeinen Prozeß: ›Durch zweier Zeugen Mund wird allerwegs die Wahrheit kund‹.

Im *heutigen Prozeßrecht* gelten noch folgende Beweisregeln:

§ 165 ZPO: Beweis für die Förmlichkeit der mündlichen Verhandlung kann nur durch das Protokoll geführt werden,
z. B. ob ein Prozeßvergleich vorgelesen und genehmigt worden ist.

§ 314 ZPO: Beweis für das mündliche Vorbringen wird durch den Tatbestand geführt.

§§ 198 Abs. 2, 202 ZPO: Regeln über den Nachweis der Zustellung.

§§ 415–418 ZPO: Beweiskraft öffentlicher Urkunden.

Grundlage der Überzeugungsbildung im Bereich der freien Beweiswürdigung ist *der gesamte Inhalt der Verhandlungen und das Ergebnis einer etwaigen Beweisaufnahme* (§ 286 ZPO). Die Gründe für die gewonnene Überzeugung sind im Gutachten darzustellen; insbesondere hat sich der Berichterstatter mit dem Ergebnis einer Beweisaufnahme echt auseinanderzusetzen.

Dabei sind unter anderem auch die Beobachtungsgabe und die kritische Urteilsfähigkeit eines Zeugen, seine Beziehungen zu den Beteiligten und sein etwaiges eigenes Interesse am Prozeßausgang angemessen zu werten. Formelhafte nichtssagende Wendungen wie »nach den glaubhaften Aussagen des Zeugen Z …« oder »durch die Aussagen des Zeugen Z ist erwiesen, daß …« genügen nicht.

Überzeugung erfordert keine absolute Gewißheit einer Tatsache; *es genügt vielmehr eine so hohe Wahrscheinlichkeit, daß vernünftige Zweifel schweigen.*

›Wer nicht mehr zweifelt, ist überzeugt‹.

Zur Überzeugungsbildung ist insbesondere die allgemeine Lebenserfahrung mit zu verwerten. Vgl. Rn. 242 ff.

b) Anscheinsbeweis

Auf derartigen Überlegungen beruht auch der sogenannte **339**
Anscheinsbeweis (>Prima-facie-Beweis<). Vgl. Darstellung bei Thomas-Putzo § 286 Anm. 4.
Steht ein Sachverhalt fest, der nach der Lebenserfahrung aus einer bestimmten Ursache resultiert (>typischer Geschehensablauf<), so braucht der Behauptende diese Ursache zunächst nicht zu beweisen.

Das Überfahren eines Bürgersteigs durch den Kraftfahrer spricht dafür, daß er diesen Vorgang verschuldet hat (vgl. BGHZ 8, 239).

Der Anscheinsbeweis bringt aber *keine Umkehr der Beweislast.*
Vermag der Gegner den Anscheinsbeweis zu erschüttern, d. h. das Vorliegen eines typischen Geschehensablaufes im konkreten Fall mit einleuchtenden, ggf. zu beweisenden Gründen in Abrede zu stellen, so muß der Behauptende den vollen Beweis doch erbringen.

Kein Anscheinsbeweis gilt für den **Zugang einer Einschreibesendung,** wenn deren Absendung erwiesen ist (BGHZ 24, 308 f.); ebensowenig für die Feststellung eines individuellen Willensentschlusses eines Menschen oder den Inhalt eines Vertrages.
Der Anscheinsbeweis wird heute weitgehend als ein Problem der Beweiswürdigung verstanden.

c) Schadensermittlung nach § 287 ZPO

Ist bei Schadensersatzansprüchen oder sonstigen vermögensrechtlichen Ansprüchen die **340** genaue Aufklärung des Schadenseintritts oder dessen Höhe unverhältnismäßig schwierig, so kann das Gericht in weitergehendem Umfang *nach seiner freien Überzeugung* über den geltendgemachten Anspruch entscheiden.

Es kann insoweit sogar nach seinem Ermessen von beantragten Beweiserhebungen absehen. Andererseits kann das Gericht auch die beweispflichtige Partei über den Schaden oder das Interesse vernehmen (§ 287 Abs. 1 Satz 2 und 3 ZPO).

Im einzelnen gilt dabei folgendes:
aa) Für die Frage, ob ein schadensersatzbegründendes Ereignis eingetreten und durch eine Partei herbeigeführt worden ist (*haftungsbegründende* Kausalität), bedarf es der **vollen Überzeugung** des Gerichts (§ 286 ZPO),

z. B. ob der Beklagte den Schneeball, der den Kläger am Auge verletzt hat, geworfen hat, ob der beklagte Arzt bei der Operation einen Kunstfehler begangen hat.

bb) Ist jedoch bei unstreitiger oder erwiesener Schädigungshandlung streitig, ob ein Schaden entstanden ist und wie hoch sich der Schaden beläuft, (*haftungsausfüllende* Kausalität), so entscheidet das Gericht hierüber unter Würdigung aller Umstände **nach freier Überzeugung** (§ 287 ZPO) – **sogenannte freie Schadensschätzung,**

z. B. die Höhe des durch den Schneeballwurf oder die Operation eingetretenen Schadens.

cc) Bei anderen vermögensrechtlichen Streitigkeiten gilt § 287 ZPO gleichfalls, wenn die Parteien über die Höhe einer Forderung streiten und die vollständige Aufklärung mit unverhältnismäßigen Schwierigkeiten verbunden ist (§ 287 Abs. 2 ZPO),

z. B. Höhe einer Minderung oder Bereicherung.

3. Entscheidung nach der Beweislast

341 Sind alle entscheidungserheblichen Umstände zugestanden, unbestritten oder erwiesen, so stellt sich die Frage nach der Beweislast überhaupt nicht. Bleibt dagegen nach Erschöpfung und Würdigung aller Beweismittel eine für die Entscheidung wesentliche Tatsachenbehauptung ungeklärt, so darf das Gericht die Entscheidung nicht etwa ablehnen.

Vielmehr gereicht dann die Ungewißheit (›non liquet‹) derjenigen Partei zum Nachteil, die die tatsächlichen Voraussetzungen der ihr günstigen Norm nicht beweisen konnte. (Vgl. die Darstellung bei Thomas-Putzo Anm. 7 vor § 284).

Verteilung der Beweislast:

Wer zum Prozeßerfolg eine ihr günstige Rechtsnorm angewandt haben möchte, muß auch deren tatsächlichen Voraussetzungen dartun (*Behauptungslast*) und, soweit erforderlich, beweisen (*Beweislast*).
Aus dem Gesetz ergibt sich häufig durch besondere Formulierung, wem die Beweislast auferlegt ist.

Vgl. §§ 179 Abs. 1, 282, 358, 636 Abs. 2, 2336 BGB

Beispiele zur allgemeinen Beweislastverteilung:
Wer einen Kaufpreisanspruch erhebt, muß den Kaufvertrag, wer Erfüllung durch Zahlung behauptet, muß diese beweisen. Wer ein Rücktrittsrecht wegen Verzugs behauptet, muß die Voraussetzungen des § 326 BGB beweisen. Wer die Beendigung eines zuvor eingetretenen Verzugs durch Erfüllung behauptet, muß die gehörige Erfüllung beweisen (vgl. §§ 362, 294 BGB).

IV. Der Entscheidungsvorschlag

342 Die gutachtliche Bearbeitung des Aktenstücks muß zu einem Ergebnis führen: dem *Entscheidungsvorschlag*. Dieser Entscheidungsvorschlag ist, auch wo das Gutachten mündlich erstattet worden ist, schriftlich festzuhalten und in einem für die Verkündung geeigneten Wortlaut zu formulieren.

Als Ergebnis des Gutachtens kann vorgeschlagen werden:

ein **Urteil,** wenn alle erheblichen angebotenen Beweise eingeholt sind und der Rechtsstreit zur Entscheidung reif ist;

ein **Beweisbeschluß,** wenn hinsichtlich streitiger Behauptungen zulässige und schlüssige Beweisangebote noch nicht erledigt worden sind, von deren Ergebnis die Entscheidung des Rechtsstreits abhängt;

ein **Aufklärungsbeschluß,** wenn gemäß § 139 ZPO Anlaß besteht, fehlende Erklärungen und Beweisangebote anzuregen oder nach § 278 Abs. 3 ZPO auf einen bisher nicht bedachten rechtlichen Gesichtspunkt hinzuweisen.

Dies sollte allerdings tunlichst auf Grund eingehender Vorbereitung bereits vor dem Verhandlungstermin geschehen. Mehrfache Aufklärungsbeschlüsse sind regelmäßig ein Zeichen unkonzentrierter Prozeßleitung durch das Gericht.

Oftmals wird ein Aufklärungsbeschluß auch mit einem gerichtlichen Vergleichsvorschlag verbunden.

Werden als Begutachtungsergebnis Beweisbeschluß oder Aufklärungsbeschluß vorgeschlagen, so ist jedenfalls eine gutachtliche Stellungnahme anzufügen, in der die rechtlichen Konsequenzen der möglichen Beweisergebnisse oder Erklärungen für den bearbeiteten Rechtsfall abgehandelt werden (›Hilfsgutachten‹).

1. Der **Beweisbeschluß** ist die gerichtliche Entscheidung über die Anordnung von **343** Beweiserhebungen hinsichtlich bestimmter entscheidungserheblicher streitiger Tatsachen (§ 358 ZPO). Vgl. oben Rn. 208! Als sogenannter vorterminlicher Beweisbeschluß kann er auch schon vor der mündlichen Verhandlung erlassen werden.

Inhalt:

Der Beweisbeschluß muß enthalten (§ 359 ZPO):

a) Bezeichnung der streitigen Tatsachen

Es ist nicht erforderlich, den genauen Wortlaut der zu beweisenden Parteibehauptung anzuführen; es genügt vielmehr eine sinngemäße Zusammenfassung.

b) Bezeichnung der Beweismittel

Zeugen, Sachverständige je mit genauer Anschrift, Benennung der zu vernehmenden Partei.

c) Bezeichnung des Beweisführers

Dem Beweisführer kann der erforderliche Auslagenvorschuß auferlegt werden (§ 379 ZPO).

Der Beweistermin vor dem Prozeßgericht dient zugleich der Fortsetzung der mündlichen Verhandlung (§ 370 ZPO). Wird die Beweisaufnahme vor einem ersuchten oder beauftragten Richter notwendig (§ 375 ZPO), so ist dies bereits im Beweisbeschluß anzuordnen.

Beispiel für einen Beweisbeschluß:
In Sachen –./.–
ist Beweis zu erheben über die bestrittene Behauptung des Klägers,
der Beklagte habe bei der Auseinandersetzung zwischen den Parteien am 16. 5. in der Gaststätte zur Krone in Ipfingen den Kläger tätlich angegriffen und zu Boden geschlagen,
durch Zeugnis des Zoltan Zuber, wohnhaft in . . ., vom Kläger benannt.
Termin zur Beweisaufnahme und Fortsetzung der mündlichen Verhandlung wird bestimmt auf Montag, den 30. 10. . . .
Die Ladung des Zeugen wird davon abhängig gemacht, daß der Kläger bis spätestens 5. 10. 19 . . . einen Auslagenvorschuß von . . . DM einbezahlt.

2. Der Urteilstenor (Urteilsformel) als Entscheidungsvorschlag

344 Er spricht endgültig aus, ob der mit der Klage geltendgemachte Anspruch besteht oder ob die Klage abgewiesen wird. Der Urteilstenor erwächst auch in Rechtskraft und grenzt die Zwangsvollstreckungsmöglichkeit ab. Er muß daher kurz, klar und bestimmt die Entscheidung erkennbar machen und seinem Wortlaut nach zur Zwangsvollstreckung geeignet sein.

Falsch: ›Der Klage wird stattgegeben‹.
Richtig: ›Der Beklagte wird verurteilt, an den Kläger … zu bezahlen‹.

345 Der **Urteilstenor** muß umfassen:

a) Die Entscheidung zur Hauptsache

Sie muß die Anträge der Parteien erschöpfen. Wird auch nur ein kleiner Teil des klägerischen Antrags nicht zuerkannt, z. B. nur 4% statt der verlangten 5% Zinsen, so ist zu diesem Teil *auf Klageabweisung zu erkennen:*

> ›*Wegen weitergehender Zinsen wird die Klage abgewiesen*‹ oder ›*Im übrigen wird die Klage abgewiesen*‹.

Die Entscheidung darf andererseits **nicht über die Anträge der Parteien hinausgehen** (§ 308 ZPO).

Keine Verurteilung zum vollen Schuldbetrag, wenn nur ein Teilbetrag einer Forderung eingeklagt ist; keine Verurteilung zur Zahlung von Zinsen, wenn diese begründet wären, aber nicht beantragt sind.

b) Die Kostenentscheidung

346 Kosten sind die Aufwendungen der Parteien für die Prozeßführung.

Gerichtskosten = Gebühren und Auslagen,
außergerichtliche Kosten = Anwaltskosten, Reisekosten der Partei zur Terminswahrnehmung.

In der *Kostenentscheidung* wird darüber befunden, *wer die Kosten* im Verhältnis zwischen den Parteien dem Grunde nach *zu tragen hat.* Über die Höhe der zu tragenden Kosten wird im besonderen Kostenfestsetzungsverfahren durch den Rechtspfleger entschieden (vgl. §§ 103–107 ZPO, § 21 RpflG).
Über die Verpflichtung, Prozeßkosten zu tragen, ist stets auch *ohne Parteiantrag* von Amts wegen zu entscheiden (§ 308 Abs. 2 ZPO).

Die von den Parteien trotzdem meist gestellten Kostenanträge können daher bei der Sachverhaltsdarstellung im Bericht und im Tatbestand unerwähnt bleiben.

Grundlage der Kostenentscheidung sind die §§ 91 ff. ZPO mit dem **Grundsatz:** *Der Unterlegene hat die Kosten des Rechtsstreits zu tragen.* Dabei ist es gleichgültig, weshalb die Partei unterliegt.
Bei *teilweisem Obsiegen* und *Unterliegen* sind die Kosten *verhältnismäßig zu teilen* (§ 92 ZPO), wobei ein nur geringfügiges Unterliegen unbeachtet bleiben kann (§ 92 Abs. 2 ZPO).

Üblich ist es, dieses Verhältnis in Bruchteilen auszudrücken. Es ist jedoch auch zulässig, eine Partei mit einem bestimmten errechneten DM-Betrag zu belasten und die ganzen übrigen Kosten der anderen Partei aufzuerlegen.

Es kann die grundsätzlich nach §§ 91 ff. ZPO zu treffende Kostenentscheidung durch folgende Ausnahmebestimmungen beeinflußt werden:

§ 93 ZPO:	Der obsiegende Kläger trägt die Kosten, wenn der Beklagte sofort in der ersten mündlichen Verhandlung anerkennt und zur Klage keine Veranlassung gegeben hat.
§ 238 Abs. 4 ZPO:	Die Kosten einer Wiedereinsetzung in den vorigen Stand trägt stets der Antragsteller, soweit nicht der Gegner der Wiedereinsetzung unbegründet widersprochen hat.
§ 269 Abs. 3 ZPO:	Die Kosten einer (teilweise) zurückgenommenen Klage fallen im Umfang der Klagerücknahme dem Kläger zur Last; es ist darüber im Urteil mitzuentscheiden.
§ 281 Abs. 3 ZPO:	Verweisungskosten trägt stets der Kläger, auch wenn er den Prozeß gewinnt. Dies gilt selbst dann, wenn das Gericht bei richtiger Würdigung der Rechtslage an sich gar nicht hätte verweisen dürfen.
§ 344 ZPO:	Die Kosten eines in gesetzlicher Weise ergangenen Versäumnisurteils oder Vollstreckungsbescheids trägt stets der Säumige.

War das Versäumnisurteil nicht in gesetzlicher Weise ergangen,

war z. B. Ladung nicht in Ordnung, das Gericht war nicht zuständig, die Klage war nicht schlüssig (vgl. § 335 ZPO),

dann gilt auch hinsichtlich der Kosten des Versäumnisurteils (Vollstreckungsbescheids) der § 91 ZPO: auch diese Kosten trägt der Unterlegene. § 344 ZPO findet dann also keine Berücksichtigung.

Wegen der besonderen Kostenregelung in Ehesachen vgl. § 93 a ZPO.

c) Die Entscheidung über die vorläufige Vollstreckbarkeit des Urteils

Die Möglichkeit, bereits aus einem noch nicht rechtskräftigen, also einem unter Umständen noch der Aufhebung oder Abänderung unterliegenden Urteil, die Zwangsvollstreckung zu gestatten, ist vom Gesetzgeber vorgesehen, um Rechtsmitteln entgegenzuwirken, die allein deshalb eingelegt werden könnten, um noch einige Zeit der bevorstehenden Zwangsvollstreckung zu entgehen. Die gebotene Konsequenz dieser ›vorzeitig‹ eingeräumten Vollstreckungsmöglichkeit ist die in § 717 Abs. 2 ZPO normierte Schadensersatzpflicht (Fall der Gefährdungshaftung). **347**

Die Regelung der Vollstreckbarkeit: **348**

Die Zwangsvollstreckung findet *statt aus Endurteilen* (§ 704 ZPO), *soweit* diese einen vollstreckbaren Inhalt haben.

Streitige Endurteile, Teilurteile, Anerkenntnis-, Versäumnis- und Vorbehaltsurteile.

Damit die Zwangsvollstreckung betrieben werden kann, muß das Urteil entweder **rechtskräftig** oder **für vorläufig vollstreckbar erklärt** sein.

1. Eintritt der (formellen) Rechtskraft (Unanfechtbarkeit der Entscheidung, § 705 ZPO)

a) *mit der Verkündung,* wenn ein Rechtsmittel nicht stattfindet,

Revisionsurteile des BGH; Arresturteile des OLG; Berufungsurteile des LG,

b) *mit Ablauf der Rechtsmittel-* oder *Einspruchsfrist,* wenn der gegebene Rechtsbehelf nicht eingelegt worden ist.

2. Für vorläufige vollstreckbar zu erklärende Urteile

Über die vorläufige Vollstreckbarkeit eines Urteils ist stets *von Amts wegen,* also auch ohne diesbezüglichen Antrag der Parteien zu entscheiden.

Dies gilt, wegen der darin enthaltenen Kostenverurteilung, auch für *klageabweisende Urteile, Feststellungsurteile, Urteile auf Abgabe einer Willenserklärung* (§ 894 ZPO) sowie für *Berufungsurteile der Oberlandesgerichte,* auch wenn die Revisionssumme nicht erreicht ist. **Nicht für vorläufig vollstreckbar** erklärt werden dürfen **Urteile in Ehe-** und **Kindschaftssachen** (§ 704 Abs. 2 ZPO) und zwar auch nicht im Kostenpunkt.

Im übrigen gilt der **Grundsatz:**
Urteile sind **gegen eine der Höhe nach zu bestimmende Sicherheit für vorläufig vollstreckbar zu erklären** (§ 709 ZPO), *sofern* nicht eine in § 708 ZPO erwähnte *Ausnahme vorliegt.*
Bei den Urteilen des § 708 Nr. 1–11 ZPO hat das Gesetz aus jeweils einsichtigen Gründen eine *vorläufige Vollstreckbarerklärung ohne Sicherheitsleistung vorgeschrieben.*

Wer anerkennt oder verzichtet, wer säumig oder auf Grund einer Urkunde zahlungspflichtig ist, erscheint nicht in solcher Weise schutzwürdig, daß die Vollstreckung aus einem entsprechend ergehenden Urteil von einer Sicherheitsleistung zu seinen Gunsten abhängig gemacht werden müßte. Bei den Urteilen gemäß Nr. 5–9 ist die gewöhnlich vorherrschende Dringlichkeit der Forderungsdurchsetzung, in Nr. 10 die hohe Wahrscheinlichkeit einer richtigen Entscheidung und in Nr. 11 der verhältnismäßig niedrige Wert des Verurteilungsgegenstandes maßgebend für die gesetzliche Regelung.

In den Fällen des § 708 Nr. 4–11 ZPO ist dem Schuldner von Amts wegen eine Abwendungsbefugnis einzuräumen (§ 711 ZPO), im Fall des § 712 ZPO (Gefahr eines nicht zu ersetzenden Nachteils) auf Antrag.

> Das Urteil ist vorläufig vollstreckbar. Dem Beklagten wird nachgelassen, die Zwangsvollstreckung durch Sicherheitsleistung in Höhe von 7500,– DM abzuwenden, falls nicht der Kläger in dieser Höhe Sicherheit leistet.

Bei den **gegen Sicherheitsleistung** für vorläufig vollstreckbar zu erklärenden Urteilen muß die **Höhe der Sicherheit im Urteil** betragsmäßig **bestimmt** werden.

Falsch: »Das Urteil ist gegen Sicherheitsleistung vorläufig vollstreckbar«.
Richtig: »Das Urteil ist gegen Sicherheitsleistung in Höhe von DM ... vorläufig vollstreckbar«.

349 Die **Höhe der Sicherheit** bestimmt sich nach dem Betrag, der dem Unterlegenen als Schaden infolge der möglicherweise voreiligen Zwangsvollstreckung droht, also auch unter Einrechnung von Zinsen und Kosten.
Die **Art der Sicherheitsleistung** wird vom Gericht nach freiem Ermessen bestimmt (§ 108 ZPO). Mangels besonderer Bestimmung erfolgt Sicherheitsleistung durch Hinterlegung von Geld oder Wertpapieren. In der Praxis wird auf Antrag häufig Sicherheitsleistung durch Bankbürgschaft gestattet.

Wegen der in der Praxis seltenen Möglichkeit, auch in den Fällen des § 709 ZPO **ohne** Sicherheitsleistung für vorläufig vollstreckbar zu erklären vgl. § 710 ZPO.

Wichtig: Aus einem nur gegen Sicherheitsleistung vorläufig vollstreckbaren auf Geldleistung lautenden Urteil darf der Gläubiger, auch ohne die Sicherheitsleistung zu erbringen, eine sogenannte *Sicherungsvollstreckung* gegen den Schuldner betreiben (§ 720a ZPO). Er darf bewegliches Vermögen pfänden, nicht aber verwerten lassen, bzw. die Eintragung einer Sicherungshypothek erwirken.

Wegen der Abwendungsmöglichkeit des Schuldners vgl. § 720a Abs. 3 ZPO.

Bei *teilweisem Obsiegen und Unterliegen* ist die Frage der vorläufigen Vollstreckbarkeit für jede Partei getrennt zu entscheiden.

Beispiel:
> ›Das Urteil ist für den Kläger gegen Sicherheitsleistung in Höhe von 2000,– DM, für den Beklagten ohne Sicherheitsleistung vorläufig vollstreckbar.‹

oder
> ›Das Urteil ist vorläufig vollstreckbar, für den Kläger jedoch nur gegen Sicherheitsleistung in Höhe von 3000,– DM.‹

4. Kapitel

Das Zivilurteil

I. Form und Verkündung des Urteils

350 Das Urteil ergeht *im Namen des Volkes* (§ 311 ZPO) *auf Grund einer mündlichen Verhandlung* (§ 128 ZPO).
Das Urteil wird durch Vorlesung der Urteilsformel verkündet und damit existent (§ 311 Abs. 2 ZPO). Das geschieht (selten) sofort im Anschluß an die mündliche Verhandlung oder (regelmäßig) in einem in der mündlichen Verhandlung bestimmten Verkündungstermin, der nicht später als drei Wochen angesetzt werden soll (§ 310 Abs. 1 ZPO).

Damit die Urteilsformel (d. h. Urteilstenor) vorgelesen werden kann, muß sie also bei der Verkündung schriftlich vorliegen. Dies gilt nicht bei Versäumnis- und Anerkenntnisurteilen (§ 311 Abs. 2 Satz 2 ZPO). Ergeht dies im schriftlichen Verfahren, so wird die Verkündung durch die Zustellung ersetzt (§ 310 Abs. 3 ZPO).

Bei ausdrücklichem Einverständnis beider Parteien (§ 128 Abs. 2 ZPO) oder bei entsprechender richterlicher Anordnung nach § 128 Abs. 3 ZPO ergeht das Urteil ausnahmsweise ohne mündliche Verhandlung.

Entscheidungsgrundlage ist in diesem Fall der gesamte Akteninhalt.
Bei Verkündung in einem Verkündungstermin kann dies der Vorsitzende allein tun und auch die Vorlesung der Urteilsformel durch Bezugnahme ersetzen (§ 311 Abs. 4 ZPO).

II. Die Bestandteile des Zivilurteils (§ 313 ZPO): Rubrum und Tenor

1. Der Urteilskopf (Rubrum)

351 Die *Parteien* müssen möglichst genau bezeichnet sein. Unrichtigkeiten der Klageschrift dürfen nicht ins Urteil übernommen werden, sondern müssen vorher klargestellt werden.

Kennzeichnung einer Partei kraft Amtes, Klarstellung von Firmenbezeichnungen; Benennung von gesetzlichen Vertretern.

Gericht und bei der Entscheidung *mitwirkende Richter müssen* angegeben sein. Letztere haben auch das Urteil zu unterschreiben (§ 315 ZPO).

2. Der Urteilstenor (Urteilsformel)

Der Tenor als eigentlicher Entscheidungsausspruch ist besonders sorgfältig zu formulieren, weil er den Umfang der Zwangsvollstreckung und der materiellen Rechtskraft bestimmt.
Auch die Nebenentscheidungen (Kostenentscheidung, Entscheidung über die vorläufige Vollstreckbarkeit) müssen mit gleicher Sorgfalt formuliert werden.

III. Der Tatbestand

1. Bedeutung und Inhalt

Der Tatbestand ist die gedrängte Darstellung des *Sachstandes*, d. h. des *unstreitigen* **352**
Sachvortrages der Parteien und des *Streitstandes*, also des *streitig gebliebenen Vortrags.*
Er beurkundet und beweist das Parteivorbringen (§ 314 ZPO).
Da der Tatbestand den **Tatsachen**stoff wiedergeben soll, sind Rechtsausführungen
grundsätzlich fehl am Platz.

Wenn jedoch der Sachverhalt insgesamt unstreitig ist und im Prozeß nur Rechtsfragen zu klären
sind, ist es zum Verständnis der Streitsache wohl unumgänglich, auch die gegensätzlichen Rechts-
standpunkte beim jeweiligen Parteivortrag im Tatbestand kurz aufzuzeigen.

Maßgeblicher Zeitpunkt für die Darstellung ist die *letzte mündliche Verhandlung.*

Ein anfänglicher Vortrag, von dem die Partei bei Schluß der letzten mündlichen Verhandlung erkennbar Abstand genommen hat, gehört nicht mehr in den Tatbestand, es sei denn, das Gericht will
aus dem Wechsel des Parteivortrages irgendwelche Schlüsse für die Entscheidung ziehen.

Im Tatbestand soll der Sachverhalt, d. h. die *erhobenen Ansprüche* und die *dazu vorgebrachten Angriffs- und Verteidigungsmittel unter Hervorhebung der gestellten Anträge*
nur ihrem *wesentlichen Inhalt* nach knapp dargestellt werden (§ 313 Abs. 2 ZPO). Weitgehend soll auch eine Verweisung auf Schriftsätze, Protokolle und andere Unterlagen erfolgen, um den Tatbestand zu entlasten.

Dies gilt grundsätzlich auch für den bei **Prüfungsaufgaben** darzustellenden Tatbestand. Wegen
des besonderen Prüfungszweckes ist aber hier der Sach- und Streitstand doch so ausführlich zu
gestalten, daß ein rechtskundiger Leser über alle für die Entscheidung des Falles wesentlichen
Tatsachen unterrichtet wird, ohne daß im Aufgabentext oder in der Akte nachgelesen werden
müßte (vgl. Schneider MDR 1977, 1 und JuS 1978, 334; Steines JuS 1978, 34 und die Richtlinien in
Baden-Württemberg oben Rn. 364).

Der Tatbestand muß *objektiv* dargestellt werden.

Die Tatsachen sind so wiederzugeben, wie die Parteien sie sehen und vortragen. Eine würdigende
Stellungnahme, auch unterschwellig durch Gebrauch bestimmter bedeutungsvoller Wendungen, ist
zu vermeiden.
Es gilt das Gebot der ›Farblosigkeit des Tatbestandes‹.

2. Der Aufbau des Tatbestandes

Ohne daß dafür gesetzliche Regelungen bestehen würden, hat sich in der Praxis der Auf- **353**
bau des Tatbestandes nach folgendem Schema bewährt:

a) Der unbestrittene Sachverhalt

In jedem Rechtsstreit sind gewisse **Grundtatsachen** unstreitig,

z. B. Zeitpunkt und Ort eines rechtserheblichen Vorganges; die historische Entwicklung eines Kon-
taktes; gewisse tatsächliche oder rechtliche Beziehungen zwischen den Parteien.

Sie ergeben den Hintergrund des Prozesses und machen das Streitgeschehen verständlich.
Sie sind deshalb am *Anfang des Tatbestandes* möglichst in historischer, logischer Reihen-

folge darzustellen. Im Interesse einer flüssigen Schilderung empfiehlt sich die Zeitform des *Imperfekts*.

Wird eine streitige Behauptung einer Partei durch Beweisaufnahme zur Überzeugung des Gerichts geklärt, so ist sie deshalb allein noch nicht unstreitig geworden.

b) Der einseitige, streitig gebliebene Vortrag des Klägers,

der zur Begründung seines Anspruchs dient, folgt in der Darstellung des Tatbestandes räumlich abgesetzt dem unbestrittenen Sachverhalt. Er wird in *abhängiger Rede* dargestellt. Auch hier sind die aufgestellten Behauptungen logisch zu ordnen.

Zum besseren Verständnis empfiehlt sich hier meist ein überleitender Satz:
>Der Kläger begehrt Ersatz des ihm entstandenen Schadens. Er trägt dazu vor, er habe…‹.

Beweisangebote, die durch Beweiserhebung erledigt worden sind, brauchen nicht mehr aufgeführt zu werden. Dagegen müssen die nichterledigten Beweisangebote erwähnt werden.

In den Entscheidungsgründen ist dann abzuhandeln, weshalb die Beweise nicht erhoben worden sind, z. B. weil als Ausforschungsbeweis unzulässig.

c) Antrag des Klägers

Als Schlußfolgerung des Klägervortrages wird dann der **Antrag des Klägers** wörtlich aufgeführt.

>Der Kläger stellt den Antrag, für Recht zu erkennen:
Der Beklagte wird verurteilt, an den Kläger … DM nebst …% Zinsen seit … zu bezahlen‹.

Dieser Antrag sollte im Text des Tatbestandes räumlich abgesetzt und seitlich eingerückt werden, damit das für die richterliche Entscheidung maßgebliche Klagebegehren auch optisch besonders in Erscheinung tritt.

Festzustellen ist nur der *in der letzten mündlichen Verhandlung gestellte Antrag*.

Ein anderslautender früher gestellter Antrag ist nur zu erwähnen, wenn dies für die Entscheidung noch von Bedeutung ist und insbesondere dem Verständnis des letzten Antrags dient. Der Antrag, >das Versäumnisurteil aufrechtzuerhalten‹, ist nur verständlich, wenn zuvor geschildert wird, auf Grund welchen früheren Antrags dieses Versäumnisurteil ergangen war.

Die sprachliche Fassung der Anträge darf, jedoch ohne Veränderung des Wortsinnes, verbessert werden.

Nebenanträge über Zinsen und außergerichtliche Mahnkosten dürfen im Antrag nicht übersehen werden. Dagegen brauchen Kostenanträge nicht erwähnt zu werden, da hierüber auf jeden Fall auch von Amts wegen zu entscheiden ist (§ 308 Abs. 2 ZPO). Gleiches gilt für den Antrag auf vorläufige Vollstreckbarkeit des Urteils.

d) Antrag des Beklagten

Der **Antrag des Beklagten** wird unmittelbar dem Klägerantrag angefügt.

>Der Beklagte beantragt Klageabweisung‹

Ein etwaiger Antrag auf Vollstreckungsschutz (§ 712 Abs. 1 ZPO) ist hier zu erwähnen:

>Antrag auf Klageabweisung, hilfsweise Vollstreckungsschutz‹

e) Der einseitige, streitig gebliebene Vortrag des Beklagten

schließt sich an seinen Antrag an.
Von dem Vorbringen des Beklagten sind zuerst etwaige Rügen mangelnder Sachurteilsvoraussetzungen oder die Geltendmachung von Prozeßhindernissen darzustellen.

Z. B. Unzuständigkeitsrüge; Prozeßhindernde Einrede des Schiedsgerichtsvertrages.

Daraufhin folgen die Ausführungen zur Sache gleichfalls in *indirekter* Rede. Für die Darstellung des Beklagten-Vorbringens gelten im wesentlichen die selben Regeln wie für den Klägervortrag.

f) Replik und Duplik

Es kann notwendig sein, im Anschluß an den Vortrag des Beklagten die *Einlassung des Klägers hierauf* (**Replik**) darzustellen.

Z. B. Beklagter macht Ausführungen, die eine arglistige Täuschung des Klägers bedeuten; der Kläger gibt hierzu eine andersartige Darstellung.

Duplik ist die *Stellungnahme des Beklagten* auf die Replik des Klägers.

Zum leichteren Verständnis des Sachverhalts sollte eine gesonderte Darstellung von Replik und Duplik im Tatbestand wenn möglich vermieden werden, indem das gesamte Vorbringen der Parteien einheitlich bei dem einmal darzustellenden Kläger- oder Beklagtenvortrag gebracht wird.

g) Bezugnahmen

Die Darstellung des Parteivortrages soll dadurch abgekürzt werden, daß wegen Einzelheiten auf die im Verlaufe des Rechtsstreits gewechselten Schriftsätze verwiesen wird. Dies ist vom Gesetz ausdrücklich geboten (vgl. § 313 Abs. 2 ZPO).

Im **Bericht,** dessen Aufbau dem des Tatbestandes gleicht, ist eine solche Bezugnahme nicht gestattet, weil den Zuhörern (Kammermitglieder, Prüfungskommission) während des Vortrages die Akten nicht vorliegen und sie deshalb nur unvollständig informiert würden.

h) Prozeßgeschichte

Prozeßgeschichte sind an sich alle im Verlaufe des Rechtsstreits vorgekommenen Ereignisse, **354**

z. B. Einreichung der Klageschrift oder des Antrags auf Mahnbescheid, Terminbestimmung und Klagezustellung, die einzelnen Termine, Verweisungen, Beweisbeschlüsse und Beweiserhebungen, Prozeßkostenhilfebewilligung und -versagung, Vergleichsverhandlungen im Prozeß, Versäumnisurteil und Vollstreckungsbescheid.

Diese prozessualen Vorgänge brauchen selbstverständlich nicht alle im Tatbestand aufgezählt zu werden. Einer Erwähnung bedürfen jedoch diejenigen Vorgänge der Prozeßgeschichte, die für die im Urteil zu treffende Entscheidung noch irgendwie bedeutsam sind. Dies gilt etwa für das im Rechtsstreit durchgeführte Beweisverfahren.

Im *Tatbestand* sind demgemäß *zu erwähnen:*
aa) Beweisbeschlüsse und Beweisanordnungen: Sie sind ihrem *wesentlichen Inhalt* nach anzugeben. Ohne Bedeutung ist jedoch das Datum des Erlasses oder der Anordnung.

bb) Das Ergebnis der Beweisaufnahme: Benennung der *vernommenen Zeugen* und deren nähere Kennzeichnung, soweit dies für die Beweiswürdigung bedeutsam sein kann.

›Der Zeuge Maier, leitender Angestellter im Betrieb des Klägers…
Die Ehefrau des Beklagten hat als Zeugin ausgesagt,…
Der 15jährige Schüler Rolf R., der als Zeuge vernommen worden ist,…‹.

Kurze prägnante **Schilderung des Beweisergebnisses,** soweit dies für die Streitentscheidung von Bedeutung ist. Eine breite Darstellung der Beweisergebnisse im Tatbestand ist nicht geboten, vielmehr wird insoweit auf den Akteninhalt Bezug genommen.

›Es sind über die Frage, ob zwischen den Parteien eine Einigung über … stattgefunden hat, die Zeugen X, Y und Z vernommen worden. Sie haben hierzu gegensätzliche Aussagen gemacht. Wegen der Ergebnisse der Vernehmungen im einzelnen wird auf die Niederschrift Blatt … der Akten Bezug genommen‹.

Hinsichtlich der Beweisergebnisse ist es auch im **Bericht** üblich und zulässig, sich zunächst auf die Mitteilung der erfolgten Beweiserhebungen zu beschränken und deren Darstellung erst im Gutachten, wo diese Aussagen gewürdigt werden müssen, vorzunehmen.

»Es wurde Beweis erhoben durch die Vernehmung der Zeugen A, B und C. Auf das Ergebnis der Beweisaufnahme werde ich an entsprechender Stelle im Gutachten zurückkommen.«

Im Gutachten ist dann der Inhalt der Vernehmung mitzuteilen.

cc) Sonstige Vorgänge der Prozeßgeschichte

Sie bedürfen der Erwähnung im Tatbestand, soweit sie für die zu treffende Entscheidung noch von Bedeutung sind. Dies ist für jeden Fall besonders zu prüfen.

Entscheidungserheblich kann sein:
Eingangsdatum der Klage (oder des **Mahngesuchs**),
wenn die Unterbrechung der Verjährung in Frage steht (§ 209 Abs. 1 BGB i. Verb. mit §§ 270 Abs. 3, 693 Abs. 2 ZPO),

Zeitpunkt der Klagezustellung,
wenn Prozeßzinsen (›ab Klageerhebung‹) verlangt werden (§§ 291 BGB, 261 Abs. 1, 253 Abs. 1 ZPO),

Verweisung des Rechtsstreits,
wenn dies (beim Obsiegen des Klägers) für die Kostenentscheidung bedeutsam ist (§ 281 Abs. 3 ZPO),

Versäumnisurteil (Vollstreckungsbescheid),
weil die Antragsstellung und demgemäß der Urteilstenor darauf zu beziehen ist (§ 343 ZPO) und die Kostenentscheidung dadurch beeinflußt werden kann (§ 344 ZPO),

Einverständniserklärung der Parteien nach § 128 Abs. 2 ZPO und Anordnung des schriftlichen Verfahrens nach § 128 Abs. 3 ZPO, weil dadurch eine Entscheidung ohne mündliche Verhandlung ermöglicht wird.

Ohne Einfluß auf die Entscheidung sind jedoch regelmäßig
die Tatsache, daß der Rechtsstreit durch Mahngesuch eingeleitet wurde,
Anzahl und Daten der Verhandlungstermine,

Aufklärungsbeschlüsse, Vergleichsvorschläge, widerrufener Prozeßvergleich, Prozeßkostenhilfebewilligung oder -versagung.
Diese Prozeßvorgänge bleiben daher im Tatbestand unerwähnt. Soweit Ereignisse der Prozeßgeschichte in den Tatbestand aufzunehmen sind, ist es sprachlich richtig, sie im *Perfekt* darzustellen.

3. Allgemeine Bemerkungen zum Tatbestand

Die vorstehend empfohlene Gliederung des Tatbestandes kann nur als allgemeine Richt-   **355**
linie gelten. Sie wird im Interesse einer verständlichen Darstellung des Prozeßstoffes vielfach durchbrochen werden müssen.
Da der Tatbestand nebenbei auch eine Art ›schriftstellerische Leistung‹ ist, ist in gewisser
Hinsicht auch persönlicher Darstellungskunst Raum gegeben. Es kann etwa der natürliche Zusammenhang von Tatsachen dazu führen, Einlassungen des Beklagten bereits bei
der Darstellung des klägerischen Vortrags – oder umgekehrt – mitzuerwähnen, weil sie
später stören würden oder schwerer verständlich wären.
Auch ein ergangenes Versäumnisurteil, das zur Prozeßgeschichte gehört und deshalb
nach dem Parteivorbringen im Tatbestand zu erwähnen wäre, ist bereits vor den Anträgen darzustellen, weil sonst die Anträge unverständlich wären (vgl. § 343 ZPO).

Wenn sich an das einseitige klägerische Vorbringen unmittelbar anschließt:
>›Der Kläger beantragt, das Versäumnisurteil vom 10. 10. aufrechtzuerhalten‹,

so wird für den Leser der Tatbestand nicht klar, worüber in dem Rechtsstreit eigentlich gestritten
wird.

IV. Die Entscheidungsgründe

In den Entscheidungsgründen ist die im Tenor ausgesprochene Entscheidung in tatsächlicher und rechtlicher Hinsicht zu begründen. Sie enthalten eine kurze Zusammenfassung
der Erwägungen, auf denen die Entscheidung in tatsächlicher und rechtlicher Hinsicht
beruht (§ 313 Abs. 3 ZPO).

1. Der Stil der Entscheidungsgründe

unterscheidet sich vom Gutachtenstil deutlich.
Das *Gutachten* sucht die Entscheidung, es erörtert das Für und Wider rechtlicher Be-   **356**
trachtungsmöglichkeiten und endet mit dem Ergebnis. Die Sprache ist demgemäß abwä-
gend und tastend (Konjunktiv):
>›Der Anspruch könnte aus Vertrag begründet sein. Voraussetzung hierfür wäre,
>daß... Also ist der Anspruch aus Vertrag begründet und der Beklagte ver-
>pflichtet,...‹.

Da das Gutachten dem Richterkollegium gegenüber zu erstatten ist, können unbedenklich juristische Fachausdrücke verwendet werden.
Die *Entscheidungsgründe* gehen vom Ergebnis aus und zeigen auf, daß und weshalb dieses Ergebnis richtig ist. Zweifel kommen in den Entscheidungen nicht mehr auf. Die
sprachliche Darstellung ist daher bestimmt, knapp und überzeugend und, da das Urteil
für die Parteien bestimmt ist, möglichst auch für den Laien verständlich. Weitschweifige
Ausführungen sollen vermieden werden. Der richtige Stil wird gefunden, wenn man sich

vorstellt, daß viele Sätze mit ›denn‹ anfangen könnten, was dann freilich in der Endfassung der Entscheidungsgründe vermieden werden muß, weil es sprachlich unschön wirkt.

Beispiel:

Die Klage ist zulässig.
(Denn) Die Unzuständigkeitsrüge des Beklagten greift nicht durch. *(Denn)* Zwischen den Parteien ist eine Gerichtsstandvereinbarung getroffen worden ...
Die Klage ist begründet.
(Denn) Der Beklagte schuldet dem Kläger 1000,– DM. *(Denn)* Die Parteien haben einen Kaufvertrag geschlossen. *(Denn)* Sie sind sich darüber einig geworden, daß ...

Die Begründung des Urteils in den Entscheidungsgründen erfolgt im Präsens.

›Die Klage ist begründet‹,
nicht: ›Der Klage war stattzugeben‹.

Nichtssagende Wendungen wie ›zweifellos‹, ›natürlich‹, ›selbstverständlich‹, ›offenbar‹, ›keineswegs‹ sind stets entbehrlich. Sie stören die für ein Urteil gebotene sachliche, nüchterne Darstellung.

2. Der Inhalt der Entscheidungsgründe

357 ist auf das Wesentliche zu konzentrieren. Auch hier darf aber wie beim Tatbestand insbesondere bei Prüfungsarbeiten die Konzentration nicht auf Kosten der Klarheit und Verständlichkeit gehen (vgl. oben Rn. 321 und Rn. 333).

Die *Tatsachenfeststellung* beschränkt sich auf diejenigen Faktoren, die zur Ausfüllung der angewandten Rechtsnorm vorliegen müssen. *Rechtliche Erörterungen* werden nur angestellt, soweit sie zur Begründung der konkreten getroffenen Entscheidung erforderlich sind.

Bei *mehreren möglichen rechtlichen Begründungen* für einen Anspruch sollte man auf ausgesprochen schwache Argumente verzichten.

›Die Überzeugungskraft eines Urteils gewinnt nicht dadurch, daß einem guten Grund zwei schwächere und vielleicht recht anfechtbare hinzugefügt werden.‹ (Sattelmacher)

Anders allerdings im Gutachten, wo sämtliche rechtlichen Gesichtspunkte zur Sprache kommen sollen.

Abzulehnende Begründungen, auf die es für die Entscheidung nicht ankommt, sollen nicht abgehandelt werden.

Ist z. B. ein Anspruch aus Vertragsverletzung begründet, so braucht daneben nicht dargetan zu werden, daß die Klage aus unerlaubter Handlung nicht begründet wäre.

Allerdings sollte auf *Rechtsausführungen* der *unterlegenen Partei*, auch soweit diese unzutreffend sind, in den Entscheidungsgründen eingegangen werden.

Fragen können dahingestellt bleiben, wenn sonstige Gründe die Entscheidung tragen.

Steht z. B. fest, daß kein Schaden entstanden ist, so braucht nicht geklärt zu werden, aus welchem Grunde eine Ersatzpflicht an sich in Frage kommen könnte.

Jedoch darf ein prozessuales Problem, das die *Sachurteilsvoraussetzungen* betrifft, nicht offenbleiben, weil die Abweisung der Klage aus materiellrechtlichen Gründen außer Zweifel steht (neuerdings nicht mehr unbestritten, vgl. Grunsky ZZP 80, 55; Berg JuS 1969, 123; Schwab JuS 1976, 69; Wieser ZZP 84, 304).

Wenn die Klage als unbegründet abgewiesen werden könnte, weil die materielle Rechtslage eindeutig geklärt ist, so darf nicht dahingestellt bleiben, ob sie nicht auch etwa wegen fehlender Prozeßfähigkeit des Beklagten bereits als unzulässig abzuweisen wäre.

Offenbleiben darf auch nicht die Entscheidung über einen *Hauptantrag*, wenn dem *Hilfsantrag* entsprochen werden könnte. Erst ist der Hauptantrag zu behandeln. Nur wenn dieser abzuweisen ist, kommt der Hilfsantrag zum Zug.

3. Der Aufbau der Entscheidungsgründe

Die Entscheidungsgründe sind stets *mit dem Ergebnis einzuleiten.*   **358**
  ›Die Klage ist zulässig . . .‹
  ›Die Klage ist auch begründet . . .‹

a) Die Zulässigkeit der Klage

Vorweg sind in den Entscheidungsgründen die *Voraussetzungen der Zulässigkeit (Sachurteilsvoraussetzungen)* zu behandeln, da im Falle der Verneinung der Zulässigkeit ›Klageabweisung als unzulässig‹ eine Auseinandersetzung mit den Fragen des materiellen Rechts etwa, ob die Klage an sich begründet wäre, gar nicht mehr stattfinden darf.

Selbstverständlich dürfen nicht in jedem Urteil sämtliche Sachurteilsvoraussetzungen abgehandelt werden, sondern **nur** solche, deren Fehlen festzustellen ist, oder über die im Prozeß gestritten worden ist.

  ›Das angerufene Gericht ist für die Entscheidung des Rechtsstreits örtlich unzuständig. *(Denn)*…‹.
  ›Der Beklagte hat zu Unrecht die fehlende örtliche Zuständigkeit des Gerichts gerügt. *(Denn)*…‹.

Nicht: ›Der Beklagte untersteht der deutschen Gerichtsbarkeit, der Rechtsweg ist zulässig. Auch gegen die Zuständigkeit des Gerichts bestehen keine Bedenken. Beide Parteien sind offensichtlich prozeßfähig. Ein Rechtsschutzinteresse muß bejaht werden…‹.

b) Die Begründetheit der Klage

Es folgt **dann** bei gegebener Zulässigkeit die *materiellrechtliche Begründung* für den Hauptanspruch und etwaige Einwendungen, Begründungen für die Nebenansprüche sowie für die Kostenentscheidung und die Entscheidung über die vorläufige Vollstreckbarkeit des Urteils.
Jeder selbständige Abschnitt der Entscheidungsgründe beginnt nach Feststellung des Ergebnisses mit dem anzuwendenden Rechtssatz.

  ›Die Klage ist zulässig. *(Ergebnis)*
  (Denn) die Zuständigkeit des Gerichts ist gegen *(Rechtssatz)*‹.
  ›Die Klage ist begründet. *(Ergebnis)*
  (Denn) Der Kläger hat gegen den Beklagten einen Anspruch aus Kaufvertrag *(Rechtssatz)*‹.
  ›Der Anspruch des Klägers auf Zinsen ist begründet. *(Ergebnis)*
  (Denn) Der Beklagte befindet sich in Verzug und schuldet dem Kläger Verzugszinsen *(Rechtssatz)*‹.

›Der Beklagte hat die Kosten des Rechtsstreits zu tragen *(Ergebnis).*
(Denn) Er ist im Rechtsstreit unterlegen *(Rechtssatz)*‹.
›Das Urteil ist ohne Sicherheitsleistung vorläufig vollstreckbar *(Ergebnis).*
(Denn) Der Gegenstand der Verurteilung übersteigt den Betrag von 1500,– DM nicht‹.

Nach Feststellung des einschlägigen Rechtssatzes wird ausgeführt, daß der vorgetragene und festgestellte Sachverhalt diesen angesprochenen Rechtssatz ausfüllt oder nicht ausfüllt.

aa) Schlüssigkeit:

Erfüllt bereits der vom Kläger vorgetragene Sachverhalt nicht die Voraussetzungen irgendeiner ihm in Sinne seines Antrags günstigen Rechtsnorm, so ist die *Klage unschlüssig.*
Es empfiehlt sich dann die Wendung:
    ›Schon nach dem eigenen Vorbringen des Klägers ist die Klage unbegründet‹.
In diesem Fall bedarf es keiner Auseinandersetzung mit einem Beweisergebnis. Ein solches darf, wenn der Prozeß richtig geleitet worden ist, auch gar nicht vorliegen.

Die Kennzeichnung einer Klage als ›schlüssig‹ oder ›unschlüssig‹ ist in den Entscheidungsgründen allerdings zu vermeiden, weil dieser Fachausdruck aus dem Bereich der Relationstechnik dem Laien, d. h. den Parteien, nichts sagt.

Sind alle im Rechtsstreit vorgetragenen tatsächlichen Vorgänge zwischen den Parteien unstreitig, so beschränken sich die Ausführungen in den Entscheidungsgründen auf die Subsumtion dieser Tatsachen unter den anzuwendenden Rechtssatz.

bb) Tatsachenfeststellung und freie Beweiswürdigung

Sind Tatsachenbehauptungen einer Partei, die den ihr günstigen Rechtssatz an sich ausfüllen, vom Gegner bestritten, so kann dieser Rechtssatz bei der Entscheidung des Rechtsstreits nur angewandt werden, wenn die erhobenen Beweise das Gericht, entgegen dem Bestreiten des Gegners, von der Richtigkeit der bestrittenen Behauptung überzeugt haben.
Der Weg zur Überzeugungsbildung ist die sogenannte **freie Beweiswürdigung.** Diese Aufgabe *›unter Berücksichtigung des gesamten Inhalts der Verhandlungen und des Ergebnisses einer etwaigen Beweisaufnahme nach freier Überzeugung zu entscheiden, ob eine tatsächliche Behauptung für wahr oder nicht wahr zu erachten sei‹* (vgl. § 286 ZPO), ist in der Praxis vorrangig. Sie ist dem Tatrichter weit häufiger gestellt, als die Aufgabe, sich mit komplizierten Rechtsfragen auseinandersetzen zu müssen.
Entsprechend der Bedeutung der Beweiswürdigung für die Mehrzahl der Prozesse ist diese auch mit besonderer Gewissenhaftigkeit durchzuführen und in den Entscheidungsgründen zu behandeln.
§ 286 ZPO: ›In dem Urteil sind die Gründe anzugeben, die für die richterliche Überzeugung leitend gewesen sind‹.
Die Beweiswürdigung darf nicht darin bestehen, daß die bereits im Tatbestand, wenn auch möglicherweise durch Bezugnahme, erwähnten Zeugenaussagen schlicht noch einmal angeführt werden. Vielmehr hat eine echte *wertende Auseinandersetzung* mit dem Ergebnis der Beweisaufnahme zu erfolgen, wobei insbesondere der Beweiswert von Zeugenaussagen unter Beachtung aller Umstände (Verhältnis zur Partei, Alter, Bildungsgrad des Zeugen, äußere und innere Umstände seiner Wahrnehmung, zeitlicher Abstand zum bekundeten Vorgang, eigenes Interesse am Prozeßausgang) kritisch zu würdigen ist.

Die nicht näher erläuterte Feststellung, der Zeuge Z sei glaubwürdig oder der einleitende Satzteil ›Nach den glaubhaften Bekundungen des Zeugen Z . . .‹ sind als Beweiswürdigung unzureichend.

Auch das Ergebnis von Sachverständigengutachten sollte nicht unbesehen übernommen werden, sondern in den Entscheidungsgründen kritisch betrachtet werden.

Eine **Entscheidung nach der Beweislast**
ist dann geboten, wenn für eine erhebliche, aber bestrittene Behauptung gar kein Beweis angeboten worden ist oder der erhobene Beweis das Gericht nicht von der Richtigkeit der behaupteten Tatsache überzeugen konnte.
Das Nichtbewiesensein (›non liquet‹) geht dann zum Nachteil derjenigen Partei, die den Tatbestand der ihr günstigen Rechtsnorm nicht durch erwiesene Tatsachen auszufüllen vermag.

c) Nebenentscheidungen

Die **Nebenentscheidungen** (Kosten, vorläufige Vollstreckbarkeit) sind mit gleicher Sorgfalt zu begründen wie die Entscheidung in der Hauptsache.

V. Wegfall von Tatbestand und Entscheidungsgründen

In bestimmten Fällen bedarf es *nicht* der Niederschrift des Tatbestandes und der **359** Entscheidungsgründe:
1. Bei *Versäumnis-, Anerkenntnis-* und *Verzichtsurteilen* (§ 313 b ZPO).

Dies gilt nur bei echten Versäumnisurteilen.

2. Bei *nicht rechtsmittelfähigen Urteilen,* wenn die *Parteien* spätestens am zweiten Tag nach Schluß der mündlichen Verhandlung *darauf verzichten* (vgl. § 313a ZPO).

VI. Unterschriften der Richter

Das Urteil ist von den Richtern, die bei der Entscheidung mitgewirkt haben, zu unter- **360** schreiben (§ 315 ZPO).

§ 311 ZPO: | Im Namen des Volkes

§ 313 Abs. 1 Nr. 1 ZPO: | genaue Bezeichnung der Parteien

§ 313 Abs. 1 Nr. 2 ZPO: | Gericht u. mitwirkende Richter

Urteilskopf

§ 313 Abs. 1 Nr. 4 ZPO: | Entscheidungsausspruch
1. Zur Hauptsache
2. Zu den Kosten
3. Zur vorl. Vollstreckbarkeit

Urteilstenor oder **Urteilsformel**

§ 313 Abs. 1 Nr. 5 ZPO: | Unstreitiger Sachverhalt in historisch logischer Ordnung

Einseitiger streitiger Klägervortrag

Antrag des Klägers

Antrag des Beklagten

Einseitiger streitiger Beklagtenvortrag

Entscheidungserhebliche Vorgänge aus der Prozeßgeschichte

Tatbestand

§ 313 Abs. 1 Nr. 6 ZPO: | Ausführungen zur Begründung der Entscheidung:

Zur Zulässigkeit u. Begründetheit
– Rechtssatz –
– Tatsachenfeststellung –
(Beweiswürdigung)

Entscheidungsgründe

§ 315 ZPO: | Unterschrift der Richter

272

Anhang:
Ausbildungsvorschriften für Rechtsreferendare
in Baden-Württemberg

Richtlinien
für die Anfertigung und Beurteilung
der Vorlagearbeiten im
Zivilrecht, Strafrecht und öffentl. Recht

Abschnitt A

Allgemeine Vorschriften

I.

Für die Anfertigung und Beurteilung der Vorlagearbeiten im Zivilrecht, Strafrecht und im öffentlichen Recht gelten die Bestimmungen der §§ 30, 12 JAPO i. V. mit Teil A IV der AV. vom 1. Juli 1977 (Die Justiz 1977, S. 321).

II.

1. Der Ausbilder hat bei der Auswahl der Akten darauf zu achten, daß diese nach Umfang und Schwierigkeit den Anforderungen entsprechen, die unter Berücksichtigung der vorgeschriebenen Bearbeitungszeit an den Rechtsreferendar gestellt werden können. Geeignet sind in der Regel Akten gewöhnlichen Umfangs mit mittlerer oder höherer Schwierigkeit in tatsächlicher und rechtlicher Hinsicht. Erledigte Fälle sollen nicht ausgegeben werden.
2. Mit den Akten wird dem Rechtsreferendar eine schriftliche Verfügung über die Ausgabe der Vorlagearbeit (Anlage A) ausgehändigt.
   a) Die Verfügung enthält die Festsetzung der Bearbeitungszeit (Ausgabe- und Abgabedatum).
   Auf die Einhaltung der Bearbeitungsfrist ist im Interesse der Gleichbehandlung der Rechtsreferendare streng zu achten. Eine Fristverlängerung nach Teil A IV, 5 der AV. kann nur gewährt werden, wenn der Bearbeiter den Verhinderungsgrund unverzüglich dem Ausbilder oder dem Ausbildungsleiter mitgeteilt und die Nachprüfbarkeit seiner Angaben in geeigneter Form sichergestellt hat; im Krankheitsfall ist ein ärztliches Zeugnis vorzulegen.
   Auf der Verfügung ist der Tag der Abgabe der Vorlagearbeit zu vermerken. Wird die Arbeit nicht beim Ausbilder persönlich oder bei einer anderen empfangsberechtigten Stelle der Ausbildungsbehörde abgegeben, so ist für Einhaltung der Abgabefrist der Eingangsstempel oder der Poststempel maßgeblich.

273

b) Die Ausgabeverfügung enthält ferner die Aufgabenstellung und etwa erforderliche Bearbeitungshinweise des Ausbilders. Wird ein Bearbeitungshinweis erst später auf Grund einer Rückfrage des Rechtsreferendars notwendig, so hält der Ausbilder den Hinweis in Form einer schriftlichen Ergänzung der Ausgabeverfügung fest. Die Ausgabeverfügung ist der Vorlagearbeit bei Rückgabe beizufügen.

3. a) Die Vorlagearbeit erhält ein Deckblatt nach dem Muster in Anlage B.

   b) Die Vorlagearbeit ist maschinengeschrieben, möglichst in einem Schutzumschlag geheftet, abzuliefern. Für etwaige Schreibkräfte und für Schreibpapier hat der Bearbeiter selbst zu sorgen und aufzukommen. Die fortlaufend numerierten Seiten sind einseitig zu beschreiben. Für die Korrektur ist ein ausreichend breiter Rand von etwa $1/3$ der Blattbreite zu belassen.

   c) Von Anmerkungen außerhalb der Darstellung, insbesondere in Fußnoten, ist regelmäßig abzusehen. Ist in umfangreicheren Fällen ein Sachbericht oder eine Anklageschrift verlangt, soll durch arabische Ziffern am Rand der Arbeit auf die jeweils einschlägige Blattseite der Akten hingewiesen werden.

   Bei Zitaten ist auf den richtigen Gebrauch der Abkürzungen zu achten. Auf die in Anlage C beigefügten Abkürzungsempfehlungen wird hingewiesen.

   Die Aufstellung eines Literaturverzeichnisses ist entbehrlich, ebenso eine der Arbeit vorangestellte Gliederung (Disposition).

III.

Im Aufbau und in der Darstellung des Sachberichts und des Gutachtens sowie der Entscheidungen und Verfügungen des Gerichts, der Staatsanwaltschaft oder der Verwaltungsbehörde sind – soweit das Gesetz Vorschriften nicht enthält – die in der Praxis üblichen und in den einschlägigen Anleitungsbüchern aufgestellten Regeln zu beachten. Die Darstellung soll übersichtlich gegliedert werden.

Ergänzend wird bemerkt:

1. Im Gutachten ist, auch wenn ein Sachbericht nicht verlangt wird, der entscheidungserhebliche Akteninhalt als bekannt vorauszusetzen. Kurze Angaben zum Sachverhalt kommen lediglich insoweit in Betracht, als diese zum Verständnis der jeweils behandelten Rechtsfragen erforderlich sind.

2. Dem Gutachten ist ein knapper Hinweis über das gewonnene Ergebnis voranzustellen.

3. Zitate aus der Rechtsprechung und Literatur sollen nur sparsam verwendet werden. Unzutreffende oder ungenaue Zitate sind Fehler.

4. Schreibversehen, offenbare Rechenfehler oder sonstige offensichtliche Unrichtigkeiten in den Akten sind in der Ausarbeitung kurzerhand zu berichtigen.

IV.

Die Vorlagearbeit ist von dem ausbildenden Richter oder Beamten in einem Zeugnis zu begutachten und abschließend mit einer der Noten des § 12 JAPO zu bewerten.

1. Dem Zeugnis werden knappe Angaben vorangestellt über:

   a) die Bezeichnung der Akten;

b) den Gegenstand und die prozessuale Lage des Falles;

c) die Aufgabenstellung (ggf. unter Hinweis auf Besonderheiten in der Bearbeitung, wie z. B. die Anwesenheit des Bearbeiters bei der Urteilsberatung in Strafsachen);

d) den Schwierigkeitsgrad (leicht, mittelschwer, schwer) und den Umfang der Arbeit;

e) die Einhaltung der Bearbeitungszeit bzw. eine genehmigte Fristüberschreitung.

2. Bei der Beurteilung sind neben dem Inhalt der Arbeit auch deren äußere Form, der Aufbau und die sprachliche Gestaltung (flüssiger Stil, richtige Zeitformen, direkte oder indirekte Rede usw.) zu berücksichtigen. Dabei sollen einerseits die Fehler gerügt, andererseits die Qualität der Arbeit hervorgehoben werden.

Wegen der Beurteilung des Inhalts der Vorlagearbeit wird auf die Abschnitte B II, C III und D II hingewiesen.

3. Die Vorlagearbeit ist mit dem Rechtsreferendar zu besprechen. Ist eine Besprechung nicht möglich, so ist der Grund im Zeugnis anzuführen.

4. Der Rechtsreferendar erhält eine Durchschrift des Zeugnisses.

Abschnitt B

Vorlagearbeit im Zivilrecht

I.
Ausgabe der Vortragsakten

1. Für die Vorlagearbeit können auch Akten in einer Rechtssache ausgegeben werden, mit der der Rechtsreferendar bereits früher befaßt worden ist (Teilnahme an einer mündlichen Verhandlung oder Beweisaufnahme). Eine Teilnahme an der Beratung der Kammer in der Sache darf jedoch nicht stattgefunden haben; auch darf der Referendar in der Sache noch kein vorbereitendes Gutachten erstattet haben.

2. Wird eine nach dem Sach- und Streitstand noch nicht oder nicht zweifelsfrei entscheidungsreife Sache zur Bearbeitung ausgegeben, so kann der Ausbilder in einer Bearbeitungsanweisung, ggf. auf Rückfrage des Rechtsreferendars (vgl. Teil A I 2 b), die Entscheidungsreife durch genau bestimmte Unterstellungen herbeiführen. In der Anweisung können z. B. Ergebnisse einer noch durchzuführenden Beweisaufnahme, Vorgänge in einer noch ausstehenden mündlichen Verhandlung oder auch eine veränderte Prozeßsituation auf Grund eines Hinweises des Gerichts nach § 139 ZPO festgelegt werden. Der Bearbeiter hat in solchen Fällen die auf Grund des Bearbeitungshinweises zu erlassende vollständige Entscheidung und, soweit der Ausbilder dies bestimmt, die nach Aktenlage tatsächlich gebotene Entscheidung (Beweisbeschluß oder Auflagenbeschluß o. a.) zu fertigen.

II.
Beurteilung der Vorlagearbeit

Die Beurteilung des Inhalts der Vorlagearbeit richtet sich nach den an die praktische Arbeit bei Gericht gestellten Anforderungen. Die Vorlagearbeit soll zeigen, ob der Bearbeiter in der Lage ist, die Entscheidung in einer Rechtssache unter Anwendung richterlicher Arbeitsmethoden zutreffend und in der gebotenen Form zu treffen. Als Leitlinien für die Bewertung sind in der Regel folgende Gesichtspunkte bedeutsam:

275

1. Gutachten
   a) Ist das Gutachten unter sachgerechter Anwendung der Regeln der Gutachtentechnik folgerichtig aufgebaut? Ist es einerseits vollständig, andererseits frei von überflüssigen Erwägungen? Enthält es Verallgemeinerungen, entbehrliche Sachverhaltswiederholungen, Widersprüche und Denkfehler? Ist die Darstellung zielstrebig, gedanklich klar und verständlich?
   b) Hat der Bearbeiter den Prozeßstoff vollständig und zutreffend erfaßt?
   c) Sind die Beweise lebensnah und unter Ausschöpfung der für die Überzeugungsbildung maßgeblichen Gesichtspunkte gewürdigt?
   d) Sind die prozessualen Fragen auf das notwendige Maß beschränkt und werden sie im entscheidungserheblich richtigen Zusammenhang angesprochen?
   e) Sind die in Betracht kommenden Rechtsgrundlagen vollständig und mit richtig gesetzten Schwerpunkten erörtert? Bleibt die Argumentation am Sachverhalt, ist sie lebensnah und überzeugend? Ist das gewonnene Ergebnis richtig? Sind die Ausführungen gesetzesbezogen oder greift der Bearbeiter auf verallgemeinernde Gedanken auch dort zurück, wo eine gesetzliche Regelung vorliegt?
   f) Sind Nebenforderungen angemessen behandelt?

2. Urteil
   a) Sind das Rubrum und der Tenor richtig und vollständig?
   b) Ist der Tatbestand auf den wesentlichen Sach- und Streitstand zurückgeführt und gleichwohl vollständig? Ist bei unklarem Parteivorbringen das Gemeinte richtig herausgearbeitet? Ist von der Möglichkeit der Bezugnahme nach § 313 Abs. 2 ZPO in sachgerechter Weise Gebrauch gemacht? Ist die Trennung von unstreitigem und streitigem Parteivortrag eingehalten und wird hiervon, sofern im Interesse des besseren Verständnisses erforderlich, in vernünftiger Weise abgewichen? Ist die Wiedergabe von Rechtsausführungen der Parteien auf das für das Verständnis des Sachvortrags notwendige Maß beschränkt?
   c) Unterscheidet sich der Aufbau der Entscheidungsgründe deutlich vom Gutachtenstil? Beschränken sich die rechtlichen Ausführungen auf die tragenden Gründe?

362 Abschnitt C

Bearbeitungsempfehlungen für Abkürzungen und Zitate

I.
Abkürzungen

In gerichtlichen Entscheidungen und in Rechtsgutachten wird grundsätzlich nicht abgekürzt.

Ausgenommen sind:
1. Allgemein gebräuchliche Abkürzungen
wie sie beispielsweise der Duden empfiehlt (DM, km/st, %, kg). Bei Daten werden Monat und Jahreszahl ausgeschrieben (nicht: 1. 2. 75, sondern 1. Februar 1975). Eine weitere Orientierungshilfe für gebräuchliche Abkürzungen im rechtlichen Sprachgebrauch bieten Abkürzungsverzeichnisse in Kommentaren (z. B. Baumbach/Lauterbach).

2. Abkürzungen durch Sigel,
insbesondere die in Gesetzen und in der Rechtsprechung üblichen Abkürzungszeichen
(§) und Wortkürzungen (BGB, ZPO, BGH, OLG). Wie Sigel werden behandelt: idF,
nF, aF, aaO. Sigel stehen ohne Punkt, auch wenn sie auf einen kleinen Buchstaben enden
(BGBl, Preugo). Das Zeichen § und Sigel für Gesetze stehen nur in Verbindung mit Zahlen (§ 823 BGB, aber: die Paragraphen des Bürgerlichen Gesetzbuches). Sigel für Gerichte werden in Zitaten verwendet (BVerfGE 12,121; BGHZ 37, 108; BGH NJW 1975,
2341; OLG Köln NJW 1975, 2344), nicht aber im übrigen Text (Die Rechtsprechung des
Bundesgerichtshofs zu . . . oder: Dagegen hat das Oberlandesgericht Köln (NJW 1975,
2344) die Auffassung vertreten . . .)
3. Andere Abkürzungen,
die nicht ohne weiteres als bekannt vorausgesetzt werden können, insbesondere für Nebengesetze und Verordnungen oder längere Bezeichnungen für Firmen, Gesellschaften,
Gemeinschaften und Vereine, werden bei der ersten Verwendung der vollständigen Benennung in Klammern hinzugefügt (Gesetz über Maßnahmen auf dem Gebiete des
Grundbuchwesens vom 20. Dezember 1963, BGBl I 986 (GBMaßnG) oder: Gesellschaft
X für industrielle Fertigung, Wirtschaftsplanung und Rationalisierung mit beschränkter
Haftung (X-GmbH). Abkürzungen wie »GOA« für Geschäftsführung ohne Auftrag,
»pVv« für positive Vertragsverletzung oder »c.i.c.« für culpa in contrahendo sind unan-
gebracht.

II.
Zitate

1. Nebengesetze und andere Rechtsquellen
   werden regelmäßig beim ersten Zitat mit der amtlichen Überschrift, dem Verkündi-
   gungsdatum und der Fundstelle (Gesetz über internationale Vereinbarungen auf dem
   Gebiete des Zollwesens vom 17. Dezember 1952, BGBl 1952 II 1) angeführt. Bei wiederkehrenden Zitaten kann wie im Beispiel I 3 abgekürzt werden. Dabei sind amtliche
   Abkürzungsvorschläge vorzuziehen (Gesetz über die Beseitigung von Tierkörpern,
   Tierkörperteilen und tierischen Erzeugnissen vom 2. September 1975, BGBl I 2967
   (TierKBG).
   Beim Bundesgesetzblatt und anderen in mehreren Teilen erscheinenden Gesetzes-
   sammlungen ist der Teil zu bezeichnen, und zwar wie in den Beispielen vor der Seiten-
   zahl und nicht durch Beistrich getrennt. Die Jahreszahl entfällt, wenn sie mit dem
   Verkündungsjahr des Gesetzes übereinstimmt.
2. Unterteilungen einer gesetzlichen Vorschrift
   Die Absätze werden mit »Abs.« und arabischer Zahl (§ 823 Abs. 2 BGB), die Num-
   mern mit »Nr.« – niemals Ziffer – (§ 196 Abs. 1 Nr. 3 BGB), die Sätze mit »Satz« (§ 14
   Abs. 1 Satz 2 BNotO), die Halbsätze mit »Halbs.« (§ 415 Abs. 2 Satz 2 Halbs. 2 BGB)
   zitiert.
3. Fundstellen gerichtlicher Entscheidungen
   a) Entscheidungen in amtlichen Sammlungen werden lediglich durch Angabe der
      Bandzahl und der Seite zitiert, mit der die Entscheidung beginnt (BGHZ 45,151).
      Kommt es nur auf eine bestimmte Seite an, wird sie zusätzlich angeführt (BGHZ
      45,151,159).
   b) Fundstellen in Zeitschriften und anderen Veröffentlichungen werden entspre-

chend behandelt (BGH MDR 1975,426,428; BGH NJW 1975,387; LM BGB § 133 Nr. 3; OLG Karlsruhe JZ 1975,89).

Mehrere Fundstellen werden wie im Beispiel untereinander durch Strichpunkt getrennt.

Bei mehreren Entscheidungen aus demselben Band oder dem gleichen Jahrgang wird die Band- oder Jahreszahl auch bei zusammenhängenden Zitaten für jede Fundstelle wiederholt.

Mehrere Fundstellen für dieselbe Entscheidung werden durch = bezeichnet (BGH NJW 1960,100 = BGH WM 1959,1435 = LM ZPO § 529 Nr. 2).

4. Kommentare

werden mit dem üblichen Schlagwort unter Angabe der Auflage oder des Erscheinungsjahres angeführt (Palandt, BGB, 35. Aufl. § 839 Anm. 2 c; Baumbach/Lauterbach, ZPO 34. Aufl. § 771 Anm. 3 D; Thomas/Putzo, ZPO 5. Aufl. § 514 Anm. 3 b aa). Abweichend wird nur der Reichsgerichtsrätekommentar zitiert (BGB RGRK 10./11. Aufl. § 280 Anm. 3; HGB RGRK 10./11. Aufl. § 25 Anm. 7; BGB RGRK 10./11. Aufl. EheG § 70 Anm. 36 u. 46).

Mehrere Verfasser werden durch Schrägstrich getrennt, Bindestrich nur bei Doppelnamen, z. B. Fischer-Dieskau/Pergande/Wormit.

Bei mehreren Verfassern wird oft der Bearbeiter der Zitatstelle, der nicht Hauptherausgeber ist, besonders genannt (Putzo in Palandt, BGB 30. Aufl. § 433 Anm. 4 a).

Soweit Kommentare Randnummern verwenden, ist danach zu zitieren (Staudinger, BGB 11. Aufl. § 434 Nr. 17).

5. Lehrbücher

werden entsprechend behandelt, jedoch ist der Titel ungekürzt wiederzugeben (Rosenberg/Schwab, Zivilprozeßrecht, 10. Aufl. S. 859; a.A. Lent/Jaurnig, Zivilprozeßrecht, 16. Aufl. S. 259). Soweit Lehrbücher eigene Unterteilungen, z. B. nach Paragraphen, verwenden, ist es wegen der mit den Auflagen häufig wechselnden Seitenzahlen zweckmäßig, danach zu zitieren.

6. Aufsätze

und Anmerkungen zu Entscheidungen werden mit dem Namen des Verfassers unter Anfügung der in Klammern gesetzten Fundstelle zitiert (Neuerdings haben Gloede (MDR 1966,103) und Stürmer (NJW 1972,1257) sich gegen . . .)

Richtlinien
für den
Aktenvortrag in der mündlichen Prüfung

I.
Allgemeines

Der Kandidat soll im Vortrag zeigen, daß er fähig ist, in freier Rede den Akteninhalt lebendig darzustellen, ihn auf den wesentlichen Sachverhalt zurückzuführen, die gebotene Entscheidung daraus abzuleiten und diese klar und überzeugend zu begründen.

Der Vortrag besteht aus einem kurzen Bericht und einer knapp gefaßten gutachtlichen Begründung der vorzuschlagenden Entscheidung. Er soll die Dauer von 15 Minuten nicht überschreiten. Längere Vorträge leiden meist daran, daß der Kandidat die notwendige Konzentration – auch im Ausdruck – vermissen läßt und ins »Reden« kommt. Dies mindert einen sonst günstigen Gesamteindruck (Benötigt ein guter Aktenvortrag – wegen des Umfangs oder der Eigenart der Sache – ausnahmsweise mehr Zeit, so wird bei Ausgabe der Akten eine längere Vortragsdauer ausdrücklich zugestanden.)

Da der Aktenvortrag frei zu halten ist, dürfen dabei keine ausgearbeiteten Manuskripte verwendet werden. Jedoch sind stichwortartige Vermerke (in der Regel nicht mehr als eine DIN A 4-Seite) zugelassen. Die Vorsitzenden lassen sich diese Gedächtnishilfen vorlegen.

Der Vortrag ist vom Standpunkt des Richters zu halten, der die den Zuhörern noch unbekannte Streitsache in der Beratung vorträgt. Es ist daher auf eine knappe, klare und übersichtliche Darstellung zu achten. Der Zuhörer soll in die Lage versetzt werden, die wesentlichen Gesichtspunkte des Falles aufzunehmen und die Bedeutung vorgetragener Einzelheiten sofort zu erkennen. Er muß sich auf Grund des Vortrages ein selbständiges Urteil in der Sache bilden können.

Der Inhalt der Vortragsakten unterliegt der Dienstpflicht zur Verschwiegenheit. Die Akten sind so zu verwahren, daß sie von dritten Personen nicht eingesehen werden können. Sie müssen vollständig und unversehrt zurückgegeben werden.

Im einzelnen ist auf folgendes hinzuweisen:

II.
Bericht

1. Die Angabe der Personalien der Parteien ist auf das Wesentliche zu beschränken. Die genaue Anschrift ist meist überflüssig, ebenso die Bezeichnung der Prozeßbevollmächtigten.
2. Der Zuhörer muß in anschaulicher Weise in den Rechtsstreit eingeführt werden. Es ist deshalb falsch, sogleich mit Einzelheiten des Sachverhaltes zu beginnen. Andererseits darf der Zuhörer auch nicht durch eine lange Vorgeschichte, deren Bedeutung nicht klar ist, auf allerlei Mutmaßungen über den Gegenstand des Prozesses gelenkt werden. Es empfiehlt sich daher, den Gegenstand des Rechtsstreits in einem oder in zwei einleitenden Sätzen mitzuteilen.

3. Es ist nicht Aufgabe des Vortragenden, das gesamte Vorbringen der Parteien so lük-kenlos zusammenzustellen, wie dies bei einem vollständigen schriftlichen Aktenbericht zu geschehen hat. Einzelheiten, auf die es für die Entscheidung unmöglich ankommen kann, sind entbehrlich. Jedoch dürfen Tatsachen, die eine Partei zur Begründung einer von ihr für anwendbar gehaltenen Anspruchsgrundlage oder Einwendung vorgetragen hat, auch dann nicht weggelassen werden, wenn der Kandidat diesen rechtlichen Gesichtspunkt nicht für durchschlagend hält. Allenfalls kann es im Interesse der Geschlossenheit der Darstellung vertretbar sein, eine an sich schon isoliert stehende Behauptung zunächst auszuklammern und ihren Vortrag an geeigneter Stelle nachzuholen.

Bei umfangreichem tatsächlichem Vorbringen zu einzelnen Punkten, insbesondere bei Einzelheiten einer Korrespondenz, bei Berechnungen u. a., kann es sich empfehlen, nur die Grundzüge zu umreißen und auf die näheren Einzelheiten erst im Gutachten einzugehen. Kommt es ausnahmsweise auf ein Datum an, so sollte seine Bedeutung durch einen umschreibenden Zusatz klargestellt werden (»am . . ., also am Tag vor dem Antrag auf Konkurseröffnung«).

4. Schriftstücke oder Vertragsklauseln sind in ihrem wesentlichen Teil, besonders wenn um die Auslegung gestritten wird, wörtlich aus den Akten vorzulesen und nicht nur »etwa« oder »sinngemäß« mitzuteilen. Wo örtliche Einzelheiten bedeutsam sind, kann sich die Vorlage einer einfachen Handskizze empfehlen.

5. Über Rechtsausführungen der Parteien ist nur insoweit zu berichten, als es zum Verständnis des Streits erforderlich ist.

Eine rechtliche Würdigung darf im Sachbericht nicht vorgenommen werden. Es ist beispielsweise falsch, im Sachbericht eine Mittelsperson als Vertreter zu bezeichnen, dann jedoch im Votum zu prüfen, ob sie Bote oder Vertreter ist.

6. Die Wiedergabe der Parteianträge zum Kostenpunkt und zur vorläufigen Vollstreckbarkeit ist nur erforderlich, wenn und soweit hierüber nicht von Amts wegen, sondern nur auf Antrag zu entscheiden ist.

7. Die langatmige Schilderung eines Beweisbeschlusses und die Feststellung, welche Zeugen zu welchen einzelnen Beweisthemen vernommen wurden, ist entbehrlich. Es genügt meistens, die Tatsache der Beweisaufnahme und das Beweisthema mitzuteilen. Das Ergebnis einer Beweisaufnahme und die Beweiswürdigung sind, soweit es auf sie ankommt, im allgemeinen erst im Gutachten wiederzugeben, stets aber sorgfältig voneinander zu trennen.

III.
Gutachten

1. Dem Gutachten ist ein kurzer Hinweis auf den Entscheidungsvorschlag, zu dem der Vortragende gelangt ist, vorauszuschicken.

2. Bei der Vorbereitung des Vortrags ist der Sachverhalt nach allen Richtungen zu durchdenken und unter den in Betracht kommenden rechtlichen Gesichtspunkten eingehend zu prüfen. Es ist jedoch nicht Aufgabe des Kandidaten, den Zuhörer mit seinen sämtlichen Überlegungen bekannt zu machen. Im Vortrag kommt es darauf an, die Kernfragen der rechtlichen Beurteilung zügig herauszuarbeiten und mitzuteilen. Etwaige Zweifelsfragen sind dabei besonders hervorzuheben. Gibt der Fall Anlaß zu einer Gegenüberstellung verschiedener Rechtsansichten und Lösungsmöglichkeiten, so sind auch die abweichenden Standpunkte zu begründen, damit der Zu-

hörer Gelegenheit erhält, sie aufzugreifen und weitere Fragen anzuknüpfen. Verfehlt wäre es jedoch, ausgetragene Streitfragen von Anfang an aufzurollen und mit dem Anschein wissenschaftlicher Tiefe zu diskutieren.

3. Die Prüfung der sogenannten Formalien sowie der Prozeßvoraussetzungen ist nur dann erforderlich, wenn bedeutsame Zweifelsfragen bestehen oder wenn die Parteien gerade über diese Punkte streiten. Im übrigen genügt es, einen etwaigen Verfahrensmangel, falls er nicht rügelos geheilt ist, kurz anzudeuten und seine Beseitigung nach Ausübung des Fragerechts (§ 139 ZPO) zu unterstellen. Zumindest muß in einem solchen Fall der materielle Prozeßstoff in einem Hilfsgutachten erörtert werden.

4. Einer besonderen Erörterung der Schlüssigkeit bedarf es regelmäßig nur, wenn der Vortragende die Klage mangels Schlüssigkeit abweisen will. In den anderen Fällen, insbesondere wenn es auf das Ergebnis einer Beweisaufnahme ankommt, ist eine schematisch dargestellte Schlüssigkeitsprüfung zumeist verfehlt. Das Verständnis des Zuhörers leidet, auch wird der Vortrag umständlich und oft zu lang. (Die vielfach empfohlene Aufbereitung des Prozeßstoffes in »Stationen« (Verfahrensstation, Klägerstation, Beklagtenstation, Beweisstation) eignet sich zwar als Denkschema für die geistige Vorarbeit, nicht aber als Gliederung für den fertigen Vortrag.)

5. In die Beweiswürdigung kann erst eingetreten werden, wenn festgestellt ist, daß die betreffende Tatsache für die Entscheidung wesentlich ist. Hat eine größere Beweisaufnahme stattgefunden – etwa in einem Schadensersatzprozeß – so empfiehlt es sich, die einzelnen auseinandergehenden Zeugenaussagen nicht der Reihe nach aufzuzählen, sondern in Gruppen zusammenzufassen. Dabei sind die Beziehungen der Zeugen zu den Vorgängen und zu den Parteien kurz zu erwähnen (etwa: der damals bauleitende Architekt X hat als Zeuge bekundet, . . .).

6. Bei Berufungs- und Beschwerdesachen bedarf es auch einer Auseinandersetzung mit den Gründen der angefochtenen Entscheidung, sofern diese aus den Akten ersichtlich sind.

7. Nebenforderungen (§ 4 ZPO) sind – ebenso wie die Entscheidung über die Kosten und die vorläufige Vollstreckbarkeit des Urteils – nicht nebensächlich, sondern genauso gründlich zu prüfen wie der Hauptanspruch.

8. Der Entscheidung sind die Rechts- und Tatsachenlage im Zeitpunkt der letzten mündlichen Verhandlung zugrunde zu legen, jedoch sind Rechtsprechung und Schrifttum auch aus späterer Zeit zu berücksichtigen.

9. Findet der Kandidat eine ganz einfache Lösung prozessualer oder materieller Art, auf die – wie sich aus den Akten ergibt – niemand gekommen ist, so sollte er diesem Ergebnis mißtrauisch gegenüberstehen, vor allem aber ein Hilfsgutachten vorbereiten, falls der Prüfungsausschuß seinen Argumenten nicht folgt. Kommt es nach der Auffassung des Vortragenden auf eine durchgeführte Beweisaufnahme nicht an, so wird er zu gewärtigen haben, darüber befragt zu werden, wie von einem abweichenden Standpunkt aus und bei Berücksichtigung der Beweisaufnahme zu entscheiden wäre. Schließlich ist zu beachten, daß bei der Entscheidung auf den zu beurteilenden Lebensvorgang, ja regelmäßig auf dessen Nuancen abzustellen ist. Keinesfalls darf der Sachverhalt bzw. der Sinn von Parteibehauptungen im Hinblick auf bestimmte Rechtsnormen oder Lehrmeinungen »zurechtgebogen« werden.

10. Der Vortrag schließt mit einem Entscheidungsvorschlag, der sorgfältig zu formulieren ist; er darf deshalb aus den Aufzeichnungen des Kandidaten verlesen werden.

Für den öffentlich-rechtlichen Vortrag gelten die Richtlinien entsprechend.

Richtlinien
für die Abfassung des Urteils in der Zweiten juristischen Staatsprüfung und in der Vorlagearbeit im Zivilrecht

Zur Fertigung des Urteils in den Arbeiten der Zweiten juristischen Staatsprüfung und in der Vorlagearbeit im Zivilrecht wird im Hinblick auf die Neufassung des § 313 ZPO vorläufig folgendes bestimmt:

I.
Tatbestand

Der formale Aufbau und die Gliederung des Tatbestandes richten sich nach den bisherigen Regeln. Dabei soll der Sach- und Streitstand zwar knapp, aber doch so ausführlich dargestellt werden, daß ein rechtskundiger Leser über alle für die Entscheidung des Falles wesentlichen Tatsachen unterrichtet wird, ohne daß es der Lektüre des Aufgabentextes der Prüfung bzw. der Akte bedürfte. Im übrigen, insbesondere etwa wegen des Inhalts von Urkunden, der Einzelheiten von Berechnungen und des Ergebnisses von Beweisaufnahmen ist Bezugnahme gestattet.

II.
Entscheidungsgründe

Die Entscheidungsgründe des Urteils sollen sich auf die tragenden Erwägungen beschränken, müssen aber in diesem Rahmen die zur Begründung notwendigen tatsächlichen und rechtlichen Ausführungen enthalten. Die Begründung muß aufzeigen, daß die Voraussetzungen der bestimmt zu bezeichnenden Rechtssätze, auf denen die Entscheidung beruht, erfüllt sind bzw. welche Voraussetzungen nicht erfüllt oder nicht nachgewiesen ist. Die Begründung soll knapp sein. Jedoch sind die wirklich zweifelhaften tatsächlichen und rechtlichen Fragen ihrem Gewicht entsprechend ausführlich und so zu behandeln, daß die wesentlichen Gründe und Gegengründe hervorgehoben und gegeneinander abgewogen werden.
Unterbleiben sollen die »entbehrliche Vertiefung theoretischer Streitfragen von mehr oder weniger untergeordneter Bedeutung«, die »umständliche Wiedergabe der Subsumtion von rechtlich nicht umstrittenen Einzeltatsachen« sowie »in der Regel eine erschöpfende rechtliche Begründung der Nebenfragen und der Nebenentscheidungen« (vgl. die Begründung des Gesetzes – Bundesratsdrucksache 551/74 S. 16 –).
Ergänzend wird für die Prüfungsarbeiten darauf hingewiesen, daß die nach dem Vorbringen der Parteien aufgeworfenen Fragen des Falles, die nach der Lösung des Verfassers nicht entscheidungserheblich sind und deshalb in den Urteilsgründen nicht erörtert wer-

den, wie bisher – sofern in der Aufgabenstellung nichts anderes bestimmt ist – in einem Hilfs- bzw. Ergänzungsgutachten zu behandeln sind.

Die vorstehenden Grundsätze entsprechen im wesentlichen den Regeln, die schon nach bisherigem Recht für die richtige Abfassung des Urteils gegolten haben (vgl. Putzo, NJW 1977, 1 (5); Schneider, MDR 1977, 1 (5). Die Anforderungen in der Prüfung und in der Vorlagearbeit in Zivilsachen sind daher grundsätzlich unverändert geblieben.

Sachregister

Die Zahlenangaben beziehen sich auf die Randnummern

Abänderungsklage 254
Abkürzungen 362
Ablehnung u. Ausschließung von
  Richtern 16
Aktenvortrag, Richtlinien 363
Änderung des Beweisbeschlusses 210
Aktenzeichen 85
Amtszustellung 93
Anerkenntnis 21
Anerkenntnisurteil 138
– im schriftlichen Verfahren 116
Angriffs- und Verteidigungsmittel
– in der Einspruchsschrift 151
–, Zurückweisung bei Verspätung 186 ff.
Anlaß zur Klage 21
Annahmeverweigerung bei Zustellung 95
Anscheinsbeweis 339
Anschlußberufung 313
Antrag 80
Antrag auf Versäumnisurteil 146
Antragsstellung nach Versäumnisurteil 156
Antrag auf Wiedereinsetzung 161
Anwaltskosten 32 ff.
– im gerichtlichen Mahnverfahren 53
Anwaltszwang 121 ff.
Arbeitsmethode des Richters 323
Arrest 293 ff.
Aufhebung des Termins 117
Aufklärungsbeschluß 342
Aufklärungspflicht, richterliche 132, 193
Aufrechnung 166
Aufruf der Sache 129
Augenschein 230
Ausbleiben von Parteien 143 ff.
Auslagen 26, 35
Aussagen von Zeugen 246
Aussageverweigerung
– des Zeugen 218
– der Partei 235
Außergerichtlicher Vergleich 268
Ausforschungsbeweis 203
Auslagenvorschuß 209, 213
Auslandszustellung 97

Beauftragter Richter 15
–, Anwaltszwang 121
–, Öffentlichkeit 183
Befangenheit 16
Beiderseitige Erledigungserklärung 275
Belehrungspflicht 195
– über Zeugnisverweigerungsrecht 221
Beratungshilfe 46
Bericht 324 ff.

Berichterstatter 13
Berichtigung des Urteils 251
Berufung 318
Beschluß 250
Beschwer 309
Beschwerde 320
–, Anwaltszwang 121
Beschwerdewert 310
Bestreiten 200, 334
Beteiligung Dritter am Rechtsstreit 74 ff.
Beweisantizipation 205
Beweisaufnahme 135, 206 ff., 211 ff.
Beweisbeschluß 206 ff., 343
– vorterminlicher 114
Beweisermittlungsantrag 203
Beweislast 310
Beweismittel 197, 217 ff.
Beweissicherungsverfahren 240 ff.
Beweisverfahren 196 ff.
Beweisvereitelung 199, 239
Beweiswürdigung 242 ff., 249, 338
Blutgruppenuntersuchung 232

Devolutiveffekt 308
Dispositionsgrundsatz 3, 82, 175
Doppelnatur des Prozeßvergleiches 258
Duplik 353
Durchbrechung der Rechtskraft 253 ff.

Eidesleistung 219 ff.
Eingangsstempel 84
Einheit der mündlichen Verhandlung 103
Einlassung des Beklagten 163 ff.
Einlassungsfrist 105
Einrede 165, 335
Einseitige Erledigungserklärung 278
Einspruch und Hauptsache
– Termin 103
Einspruch
– gegen Vollstreckungsbescheid 62
Einspruchsfrist 152
Einspruchsverfahren 150 ff.
Einstweilige Verfügung 301 ff.
Einstweilige Zulassung des Prozeßbevoll-
  mächtigten 51
Einverständniserklärung mit schriftlichen
  Verfahren 182
Einwendungen 165, 335
Einzelrichter 14, 81
Entschädigung des Sachverständigen 229
– des Zeugen 224
Entscheidungsgründe 356 ff.
Entscheidung nach Lage der Akten 159

Entscheidungsvorschlag 342
Erbbiologisches Gutachten 232
Erheblichkeitsprüfung 333
Erinnerung 321
Erinnerungsfehler 245
Erledigung des Rechtsstreits in der Haupt-
  sache 273 ff.
–, Kosten 30
Ersatzzustellung 94
Ersuchter Richter 15
–, Anwaltszwang 121
–, Öffentlichkeit 183
Eventualwiderklage 174

Falsche Aussage
Fehlerquellen beim Zeugenbeweis
Festsetzung der Anwaltskosten 36
Feststehende Tatsachen 196
Formerfordernisse beim Prozeßvergleich 259
Formerfordernis bei Rechtsmitteln 311
Freiwillige Gerichtsbarkeit 11
Fristberechnung 106
Fristen, Pflicht zur Einhaltung 188
Fristversäumung nach gerichtlichen Mahnver-
  fahren 60
Fragepflicht 193
Früher erster Termin 101

Gebührenklage 36, 65
Gebührenvereinbarung 32
Gedächtnis 245
Gegenüberstellung von Zeugen 223
Genehmigung des Protokollinhalts 126
Gerichtsbarkeit, freiwillige 11
Gerichtsferien 107
Gerichtskosten 26 ff.
Gerichtskundige Tatsachen 196, 337
Gerichtliches Mahnverfahren 4, 53 ff., 67 ff.
–, Kosten 30
–, Nachweis der Vollmacht 51
Gerichtsstand 65
Gerichtsstandvereinbarung 67 ff.
Gerichtsvollzieher 17
Geschäftsverteilung 86
Gesetzlicher Richter 86
Gesetzlicher Vertreter 71
–, Verschulden 160
–, Zustellung an 94
Geständnis 138, 306
Glaubhaftmachung 198
Güteversuch 131, 132
Gutachten 328 ff.

Handelssachen, Kammer für H. 64, 86
Hauptsachenerledigung 273 ff.
Haupttermin 102, 282 ff.
Heilung des Zustellungsmangels 95
Hinweispflicht 194

Inkassovollmacht 50
Instanzenzug 316
Interventionswirkung 76

Kammer für Handelssachen 64, 86
Klageänderung 99
Klagebegründung 79
Klagerücknahme 269 ff.
Klageschrift 63
Klageveranlassung 21
Kommissarischer Richter 15, 211
Konzentrationsgrundsatz 185
Kostenentscheidung 346
– im Anerkenntnisurteil 138
– nach Erledigungserklärung 277
– nach Versäumnisurteil 156
– der Verweisung 142
– bei Widerklage 173
Kostenbestimmungen 22
Kostenfolge bei Aufrechnung 171
Kostenregelung im Vergleich 266
Kostenschuldner 27

Ladungsfrist 105
Ladung zum Termin 108, 145
Lüge 247
Lügensignale 248

Mahnbescheid 57
Mahnverfahren, gerichtliches 53 ff.
– Kosten 30
Maschinelle Bearbeitung v. Mahnsachen 62 a
Materialrechtliche Wirkungen der Rechts-
  hängigkeit 98
Mehrwert des Vergleiches 29
Mündliche Verhandlung 3
Mündliche Verhandlung, Wieder-
  eröffnung 119
Mündlichkeitsgrundsatz 179

Nachgereichte Schriftsätze 180, 181
Nachzahlungsanordnung 45
Nebenintervention 76 ff.
Notfrist 160

Öffentlichkeit 5, 183 ff.
Öffentliche Urkunden 237
Öffentliche Zustellung 96
Offenkundige Tatsachen 196, 337
Ordnungsgemäße Ladung 145
Organe der Rechtspflege 12 ff.

Partei 70 ff.
Parteibegriff 72
Partei kraft Amtes 73
Parteiwechsel 73
Parteivernehmung 112, 233 ff.
Parteibetrieb bei Zustellung 93
Parteivernehmung 207

Parteiöffentlichkeit 114, 183, 212
Perpetuatio fori 100
Persönliches Erscheinen der Parteien 112, 262
Postulationsfähigkeit 120
Präklusion 189 ff.
Präsente Beweismittel 198, 206
Prima-facie-Beweis 339
Privaturkunden 237
Prorogation 67 ff.
Protokoll 124 ff.
Protokollierung von Zeugenaussagen 246
Prozeßförderungspflicht 185 ff.
Prozeßführungsbefugnis 78, 330
Prozeßgebühr beim Anwalt 34
– beim Gericht 25, 28
Prozeßgeschichte 326, 354
Prozeßhindernisse 140, 329
Prozeßkostenhilfe 37 ff.
Prozeßstandschaft 78, 330
Prozeßtaktik 290
Prozeßvergleich 258 ff.
Prozeßvergleich, Kosten beim 29, 34
Prozeßvollmacht 47 ff.
– im gerichtlichen Mahnverfahren 56
Prozeßvoraussetzungen 89, 329
Prüfung von Amts wegen 178

Ratenzahlungsvergleich 264
Realitätskriterien 248
Rechtliche Hinweise 115
Rechtsantragstelle 17, 83
Rechtsanwalt 18
Rechtsbeistand 19
Rechtshängigkeit 98 ff., 330
– im gerichtlichen Mahnverfahren 60
Rechtshilfe 214 ff.
– bei Zustellung im Ausland 97
Rechtskraft 252
Rechtsmittel 308 ff.
Rechtsmittelverfahren, Kosten 30
Rechtspfleger 17
Rechtsschutzinteresse 330
Rechtsweg 63, 330
reformatio in peius 315
Relationstechnik 323
Replik 353
Revision 319
Richter 12 ff.
–, beauftragter 15
–, ersuchter 15
–, kommissarischer 15
Richterablehnung 16
Richterliche Aufklärungspflicht 132, 193
Richtlinien
– für Aktenvortrag 363
– für Urteilsabfassung 364
– für Vorlagearbeiten 361
Rubrum 351

Rügelose Einlassung 68
Ruhen des Verfahrens 143, 280 ff.

Sachlegitimation 78
Sach- und Streitstand, Einführung durch den Vorsitzenden 132
Sachurteilsvoraussetzungen 140
Sachverständiger 211, 225
– Ladung 113
Sachverständiger Zeuge 228
Säumnis 145
Sicherheitsleistung 348, 349
Simultanzulassung 18
Sitzungsprotokoll 124 ff.
Schadensermittlung 340
Schiedsgericht 6
Schiedsgerichtliches Verfahren 5, 7
Schiedsgutachterverfahren 10, 226
Schiedsspruch 8
Schlüssigkeitsprüfung 20, 332 ff.
– im gerichtlichen Mahnverfahren 54
– im Versäumnisverfahren 145, 149
Schlußverhandlung 136, 137
Schriftliches Verfahren 182
Schriftliches Vorverfahren 116, 148
Schriftliche Zeugenbefragung 223
Schutzschrift 307
Standespflichten der Rechtsanwälte 18
Statthaftigkeit eines Rechtsmittels 309
Stoffordnung 325
Streitgenossenschaft 74, 75
Streitgegenstand 25, 82
Streitiges Verhandeln 130
Streitverfahren nach gerichtlichem Mahnverfahren 60 ff.
Streitverkündung 77
Streitwert 23
Stufenklage 80
Suspensiveffekt 308

Tatbestand 352 ff.
Tatbestandsberichtigung 251
Tatsachenfeststellung 336 ff.
Teilklage 275
Tenor 313
Terminsablauf 129 ff.
Terminsaufhebung 117
Terminsbestimmung 104
Terminsladung 108

Unbezifferter Klageantrag 80, 309
Unechtes Versäumnisurteil 147
Unmittelbarkeitsgrundsatz 211
Unrichtige Sachbehandlung, Kosten 31
Untersuchungsgrundsatz 178
Unterbrechung der Verjährung 98
Unwirksamkeit des Prozeßvergleichs 267 ff.
Unzulässiger Beweis 202
Urkundenbeweis 236 ff.

Urkundsbeamter der Geschäftsstelle 17
–, Anwaltszwang 121
Urteil 251, 350 ff.
Urteilsberichtigung 251
Urteilsformel 351
Urteilsgebühr 28
Urteilswirkungen 252

Vereitelung des Urkundenbeweises 239
Verfahrensgrundsätze 175 ff.
Verfügung, richterliche 250
Vergleich 258 ff.
Vergleichsgebühr 34
Vergleich im Prozeßkostenhilfeverfahren 42
Verhandlungsgebühr 34
Verhandlungsgrundsatz 3, 176
Verhandlungstermin 101 ff., 128 ff.
Verjährung 20, 186
Verjährungsunterbrechung 98
Verkündungstermin 103, 137
Verkündung der Entscheidungen 137
– im schriftlichen Verfahren 182
Vernehmungslehre 289
Versäumung von Prozeßhandlungen 160
Versäumnisverfahren 144 ff.
Versäumnisurteil gegen den Beklagten 145
– gegen den Kläger 149
–, unechtes 147
– ohne mündliche Verhandlung 148
Versäumnisurteil
– im schriftlichen Verfahren 116
– zweites 158
Verspätetes Vorbringen 61, 190 ff.
Verspäteter Beweisantrag 204
Vertagung 118
Verteidigungsabsicht, Anzeige 116
Verweisung 141
– nach Widerklage 173
Verweisung, Kosten 30
Verzicht auf Beeidigung 219
– bei Rechtsmitteln 314
Verzichtsurteil 139
Vollmacht 47 ff.
– siehe Prozeßvollmacht

Vollstreckbarerklärung von Schieds-
    sprüchen 9
Vorbehaltsurteil 169
Vorbereitende Maßnahmen 109 ff.
Vorbereitung des Verhandlungstermins 110 ff.
Vorführung des Zeugen 217
Vorläufige Protokollaufzeichnung 127
Vorläufige Vollstreckbarkeit 347 ff.
Vorlagearbeit 361
Vorsitzender 13
Vorterminlicher Beweisbeschluß 114
Vorverfahren, schriftliches 116

Weglegen der Akten 281
Wiederaufnahme des Verfahrens 255
Wiedereinsetzung in den vorigen
    Stand 160 ff., 256
Wiedereröffnung der mündlichen Verhand-
    lung 119
Wiederholte Zeugenvernehmung 223
Widerklage 172 ff.
Widerruflicher Prozeßvergleich 265
Widerruf der Vollmacht 52
Widerspruch gegen den Mahnbescheid 58, 60

Zeugenbeweis 217 ff.
Zeugenladung 113
Zeugnisverweigerungsrecht 221
Zitate in Urteil und Gutachten 362
Zulässigkeit des Rechtswegs 63
Zulässigkeitsrügen 187
– Zurückweisung 191
Zulässigkeitsvoraussetzungen 140, 329
Zurückweisung verspäteten Vorbrin-
    gens 189 ff.
Zulassung von Rechtsanwälten 18
Zuständigkeit 63 ff., 141
– im gerichtlichen Mahnverfahren 55
– des Mahnbescheids 57
Zweites Versäumnisurteil 158
Zwischenfeststellungsklage 292
Zwischenstreit wegen Zeugnisver-
    weigerung 222

287

Gerhard Schäfer

Die Praxis des Strafverfahrens

an Hand einer Akte – das Verfahren in erster Instanz
2. Auflage. 472 Seiten. Kart. DM 49,80
ISBN 3-17-005917-3

Dieses Buch steht in einer inzwischen schon stattlichen Reihe
von didaktischen Darstellungen des Strafverfahrensrechts, die
eine mehr oder weniger weit ausgreifende Darstellung an eine
Wiedergabe der Akte eines Strafverfahrens knüpfen; es ist,
ohne daß damit die Meriten der anderen Werke geschmälert
werden sollen, das gründlichste und instruktivste und so den
stolzen Preis wohl wert.
Das Aktenstück, das als exakte Reproduktion einer wirklichen
Strafakte von 38 Blatt erscheint, hat einen simplen Fall (gefähr-
liche Körperverletzung und Nötigungsversuch unter nicht uner-
heblichem Alkoholeinfluß) zum Gegenstand. Diese Beschränkung hat natürlich zur Folge, daß sich in dem Vorgang selbst
nicht für alles eine »Vorlage« findet, jedoch schafft insoweit die
folgende Darstellung einen Ausgleich. Erläuterungen zum Aktenstück, die sich S. 70 anschließen, enthalten auf knapp 11
Seiten eine gewaltige Fülle von Informationen. Das »Zweite
Buch«, das von S. 83 an den übrigen Raum einnimmt, kann
man vielleicht als Teillehrbuch aus der Praxis (Verf. ist Ausbildungsleiter für Referendare) für die Praxis bezeichnen – als
»Teil«-lehrbuch insofern, als auch hier das Verfahren erster Instanz Gegenstand der Darstellung ist, und »für die Praxis« ist
das Buch geschrieben, weil es bei allem wissenschaftlichen Niveau doch eindeutig darauf zugeschnitten ist, den jüngeren Juristen das Rüstzeug für eine Tätigkeit als Strafrichter erster Instanz an die Hand zu geben (Benutzer werden in erster Linie
Referendare sein, die genug Ehrgeiz und Verstand haben, auf
überdurchschnittliche Examensergebnisse hinzuarbeiten; aber
auch höhere Semester können aus dem Buch gewaltigen Nutzen ziehen ebenso wie umgekehrt jeder, der innerhalb der Justiz erstmals mit Strafsachen befaßt wird).
Der jetzt vorliegende Band ist vorbehaltlos zu empfehlen.

Prof. Dr. Hermann Blei, Berlin,
in Juristische Arbeitsblätter 8/76

 Verlag W. Kohlhammer
Stuttgart·Berlin·Köln·Mainz